D1750920

Torsten Körner

FRANZ BECKENBAUER

Der freie Mann

Scherz

www.fischerverlage.de

Erschienen bei Scherz,
ein Verlag der S. Fischer Verlag GmbH, Frankfurt am Main
© S. Fischer Verlag GmbH, Frankfurt am Main, 2005
Gesamtherstellung: Ebner & Spiegel, Ulm
Printed in Germany

ISBN 3-502-18391-0

Inhalt

DAS KIND (1945–1965)

Heimkehr der Helden   7
Seine kleine Welt   11
Franzi und Franzl   20
Einer von vielen   35
Jimmy Brown   42
Vater sein dagegen sehr   53
Auf dem Sprung   59

DER SPIELER (1966–1983)

Ein neuer Star   68
Gentleman aus Giesing   79
Saison für Füchse   103
Mehr wagen   121
Hitzige Zeiten   135
Zur Sache, Schätzchen   150
Kalte Meister   175
Einer wie er   191
Amerika   217
Hello and Goodbye   229

DER TEAMCHEF (1984–1990)

Er ist bereit   237
Von Schrott, Suppenkaspern und Totengräbern   258
Elf Fränze müsst ihr sein   278

DER KAISER (1991–2005)

Der Guru   290
Bin nur ein Mensch   312
Aller Welt Freund   334
Der letzte Kaiser   352

ANHANG

Danksagung   367
Literatur   369
Register   373
Bildnachweis   381

Heimkehr der Helden

»Es kann nur noch ein Nachspielen von einer Minute sein. Deutschland führt 3:2 im Endspiel der Fußball-Weltmeisterschaft. Aber es droht Gefahr – die Ungarn auf dem rechten Flügel – Jetzt hat Fritz Walter den Ball über die Außenlinie ins Aus geschlagen. Wer will ihm das verdenken? Die Ungarn erhalten einen Einwurf zugesprochen – der ist ausgeführt – kommt zu Bozsik – Aus! Aus! Aus! Aus! Das Spiel ist aus! Deutschland ist Weltmeister!!«

Herbert Zimmermann

Die ganze Stadt ist besoffen. Vor Glück. Es ist der 6. Juli 1954. München schäumt, steht Kopf, platzt aus allen Nähten. Die Schreibtische und Werkbänke werden eilig verlassen, die Geschäfte geschlossen, an allen Schulen im Stadtgebiet fällt der Nachmittagsunterricht aus. Alle wollen dabei sein. Weit über 100 Sonderomnibusse steuern aus ganz Bayern auf die Stadt zu, die Straßenbahnen kapitulieren, der Verkehr bricht zusammen, Wasserwerfer rollen in Stellung, und die Polizei macht sich auf das Schlimmste gefasst. Über 2000 Beamte, somit die gesamte Münchner Schutzmannschaft, sollen die Ordnung in den Straßen verteidigen, auch die Bahnpolizei und das Rote Kreuz müssen helfen. Der Reporter der *Frankfurter Rundschau*: »Es wäre falsch zu sagen: München stand Kopf. Es stand wie ein Mann, aber nur auf einem Bein, das zweite zur Erde zu bringen war unmöglich.«

Vor allem am Hauptbahnhof herrscht qualvolles Gedränge. Hier erwartet man am Bahnsteig 11 gegen 16.00 Uhr die »Helden von Bern«. Die Münchner Zeitungen haben Zehntausende weiß-blaue Fähnchen verteilt, Kinder klettern winkend auf gelbe Postbusse, eine Kapelle der Bereitschaftspolizei schmettert Marschmusik. »Die Treppe zum Bahnsteig ist mit Frauen, Männern und Kindern vollgestopft. Sie weichen nicht. Hunderte wollen vom Bahnhof heraus, Hunderte wollen hinein. Dazwischen treiben verzweifelte, schimpfende, jammernde Reisende mit Koffern und Handtaschen. Gleichmütig nicken die Pferde der berittenen Polizei am lorbeergeschmückten Ausgang mit den Köpfen.«

Während der Sonderzug mit den Weltmeistern auf München zufährt, während die Bauern auf den Feldern alles stehen und liegen lassen, um Fritz Walter und dem Coupe Rimet zuzujubeln, machen sich Antonie Beckenbauer und ihre zwei Söhne Walter und Franz auf den Weg Richtung Hauptbahnhof. Zu Fuß. Den »Zehnerl« für die Tram spart sie lieber. »Bei so vui Leut« will sie den 13-jährigen Walter und den 9-jährigen Franz nicht allein gehen lassen. Außerdem ist sie selbst infiziert vom Fußballfieber. Noch die 90-jährige Antonie Beckenbauer lacht rückblickend: »Da waren wir direkt fußballnarrisch.« Ihr Mann hat indessen nichts für den Fußball übrig. Er bleibt lieber daheim. »Vom Fußball«, pflegt er damals oft zu sagen, »kann keiner leben.«

In der Schillerstraße ist dann Schluss für die Familie Beckenbauer. Es geht nicht vor, nicht zurück, die drei sind eingekeilt. »Eine düstere Gegend«, erinnert sich Walter, »da waren das Rotlichtviertel und der Schwarzmarkt, kleine Händler in Baracken mit geteerten Dächern, auch noch Ruinen.« Der kleine Franzi, so wird er in der Familie genannt, sieht nichts. Nur Ohrenkulisse: Ratschen, Trillerpfeifen, Fabriksirenen heulen, Applaus, die Lautsprecher der Polizei. Aus einem Fenster dröhnt von einem Tonband für die Wartenden noch einmal die Reportage des Endspiels: »Fritz Walter ist am Ball, gibt zu Otmar, der zu Rahn. Schieß, schieß! Nein, er gibt zurück.« Franzi ist den Tränen nahe. Ein stämmiger Bursche sieht sein Elend, erbarmt sich und setzt ihn auf das Dach einer flachen Behelfsbude. Gleich nebenan vertreibt der Besitzer einer solchen Bude mit einem Gummiknüppel ein Dutzend Halbwüchsige vom Dach, Einsturzgefahr. Ein gellendes Pfeifkonzert hebt protestierend an. Franzi jedoch darf oben bleiben, allein. Jetzt hat er den besten Blick. Was sieht er?

An der Spitze des Zuges, der um 16.15 Uhr vom Hauptbahnhof aufgebrochen ist und nur langsam vorwärtskommt, paradiert der Chef der berittenen Polizei auf seinem Pferd Prinzeß. Es folgen zwei Kamerawagen, einer für die Wochenschau, der andere fürs Fernsehen. Dann schiebt sich das erste blumengeschmückte Mercedes-220-Kabriolett ins Bild. Elf weitere werden folgen. Fotografen laufen neben den Wagen auf der Jagd nach dem besten Bild. Ein unglaublicher, in den Ohren schmerzender Jubelorkan bricht los, Hurra, Hoch, Hipp Hipp Hurra, Bravo. Konfetti, Taschentücher, Fähnchen, Hände, alles fliegt, wedelt, winkt. Im ersten Wagen sitzen Sepp Herberger, Fritz Walter und Hans Huber, der Präsident des Bayerischen Fußballverbandes. Der Junge auf dem Dach kennt und erkennt nur Fritz Walter. Das zerknitterte Faltengesicht des Trainers und der stämmige Funktionär, sie sind ihm fremd. Immer wieder stockt der Zug, Menschen drängen an die Wagen heran, wollen die Hände der Helden schütteln, werfen ihnen Blumen oder kleine Präsente zu. Fritz Walter winkt mit einem Blumenstrauß, fährt sich mit der Hand durch das widerspenstige Haar, lacht in das lachende, glücksbesoffene Gesicht der Stadt.

Fünfzig Jahre später. Den Jungen auf dem Dach gibt es nicht mehr. Aus Franzi wurde der »Kaiser«. Sepp Herberger und Fritz Walter sind lange tot. In den Kinos läuft Sönke Wortmanns DAS WUNDER VON BERN, ein Film, der der Nation fast vergessene Gefühle schenkt. Sogar der Kanzler hat im Kino geweint, »drei Mal« weiß der Regisseur Wortmann nach der Privatvorführung für den Kanzler zu berichten. Fünfzig Jahre später sitzt Franz Beckenbauer im Büro-Stüberl beim Feinkost Käfer an der Prinzregentenstraße. Wir sind hier zum Interview verabredet. Das Büro-Stüberl sieht aus wie eine uralte Bauernstube, holzvertäfelt, eine umlaufende Eckbank, ein massiver Holztisch. Es fehlt nur der Kamin.

»Haben sie den Film DAS WUNDER VON BERN schon gesehen?«
»Nein, bis jetzt noch net.«
»Aber Sie werden ihn sich noch anschauen?«
»Klar, ich war doch eingeladen bei der Premiere, bin aber an dem Abend abgeflogen, nach . . .«
Beckenbauer wirft seinem Assistenten Marcus Höfl einen fragenden Blick zu: »Wo warn wir da?« Dann fällt es ihm wieder ein: »Katar!«

Dieser Mann, das ist klar, ist nüchtern, er braucht keine Leinwandlegenden. Dass er selbst eine Legende ist, damit kann er nichts anfangen. Von Mythen, Traditionen und Heldenbildern will er nichts wissen. Er sitzt hier, im Heute, satt am Augenblick, er ist keiner, der die alten Zeiten beschwört und dabei leuchtende Augen bekommt.

»Gut, ich hab gewusst, die fahren jetzt mit dem Auto vorbei, aber als 9-Jähriger hast du nicht wirklich gewusst, um was es da geht. Aber ich bilde mir ein, dass ich bewusst dabei war.«

Dass der Junge damals beinahe verloren ging im Strudel des nationalen Gefühls, damals im Gewühl der Schillerstraße, das weiß er nicht mehr. Nur seine Mutter erinnert sich noch, dass sie fortgerissen, abgedrängt wurde, dass sie an den »Bub« dachte, der dort oben auf dem Teerdach stand und allein nicht herunter konnte.

Seine kleine Welt

»Denn, um es endlich auf einmal herauszusagen, der Mensch spielt nur, wo er in voller Bedeutung des Worts Mensch ist, und er ist nur da ganz Mensch, wo er spielt.«

Friedrich Schiller: Über die ästhetische Erziehung des Menschen

Antonie Beckenbauer steht am Fenster und sieht zu ihrem Sohn herunter. Der steigt in seinen blauschwarzen Audi. Das Nummernschild übersetzt Deutschlands Fußballhoffnung in eine griffige Buchstaben- und Zahlenkombination: M-FB-WM 2006. Steckt in diesem Nummernschild nicht sein ganzes Leben? Es ist ein kalter Dezemberabend. Das Jahr 2003 geht zu Ende. Zwei Stunden später wird sich der FC Bayern nach einem trostlosen Spiel gegen den RSC Anderlecht ins Viertelfinale der Champions League gequält haben. Das Beste an diesem Abend war der Besuch in der Schwabinger Stauffenbergstraße, ein Ritual. Vor jedem Heimspiel besucht der Sohn die Mutter. Er sitzt lieber in ihrer Küche, da im getäfelten Winkel, neben den Bierhumpen mit seinem Konterfei, als in den VIP-Lounges des Olympiastadions.

Franz Beckenbauer lässt die dunkel getönte Scheibe herunter, winkt kurz und murmelte: »Pfüad di!« Oben steht Antonie und winkt zurück. Noch von hier unten sehe ich das strahlende Lachen, mit dem sie ihrem Sohn nachschaut. Sie hat ihm viel geschenkt in ihrem Leben.

Der 11. September 1945 war ein freundlicher, spätsommerlicher Tag. Es traf sich gut, dass Antonie Beckenbauer Besuch von ihrer Schwester Leni hatte. Die hochschwangere Antonie kam einer »Vorladung« bei ihrer Hebamme nach, die umgehend feststellte, dass die Wehen bereits eingesetzt hatten. Schnell wurden Nachthemd und Waschzeug zusammengerafft, dann machten sich die Schwestern am späten Nachmittag auf den beschwerlichen Weg in die Max-Vorstadt zur gynäkologischen Haas-Klinik. Ihr Mann hatte an diesem Tag Nachtdienst, von ihm war also keine Hilfe zu erwarten. Die Trambahn fuhr nur zwei Stationen, die meisten Gleise waren noch zerbombt. So ging es für die Frauen nur langsam voran. Erst als die Schwestern die Klinik fast erreicht hatten, hielt ein Militärjeep neben ihnen, ein amerikanischer Militärpolizist sprang heraus und half beim Einsteigen. So langten die Schwestern gerade noch rechtzeitig im Krankenhaus an, denn um 21.00 Uhr trat die Ausgangssperre in Kraft, weshalb Leni nur mit einem Permit nach Hause zurückkehren konnte.

Die Geburt hat nicht lange gedauert, der Junge erblickte um 23.15 Uhr das Licht der Welt. Keine Komplikationen, keine Auffälligkeiten. Vierzehn Tage später wurde er in der Heilig-Kreuz-Kirche auf den Namen Franz getauft. Ein Mädchen hatte es eigentlich werden sollen, und das Kind hätte Franziska heißen sollen. Jetzt nannten sie den zarten, leicht untergewichtigen Bub nach seinem Vater. »Der Franzi«, so hat es die Mutter einmal einem Reporter anvertraut, »hat sich neigeschwindelt ins Leben!« Die Zeiten waren danach, besser man schlich und schwindelte sich ins Leben, möglichst unauffällig, ohne Trara und Tusch, ohne Aufsehen.

Giesing, der Stadtteil Münchens, in dem Franz Beckenbauer seine ersten fünfzehn Lebensjahre verbringen sollte, war immer ein armes Viertel gewesen. Aber jetzt, kaum fünf Monate nach Kriegsende, war es zudem zerstört, eine karge Ruinenlandschaft, in der der Kampf ums Überleben noch lange nicht vorbei war. Ein Wunschkind also wohl kaum. Eher ein Kind der Angst, ein Kind des Atemholens, ein Kind, dessen kleine Welt schon in Trümmern lag, bevor es den ersten Schrei getan hatte. »Bei jedem Angriff«, erzählt Antonie Beckenbauer, »waren ein paar Bomben für uns dabei. Von 1944 auf 1945 haben wir 72 Großangriffe gehabt. Gott sei Dank, hatte das Haus einen großen, schönen Luftschutzkeller mit schweren Gewölben.« Hier also beginnt die Geschichte von Franz Beckenbauer und seiner Familie eigentlich: Am St. Bonifatius Platz 2, vierter Stock, in Giesing. Im Jahr 1905 ziehen die Großeltern Katharina und Michael Beckenbauer in dieses Haus. Sie werden es bis zu ihrem Tod nicht mehr verlassen. Katharina Beckenbauer stirbt wenige Wochen, nachdem sie den Triumph ihres Enkels bei der Fußballweltmeisterschaft 1966 mit Begeisterung mitverfolgt hat. In Beckenbauers Biographien wird bis heute erzählt, der junge Franz sei in der Zugspitzstraße, Hausnummer 6 aufgewachsen. Doch der St. Bonifatius Platz wurde der angrenzenden Zugspitzstraße erst 1962 zugerechnet und auch die Hausnummer änderte sich erst in diesem Jahr. Zu diesem Zeitpunkt aber lebten Franz und seine Eltern bereits in Schwabing, wo dem Vater Beckenbauer als Postler eine modernere Genossenschaftswohnung zugewiesen worden war.

Katharina Wimmer wird am 18. März 1879 geboren. Sie stammt aus dem kleinen niederbayerischen Dorf Holzhäuser in der Nähe von Griesbach. Ihr Mann Michael Beckenbauer, geboren am 30. Dezember 1872, wächst im mittelfränkischen Walting auf. Ihre Wege kreuzen sich in München. Michael ist der älteste Sohn eines Landwirts und somit als Hoferbe vorgesehen. Doch der junge Mann sei, so vermutet eine Enkelin heute, zu »empfindsam« zum Schlachten gewesen und habe sich das Leben und Arbeiten als Bauer nicht zugetraut. Auf der Suche nach Arbeit landet er in München und fährt zunächst Fuhrwerke für die Firma Kathreiner, die ab 1887 sehr erfolgreich Ersatzkaffee aus Feigen oder Malz herstellt. Kathreiners Kneipp Malzkaffee wird bald auch häufig in der jungen Familie Beckenbauer getrunken, denn das Geld ist knapp, Bohnenkaffee ist teuer, und früh am Morgen ersetzt der nahrhafte Ersatzkaffee schon mal das Frühstück. Katharina Wimmer findet als junges Mädchen ihr Auskommen zunächst als Hausmädchen bei einer Baronesse, die sie zu einer Gräfin nach München »rekommandiert«. Hier finden die Großeltern von Franz Beckenbauer zueinander, sie heiraten 1896, da ist Katharina gerade einmal 17 Jahre alt.

Es beginnt ein entbehrungs- und arbeitsreiches Leben. In rascher Folge werden Katharina Kinder geboren. Ihr Mann geht zur Post und bekommt eine Stelle als Geldbriefträger, sie bessert das schmale Einkommen durch Heimarbeit auf, wenn die Kinder ihr Zeit lassen. »Die Mama war resolut«, sagt Frieda Moosmaier, die als letzte von den sieben Beckenbauer-Geschwistern noch lebt. »Mein Vater hat alles der Mutter überlassen, die war eine starke Frau.« Sie musste stark sein, denn die Zeiten waren schwer, und Michael Beckenbauer war ein kränklicher, nicht sehr robuster Mann. Immerhin besaß er als Postbediensteter ein regelmäßiges Einkommen, das dem Paar 1905 die Anmietung der 4-Zimmerwohnung am St. Bonifatius Platz erlaubte. In diesem Jahr lebten in Unter- und Obergiesing knapp

30 000 Menschen, das Viertel gehörte zu den ärmsten in der Haupt- und Residenzstadt. Von den Mieten her betrachtet war Giesing der billigste Stadtteil Münchens, im Schnitt kostete eine Wohnung hier 19 Mark. Eine bürgerliche Oberschicht fehlte in Giesing ganz, Angestellte gab es kaum, dagegen fast fünfzig Prozent Arbeiter. Die Masse der Giesinger Bevölkerung, annähernd 84 Prozent, gehörten der Unterschicht an.

Dass diese Sozialstruktur sich auch auf die Gesundheit und damit auf das Leben der Familie Beckenbauer auswirkte, musste Katharina Beckenbauer schmerzlich am eigenen Leib erfahren. Sie erlitt mehrere Fehlgeburten, ein Zwillingspaar, das sie lebend zur Welt gebracht hatte, starb bereits nach wenigen Tagen, und drei Mädchen sterben im Alter von drei und vier Jahren an Diphtherie. Für 30 000 Menschen gab es lediglich zwei Apotheken, ein Arzt musste 1400 Menschen versorgen. Auch aus diesen Gründen verzeichnete Giesing eine außerordentlich hohe Tuberkulose- und Säuglingssterblichkeit. Dennoch gab es in diesem armen Stadtviertel verglichen mit anderen Stadtteilen überaus viele Kinder, mehr als ein Drittel der Bevölkerung war damals unter 14 Jahre alt. Als Franz Beckenbauer 40 Jahre später geboren wird, hat sich daran nicht viel geändert. »23 Kinder haben damals in unserem Haus gelebt«, bemerkt seine Mutter Antonie nicht ohne einen gewissen Stolz.

Franz, der Vater des zukünftigen Stars, ist das vierte Kind von Katharina und Michael Beckenbauer. Nach seiner Geburt am 15. September 1905 in der Edelweißstraße zog die inzwischen sechsköpfige Familie an den nahe gelegenen St. Bonifatius Platz. Franz Beckenbauer ist nach Josef, Hans und Ludwig bereits der vierte Junge, es folgen noch Alfons und die Schwestern Katharina und Frieda. Es ist nicht zuletzt dieser Kinderreichtum, der die Familie Beckenbauer mit der SPD sympathisieren lässt. »Für mich gibt es nur die SPD!«, bekennt Katharina Beckenbauer noch fünfzig Jahre später ihrer Schwiegertochter Antonie.

»Ja, warum eigentlich?«, fragt Antonie zurück.

»Weil die SPD doch das Kindergeld eingeführt hat, bei sieben Kindern, das hat doch was ausgemacht!«

Diese politische Orientierung war in Giesing beinahe die Regel. Bei der letzten Reichstagswahl vor dem Ersten Weltkrieg 1912 entschieden sich 75 Prozent aller Wähler – Frauen waren noch nicht stimmberechtigt – für die SPD. Solche Wahlergebnisse begründeten Giesings Ruf als »Rote Hochburg«, ein Ruf mit blutigen Folgen, wie man sehen wird, ein Ruf, der auch die Kindheit von Antonie Beckenbauer nachhaltig prägte.

Wenn man mit Franz Beckenbauer über seine Mutter spricht, wird die Stimme des ansonsten wenig rührseligen Mannes weicher, ja, zärtlicher, wobei auch sein bayerischer Dialekt eine Rolle spielt. Er sagt: »Mei Muatter«, und darin klingen Intimität, Wärme und Verbundenheit an, Untertöne, die im Hochdeutschen nicht so gut zu hören sind. »Natürlich war unsere Muatter unsere Bezugsperson«, sagt Franz Beckenbauer.

Antonie Hupfauf wurde am 23. Juni 1913 in Giesing in der Martinstraße 6 geboren, ihre Eltern hießen Maria und Josef. Auch ihr Vater, der als Schreiner in einem kleinen Betrieb arbeitete, wählte die SPD. Der Mädchenname seiner Mutter hat Franz Beckenbauer später oft Spott eingetragen: »Hupfauf! In der Schule habe ich mich oft geschämt. Wenn du in der Schule aufgerufen worden bist: Wie ist denn der Mädchenname deiner Mutter? Da haben natürlich alle gelacht. Ich weiß noch, dass ich oft ausgelacht worden bin.«

Antonies Vater fiel im Ersten Weltkrieg, da war sie drei Jahre alt. Ihre Mutter heiratete 1919 ein zweites Mal; Vetterle hieß der Mann und arbeitete bei der Post. »Wir ham einen guaten Stiefvater gehabt«, stellt Antonie fest. So etwas sagt sie oft: Gut, schön, toll. Das fällt auf. Sie hat einen Willen zum Guten, zum Heilen, zum Schönen. Sie ist optimistisch, das »Schlimme« im Leben will sie klein halten, sie meidet es. Vielleicht hat sich ihr deshalb die Revolutions- und Rätezeit so tief ins Gedächtnis gebrannt. Am 21. Februar 1919 wird Kurt Eisner, Bayerns erster republikanischer Ministerpräsident, ermordet. Der Ostfriedhof, wo Eisner begraben wird, liegt direkt gegenüber des St.-Bonifatius-Platzes, und der Trauerzug, an dem mehr als 100 000 Menschen teilnehmen, führte unmittelbar am Haus von Antonies Eltern in der Martinstraße vorbei. »Die Revolution, des war schlimm. Ich kann mich noch erinnern, wie sie den Eisner von der Feldherrnhalle bis zum Ostfriedhof die ganze Stadt durchgetragen haben. Ich seh heut noch, wie er drin gelegen ist mit seinem Bart, den ham se ja erschossen, gel.«

Nachdem im Mai 1919 Truppen der Reichswehr und zahlreiche Freikorps in München einmarschiert waren, um die Räterepublik zu beenden, wütete bald der »weiße Terror«. Die »Schlacht um Giesing« begann am 2. Mai. Unter den Söldnern der Freikorps galt Giesing als »das berüchtigste Außenviertel«, als »die Hochburg kommunistischer Verseuchung«. In keinem Stadtviertel forderte der Terror mehr Tote, hier wurde mit besonderer Brutalität vorgegangen, ein vager Verdacht reichte den enthemmten Freikorpskämpfern aus, um jemanden bestialisch zu töten. An diese Tage der mörderischen »Säuberungsaktionen«, in denen jedes Haus auf der Suche nach »Spartakisten« systematisch durchkämmt wurde, erinnert sich Antonie Beckenbauer genau: »Eine Schulkameradin, die nachts oft Bier holen musste für den Vater, wurde auf offener Straße erschossen, weil sie den Befehl anzuhalten, mißachtet hatte. In der Nacht ham wir oft alle nunter müssen, weil es geheißen hat, in dem Haus sind Waffen versteckt. Da mussten wir einmal alle raus, im Nachthemd, und haben warten müssen, bis sie alles durchsucht haben, selbst in die Dachrinne haben sie geschaut. Das war keine schöne Zeit, muss ich sagen.«

Nach dem Terror kamen die Wirtschaftskrisen der Weimarer Republik. Die kleine Antonie wurde mit Billionenscheinen zum Brotholen geschickt und musste sich beeilen, ehe das Geld jeden Wert verlor. In der Schule wurden an Arme und Waisenkinder Schuhe verteilt. Als die Lehrerin die Kinder fragte, wer denn bedürftig wäre, meldete sich Antonie nicht. Daheim seufzte ihre Mutter: »Arm sind wir grad net, aber i wär froh gwesen, wenn du die Schuh mit heim bracht hättst.« Trotz aller Entbehrungen – Antonie Beckenbauer beharrt darauf, eine »schöne Jugend« erlebt zu haben. »Der große Sportplatz von 1906 war unser Spielplatz, wir waren nicht auf der Straße.« Der Vereinsplatz des SC München 1906 wird im Leben von Franz Beckenbauer noch eine entscheidende Rolle spielen. Hier wird er das Fußballspielen lernen, hier tritt er in einen Verein ein, hier wird er das erste Mal trainiert. Die Biographie des Fußballers Beckenbauer begann auf diesem Platz. »Martinswiese« nannte man die große Freifläche damals. Erst später wird aus der Rasenfläche ein Aschenplatz mit einem kleinen vorgelagerten Rasenstreifen.

Mit 13 Jahren verlässt Antonie Beckenbauer die Schule und beginnt eine Lehre als Verkäuferin bei der Lebensmittelkette »Backdi«.

Sie arbeitete acht Jahre bei »Backdi«, ehe sie 1933 als Verkäuferin zu Uhlfelder ins Rosental wechselt, damals das größte Kaufhaus Münchens.

»War das ein jüdischer Eigentümer?«

»Ja, das war ein Jude, ein guter Jude. Ich kann nix sagen über die Leut, wir ham a so tolle Zeit bei denen gehabt, es war schön.«

Tatsächlich waren die Sozialleistungen Max Uhlfelders damals stadtbekannt. Langjährige Mitarbeiter erhielten großzügige Gratifikationen, es gab einen Fonds zugunsten kranker und erholungsbedürftiger Mitarbeiter, und der verkaufsfreie und damit für das Personal arbeitsfreie Sonntag wurde hier in München zuerst eingeführt. Dass ihr Arbeitgeber Jude war, spielte für Antonie Beckenbauer keine Rolle, obwohl Max Uhlfelder im März 1933 verhaftet worden war, obwohl es immer wieder zu antijüdischen Demonstrationen vor dem Kaufhaus kam, obwohl die Kunden es immer seltener wagten, das Kaufhaus zu betreten, weil wieder ein pöbelnder SA-Posten vor dem Eingang Stellung bezogen hatte. Erst als das Kaufhaus in der Pogromnacht vom 9. auf den 10. November 1938 völlig verwüstet und anschließend geschlossen wurde, wechselte Antonie Beckenbauer gezwungenermaßen ihren Arbeitsplatz.

Ihren Mann lernte die junge Antonie durch ihre Freundin Frieda kennen, die Schwester von Franz Beckenbauer. Das Paar heiratete 1937 in der Kirche Königin des Friedens. Die jungen Eheleute hatten wenig Geld und zogen gleich nach der Heirat in die Wohnung der Eltern. Vier Zimmer gab es da, zwei bewohnten fortan die jungen Beckenbauers, die beiden anderen gehörten den Schwiegereltern. Doch Michael Beckenbauer, der einst vom Land geflohen war, starb schon 1938, seine Frau Katharina blieb als Oberpostschaffnerwitwe zurück. Ihr Sohn Franz trat in die Fußstapfen des Vaters und begann 1935 aushilfsweise als Briefsortierer bei der Post. Zuvor hatte er schon eine Lehre als Maschinenbauschlosser gemacht und bei der Reichswehr gedient, ehe er krank wurde und es über Jahre hinweg blieb. Magengeschwüre und ein Rückenleiden machten ihm von da an zu schaffen. Im Zweiten Weltkrieg verzichtete die Wehrmacht auf den maladen Mann. 1941 wurde dem Ehepaar Beckenbauer dann der erste Sohn geboren, den sie auf den Namen Walter taufen ließen.

Wie denn das Dritte Reich gewesen sei, möchte ich nun wissen.

»Also«, sagt Antonie, »das muss ich Ihnen ganz ehrlich sagen, mit dem Hitler, das haben wir gar nicht so mitgekriegt. Auf einmal war er da. Aus. Wir ham nie, in meiner Familie, den Hitler gewählt. Keiner! Des war scho schlimm dann. Aber dies mit die KZ, des ham wir gar nicht so mitgekriegt, das muss ich ehrlich sagen.«

»Mein Vater«, wirft Walter ein, »hat die Nazis immer abgelehnt. Wie der Beamter hat werden können, ist mir immer noch schleierhaft, aber er hat immer seine Meinung gehabt.«

»Ja, aber bei den Nazis hast schon viel Obacht geben müssen, da hat man nicht so reden können wie jetzt. Auch in der Familie nicht, da waren schon manche dabei, wo man wusste . . .« An dieser Stelle seufzt Antonie vernehmlich. »Aber das ist vorbei, aus und vorbei, die leben alle nimmer.«

Auf Nachfrage erfahre ich, dass von den Brüdern Beckenbauer auch einige »alte Nazis« gewesen sein sollen. Etwa der Josef, der nur Peps genannt wurde, der älteste Sohn, baumlang, massig, ein knorriger Bayer. Der ist zur SS gegangen. »Man mags kaum glauben«, bestätigt seine Schwester Frieda und schüttelt heftig den Kopf, so als könne sie den SS-Eintritt ihres Bruders damit nachträglich ungeschehen machen. Und ein anderer Bruder, erfährt man, habe zuerst bei der Kriminalpolizei, später bei der Gestapo gearbeitet. Deshalb sei er auch nach dem Krieg ein halbes Jahr in Haft gewesen. Dann habe ihn Siemens als Pförtner eingestellt.

»Die Brüder hatten also politisch sehr verschiedene Ansichten?«

Antonie Beckenbauer lacht herzhaft über die tastende Formulierung: »Verschiedene Ansichten? Das war eine schlimme Zeit, da hat meine Mama oft dazwischengehen müssen, wenns beieinander waren, da ists manchmal hoch hergegangen.«

»Waren die beiden denn überzeugte Nationalsozialisten?«

»Die warn wirkliche.«

Keiner der fünf Brüder musste zur Wehrmacht. Franz Beckenbauer arbeitete sich unterdessen bei der Post hoch. Postsekretär, Postobersekretär, Posthauptsekretär. Er verdiente Ende der dreißiger Jahre etwa 200 Mark im Monat. Wegen seiner schlechten Gesundheit konnte er jedoch nur im Innendienst arbeiten. Er kümmerte sich um Kriegerwitwen, er ging zu Beerdigungen, schrieb Beileidsbriefe, würdigte Jubiläen, verteilte Gratifikationen und organisierte den Abschied langjähriger Kollegen. Er wurde ein Art Kummerkastenonkel, er lieh den unteren und mittleren Beamten ein offenes Ohr und nahm Beschwerden entgegen.

Schließlich kam der Krieg auch nach München, nach Giesing. Das Jahr 1943 brachte der Stadt schwere Luftangriffe, zudem trafen immer mehr Flüchtlinge und Evakuierte in der Stadt ein. Da sich in den bombensicheren Gewölben des nahen Salvatorkellers am Nockherberg die zentrale Befehlsverteilungsstelle befand, wurde Giesing zum bevorzugten Zielpunkt englischer und amerikanischer Bomber. Im Salvatorkeller, in dem später der FC Bayern seine Mannschaftsbesprechungen abhalten wird, saßen nun erst einmal der Gauleiter und der Polizeipräsident Münchens und koordinierten die Abwehrmaßnahmen. Bei den schweren Luftangriffen im April 1944 wurde Frieda Moosmaier, inzwischen verheiratet, ausgebombt, daraufhin zog sie mit ihren beiden Söhnen in die Wohnung der Mutter. Es wurde also enger am Bonifatiusplatz 2, das Haus blieb aber weitgehend unbeschädigt. Mal fiel ein Baum auf das Dach, immer wieder gingen die Fenster infolge der Luftdruckwellen zu Bruch, doch von einem direkten Bombentreffer blieb das Haus verschont. Immer öfter musste Antonie Beckenbauer mit dem dreijährigen Walter nun in den Luftschutzkeller hinunter. Sie war wieder schwanger, die Fluchten aus dem vierten Stock wurden beschwerlicher. Schwieriger wurde auch die Lebensmittelversorgung für die Familie. »Einmal«, erzählt Antonie Beckenbauer, »hab ich mich eine Stunde angestellt, für ein Pfund Spinat. Dann kam ein Luftangriff, alle in den Keller. Ich hab keinen Deckel auf den Topf getan, und als wir zurückkamen war der Spinat schwarz von Ruß und Staub, das vergess ich net.«

Kurzerhand beendet der »Kaiser« den Krieg, er mahnt zum Aufbruch. Gerade wollte seine Mutter erzählen, wie die Amerikaner am 12. April 1945 nach München einrückten, da drängt es Franz Beckenbauer aus der Eckbank, er setzt sein FC-Bayern-Cap auf, greift zu den Autoschlüsseln und sagt: »Gemma!« Das Stadion ruft, die Champions League, der RSC Anderlecht, die Scheinwerfer, die Kameras von Premiere, all die offenen Mikrofone, die Zukunft des deutschen Fußballs, und sein Handy läutet Sturm.

Franzi und Franzl

»Der Biwi, Melchior und Kaspar Himmelreich, natürlich der Rupp Bubi und der Leo hatten nachmittags ein Fußballspiel vereinbart. Der Leo war der Torwart Zamorra. Später kam der Kästl Nazi noch dazu. Sie spielten aber doch nur auf ein Tor, weil sechs zu wenig waren. Das Tor war der Wasserhydrant am Eck und der Zitherkasten vom Nazi, der eigentlich in die Zitherstunde zu dem alten Musiklehrer Huber gehen sollte. Aber vorderhand spielte er Fußball. Der Ball sah aus wie ein Preßsack. Die Himmelreich-Buben waren für diese Wurst verantwortlich. Sie hatten sie aus den Resten eines ledernen Autositzes mit den krummen Nadeln des Vaters zusammengestückelt. Aber eine Luftblase war schon drin. Da geschah es nun, daß der Leo einen Oberrist-Elfmeter vom Bubi nicht mehr halten konnte, sosehr er sich auch streckte, und das linke Knie blutig schlug beim Hinfallen. Die lederne Wurst aber verschwand mit viel Effet in einem offenen Parterrefenster.«

Siegfried Sommer: Und keiner weint mir nach

Die Tauben fallen in den Hof wie Steine. Ein böiger Wind drückt sie zu Boden, knallt gegen die morschen Fensterstöcke, zwischen den zerbrochenen Scheiben winkt eine nikotingelbe Gardine. Das Haus, in dem Franz Beckenbauer aufwuchs, ist im Sommer 2004 eine Ruine, ein Spekulationsobjekt. Überall Graffiti an den Wänden, schon die Eingangstür hält die grellgrün gesprühte Warnung bereit: »Verpisst Euch, oder wir werden euch töten!« Dann ein Hausflur voller Gerümpel und Scherben, ein verlassener Hof mit Brunnen, ein Treppenhaus voller Schatten und Kälte, Hakenkreuze an den Wänden. Es ist unheimlich still hier, ich muss mich überreden, in den vierten Stock zu steigen, da wo einst die Familie Beckenbauer wohnte. »Zuletzt«, berichtet eine Nachbarin, »haben da Türken und Studenten gewohnt, ach, was sag ich, gehaust haben die, Leute ohne Geld.« Die meisten Wohnungstüren sind offen, gewaltsam aufgebrochen. Da stehen noch Möbel, wild durcheinander geworfen, zerbrochene Stühle, Schränke mit aufgerissenen Türen, Papier in blaue Abfalltüten gestopft, Koffer, in die jemand hastig Wäsche und Besteck geworfen hat. In Beckenbauers Wohnung sticht die Sonne, überall zurückgelassenes, verwittertes Leben. Auf dem Boden liegen viele Bücher, ich nehme eins in die Hand. Ein zerfleddertes Suhrkamp-Taschenbuch, Karin Strucks Erfolgsroman der siebziger Jahre »Lieben«, versehen mit der Widmung »Damit du was lernst! von E.«. Daneben eine Broschüre »Aktion freie Sicht im Sport«, der bärtige Paul Breitner wirbt lachend: »Ohne Kontaktlinsen wäre ich blind wie ein Maulwurf.«

Franz Beckenbauer schüttelt den Kopf über dieses Haus. Es ist für ihn kein Palast der Erinnerungen, in den er selig hinabsteigt, nein, es graust ihn: »Wir wohnten im vierten Stock. Kein Licht im Treppenhaus, fließend Wasser und Toilette nur auf dem Gang. Wies dir da im Winter den Arsch weggefroren hat. Ich war ängstlich, auch weil wir oben im Flur kein Licht hatten. Das waren Funzeln damals, hinter jedem Pfeiler hab ich jemanden vermutet. Und deshalb bin ich immer hinaufgefetzt oder runtergefetzt. Meine Mutter, die mich raus gelassen hat, schaute zum Fenster hinunter, wo ich denn bin, aber da war ich schon weg. Da hab ich meine Schnelligkeit her, vor lauter Angst. Ich hab mich immer geweigert, Kohlen aus dem Keller zu holen, weil das noch schlimmer war. Diese Gewölbe, diese ohnehin schon finsteren Gewölbe, diese Funzeln, die haben so geflackert und du hast ständig irgendwo einen Schatten gesehen. Mit meinem Bruder bin ich dann gegangen, da war ich mutiger, aber allein hab ich nie Kohlen geholt.«

Die Beckenbauers haben Glück im Unglück. Ihr Haus war im Krieg nicht zerstört worden, sie konnten in ihrer Wohnung bleiben, Flüchtlinge werden ihnen auch nicht zugewiesen. Die Hausbewohner richten in Gemeinschaftsarbeit den beschädigten Speicher wieder her, am Trümmerräumen in den Straßen Giesings mussten sich die Eltern aber nicht beteiligen. Von 1944 bis 1950 leben vier Erwachsene und vier Kinder in den vier Zimmern, Franz Beckenbauer mit seiner Frau und den Kindern Franz und Walter, seine Schwester Frieda mit ihren beiden Söhnen und die Großmutter Katharina. Es sei schon eine schlimme Zeit gewesen, sagt Antonie Beckenbauer, aber dramatisch wurde sie für die Familie Beckenbauer nicht. Zwar gab es infolge des Nahrungsmangel und der hygienischen Bedingungen eine hohe Säuglings- und Kindersterblichkeit, aber der »kloane Franzi« kommt heil durch seine ersten Jahre. Denn wirkliche Not leidet die Familie nicht, der Vater nimmt bald wieder seinen Posten bei der Post ein, die Großmutter bekommt ihre Rente als Oberpostschaffnerwitwe, und hin und wieder hilft jemand aus der weitläufigen Familie Beckenbauer. Außerdem gibt es Verwandte auf dem Land, die schon mal ein Ei, ein Laib Brot oder etwas Fleisch entbehren können. Care-Pakete hat die Familie dagegen nie bekommen, Mutter Antonie fuhr stattdessen dreißig Kilometer mit dem Rad aufs Land zum Hamstern, Franzi blieb derweil in der Obhut der Großmutter. Die Bauern nahmen gerne Wäsche, Anzüge oder Bücher entgegen und gaben dafür dann Speck, Milch oder etwas Gemüse.

Die ersten Nachkriegswinter waren hart. Es war bitterkalt, Strom und Gas gab es nur stundenweise, in den Wintermonaten war es meist dunkel, ehe das Licht abends angeschaltet wurde. An Kohlen herrschte immer Mangel, alles, was brannte, wurde in den Öfen verfeuert. Aus Fahnenstoff oder Mullbinden ließen sich wärmende Kindermäntelchen nähen, die Anzüge der im Krieg gefallenen Männer wurden umgearbeitet und weitergereicht. Lebensmittel waren rationiert, also plünderte man im Frühjahr Obstgärten, machte Rasenflächen zu Rüben- und Kartoffeläckern oder raubte Hühnerställe aus. In den Straßen klopften die Trümmerfrauen Steine, die Männer trugen zerschlissene Wehrmachtsuniformen. Kriegsheimkehrer schlichen grau vor Hunger durch die Straßen, und an den Ecken standen bettelnde Männer, denen der Arm oder das Bein fehlte. In München hatte die amerikanische Militärregierung das Kommando übernommen. Es war die Zeit der Erlasse, der »permits«, der »re-education« und des »Fraternisierungsverbots«; es war die Zeit, in der die Alliierten durch eine sehr bürokratisch organisierte Entnazifizierung versuchten, das Hitlergift aus den Menschen zu filtern. Die meisten Deutschen sträubten sich gegen die amtlich verordneten Entgiftung, sie fühlten sich vor den Kopf gestoßen, gedemütigt und zu Unrecht beschuldigt.

Der Schriftsteller Werner Schlierf, in Giesing geboren und ganz in Franz Beckenbauers Nähe aufgewachsen, hat den entbehrungsreichen Nachkriegsalltag, den er als Junge in den Giesinger Straßen erlebte, sehr eindrucksvoll geschildert: »Es gab nichts mehr, absolut nichts. Kein Geschäft hatte geöffnet. Die Bürger lebten in Solidarität mit den Ratten. Wer krank wurde, war erledigt. Es gab weder Medikamente noch Lebensmittel. Karl Scharnagl wurde als Oberbürgermeister von den Amerikanern eingesetzt. Allmählich setzte er durch, dass die Caritas für seine hungernden Bürger etwas tat. Auch bei der Besatzungsmacht erreichte er schließlich, dass sie Lebensmittel und Bekleidung für die Münchner bereitstellte. Im Hofbräuhaus wurden an Kinder und schwangere Frauen Doughnuts, die eine entfernte Ähnlichkeit mit Schmalznudeln hatten, verteilt. Dazu gab es Ei- und Vanillepulver und Trockenmilch. Die meisten kotzten die gierig genossenen Doughnuts wieder, da sie die fette Labsal nicht mehr vertragen konnten. Ihre Mägen waren an Magermilch, Kartoffel, Kunsthonig und Nichts gewöhnt.«

Für die Biographie von Franz Beckenbauer ist es wichtig, die Mentalität festzuhalten, die sich die Deutschen in diesen Nachkriegsjahren antrainieren. Man besinnt sich auf sich selbst, man misstraut jedem Ideal, sieht den Staat als unberechenbares Wesen und kümmert sich in erster Linie um das eigene Wohlergehen. Es sind Jahre des Egoismus und des wachsenden Individualismus, im Guten wie im Schlechten. Man fühlt sich auf sich selbst gestellt und versucht pragmatisch, alle Hindernisse aus dem Weg zu räumen. Die Nachkriegsjahre und die darauf folgenden Jahre des Wirtschaftswunders sind Beutejahre, Jahre, in denen die Bundesbürger zu konsumorientierten Freibeutern und zu Ich-Athleten werden. Staat, Kirche, Parteien und selbst die Familie sind erschütterte, in ihrer Autorität untergrabene Institutionen. Da bleibt zuletzt nur das Ich, als Kredit und Investition, als Glaube und Programm, als Festung und als Biographie. Noch in den Titeln der beiden umfangreichen Autobiographien, die Franz Beckenbauer 1975 nach dem Gewinn der Weltmeisterschaft und 1992 nach seinem Erfolg als Teamchef in Rom veröffentlichen lässt, schwingt etwas von dieser Haltung mit: Die Bücher werden »Einer wie ich« und »Ich – Wie es wirklich war« heißen. Bevor aber aus dem Kind der »Kaiser« wird, der Heerscharen von Ghostwritern beschäftigt, die sein »Ich« an-, um- und auskleiden, muss der »kloane Franzi« erst einmal das Fußballspielen lernen.

»Der Franzi«, wie es seine Tante Frieda ausdrückt, »ist hier in den

Fußball neigewachsen.« Besser kann man es nicht sagen. Der Fußballplatz des SC München 1906 ist das große, grüne Kinderzimmer des Franz Beckenbauer. Hier, auf der Martinswiese, hat schon seine Mutter als Kind gespielt, hier spielt auch ihr Sohn. Blickt man aus der Wohnung im vierten Stock, dann liegt links der weitläufige Ostfriedhof mit der schwungvollen Kuppel der Aussegnungshalle, während man rechter Hand auf das Zwiebeltürmchen des früheren Martinspitals sieht. Wie von diesen Gebäuden malerisch eingefasst, liegt der Fußballplatz einladend vor dem Haus. Dorthin zieht es den Jungen, dorthin wird er zum Spielen geschickt, denn hier hat der Blick der Mutter alles im Griff.

Der kleine Franzi ist früh fußballverrückt. Am Wochenende sitzt er am offenen Fenster und hört die Fußballübertragungen des Bayerischen Rundfunks. Den damals sehr beliebten Sportreporter Oskar Klose ahmt er leidenschaftlich nach. Dabei blickt er auf den leeren Fußballplatz, in seiner Phantasie tobt ein entscheidendes Match, und dazu kommentiert der Junge wie sein Vorbild Klose: »Eine ganz scharfe Flanke von rechts in den Strafraum, Morlock steigt am höchsten und . . . Tor! Nein, verzeihen Sie, knapp daneben.«

Franz Beckenbauer wuchs zusammen mit seinem Bruder in einem kinderreichen Viertel auf. Wer hier Fußball spielte, war integriert, wer gut Fußball spielte, war obenauf. Walter ist vier Jahre älter und schon ein talentierter Fußballer, als Franz zusammen mit ihm auf die Straße darf. Der Kleine sieht damals zum Großen empor. Der Große ist heute der Kleine in Sachen Fußball. Walter Beckenbauer ist den umgekehrten Weg gegangen, vom großen zum kleinen Verein: »Wir haben immer schon Fußball gespielt, mit Gummibällen, Schweinsblasen, Tennisbällen, Stoffbällen. Was hätten wir sonst spielen sollen? Fußball war einfach vom Geldbeutel her das Beste. Mit elf bin ich zum FC Bayern München, mit vierzehn zum SC München 1906 gegangen.«

Die erste Mannschaft, in der sich Franz Beckenbauer einen Stammplatz erkämpfte, war die »Bowazu«-Mannschaft. Mitspielen durfte nur, wer in der Bonifatius-, der Watzmann- oder der Zugspitzstraße wohnte. Auch Mädchen waren zugelassen, wenn sie Fußball spielen konnten. Den Ton gaben die Älteren, die Kräftigen und die begabten Spieler an. Man spielte untereinander, etwa fünf gegen fünf, oder man trat gegen andere Straßen- oder Kirchenmannschaften an. Die kleineren Kinder waren als Ballholer beschäftigt, übten inzwischen mit Tennisbällen und sahen sehnsüchtig den Großen zu. Den ersten richtigen Lederball kaufte sich die »Bowazu«-Mannschaft für 18 DM, dafür hatten die Kinder einen Monat lang Stanniolpapier gesammelt und es dann zum Altwarenhändler getragen.

Eines Tages, Franz Beckenbauer ist fünf Jahre alt, fehlt jemand, die Mannschaften gehen nicht gleichmäßig auf. Vier gegen drei, passt nicht. Also, komm her! Vier gegen vier. Da darf der Kleine als Lückenfüller antreten, und er macht seine Sache gut. So gut, dass er fortan aus der »Bowazu«-Elf nicht fortzudenken ist. Walter Beckenbauer über das Debüt seines Bruders: »Schnell stellte sich raus, dass er besser war als alle anderen, das ging ruckzuck, von einer Minute zur anderen durfte er mitspielen.« Körperlich ist er noch weit unterlegen, ein Rempler und er liegt am Boden, aber er ist schnell, wendig, enorm ballsicher, er bewegt sich geschickt auf engstem Raum und er ist rasch wieder auf den Füßen, auch wenn ihn mal einer auf das Pflaster stößt und seine Knie bluten. Er merkt es kaum. Der Junge, das ist vielfach bezeugt, besitzt von Anfang an ein ungeheures Bewegungstalent, das ihn auch in einer anderen Sportart zum Spitzensportler gemacht hätte.

Margarete Hänsler, seine erste Lehrerin, ist heute eine hochbetagte, sehr aufrechte und zierliche Dame mit äußerst korrekt frisierten Haaren, die in ihrer Freizeit am liebsten italienische und französische Romane im Original liest. Sie sieht ihren Erstklässer noch sehr deutlich vor sich: »Er ist im Turnsaal herumgeschossen, geflitzt, aber er konnte auf einen Schlag anhalten, die Richtung ändern und hat nie jemand angerempelt. Er ist wie ein Blitz zwischen den Kindern herumgelaufen, das war wirklich auffällig, und das sage ich nicht, weil er der Fußballer des 20. Jahrhunderts wurde, an den Geräten ist er mir nicht aufgefallen.«

Woher stammt Beckenbauers Begabung? Gab es in der Familie Vorbilder, kündigte sich da irgendwo die Ausnahmeerscheinung an? Schaut man sich in der weitläufigen Familie Beckenbauer um, kommt eigentlich nur Alfons Beckenbauer in Frage, er ist der einzige Fußballer, den die Familie bis dahin hervorgebracht hat. Alfons Beckenbauer, geboren 1908, war der jüngste der fünf Beckenbauer-Brüder und der einzige, der dem Ball nachjagte. Genau wie Franz Beckenbauer spielte er als kleiner Junge auf dem Platz des SC München 1906. Seine Großmutter, die diese »Fußlümmelei« entschieden ablehnte, versäumte bei keinem Gottesdienst für den Flegel zu beten, weil er sich, so etwas Ungehöriges, mit kurzen Hosen auf dem Platz herumtrieb. Alfons begann seine Laufbahn beim 1. FC Stern, dann wechselte er zum FC Sportfreunde München. Der Wechsel Beckenbauers zu den Sportfreunden war kein Zufall, denn der Verein war nach Streitigkeiten aus dem Deutschen Fußball Bund ausgetreten und der Freien-Fußball-Vereinigung (FFV) beigetreten, die im Arbeiter Turn- und Sportbund organisiert war. Die FFV hatte einen eigenen Spielbetrieb, krönte ihren eigenen Deutschen Meister und trug sogar Länderspiele gegen Länder aus, in denen ebenfalls Arbeitersportbewegungen entstanden waren. Diese Länderkämpfe fanden vor mehreren Zehntausend Fußballfans statt und das Niveau stand dem der DFB-Ländermannschaft wenig nach.

Alfons Beckenbauer sympathisierte, wie sein Bruder Franz, mit der SPD, auch deshalb war er einem politisch links orientierten Verein wie den Sportfreunden beigetreten. Als Angreifer war er enorm torgefährlich, ausgestattet mit einer blendenden Technik und einem scharfen Schuss. Einige, die sein Spiel noch erlebt hatten, meinten sogar, er wäre technisch noch ausgereifter gewesen als später sein Neffe Franz. Alfons spielte regelmäßig in der Münchner Stadtauswahl und galt als bester Arbeiterfußballer der Stadt, 1928 nahm er sogar an der Arbeiterolympiade in Wien teil und bestritt eine Reihe von Länderspielen, in denen er stets wichtige Tore erzielte. Alfons Beckenbauer wechselte in der Spielzeit 1931/32 zum FC Bayern München. In einem zeitgenössischen Spielbericht findet sich ein Hinweis über sein Talent und seine politische Orientierung: »In dem Halblinken Alfons Beckenbauer stellen die Bayern einen Spieler, für dessen Empfehlung sie schon stichhaltige Gründe anbringen können. Seit Jahresbeginn erzielte B. in den Spielen seines Vereins mehr als 40 Treffer. Obwohl es ihm wirtschaftlich nicht zum Besten geht – er ist bereits mehrere Jahre erwerbslos –, hat er den glänzenden Angeboten bürgerlicher Vereine getrotzt und seinem Verein die Treue bewahrt. Seine Flügelbedienung, sein Kopfspiel, seine Ballführung und seine kräftige Lebendigkeit im Strafraum des Gegners sind ausgezeichnet.«

Obwohl Alfons Beckenbauer als Fußballer bei Bayern München glänzende Aussichten gehabt hätte, hört er bereits im Alter von 25 Jahren auf. Das hat verschiedene Gründe: Er ist oft verletzt, außerdem heiratet er 1934, und seine Frau möchte keinen Mann, der jedes Wochenende auf dem Sportplatz zu finden ist. Aber der wichtigste Grund ist offenbar seine Abneigung gegen die Politik der Nationalsozialisten, die den als »Juden-Klub« verrufenen FC Bayern München rasch »arisierten« und den jüdischen Präsidenten Kurt Landauer zum Rücktritt zwangen. Obwohl Alfons Beckenbauer seine Karriere 1934 beendet hatte, blieb er ein Leben lang ein leidenschaftlicher Fußballer. Er war es auch, der den Neffen und seine Fußballverrücktheit verteidigte, wenn Vater Beckenbauer wieder einmal auf diesen Sport und seine Anhänger schimpfte. Es stellt eine gewisse Ironie der Fußballgeschichte dar, dass der erste Fußballstar in der Familie Beckenbauer gar kein Star sein wollte, dass er wegen seiner politischen Überzeugung trotz seiner Arbeitslosigkeit lieber auf Geld verzichtete und deswegen sogar seine Karriere beendete.

Besucht man heute die Jugendabteilung eines beliebigen Fußballvereins, dann findet man dort Fünf- und Sechsjährige, die mit heiligem Eifer und Ernst dem Ball nachjagen. Die Betreuer nennen sie die »Pampers-Liga«, die »Minis« oder auch die »Kurzen«. Die »Kurzen« stecken in Beckham-Trikots, wollen Michael Ballack werden oder Benny Lauth. Sie finden Zidane cool, Oliver Kahn mega-cool, sie können schon jubeln wie die Profis und ebenso gelangweilt Kaugummis kauen. Wenn sie eine Torchance vergeben, schlagen sie wutentbrannt mit dem Fuß ein Loch in die Luft, so wie sie es sich von Fredi Bobic und Kevin Kuranyi abgeschaut haben. Geht es hier schon um Leben und Tod? Fragen beantworten sie mit geradezu erschütternder Routine, auf ihrem Arm verblasst ein Temporary-Tatoo, im Ohr steckt ein zierlicher Ring. Sie sehen aus wie Stars en miniature, kamerafest, hübsch und forsch. Der Aufsteiger der letzten Bundesliga Saison Philipp Lahm, der sich durch seine herausragenden Leistungen beim VfB Stuttgart in die Nationalmannschaft katapultierte, trat bereits mit vier Jahren dem FT Gern bei.

Während die Vereine also heute bereits die Vier- und Fünfjährigen unter ihre Fittiche nehmen, weil sie die Konkurrenz vieler anderer Sportarten fürchten, begann der offizielle Jugendspielbetrieb in den fünfziger Jahren erst mit zehn Jahren. Als Franz Beckenbauer sich 1953, mit acht Jahren, beim SC München 1906 vorstellte, war allein schon deshalb nicht daran zu denken, dass er gleich in den Punktspielbetrieb einstieg. Überhaupt, er war schmal, leicht, ja geradezu schmächtig für sein Alter, ein Hemd. Man vertröstete ihn deshalb einstweilen. Zwar durfte er bei Freundschaftsspielen mitmachen und natürlich konnte er im Verein weiter mittrainieren. Vom offiziellen Spielbetrieb blieb er jedoch vorerst ausgeschlossen.

An den Mann, der ihn damals empfing, in Augenschein nahm und sein erster Trainer wurde, bewahrte Franz Beckenbauer lange Zeit eine starke Erinnerung: »Als ich das erste Mal auf die Übungswiese vom SC 1906 kam, stand dort ein hagerer sportlicher Mann, der sich auf zwei Krücken stützte. Er hatte nur noch ein Bein und winkte mich näher heran.

›Ich bin der Neudecker-Franz, und ich trainier euch Buben. So, nun lauf mal hier bei mir mit dem Ball ein bißchen rauf und runter.‹

Ich stürzte mich auf den Ball. So etwas hatte ich noch nie zum Spielen gehabt. Ich bin bald schnell, bald langsam gelaufen, ich hab mal nach rechts, mal nach links gescheibertl, und ich fand es herrlich, wenn der Ball nie mehr als zehn oder zwanzig Zentimeter vom Fuß wegrollte.

›Gut‹, schrie Neudecker und hob eine Krücke in meine Richtung. ›Du hast doch schon mal gespielt, Bub, erzähl mir das mal.‹«

Als ich Franz Beckenbauer auf seinen ersten Trainer anspreche, zeigt sich das Kind, das er war, in seinen Augen, aber nur kurz: »Lebt der noch? Ach, das ist ja alles hundert Jahre her!«

In »Einer wie ich« nimmt die Erinnerung an den ersten Trainer der Kindheit noch einen breiten Raum ein. Aber schon in den darauf folgenden Memoiren »Ich – wie es wirklich war« (1992) tauchte dieser Mann nicht mehr auf, er war zurückgesunken in die Anonymität, eine Nachkriegsgestalt, verdrängt von all den neuen Erlebnissen und Erfolgen, die Beckenbauers Biographie seitdem bereicherten.

Ob der noch lebt? Keiner weiß es so genau, manche mutmaßen, »der müsste doch schon uralt sein«, andere glauben, von seinem Tod gehört zu haben. »Unsinn«, sagt ein Jugendfreund Beckenbauers bestimmt, »klar lebt der noch, immer noch in Giesing! Gleich um die Ecke vom Fußballplatz. Hier haben Sie die Telefonnummer.«

Wir treffen uns an der Tegernseer Landstraße, das ist die »Prachtstraße« Giesings, vor dem traditionsreichen Café »Thela«, wo turmhohe Torten in leuchtenden Farben um die Aufmerksamkeit der Passanten buhlen, wo ältere Damen ihren Nachmittagskaffee genießen und offensichtlich alleinstehende Männer im vorgerückten Alter ihre Gulaschsuppe löffeln, während sie sich über ein Kreuzworträtsel beugen.

Da löst sich ein Mann aus einer Gruppe, die vor den Schaufenstern vor Karstadt steht, und kommt schnell und behende heran. Franz Neudecker trägt eine Lederjacke, eine amerikanische Sonnenbrille, er sieht irgendwie verwegen aus und erinnert an den prototypischen Halbstarken der fünfziger Jahre Horst Buchholz. Das Haar ist voll und schwarz, der Händedruck ist kernig. Neudecker, geboren 1921, spielte in seiner Jugend selbst beim SC 1906 Fußball. Er war talentiert, ein kraftvoller, ehrgeiziger und technisch beschlagener Spieler, der es weit hätte bringen können. Doch mit 19 Jahren wird er 1940 zur Wehrmacht eingezogen und in Hitlers Krieg geschickt. Bei einem Fallschirmabsprung gerät er unter Beschuss, sein Bein wird zerschossen, später im Lazarett muss es amputiert werden. Er raucht starke, filterlose Zigaretten, während er das erzählt, das Gesicht ist fahl. Man kann sich vorstellen, wie der junge Mann in Depressionen versinkt, als er 1944 aus dem Krieg heimkehrt, ein Kriegsversehrter, andere sagen damals »Kriegskrüppel«. Was soll einer wie er tun?

Sein bester Freund ist Karl Steiner, der Vorsitzende des SC 1906 München. Er ermutigt ihn und braucht ihn. Zusammen bauen die beiden nach dem Krieg die Jugendabteilung des Giesinger Clubs auf, die bald einen exzellenten Ruf in München genießt. Der Sohn des Vorsitzenden Steiner, Rudi Steiner, der einige Jahre älter ist als Franz Beckenbauer, wird es später sogar zum Nationalspieler bringen. Franz Neudecker findet eine Stelle als Berater auf dem Arbeitsamt und lässt sich zum Trainer ausbilden. Diejenigen im Fußballverband und Verein, die sein Engagement mit Skepsis betrachten – wie soll denn ein Einbeiniger Fußballer trainieren, geschweige denn selbst spielen, raunen sie sich zu –, werden bald eines Besseren belehrt. Er sei, so der behandelnde Arzt, ein ausgesprochener »Krückengeher«, eine Prothese komme deshalb gar nicht in Frage. Und so spielt Franz Neudecker mit einem Bein und zwei Krücken Fußball. »Das war«, sagt er jetzt im Tonfall satter Überzeugung, »die schönste Zeit in meinem Leben, weil ich mich dann selbst bestätigt hab und sagen konnte: Siehst du, Franz, du bist schon noch was wert.«

»Und Sie haben immer mitgespielt?«

»Am Ball war ich mit den Stöckern schon gut«, sagt er mit einem Lachen, das ein bisschen wie ein Husten klingt: »Ich habe mich selbst gewundert. Einigen Buben bin ich noch davongelaufen«.

Franz Neudecker betreut Franz Beckenbauer etwa drei Jahre lang, von 1953 bis 1956. Das ungeheure Talent seines neuen Schützlings sieht der Trainer auf Anhieb, man muss es nicht entdecken, es springt sofort in die Augen. Franz Neudecker legt viel Wert auf Ballarbeit, Beidfüßigkeit, auch die Kondition und die körperliche Konstitution werden trainiert. Im Winter weicht man in die nahe gelegene Turnhalle aus und feilt dort an der Technik, arbeitet mit kleinen Bällen, die dem Fuß viel Gefühl abverlangen. Ballbeherrschung, Stoppen, Zielen, genaues Zuspiel. Manchmal, wenn das allgemeine Training beendet war, winkte der Trainer Franz Beckenbauer und seinen eigenen Sohn, der auch Franz hieß, heran und dann absolvierten die drei zusätzliche Trainingseinheiten. Da stehen sie dann, ein einbeiniger Mann und zwei talentierte Jungen, und halten den Ball in der Luft.

Franz Neudecker junior, der Sohn des Trainers, ist leicht zu finden, er wohnt gleich um die Ecke in Giesing. Er ist genauso alt wie Franz Beckenbauer und war ebenfalls ein hoffnungsvoller Fußballer. Zusammen mit Franz Beckenbauer wechselte er damals in die Jugendmannschaft des FC Bayern München. »Ja, ja, das ist ja alles Ewigkeiten her«, meint Franz Neudecker. Er sieht dem Vater ähnlich, auch er ein kraftvoller Mann. Allerdings bewegt er den Körper auffällig vorsichtig, gebremst, so als ob ein großes Messer in seinem Rücken lauert. »Die Bandscheiben«, sagt er, »haben mich erwischt.« Es hat lange gedauert, bis er nach der Operation wieder auf die Beine kam, jetzt ist er in Frührente. »Ja«, sagt er, »es ist schon so viel Falsches über den Franz geschrieben worden. Wissen Sie übrigens, von wem er die ersten Fußballschuhe bekommen hat? Die hat er von meinem Vater. An seinen Krücken sind manche verzweifelt, er flankte, schoss Tore, machte auch Tricks damit.«

Kehren wir noch einmal zurück zum Senior Franz Neudecker. Welche Rolle spielt er in Franz Beckenbauers Leben? War er nur ein früher Förderer, der erste Trainer? Oder kündigt sich in seiner Beziehung zu dem talentierten Bub nicht bereits ein Lebensmuster an, das die Biographie von Franz Beckenbauer entscheidend prägen wird? Franz Neudecker zückt einen vergilbten Zeitungsausschnitt mit einem Jugendfoto Beckenbauers aus dem Jahre 1958. Auf die Rückseite hat der Trainer mit Kugelschreiber geschrieben: »Mein Wunsch, daß Franzl einmal ein Weltklasse-Fußballer wird, ging in Erfüllung!« Franz Neudecker war der Erste, der an eine Karriere des Jungen glaubte, der Erste, der ihm deutlich machte, dass Fußball ihn aus Giesing hinaus und in die große Welt des Fußballs hinein führen könnte. Franz Neudecker sagt im Cafe »Thela« viele Sätze, die so klingen, als ob sie im Fußballmuseum hinter Glas schön aufpoliert in Vitrinen stünden. Sie gehören aber ihm und vergegenwärtigen die damalige Atmosphäre recht gut: »Fußballplatz und Mädchen, das passt nicht zusammen!« Klingt nicht so ein gestrenger Herbergsvater? Oder: »Im Endeffekt besteht die Betreuung der Jugend nur aus Freundschaft.« Klingt wie Erich Kästner. Oder: »Die waren einwandfrei die Burschen.« Klingt wie ein Schuldirektor um 1900.

Ich will von ihm wissen, ob sie damals schon Helden hatten, Vorbilder und Stars? Franz Neudecker wählt dafür ein anderes Wort, auch so eines aus dem Fußballmuseum. Er sagt: »Mein Idol und sein Idol war der Fritz Walter. Ich hab einmal zu ihm gesagt, Franz, du wirst einmal ein Fritz Walter, und wenn du so weitermachst, wirst du ein Weltstar.« Das setzte sich fest im Kopf des Jungen, trieb ihn an, beschäftigte ihn, er nahm es mit nach Hause. So erfährt sein Vater davon, dass der Trainer Fritz Walter einen »Segen für Deutschland« genannt hat. Dieses Lob, beinahe eine Lobpreisung, lässt den Vater, der ein cholerisches Temperament besitzt, aus der Haut fahren. Franz Beckenbauer hat diese Episode lebhaft in Erinnerung und berichtet: »Als Vater das hörte, fuhr er dazwischen und regte sich darüber auf, dass man einen Fußballer für ein ›göttliches Wesen‹ halte, wie er sich ausdrückte.

»›Was macht denn dein Fritz Walter, wenn er für den Fußball zu alt ist und keinen anderen Beruf gelernt hat?‹

›Er verdient Geld, das kann er sparen‹, warf ich ein.

Vater lachte auf: ›Ich höre immer sparen, selbst dazu sind die meisten Fußballer zu dumm.‹

›Franz Neudecker, unser Trainer, ist nicht dumm‹, wehrte ich mich. ›Der hält auch auf Fritz Walter große Stücke.‹

›Ach, geh, der Mann mit seinen Krücken sollte nicht dauernd auf dem Fußballplatz stehen, sondern lieber einen Fortbildungskurs besuchen; der bezahlt doch bestimmt nicht einmal seine Rentenbeiträge.‹«

In diesem Dialog drückt sich ein Konflikt aus, der den Vater und den Trainer als Gegenspieler zeigt. Der Vater hat nie eine besonders gute Meinung vom Fußball, er unterstützt den Sohn nicht, er sieht bei dessen Spiel nicht zu, ist zunächst desinteressiert. Während der leibliche Vater seinen Fußballwünschen lange Zeit nur Unverständnis entgegenbringt, findet der Sohn auf diesem Feld eine ganze Reihe von Ersatzvätern, die sein Talent erkennen, es ausbilden, zuletzt selbst davon profitieren. Es wird viele Ersatzväter in seinem Leben geben, von Franz Neudecker und Rudi Weiß, seinen Jugendtrainern, bis zu Rudi Houdek, dem Mäzen der deutschen Nationalmannschaft und väterlichen Freund, oder Robert Schwan, dem Manager, der aus Franz Beckenbauer einen Markenartikel machte. Es sind immer wieder sehr viel ältere Männer, denen sich Beckenbauer anvertraut, in deren Obhut er sich begibt, in deren Händen er seine Geschäfte gut aufgehoben weiß. Der Vater dagegen sitzt zu Hause, meistens liegt er auf dem Sofa und liest die Zeitung. Er, dessen Gesundheit so angegriffen ist, bleibt ein immobiler, unsportlicher Mann, ein Held der großen Worte, einer, der immer Recht hat, der gerne redet, sich ereifert, politisiert, verurteilt, aufbraust, ablehnt. Franz solle doch, bitte schön, zur Post gehen, wie er, oder zur Sparkasse, das sei auch etwas Handfestes, aber Fußball?

Man hat die Jugendlichen der fünfziger Jahre oft als vaterlose Generation bezeichnet. Die Autorität der Väter hätte damals durch den verlorenen Krieg einerseits und die Modernisierungsprozesse andererseits stark gelitten. Für Franz Beckenbauer traf das nicht zu. Er fand Adoptivväter, Ersatz- oder Ausweichväter in Hülle und Fülle, und er war sofort bereit, ihre Autorität anzuerkennen. Für diese Stellvertreterväter, die Generation der Kriegsteilnehmer, war er der Wunsch- und Wundersohn, dessen fußballerische Eleganz ein ungetrübtes Vergnügen und Vergessen bescherte. In seinem Spiel sahen viele dieser Männer ihre verlorenen Hoffnungen gestillt. Der folgsame Sohn lebte ihre Träume, und wenn man ihn förderte, konnte man mit ihm selbst ein Stück Jugend nachholen.

Einer dieser verzauberten Väter ist Rudi Houdek, der Beckenbauer Anfang der sechziger Jahre das erste Mal erlebt. Es ist ein kalter Dezembertag, und Houdek lässt sich dazu überreden, ein A-Jugend-Spiel des FC Bayern zu besuchen: »Es hatte frisch geschneit, und alle Spieler hatten mit dem Ball und der eigenen Balance so ihre Schwierigkeiten. Nur einer dribbelte und glitt über die weiße Schneedecke, als wenn ihm der Ball am Fuß kleben würde. Der schaute noch nicht einmal auf das Leder, der suchte mit erhobenem Kopf die Mitspieler. ›Das ist kein Fußballer, das ist ein Tänzer‹, habe ich ausgerufen. Es war der Tag, an dem ich mich in das Spiel meines Freundes Franz Beckenbauer verliebte.« Rudi Houdek ist bis heute einer der engsten Freunde von Franz Beckenbauer, sein Sohn Thomas hat ihn praktisch wie ein »Mitglied der Familie« erlebt. Ich besuche den Fleischfabrikanten in Grünwald. Was ist das für ein Mann, der sein Herz an einen 15-jährigen Fußballer verliert?

Houdek, Jahrgang 1913, ist noch immer ein Held der Arbeit. Nach unserem Gespräch wirft er einen blutbefleckten Metzgerkittel über und fährt in die Fabrik, die heute von seinen Söhnen geführt wird. Er hat in seiner Jugend auch Fußball gespielt. Nach vier Jahren Fronteinsatz in Russland wird er 1944 freigestellt, weil sein Bruder die Hermann-Göring-Werke in Teplitz mit Fleisch beliefert. Nach dem Krieg verschlägt es ihn nach Starnberg, er kämpft sich hoch, vom einfachen Arbeiter auf dem Schlachthof bis zum Großlieferanten für Lebensmittelketten wie Aldi oder Tengelmann.

Sein Herz gehört immer noch dem Fußball und bald dem FC Bayern und der Nationalmannschaft. Er lernt Herberger kennen, Helmut Schön und so feiert die Nationalmannschaft manches Grillfest bei ihm am Starnberger See. Houdek führt mich durch sein Haus, überall findet man Fotografien, die ihn mit allen möglichen Sportgrößen zeigen, von Max Schmeling über Fritz Walter bis Pelé: »Einmalig!« ruft er immer wieder aus. Oder auch: »Mein ganzes Leben bin ich dem Fußball hinterhergerannt. Mein ganzes Leben.« Und über Beckenbauer: »Wir haben eine Freundschaft, die ist einmalig, wir sind seit 41 Jahren befreundet, es hat nie Differenzen gegeben, der Franz hat für mich Autogramme geschrieben in ganz Deutschland.

Es hat mich ja niemand gekannt, heute bin ich bekannt in Deutschland, ich habe die Kabanos erfunden. Der Franz hat aber nie Geld für die Autogrammstunden von mir genommen, einmalig, der Franz ist praktisch ein Familienmitglied von mir, ich habe die Nationalmannschaft dreißig Jahre beliefert, Fußball ist mein Leben.« Dann schenkt Houdek mir drei armdicke Salamiwürste, die sich in seiner Garage stapeln, er lädt mich zum Essen ins Münchner Schlachthofviertel ein und braust schließlich mit seinem Mercedes davon.

Männer wie Houdek, die Beckenbauer reichlich beschenkten, weil sie sich von ihm beschenkt fühlten, machten es ihm leicht, ihre Autorität anzuerkennen. Denn zu Hause nahm er die Autorität des Vaters nur widerwillig an. Zwar unterwarf er sich ihr, aber er floh sie, sobald er das Haus verließ. Das Körper- und das Berufsbild des Vaters waren unattraktiv, auf und um den Fußballplatz herum fand er dagegen innigere Väter, verzauberte Väter. Die waren auch streng, auch autoritär, aber sie verstanden seine Leidenschaft, teilten sie und konnten ihm als Fußballer ein attraktiveres Körperbild anbieten. So wie Franz Neudecker, der sich über seine Behinderung hinwegsetzte, anstatt zu lamentieren.

Ich spreche Franz Beckenbauer auf seinen Vater an. Doch das ist ein Thema, über das er zumindest öffentlich nicht gerne redet. Zu privat, zu viele offene Fragen, zu viel Unausgesprochenes zwischen ihm und dem Vater liegt dort begraben. Er antwortet vorsichtig, geht in Hab-Acht-Stellung. Er deckt das Vaterbild mit Anekdoten zu. Vielsagend ist seine Antwort auf die Frage nach den Charaktereigenschaften seines Vaters.

»Mein Vater war«, Franz Beckenbauer überlegt kurz, »ich glaube, er war immer korrekt gekleidet.«

Einer von vielen

»Gebrüll drang schrill vom Spielfeld der Jungen herüber und ein schwirrender Pfiff. Wieder: ein Tor. Ich bin mitten unter ihnen, unter ihren kämpfenden Körpern mitten im Gemenge, dem Turnier des Lebens.«

James Joyce: Ulysses

Der Schüler in der letzten Bank hatte die Antwort wieder einmal im breitesten bayerischen Dialekt gegeben. Daraufhin setzte sich sein Klassenlehrer in Bewegung, verließ sein Pult und näherte sich durch den Mittelgang. Die Schüler mochten den sportlichen Mann, aber sie hatten auch Respekt vor seiner Faust. Der Lehrer, das wussten alle, war einmal Boxer gewesen, und sein Schlag, den er gezielt auf das Brustbein setzte, ließ den Getroffenen durch die ganze Turnhalle taumeln.

Endlich war der Lehrer hinten angekommen, blickte auf den Schüler herab, ein schmächtiger Junge von elf Jahren und sagte vorwurfsvoll: »Franz, du sollst Hochdeutsch reden, das wirst du brauchen im Leben. Womit willst du denn später dein Geld verdienen?«

Der Schüler Beckenbauer blinzelte seinen Lehrer treuherzig an und antwortete: »I vadean ma mei Geid amoi mir'm Fuaßboi.«

Herbert Iberer, Beckenbauers Klassenlehrer in der fünften und sechsten Klasse, hat sich wie ein guter Schüler gewissenhaft auf unser Interview vorbereitet, und alles, was er über Franz Beckenbauer weiß, fein säuberlich mit Bleistift auf ein kariertes Din-A4 Blatt geschrieben. Das Blatt ist eng beschrieben, ein kleiner, durch Großbuchstaben gegliederter Aufsatz ist entstanden. A, B, C, D, F, ein Schülerleben.

Franz Beckenbauer wurde 1951 mit sechs Jahren in die Silberhornschule eingeschult. Die Silberhornschule war eine katholische Bekenntnisschule, die also nur von katholischen Schülern besucht wurde. Es gab morgens einen Schulgottesdienst, der aber, so Iberer, nur von wenigen besucht wurde. Viermal im Jahr ging man geschlossen zur Beichte, man betete bei Unterrichtsbeginn und man betete, bevor man nach Hause ging. »Ich geh jetzt aus der Schule fort/Herr bleib bei uns mit deinem Wort/Und gib uns deinen Segen/Auf allen unseren Wegen/Amen!«

Die Pädagogik der fünfziger Jahre war restaurativ und autoritär, vor allem in Bayern. So schaffte der erzkonservative Kultusminister Alois Hundhammer das Verbot der körperlichen Züchtigung ab, weshalb die bayerischen Lehrer von ihren norddeutschen Kollegen als »Steißtrommler« verspottet wurden. Franz Beckenbauer lacht, wenn er über die damalige Rohrstockpädagogik spricht, und in seinem Lachen mischen sich Spott, aber auch Verständnis für die überforderten Lehrer: »Da ham wir zu dritt in den Holzbänken gesessen, da kannst du dir vorstellen, wie das zugegangen ist. Der Lehrer ist doch wahnsinnig geworden, der ist mit seinem Stöckerl durchgegangen, boing, boing, boing hat's da gemacht, es ist ja nicht anders gegangen.« Beckenbauers Hand lässt ein imaginäres Stöckerl tanzen und schlägt Löcher in die Luft. Nein, traumatisiert wirkt er nicht. Er ist vielmehr ein verständnisvoller Mensch, einer, der selbst im Rückblick umstrittene Autoritäten oder Erziehungsmethoden nicht stürzt, sondern sie verteidigt. Wenn seine Gesprächspartner ihn einladen, das, was war, doch etwas kritischer zu beurteilen, wenn sie ihn, wie Reinhold Beckmann oder Johannes B. Kerner es gerne in ihren Talkshows tun, zu einer harmlos-netten Empörung über das befremdliche Gestern verleiten wollen, dann sagt er einfach: »Es war halt damals so!«

Kein schlechtes Licht fällt auf den Schüler Beckenbauer durch seine Lehrer. Er war gut, tendierte eher zu »sehr gut« als zu »befriedigend«. Er war brav, aber kein Streber. Man musste ihn aufrufen, ansonsten war er eher maulfaul, keiner, dessen Finger immer sofort nach oben gingen, keiner, der die Antwort eilig in die Klasse rief. Er war zum Lernen »sehr befähigt«, aber ehrgeizig war er nur im Sport. Er war »einer unter vielen«, sagt Margret Hänsler und »nix besonderes«, wie es sein damaliger Religionslehrer Kaplan Nunhofer ausdrückt. Er war kein Einzelgänger, sondern hielt sich an die Jungen aus seiner Straße und die »Musterschüler«, so notiert es Herr Iberer.

Auch einen »Bodyguard« hat sich der schmale Junge damals engagiert, den Fernsimer Sepp, bis 1955 sein bester Freund, ein kräftiger Bub, mit dem er gerne ratscht, manchmal auch mitten im Unterricht. Vater Fernsimer, ein überaus strenger Mann, der den Sepp oft verprügelt, führt eine Gastwirtschaft. Da hilft der Franz dem Freund beim Auskehren und Aschenbecherputzen. Sie spielen Räuber und Gendarm, fahren im Sommer zum Baden ins Schirmer-Schwimmbad, sie kicken mit Tennisbällen auf Kellerfenster und machen sich zur Starkbierzeit zum nahe gelegenen Nockherberg auf, um die Betrunkenen zu beobachten. Sie verdienen sich ein paar Pfennige beim Abladen von Krautköpfen in einer nahen Fabrik, und sie tragen alten Damen auf dem Ostfriedhof die Blumen ans Grab. Das nannte man »Stöckerl tragen« und fand immer zu Allerheiligen statt. Bereits zehn Tage vorher, so erinnert sich Kaplan Nunhofer, durfte man keine Hausaufgaben mehr aufgeben, weil sich die Schüler nachmittags ein bisschen Taschengeld verdienen konnten.

Vierzig Jahre später erhält Roland Bauerle von der *Süddeutschen Zeitung* den Auftrag, ein Porträt über Franz Beckenbauer zu schreiben. Er besucht auch Sepp Fernsimer, der inzwischen in München Linienbusfahrer ist. Die Freunde haben sich schon lange aus den Augen verloren, wie es halt so ist, und Fernsimer traut sich nicht, den Spielgefährten von einst anzurufen: »I bin halt der Sepp, der Einfache, und er ist ja doch eine Persönlichkeit auf der ganzen Welt.« Aber zu seinem Fünfzigsten meldet sich der Weltbekannte bei ihm. Pech nur, dass der Sepp gerade mit dem Bus unterwegs ist. Zu einem Treffen der Jugendfreunde wird es nicht mehr kommen, auch nicht zum Sechzigsten vom Sepp. Als ich bei Fernsimer anrufe, meldet sich eine automatische Dame: »Kein Anschluss unter dieser Nummer.« Die Telekom weiß mal wieder von nichts, aber die liebenswürdige Frau Maier von der Münchner Friedhofsverwaltung ist dank EDV genau im Bilde: »Der Herr Fernsimer liegt auf dem Westfriedhof.«

Franz Beckenbauers Lehrer haben Glück mit ihm, er war ein folgsamer, leicht zu führender Schüler. Vielleicht hat er von seinem Bruder Walter gelernt. Der wurde vier Jahre zuvor von denselben Lehrern unterrichtet und eckte immer wieder an, bekam häufig Ohrfeigen und Stockschläge, weil er so frech grinste. Franz lächelt lieber, er zeigte, so Iberer, ein »gewinnendes Lächeln«, das um Verständnis warb. Dieses Lächeln setzte er oft ein, immer dann, wenn ihn die Klasse in heikler Mission vorschickte. Zwar war er kein gewählter, aber offenbar ein inoffizieller Klassensprecher, den die Klasse entsandte, wenn es um Noten, Hausaufgaben, Tafeldienst oder Ähnliches ging. Seinem diplomatischen Talent stand dabei mitunter seine Emotionalität im Wege. Denn wenn er sich ungerecht behandelt fühlte, schossen ihm schnell Tränen in die Augen, und er brauste dann weinend auf.

Aber nicht nur seine Lehrer haben Glück mit ihm, er hat auch überwiegend Glück mit seinen Lehrern. Frau Hänsler, seine erste Klassenlehrerin, erhält ihre Ausbildung erst nach dem Dritten Reich, sie ist eine liberale, engagierte Junglehrerin, die vom Rohrstock keinen Gebrauch macht. Härter trifft Franz das Los im dritten und vierten Schuljahr, als ein ehemals überzeugter Nationalsozialist, der im Dritten Reich in SA-Uniform zum Unterricht erschien, sein Klassenlehrer wird. Nach dem Krieg wird der Pädagoge »entnazifiziert« und verliert seinen Posten als Rektor, wegen des Lehrermangels wird er jedoch bald wieder in den Schuldienst übernommen. Seine Degradierung vergilt er fortan den Schülern, indem er sie brutal an den Schläfenhaaren hochzieht und anschließend Ohrfeigen verteilt. Die Erinnerung an diesen Lehrer hat Beckenbauer weitgehend aus seiner Erinnerung getilgt, kein Name mehr, kaum noch ein Bild. Ein Lebensmuster: Beckenbauer hat kein Talent zum Schmerz, was ihm im Leben wehtat, lässt er konsequent zurück.

Mit Herbert Iberer folgt in der fünften und sechsten Klasse wieder ein politisch unbelasteter Mann, der mit der SPD sympathisiert und sich auch abseits der Schule um seine Schüler kümmert. Bei langen Wanderungen, die er mit seiner Klasse macht, zeigt der ansonsten so sportliche Schüler Franz Beckenbauer Schwächen, seine Lippen laufen blau an, sein Kreislauf ist nicht stabil. Unschlagbar ist er dagegen in allen Ballsportarten. Mit der Handball-Schulmannschaft erringt er die Münchner Stadtmeisterschaft der Schulen, das gleiche gelingt ihm bei dem Spiel »Ball über die Schnur«, eine Vorstufe zum Volleyball, bei dem man den Ball so über die Schnur werfen muss, dass der Gegner ihn nicht fangen kann. Mit Beckenbauer als Protagonisten, er macht aus dem Mannschaftsspiel eher eine Solonummer, erringt auch diese Mannschaft der Silberhornschule im

Dante-Stadion die Stadtmeisterschaft. Dabei zeigt sich Franz Beckenbauer als herausragender Fänger und noch besserer Angreifer, der seinen Bällen einen so starken Effet zu geben weiß, dass der Gegner kaum ein Abwehrmittel findet. Auch bei den Bundesjugendspielen erregen seine Leistungen Aufsehen, er springt 4 Meter 55 und ist sehr schnell. Durchschnittlich waren seine Leistungen dagegen im Zeichnen, wo oft die lenkende Hand des Lehrers Iberer eingreift, und auch im Singen reicht es für Beckenbauer, der, so sein Lehrer, vollkommen »unmusikalisch« war, nur zu einer Vier. »Gnadenvierer« hat Iberer festgehalten und wundert sich etwas über die späteren Plattenaufnahmen seines Schülers: »Technisch hat man ihm da wohl sehr nachgeholfen.«

Herbert Iberer, Jahrgang 1925, lebt noch immer in der Wohnung seiner Eltern, in der er auch geboren wurde. Beständigkeit, Sesshaftigkeit, das sind Tugenden seiner Generation. Er ist stolz auf seine Fitness, er besitzt eine Sammlung von Dias, die mehrere Tausend Bilder umfasst, im Regal steht eine Klassikerausgabe mit fünfzig Bänden. »Nietzsche«, sagt Iberer, »schätze ich besonders.« Er sieht hinab auf die Tegernseer Landstraße, die Franz Beckenbauer auf dem Weg zur Schule immer überqueren musste. Wenn er die Schallschutzfenster öffnet, dringt der Lärm der Autos wie ein Brüllen in das Zimmer. Kaum einen Steinwurf entfernt liegt die ehemalige Schule von Franz Beckenbauer. In seinem ehemaligen Klassenzimmer sieht es aus wie in allen anderen Klassenzimmern: Linoleum, immer noch Holzbänke, an den Wänden Schülerzeichnungen und Showstars aus allen Bereichen: Justin Timberlake, Britney Spears, Michael Ballack, Harry Potter und Yvonne Catterfeld. Als Franz Beckenbauer in diesem Raum saß, klebte dort nur ein großes, von den Schülern gemaltes Alphabet, und der einzige Star hing über der Tafel an einem Kreuz. Der hängt immer noch da, auch wenn die bunten Pophelden in der Mehrheit sind. Welche Bilder und Erfahrungen finden die Schüler in diesen wattierten Träumen? Beckenbauers Bild fehlt in der Galerie, ein Teenie-Liebling ist er zumindest nicht.

Ich treffe ihn aber im Lehrerzimmer. Zumindest seinen Ruhm, sein Image. Plötzlich ist er da. Heute ist der erste Schultag, und die Kinder werden mit vielen selbstgebackenen Kuchen und Fruchtsäften begrüßt. Es ist wie ein riesiger Kindergeburtstag. Die Rektorin, eine hilfsbereite Frau, bietet mir Kaffee an. Sie würde sich freuen, sagt sie, wenn der Franz Beckenbauer mal vorbeischauen würde, am besten zum Schulsportfest, das wäre schon toll. Ob ich ihm das nicht ausrichten könne. Da tritt ein Kollege an uns heran: »Was machen Sie? Ein Biographie über Beckenbauer? Können Sie mir mal erklären warum? Wozu ist das gut?« Die Fragen klingen vorwurfsvoll.

Der Lehrer ist um die fünfzig, trägt einen Reformpädagogenbart und erinnert mich an die linksbewegten Lehrer meiner Schulzeit. Er ist Lehrer an der Hauptschule. Er ist schon lange dabei, er kämpft um seine Schüler, und er kämpft mit den Stars, den Postern an der Wand.

»Wissen Sie«, wendet er sich an mich, »der Beckenbauer, das ist für mich ein Fettauge, das auf dieser Gesellschaft schwimmt wie auf einer Suppe. Womit ist denn sein Status gerechtfertigt? Was hat der eigentlich für Verdienste?«

»Aber, aber«, hält die Rektorin dagegen, »der Mann hat doch was aus sich gemacht. Ist das nicht toll, wohin ihn sein Leben geführt hat? Der ist doch nicht stehengeblieben!«

»Aber womit?«, beharrt der Kollege, »das ist doch kein Vorbild!«

»Kennen Ihre Schüler den überhaupt noch?«, will ich wissen. »Können die etwas mit dem Namen Beckenbauer anfangen?«

Wir verabreden ein Experiment. Der Lehrer macht in seiner Klasse eine Umfrage. »Wer ist Franz Beckenbauer? Was weißt du von ihm?« Kaum zwei Wochen später halte ich das Ergebnis in Händen. 19 Schüler im Alter von dreizehn bis vierzehn Jahren wurden befragt. »Zwölf Knaben«, so schreibt mir der Lehrer und »sieben Mädchen. Davon neun deutsch, sieben türkisch, zwei italienisch und einer griechisch.« Der Lehrer hat 19 Zettel ausgeteilt. Sechs kommen leer zurück, alle anderen Schüler kennen den »Kaiser«.

»Der Kaiser«, schreibt ein Schüler, »ist mal Fußballspieler gewesen, hat früher für Deutschland gespielt. Er hatte die Nummer 5 als Trikotnummer und ist Präsident von Bayern.« Eine Schülerin weiß: »Franz Beckenbauer ist der Präsident vom FC Bayern. Er ist reich, er lebt in einem großen Haus in Grünwald. Franz Beckenbauer hat einen Sohn. Er schaut bei jedem Spiel von seiner Mannschaft zu.« Ein anderer: »Der Franz Beckenbauer war ein berühmter Fußballer. Ich kenne ihn aus dem Fernseher.« Sehr gewissenhaft führt ein Mädchen aus: »Ich weiß, dass er mal hier in der Schule war. Er ist berühmt, weil er Trainer von Bayern ist. Ich weiß dass er mal früher in einer Mannschaft gespielt hat, und die Mannschaft hieß SC 1906 München.« Knapper fasst sich dagegen ein Schüler: »Er macht Werbung für Handys.« Ein anderer Schüler mischt Wahrheit und Fiktion: »Franz Beckenbauer war hier schon mal in der Schule, und er ist Tennisspieler.« Die kürzeste Auskunft lautet: »Er schreibt Bücher.«

Jimmy Brown

»Wenn i a'n Smoking trag
fuih i mi fremd.
I hoaß net umasunst:
›Giasinga Strizzi‹.
A Röhrlhosn und
a offns Hemd,
ois Gspusi tuats für mi
d'Kirchlechner Mizzi.«

Werner Schlierf: Geschichten aus einer schadhaften Zeit

Am 6. April 2001 schrieb Energie Cottbus Geschichte. Fußballgeschichte. An diesem Samstag spielte der Underdog aus dem Osten der Republik gegen den VfL Wolfsburg. Die Partie endete 0:0. Es war ein mäßiges Spiel, freigegeben zum Vergessen. Dennoch ging es in die Annalen ein, weil der Cottbusser Trainer Eduard Geyer keinen einzigen deutschen Spieler aufstellte; stattdessen setzte er auf elf ausländische Profis aus acht Nationen, und selbst die drei Einwechselspieler waren Ausländer. Seitdem der Europäische Gerichtshof am 15. Dezember 1995 im so genannten Bosman-Urteil die Unzulässigkeit von Transfer- und Ablösesummen erklärte und damit die Freizügigkeit der Arbeitsplatzwahl im Profifußball sicherstellte, haben es deutsche Talente schwer. Die Schnäppchenjäger sind überall unterwegs, um große Spieler zu kleinen Preisen für den heimischen Markt zu entdecken.

Diese Entwicklung macht auch an den Grenzen des Freistaates Bayern nicht Halt. Als der FC Bayern München am 24. April 1999 im Lokalderby gegen den TSV 1860 München antrat, war Markus Babbel der einzige Münchner auf dem Platz. Der Trend hält an: Zu Beginn der Saison 2003/2004 kamen an den ersten vier Spieltagen nur noch 133 deutsche Spieler zum Einsatz (41,2 Prozent), dagegen besaßen 190 (58,8 Prozent) einen ausländischen Pass. »Stirbt der deutsche Profi aus?«, fragte die *Bild-Zeitung* im August 2003 besorgt und zitierte Franz Beckenbauer, der indessen darwinistisch-ungerührt feststellte: »Wenn sich ein deutsches Talent nicht gegen einen Ausländer durchsetzen kann, ist es eh nichts wert.« Es ist eine Ironie des Bosman-Urteils, mit dem sich der belgische Profi Jean-Marc Bosman mehr Freizügigkeit und Flexibilität erstritt, dass es den Spielern zunächst zwar mehr Geld und größere Freiheiten brachte. Auf mittlere Sicht aber führte es dazu, dass sich viele Vereine massiv verschuldeten und den Spielern daraufhin ihre Gehälter schuldig blieben.

Das Bosman-Urteil hatte aber noch weitreichendere Folgen. Es beschleunigte die Industrialisierung des Fußballs und machte aus den Spielern Produkte, die tagtäglich im Wettbewerb stehen mit neuen, besseren, jüngeren, erfolgversprechenderen und günstigeren Produkten. Der Spieler ist eine Ware auf der Durchreise. Selbstverständlich betrifft diese Entwicklung auch den Nachwuchs. Die Entwicklungs- und Reifezeiten, die man jüngeren Spielern früher noch zubilligte, werden immer kürzer, die Geduld der Vereine mit ihnen ist schnell erschöpft. Wer sich nicht durchsetzt, wird verliehen oder ausgemustert.

Das klingt nun so, als ob die Bundesligavereine keinen Wert mehr auf die Schulung ihres Nachwuchses legen würden, doch das Gegenteil ist der Fall. Niemals zuvor wurde mehr Geld in die Jugendarbeit investiert als heute. Und auch die Blicke der Talentspäher reichen weiter als jemals zuvor. Auf der Jagd nach der Zukunft des Fußballs, grasen sie den ganzen Erdball ab und kaufen heute die Stars von morgen. In den Nachwuchsschulen und Internaten der Spitzenclubs treffen sich deshalb junge Spieler aus vielen verschiedenen Ländern, die systematisch und professionell auf eine Profilaufbahn vorbereitet werden. So entsteht eine Spielergeneration, die die angestammten sozialen Bindungen aufgeben muss, um erfolgreich zu sein. Da wachsen moderne Nomaden heran, deren Karriere schon im Kindesalter beginnt, eine Generation, deren Träume längst Wirklichkeit sind, noch ehe sie erwachsen geworden ist. Aus diesen Spielerbiographien wird das Kindliche und Jugendliche vor der Zeit vertrieben.

Franz Beckenbauer dagegen durfte Kind sein, Jugendlicher sein, ohne dass ihn der drohende Schatten des Stars aus den Paradiesen der Normalität vertrieben hätte. Er lebte eine »normale« Jugend, weil er in eine Fußballkultur hineinwuchs, die sehr stark durch die Stadt, sein Viertel und den Rhythmus des täglichen Lebens geprägt war. Der Fußballplatz war sein Kinderzimmer. Er spielte zuerst in der Straßenmannschaft, dann beim SC München 1906, er spielte in der Schul- und Kirchenmannschaft, spielte mit seinen Freunden, den Nachbarskindern und den Schulkameraden. Das Spiel blieb für ihn, obwohl sich sein singuläres Talent bald zeigte, ein soziales Band, das sein Leben und seinen Alltag zusammenhielt, ohne ihn von der Heimat zu entfremden. In Hinblick auf die fünfziger Jahre und die Jugend Franz Beckenbauers hat das sein damaliger Religionslehrer Georg Nunhofer folgendermaßen charakterisiert: »Es war noch alles sehr organisch, nicht organisiert.« Kaplan Nunhofer besitzt einen verschmitzten Witz und sieht dem Kabarettisten Dieter Hildebrandt ähnlich. Nunhofer erinnert sich an Beckenbauer als Aushilfsmessdiener, der bei Bedarf als Fackelträger einsprang und ansonsten die Münchner Kirchenleitung ärgerte. Das kam so: Da Nunhofers Kirchenmannschaft stets mit den drei Freunden Franz Beckenbauer, Helmut Heigl und Wolfgang Steiner antrat, gewann die Pfarrei der Heilig-Kreuz-Kirche regelmäßig die Stadtmeisterschaft der katholischen Pfarreien. Das ärgerte die Kirchenleitung, die die Giesinger vom Wettbewerb ausschließen lassen wollte, was aber dank Nunhofers listiger Diplomatie verhindert werden konnte. Bei einem Treffen necken sich der Kaplan und sein ehemaliger Aushilfsministrant.

»Vom Fußball versteh ich nichts«, spielt Nunhofer den Unwissenden, »aber ich glaube, du verdienst viel Geld?«

»Da hast schon was verstanden!«, antwortet Beckenbauer

»Danke Gott, denn was du geworden bist, bist du durch mich geworden.«

»Ah«, der Aushilfsministrant lacht schallend, »grad durch dich!«

Beckenbauer liebt diese Dialoggeplänkel, diese sanft-stichelnden Wortwechsel, die nur an der Oberfläche kratzen, am besten mit Menschen, die er lange kennt. Obwohl er mit seinen Eltern 1960 nach Schwabing umzog und obwohl ihn seine Karriere zu einem globalen Vielflieger gemacht hat, ist er bodenständig geblieben. Den Kontakt zu den alten Giesingern hält er noch immer. Als ich Antonie Lenz, eine der ältesten Freundinnen seiner Mutter besuche, zeigt sie stolz auf einen kleinen Beckenbauer-Altar, den sie auf einem üppigen Polstersessel errichtet hat: Seine Autobiographien, Autogrammkarten und Bierseidel mit seinem Bild. In den Büchern lese ich die Widmung: »In alter Giesinger Verbundenheit. Franz Beckenbauer«.

Zu diesem Giesinger Leben gehört untrennbar auch die Familie Gerold, die für Beckenbauer einige Jahre eine Ausweich- oder auch Idealfamilie war. Johanna und Hans Gerold wachsen in der Edelweißstraße auf, wenige Schritte von Beckenbauers entfernt. Johanna lernt Franz in der siebten Klasse kennen, ihr Bruder Hans spielt mit ihm Fußball. Die drei Freunde Wolfgang Steiner, Helmut Heigl und Franz sind bald Stammgäste im Hause Gerold. »Ist der Hans da?«, rufen sie nach oben und meinen doch eigentlich seine Schwester, in die sie sich alle auf eine schwärmerisch unschuldige Weise verlieben. Die Atmosphäre im Hause Gerold sei, so Kaplan Nunhofer, von »angenehm, behüteter Nettigkeit« gewesen. Vater Johann Gerold, ein Fuhrunternehmer, war ein großer Fußballfan, der, anders als der Vater von Franz, seinem Sohn immer beim Spiel zusah. Geduld, Großzügigkeit und Gewährenlassen, das fand die Clique bei Gerolds. Etwa sechs Jahre lang wurde die sehr geräumige Altbauwohnung der Gerolds zur zweiten Heimat für Franz. Hier dürfen sich die Jugendlichen nach Lust und Laune bewegen, herumtoben, Fußball spielen, Feten feiern.

So liberal ist es bei Franz zu Hause nicht. Sein Vater dominiert die Wohnung, schweigend, Zeitung lesend, auf dem Sofa liegend, politisierend oder schimpfend. Hans Ehrengruber, der damals auch zum Freundeskreis gehörte, schildert es so: »Die Mutter war eine herzensgute Frau, die für alles Verständnis hatte, ihn aber, den alten Beckenbauer haben wir nicht gemocht, der war immer grantig. Zu dem hat man überhaupt keinen Zugang gefunden, man ist ihm deshalb aus dem Weg gegangen, wenn man konnte, und wenn der Vater oben war, ist man eben nicht raufgegangen.« Auch Wolfgang Steiner zeichnet ein ähnliches Bild. Wenn der alte Beckenbauer seinem Sohn eine Ohrfeige geben wollte, warf sich Franz zu Boden, weil der Vater sich kaum bücken konnte. So gingen seine Schläge ins Leere, oder der Junge konnte sie leicht mit den Füßen abwehren. Und dann ließ der Vater seine altbekannte Schimpfkanonade vom Stapel: »Ihr Lausbuben, ihr dreckerten, aus euch wird sowieso nichts. Schauts her, ich bin Oberpostsekretär. So was werds ihr nie erreichen!«

Bei Gerolds gab es solche Szenen nicht. Die Wohnung wurde eine Art Jugendzentrum mit der Küche als Mittelpunkt. Auf dem Küchentisch wurden Tischtennisturniere ausgetragen, man spielte Tipp-Kick, Schach, Karten, oder man saß einfach beieinander und hat »Blödsinn gemacht«. Dieser »Blödsinn« blieb aber ausgemacht harmlos, hatte nichts zu tun mit den »Halbstarken«-Krawallen jener Jahre, die sich an Filmen wie »Die Saat der Gewalt« oder »Rock around the clock« entzündeten. Man zerschoss beim Flurfußball allenfalls den Gummibaum von Frau Anna Gerold, »gell, ich hab meine Blätter gezählt, eines fehlt wieder«, aber ansonsten war man so nett, wie sich die Eltern ihre Teenager in jenen Jahren nur wünschen konnten. Kein Elvis Presley, kein Bill Haley, höchstens einmal den sanften, disziplinierten Rock 'n' Roll von Peter Kraus. Franz und seine Freunde hören meistens deutsche Schlager. Sie haben nicht viele Platten, aber die laufen immer wieder, so lange bis sie die Texte auswendig kennen. Johanna, das »Hannerl« wird sie von allen gerufen, hat die Singles aufbewahrt: »Das kannst du mir nicht verbieten« von Bernd Spier, »Buona Notte« von Rocco Granata, »Du bist meine Liebe« von Renate Kern, »Wenn die Rosen blühen in der Prärie« oder »Allein wie du« von Freddy Quinn. Überhaupt Freddy Quinn. Das ist das Idol von Franz, er singt dessen Fernwehsehnsüchte lauthals mit, er spielt Luftgitarre, er ist ein Seemann aus Giesing, den die See niemals loslässt. »Freddy Quinn«, erklärt Helmut Heigl, »war ein Lieblingsthema vom Franz, ›Die Gitarre und das Meer‹, eben mehr so weichere Lieder.« Franz greift in die Saiten, setzt den schwermütigen Freddy-Blick auf und schmettert: »Jimmy Brown, das war ein Seemann, und das Herz war ihm so schwer, doch es blieben ihm zwei Freunde, die Gitarre und das Meer.«

Höhepunkte im Jugendzentrum Gerold waren die Faschingsbälle, die mit viel Phantasie ausgestattet wurden. »1000 Meilen unter dem Meer« oder »Im Künstleratelier«, so lauteten die Mottos der Feiern. Vater Gerold betätigte sich als Kunstmaler, und ein Untermieter, der fast zur Familie gehörte, half ebenfalls beim Schmücken. Frau Gerold spendierte eine Bowle, eine alkoholisch sehr unberührte Bowle allerdings, ferner gab es Limonade, Cola, Knabberzeug. Dazu sangen die

Tramps »Adios, Farewell, Goodbye«. Jungen und Mädchen saßen sich etwas beklommen gegenüber, wohin mit den Blicken, den Händen, dem Herz? Erst ein lebenslustiger Onkel befreite die Jugendlichen aus ihrer körperlichen Erstarrung.

»Was macht ihr denn da?«

»Eine Party!«

»Ja, das ist ja 'ne tolle Party. Ihr müsst doch tanzen! Und nicht herumsitzen! Kommt her, ich zeig' euch wie's geht.«

Wenn Franz nicht bei Gerolds war oder Fußball spielte, zog er mit den Freunden Heigl und Steiner durch Giesing. Bei schlechtem Wetter nisteten sie sich im winzigen Wendelstein-Kino ein, zahlten eine Vorstellung, versteckten sich nach deren Ende unter den Sitzen und schlüpften dann gleich in den nächsten Westernfilm. »Cowboys«, sagt Heigl, »waren unser großes Thema, Cowboyfilme und billige Romanhefte, die man tauschte.« Die drei kauften sich zusammen bei Sport-Scheck ihren ersten eigenen Fußball, und wann immer es ging, spielten sie miteinander, in der Schule auf dem Pausenhof, auf dem Kirchvorplatz, auf der Straße, dem Sportplatz, auf der Wiese, im Hof, einfach überall.

Wie »organisch« der Fußball und das Leben Franz Beckenbauers in dieser Zeit noch miteinander verbunden waren, zeigt sich an seinem Wechsel vom SC München 1906 zum FC Bayern München. Es war eine Ohrfeige, die ganz wesentlich die Geschicke von Beckenbauer und die Geschichte des deutschen Fußballs bestimmen sollte. Franz Beckenbauer erzählt diese Anekdote gerne. Es war im Sommer 1958, und die Giesinger hatten sich bei einem Jugendturnier für das Endspiel gegen den TSV 1860 qualifiziert. Die »Löwen« waren in Giesing beheimatet, und wenn ein Spieler von 1906 Karriere machen wollte, ging er natürlich zum ruhmreichen TSV 1860. Auch Franz Beckenbauer wollte zum TSV wechseln, nicht weil ihn der Verein mit Geld gelockt oder weil ihm Talentspäher das Blaue von Himmel versprochen hätten, keineswegs. Es gab vielmehr Streit im Vorstand von 1906, außerdem stand die Jugendabteilung kurz vor der Auflösung, und so suchte Beckenbauer einen neuen Verein. In dieser Situation, Beckenbauer war zwölf Jahre alt, fand an einem Sonntag in Neubiberg das Endspiel des Jugendturniers statt.

Beckenbauer erinnert sich: »Ich spielte Mittelstürmer. Im Endspiel stand mir ein großer, aber derb gebauter Junge gegenüber. Er sagte gleich beim ersten Zusammentreffen: ›Was willst du Depp hier?‹

Ich habe ihn dann meist umspielt, links und rechts, aber die anderen kamen nicht so richtig durch. Ich schoss ein Tor und rief meinem Gegenspieler zu: ›Na, da schaust, du Depp.‹

In diesem Moment haut er mir eine runter und grinste mich nur an: ›Gib's auf, du Depp, geh lieber Murmeln spielen.‹ Ich war so wütend und hilflos, dass ich mich erst wieder in der Kabine besinnen konnte. Plötzlich fiel mir ein, dass wir uns bei den Sechzigern melden wollten, aber dann brannte mir wieder die Wange: ›Ich geh' nicht zu den Sechzigern‹, sagte ich. ›Ihr könnt' ja zu ihnen gehen, ich geh' zu den Bayern.‹«

Beckenbauer war bereits damals ein Führer, ein Anführer, und so wechseln die vier Freunde Beckenbauer, Heigl, Steiner und Neudecker gemeinsam zum FC Bayern München. Die Jugendabteilung des FC Bayern München wird damals von Anton Weiß geleitet, seine beiden Söhne Rudi und Werner trainieren und betreuen die Jugendmannschaften. Rudi Weiß, der Franz Beckenbauers zweiter Trainer wird, litt wie so viele engagierte Jugendtrainer unter dem Trauma einer schweren Verletzung. Schon als A-Jugendlicher durfte der technisch begabte Stürmer in der 1. Mannschaft der Bayern mittrainieren, doch ein brutales Foul bei einem sogenannten »Kalorienspiel« auf dem Land beendete 1949 seine Hoffnung, als Fußballer Karriere zu machen. »Als ich merkte, es geht nicht mehr, brach für mich eine Welt zusammen«, sagt Rudi Weiß, Jahrgang 1930, der auch heute noch jedes Heimspiel der Bayern besucht und dem Ehrenrat des Vereins als Vorsitzender vorsteht.

Mit großer Hingabe widmete sich Weiß damals seinem Amt als Jugendtrainer und legte damit den Grundstock für die Erfolge der Bayern in den frühen sechziger und siebziger Jahren. Die Hälfte des Bayernkaders in den ersten Bundesligajahren ging aus der eigenen Jugendabteilung hervor. Spieler wie Franz Beckenbauer, Sepp Maier, Dieter Brenninger, Adolf Kunstwadl, Rudi Nafziger, Peter Kupferschmidt und Georg Schwarzenbeck wurden von Weiß gefördert und ausgebildet. Weiß, der neben seiner Trainertätigkeit Jura studierte und 1960 in München als Anwalt zugelassen wurde, besaß neben dem Fußball fast kein Privatleben: »Zum Heiraten hatte ich damals einfach keine Zeit«, bemerkt Weiß, und er meint es ernst. Tatsächlich war er mit dem Fußballplatz verheiratet, und die Spieler waren seine Kinder. Wie ein Vater kümmerte er sich um den Nachwuchs, suchte den Kontakt zu den Eltern und verstand sich auch als Pädagoge, der weit über den Sport hinaus mit den Jugendlichen arbeitete und sie durch den Fußball auf das Leben vorbereiten wollte.

»Der Franz kam mit zwölf Jahren zu mir, spielte zwei Jahre in der Schüler-Mannschaft, dann ein Jahr in der B-Jugend und schon im zweiten Jahr habe ich ihn wegen seines herausragenden Talents in die A 1 genommen. Sicher, er war ein Ausnahmetalent, trotzdem musste er viel lernen.« Weiß beobachtete den Jungen intensiv. Man trainierte mit der Mannschaft offiziell dreimal in der Woche. An den trainingsfreien Tagen jedoch fuhr Weiß nach Giesing zum St. Bonifatius Platz, und wenn er Beckenbauer auf dem 1906er-Platz mit seinen Freunden spielen sah, gesellte er sich dazu, und man trainierte zwanglos und sehr spielerisch. »Wir haben einfach den Ball hoch gehalten, einige Hunderte Male sicherlich, hin und her gespielt, dabei die Distanz verändert, mal nah, mal weit«.

Im Winter wurde am Max-Weber-Platz in der Turnhalle Fußballtennis gespielt, und in den Sommerferien organisierte Weiß mehrtägige »Trainingslager« am Wörthsee. Beckenbauer fuhr, ebenso wie die meisten seiner Freunde, mit seinen Eltern niemals in Urlaub. Die ließen die Jungen in den Schulferien deshalb gerne mit dem angesehenen Herrn Weiß ziehen, der sie in seinen großen Borgward verfrachtete und mit ihnen hinaus aufs Land fuhr. Die Eltern wussten ihre Jungen bei Weiß in guter Obhut, denn er galt als streng und pädagogisch umsichtig. Franz Haydn, der mit Beckenbauer in der Bayern-Jugend spielte, erinnert sich: »Rudi Weiß war damals schon sehr profihaft, und die Disziplin war das A und O, man hat sich nichts leisten können. Es war auch immer sehr familiär, er hat uns oft vor dem Spiel zum Essen eingeladen.« Entgegen der heutigen sportmedizinischen Auffassung, stand die Flüssigkeitsaufnahme damals unter dem Verdacht, dem Körper und den Muskeln zu schaden, deshalb wurde streng darauf geachtet, dass die Sportler nur wenig tranken. »Wir haben ja nie was trinken dürfen«, berichtet Haydn. »Es war heiß, wir schwitzten wie wahnsinnig, und dennoch hieß es dann, ihr dürft nichts trinken. ›Nicht zu viel Flüssigkeit‹ lautete die Devise von

Weiß, und als einmal einer erwischt wurde, der heimlich Limo trank, durfte er erst einmal ein Spiel zusehen.«

Weiß sei ein »überragender Trainer« gewesen, findet Heigl. Schon sehr früh schulte er seine Spieler taktisch. Die Spielersitzungen wurden immer im Café Knoll gegenüber dem Sechziger-Stadion an der Grünwalder Straße abgehalten, da lehrte Weiß dann seine Auffassung vom Spiel. Auch nach dem Training, wenn den Jungen die Zunge vor Durst wie tot im Mund klebte, mussten sie erst eine trockene Semmel essen und ihrem Trainer zuhören, bevor sie sich eine Cola, eine Limo oder ein Spezi genehmigen durften.

Doch die »Professionalität« der Nachwuchsarbeit brachte einen Nachteil mit sich: Die Bayern-Jugend wurde in München kaum noch gefordert, allenfalls im Duell mit den »Löwen«. Ansonsten trat man zu Freundschaftsspielen häufig gegen Mannschaften aus anderen Bundesländern an – eine deutsche Jugendmeisterschaft gab es noch nicht – oder man spielte auf internationalen Turnieren in Österreich, der Schweiz, Italien oder Jugoslawien gegen den Nachwuchs der ausländischen Spitzenclubs. Unter den Augen von Weiß reifte Beckenbauers Talent weiter heran, auf dem Platz spielerisch gefördert, abseits des Platzes aufmerksam beobachtet. Als er eines Tages beim Rauchen erwischt wird, muss er zwei Spiele von der Bank aus verfolgen. Unerwünscht sind auch Mädchen. »Es war undenkbar«, so Haydn, »seine Freundin zum Spiel mitzubringen.« Eine feste Freundin hat Beckenbauer in dieser Zeit noch nicht. Es gibt die Feten bei Gerolds, flüchtige Küsse, feuchte Hände, Blicke.

Körperlich ist Franz ein Spätentwickler. Auf dem Platz hilft ihm seine Technik, sich gegen körperlich überlegene Spieler durchzusetzen. In der Schule hat er keine Schwierigkeiten. Obwohl er nicht fleißig ist, gehört er zu den besten Schülern, und seine Lehrer empfehlen den Besuch einer weiterführenden Schule. Doch der Junge will Fußballer werden und sein Vater stellt ihn vor die Alternative: »Wenn du die Mittelschule besuchen willst, dann ist der Fußball gestrichen. Also was willst du, Fußball oder Lernen?« Die Antwort fällt ihm nicht schwer, und so macht sich Franz leidenschaftslos auf die Suche nach einer Lehrstelle. Seine Mutter schildert die Szene so: »Der Franzi ist zum Arbeitsamt gegangen. ›Was willst du mal werden?‹ fragt der Beamte ihn. ›Ja, ich will in die Sparkasse!‹ ›Was willst denn du in der

Sparkasse‹, hat der ihn gefragt, ›du kannst ja nicht mal über den Schalter blicken.‹ Der Franzi ist erst gewachsen, als er in die Lehre kam. Dann hat der Vater gesagt, jetzt schreibst einen Brief an die Allianz und einen an die Stadtsparkasse München, und wer als erster antwortet, des packst. Gut, zuerst kam der Brief von der Allianz, und erst als er da die Prüfung bestanden hatte, antwortete die Stadt München.«

So beginnt Franz Beckenbauer seine Ausbildung 1959 in der Bayerischen Versicherungsbank Allianz in der Ludwigstraße. Er arbeitet im 1. Stock in der Kraftfahrzeugabteilung. Sein Lehrlingsgehalt beträgt anfangs 90 DM im Monat, nach einem Jahr erhält er 120 DM. Er liebt die Arbeit nicht: »In dem Versicherungsgebäude hatte ich plötzlich so eine Art Termitengefühl, ich sah nirgendwo eine Wirkung meines Tuns. Ich lernte, was eine GmbH und eine AG ist, und wusste nie so recht, was ich abends damit anfangen sollte. Vor allem hatten wir einen Prokuristen, der mir wie der liebe Gott und ein Gefangenenaufseher in einer Person vorkam. Wenn ich ihm auf dem Flur begegnete, musste ich mich unwillkürlich verbeugen, und ich sagte: ›Grüß Gott, Herr Prokurist.‹« Mit achtzehn hat es Beckenbauer schließlich zum Sachbearbeiter in der Kfz-Abteilung gebracht, Monatsgehalt stattliche 450 DM, der selbständig die Vertragspolicen mit den Endziffern sechs und sieben bearbeiten darf.

Richtigen Ehrgeiz entwickelt Beckenbauer nur auf dem Fußballplatz. Jochen Seiff, auch er ein Jugendfreund, beschreibt ihn folgendermaßen: »Er hat sich ungewöhnlich früh für den Fußball entschieden, wenn man bedenkt, wie unsicher damals eine Fußballkarriere war. Wenn man mit ihm in einer Mannschaft spielte, befand man sich in einer Gewinnersituation. Er hat immer die Stärksten und Besten angezogen und zusammengestellt.« Seiff, der heute Vorstandsvorsitzender einer großen bayerischen Genossenschaftsbank ist, benutzt gerne das Vokabular eines erfolgs- und gewinnorientierten Bankers: »Er wäre in jeder anderen Position ein Führungstyp, er hat ein Naturtalent zur Führung, der könnte genauso gut Bundeskanzler sein. Schon mit zwölf, dreizehn, vierzehn Jahren hat er seine Mitspieler massiv zur Räson gerufen. Er hat sie wortwörtlich in den Hintern getreten, wenn sie leichtsinnig spielten.« Auf dem Platz verstand Beckenbauer keinen Spaß, und obwohl man ihm im Laufe seiner Karriere immer wieder fehlenden Einsatz vorwerfen wird, weil sein Stil frei von Arbeit und Verbissenheit zu sein scheint, kennt er selbst beim Training kein Pardon. Franz Haydn: »Beim 5 zu 2 hat er dich noch gedemütigt, da konntest du zwanzig Minuten spielen und du kamst einfach nicht an den Ball. Er war ein Übertalent.«

Vater sein dagegen sehr

»Ergriffen lauschte er trüben Weissagungen, bis ihn wieder ein wunderbar vollendet geköpfter Ball mit sich riss, dass sein Herz noch höher flog wie der Ball.«

Ödön von Horváth: *Legende vom Fußballplatz*

Die Zeiten ändern sich, und mit ihnen auch die Sitten und die Moral. Als Franz Beckenbauer am 20. Oktober 1963 das erste Mal Vater wurde, war er gerade einmal 18 Jahre alt und damit noch nicht volljährig. Die Öffentlichkeit sollte und durfte von dieser Affäre nichts erfahren. Vierzig Jahre später dagegen beteiligt sich ganz Deutschland am fröhlichen Rätselraten. Wird es ein Junge? Wird es ein Mädchen? Franz Beckenbauer und Heidi Burmester, seine neue Lebensgefährtin, erwarten ihr zweites Kind. »Der Kaiser-Clan«, meldet die *Bild-Zeitung* am 5. Juni 2003, »wird immer größer und größer.« Und damit die Leser nicht den Überblick verlieren, »schließlich werden die Familien-Verhältnisse aber auch immer komplizierter«, druckt *Bild* den Stammbaum »des Kaiser-Clans«, »damit Sie sich einen Überblick verschaffen können«. Franz Beckenbauer hat zu diesem Zeitpunkt vier Kinder (inzwischen sind es fünf) mit drei Frauen und acht Enkel, er steht vor der zweiten Scheidung und der dritten Hochzeit, und Heidi Burmester wird von der Regenbogenpresse schon als »die neue Kaiserin« gefeiert. Einem »Kaiser« gebührt eine Dynastie, und so veredelt die *Bild-Zeitung* das Beziehungsleben ihres Star-Kolumnisten durch einen Stammbaum, dessen Verzweigungen imponieren. Wozu Fürstenhäuser Jahrhunderte brauchen, Beckenbauer schafft es in Jahrzehnten. Sein Leben, eine Saga für den Boulevard.

Soviel erotische Unübersichtlichkeit und Toleranz herrschen Anfang der sechziger Jahre in der Bundesrepublik noch nicht. Die »langen fünfziger Jahre« gehen sehr langsam zu Ende, der Patriarch Adenauer dankt ebenso widerwillig ab wie die herrschenden Moralvorstellungen, die noch überwiegend aus dem 19. Jahrhundert stammen. Homosexualität steht unter Strafe, Onanie gilt als sexuelle Anomalie, Abtreibungen sind verboten, und die gerade entwickelte Pille ist für unverheiratete Paare nur sehr schwer zu bekommen und obendrein teurer. Ein moderner Sexualkundeunterricht findet in den Schulen nicht statt, zu Hause spricht man über Sexualität ebenfalls nicht. Ein uneheliches Kind gilt als »Schande«, und der »Kuppeleiparagraph« droht denjenigen Strafe an, die helfen, vorehelichen Sex möglich zu machen. Erst allmählich liberalisiert sich die Sexualmoral, Oswalt Kolles Aufklärungsfilme sind Ende der sechziger Jahre Kassenschlager und Skandal zugleich. Wie engstirnig das moralische Empfinden noch ist, illustriert der Fall des sehr beliebten Entertainers Lou van Burg, der 1967 vom ZDF-Intendanten Karl Holzamer gefeuert wird, als bekannt wird, dass der verheiratete Showmaster eine Freundin hat.

Ingrid Grönke und Franz Beckenbauer lernen sich bei der Allianz in der Ludwigstraße kennen. Ingrid ist ein Jahr älter als Franz, hat dunkle Haare, trägt eine modische Ponyfrisur und ist sehr hübsch. Sie hat vor der Anstellung bei der Versicherung eine Ausbildung als Verkäuferin gemacht. An ihren Vater, der im Krieg fiel, hat sie keine Erinnerungen. Zu Hause führt ihre Mutter, die als Hausdame und Sekretärin bei Rudolf Heß in Berlin gearbeitet hat, ein strenges Regiment. Ingrid und Franz sind Verbündete in dieser langweilig-grauen Bürowelt, sie lächeln sich verschwörerisch zu. Franz begleitet Ingrid nach Dienstende höflich nach Hause in die Schellingstraße. Es ist eine Liebe dieser Zeit, eine Teenagerliebe, die langsam anhebt, sich im öffentlichen Raum an die Konventionen hält und sich verstohlen ihren Platz suchen muss.

Wie andere Liebespaare auch, die einmal allein sein wollen, fliehen sie in das Dunkel der Kinos, treffen sich im Park, drängen sich in schattigen Hausfluren aneinander. Bei Gerolds treffen sie sich nie. Beckenbauers Ghostwriter macht aus dieser Not in »Einer wie ich« eine Schmunzelepisode, doch tatsächlich verbirgt sich in dieser Szene die repressive Moral jener Jahre: »Wir gingen gemeinsam ins Kino. Es gab einen Kriegsfilm: ›Der längste Tag‹ oder so ähnlich hieß er. Ich hatte ihn ausgewählt, weil auf dem Plakat Überlänge angekündigt war. Für den Film hatte ich nichts übrig, denn Ingrid saß neben mir . . .« Die Beziehung bleibt nicht ohne Folgen, Ingrid wird schwanger.

Beckenbauer spielt zu diesem Zeitpunkt, da er nach dem Stichtag 1. August geboren ist, immer noch in der A-Jugend. Dem Trainer Rudi Weiß mag er sich nicht anvertrauen, auch dem väterlichen Herrn Gerold nicht, der ihn eines Tages anspricht, weil er ungewöhnlich still ist: »Sag einmal Franz, was ist denn mit dir?« Da sieht ihn Franz nur bedrückt an und sagt: »Herr Gerold, das kann ich Ihnen nicht sagen, das geht nicht!« Selbst seine Freunde Heigl und Steiner wissen lange nicht, was los ist. So erfährt es zuerst die Mutter, die wie immer für alles Verständnis hat. Antonie tröstet ihren Sohn und übernimmt es, dem Vater die unangenehme Botschaft zu überbringen; allerdings lässt sie sich Zeit, erst nach der Geburt des Kindes will sie ihrem Mann sagen, dass Franz Vater geworden ist.

In der Bayern-Jugend ist Beckenbauer längst ein Star, er spielt in der bayerischen Jugendauswahl, und auch Helmut Schön, bei dem Weiß seine A-Lizenz erwirbt, hat das Riesentalent schon bemerkt. Es ist im Verein ein Riesenskandal, als die Nachwuchshoffnung wegen der Affäre in die zweite A-Jugend strafversetzt wird. Sein damaliger Mitspieler Franz Haydn erinnert sich: »Wir haben bei einem Jugendturnier in Schwabach gespielt, da war der Franz gerade in die A 2 strafversetzt. Wir kommen da an, steigen aus dem Bus und die Leute, etwa dreißig, wollten sofort wissen, wo denn der Beckenbauer ist, der war ein Jahr zuvor dagewesen; das war sehr ungewöhnlich, bei einem Jugendturnier, dass die so etwas wissen wollten.«

Die Zurückstufung sei, so Beckenbauer, eine »Katastrophe« für ihn gewesen. Während die A 1 bei internationalen Turnieren antritt, muss sich Beckenbauer in Neubiberg über den Platz quälen. Es ist eine Schmach, es ist, da er all seine Hoffnungen auf den Fußball setzt, eine Qual, eine bohrende Niederlage, die ihn an seinem empfindlichsten Nerv trifft. Dass ihr Mitspieler Vater geworden war, wissen die meisten nicht. Sie vermuten, der Trainer habe ihn wegen heimlichen Rauchens oder sonst einer Flegelei degradiert.

Bis heute sind die Gründe für Beckenbauers Bestrafung umstritten. Die Jugendfreunde glauben, für den strengen Herrn Weiß sei die uneheliche Vaterschaft der Grund gewesen, doch das möchte Rudi Weiß auch heute noch nicht auf sich sitzen lassen. Ihn ärgert die Fehlinterpretation der Medien, der Ghostwriter: »Ich kann mit den Gerüchten nicht aufräumen, aber es war eine pädagogische Maßnahme. Das mit dem Kind, das wusste ich schon, das habe ich überhaupt nicht als nationale Katastrophe empfunden. Es war ja rührend zu sehen, wie er gesagt hat, das ist mein Kind und ich bin stolz darauf. Nein, es waren erzieherische Gründe, weil sein Verhalten auf dem Platz unhaltbar war. Er kritisierte Schiedsrichterentscheidungen, er revanchierte sich, wenn ihn einer umhaute, und wenn er nicht genau angespielt wurde, dann lief er nicht nach, er winkte abfällig ab, zeigte einen Vogel und nannte seine Mitspieler Schwammerl. Das war unkameradschaftlich.«

Diese Sichtweise lässt sich mit der Geschichte in Einklang bringen, die Franz Beckenbauer seinem ersten Ghostwriter Rolf Gonther für das Buch »Dirigent im Mittelfeld« 1966 diktiert: ›Morgen früh um acht Uhr ist Abfahrt zum Spiel‹, sagte Trainer Weiß zu uns. Ich war der Einzige, der dagegen meuterte und die anderen aufhetzte, daß neun doch auch noch früh genug sei. Oder es ging darum, ob wir nach einem Spiel noch ins Kino oder zum gemeinsamen Essen gingen. Dann war ich meistens dagegen, und die Clique von vier Spielern, zu der ich gehörte, machte dem Trainer immer neue Schwierigkeiten.« Beckenbauers uneheliches Kind und seine Beziehung zu Ingrid werden in dieser Biographie allerdings unterschlagen.

Nun beginnen die Kiebitze, die die immer beim Training zuschauen und viel Zeit haben, sich für den besseren Trainer zu halten, gegen Weiß zu intrigieren. Warum lässt er den besten Spieler in der A 2 versauern? Hat keine Ahnung, der Depp! Die Unzufriedenen versuchen, Weiß bei der Vereinsführung anzuschwärzen, Spieler gegen ihn aufzustacheln und passen Franz bei jedem Training ab. »Lass dir das nicht gefallen! Wir schießen den Weiß ab! Wir nehmen das in die Hand!« In dieser Situation zeigt Beckenbauer Charakter. Als ihn der Wortführer der Kiebitze Bäckermeister Schaffer wieder einmal gegen den Trainer aufhetzen will, reißt er sich los und schimpft zurück: »Ihr habt überhaupt keine Ahnung. Der Herr Weiß ist der beste Trainer, den ich je hatte. Der macht das schon richtig so!«

Kleinlaut tritt der Bäckermeister daraufhin bei Weiß an, berichtet ihm die Szene und entschuldigt sich. Der Trainer ist zufrieden. Franz hat sich bewährt, er darf in die A 1 zurückkehren. Doch damit ist das Kapitel noch nicht abgeschlossen, denn Beckenbauer wird in die Jugendnationalmannschaft berufen, er erhält eine Einladung zum Länderspiel gegen die Schweiz in Lörrach, außerdem winkt eine Einladung zum UEFA-Jugendturnier nach Holland. Es gilt aber noch, eine hohe Hürde zu überwinden. Die alten Herren des DFB, die im Spielausschuss über die Nominierungen befinden, sind als besonders strenge Tugendwächter und brave Biedermänner gefürchtet.

Als die Berufung Beckenbauers in München eintrifft, wendet sich Weiß deshalb ratsuchend an den designierten Bundestrainer Helmut Schön, der Herberger ablösen soll. Schön empfiehlt ihm, offen mit der Situation umzugehen und dem verantwortlichen Jugendtrainer Dettmar Cramer dahingehend zu schreiben, dass von Beckenbauer keine »sittliche Gefährdung« der Mitspieler zu erwarten sei. Doch als der weitgereiste Fußballglobetrotter Cramer den Brief erhält, ist auch er zunächst ratlos. Er weiß um die Mentalität und die Widerstände im konservativen Spielausschuss des DFB und setzt sich telefonisch mit seinem Lehrmeister Sepp Herberger in Verbindung. Er habe da ein phantastisches Talent, einen Bayernspieler, der sei so gut wie Fritz Walter, wenn nicht besser. Doch die Saubermänner beim DFB seien sicher gegen seine Aufstellung, weil dem junge Mann eine Riesendummheit passiert sei, er habe ein uneheliches Kind. Können Sie helfen?

Herberger kann. Jürgen Leinemann schildert die Episode in seiner meisterhaften Herberger-Biographie so: »Zur nächsten Sitzung des Altherrenrates – vorwiegend Pädagogen –, der über die Nominierung der jugendlichen UEFA-Auswahl entschied, reiste Herberger an. Freudige Begrüßung, aha, die Herren Kollegen, auch nicht mehr die Jüngsten, ja, ja, die Zeit. Ohne Schwierigkeiten brachte Herberger – unter dem Tisch immerzu Cramer vergnügt auf den Fuß tretend – das Gespräch auf die gute alte Zeit, als sie alle noch flotte Burschen waren und die Mädels sich die Hälse nach ihnen reckten. Einer nach dem anderen begann seine amourösen Abenteuer zu erzählen, wie keck er es getrieben hatte. Dettmar Cramer hatte längst lädierte Füße, als ›der Seppl‹ ein unerwartetes Resümee der nostalgischen Runde zog: ›Männer‹, sagte er, ›ich habe ja gar nicht gewusst, was ihr für tolle Kerle wart, Respekt, Respekt. Und was für ein Glück ihr alle gehabt habt, kein Malheur, toll. Ganz anders als dieser junge Mann aus Bayern, wie heisst er, Dettmar? Beckenbauer, richtig, interessanter Name in diesem Zusammenhang.‹«

Herberger hatte sich mit List und Charme durchgesetzt, Beckenbauer wurde nominiert. Allerdings gab es eine Auflage, er musste das Zimmer beim anstehenden Trainingslager in Barsinghausen mit dem Trainer persönlich teilen. Und so lagen der kahlköpfige Cramer mit den überdimensionierten Koteletten und der »labile« Franz Beckenbauer in einem Doppelbett beisammen wie ein altes Ehepaar, mit sittsam zugeknöpften Schlafanzügen, beide begraben unter erstickend dicken »Bauernplumeaus«.

Hat Beckenbauer deshalb bei seinem ersten Jugend-Länderspiel gegen die Schweiz Magenschmerzen? Oder ist es die Aufregung? In der Halbzeit schluckt er eine Tablette gegen das lästige Bauchgrimmen. Seiner Leistung tut das keinen Abbruch. Beim 2:1-Sieg der deutschen A-Jugend gegen die Schweiz am 8. März 1964 in Lörrach schießt Beckenbauer, der als Stürmer aufläuft, beide Tore. Der legendäre Sepp Herberger und Helmut Schön sehen sich das Spiel an, sie sind auf der Suche nach Talenten für die Weltmeisterschaft 1966 in England. Sie können hochzufrieden sein mit der Leistung des braven Sünders, er wird notiert, bleibt im Gespräch, ein potenzieller Kandidat für England. Nur nach dem Spiel gibt es kurz Ärger. Plötzlich ist Beckenbauer von Presseleuten umringt, Autogrammsammler bedrängen ihn, Mikrophone werden ihm entgegengehalten, und sogar eine Fernsehkamera nimmt ihn ins Bild. Der junge Held widmet sich allen mit Fleiß, schüchtern zunächst, dann freier, flüssiger. Etwas viel Wirbel findet er. Kaum hat sich der Rummel beruhigt, da wäscht ihm schon Dettmar Cramer den Kopf: »Sie haben dem Fernsehen ein Interview gegeben, Herr Beckenbauer.«

»Ja.«

»Was stellen Sie sich eigentlich vor, wer Sie sind? Puskás, di Stefano oder gar Pelé? Sind Sie so naiv oder meinen Sie, Sie können alles machen, was Sie wollen? Herberger und Schön waren entsetzt über die Flegelei, dass ein Jugendlicher schon Fernsehinterviews gibt.«

Die Standpauke ist beendet, Cramer geht wieder zum versöhnlicheren »Du« über und entlässt seinen Schützling mit der tröstenden Bemerkung, dass man sich ja bald wieder sehen werde. Beim UEFA-Turnier in Holland.

Auf dem Sprung

»Alles, was ich von Moral und Pflichten weiß, verdanke ich dem Fußball.«

Albert Camus

Vieles kommt in Bewegung. Das Jahr 1964 ist ein Jahr des Aufbruchs. Der greise Adenauer hat sich knurrend verabschiedet, sein Nachfolger wird der populäre Vater des Wirtschaftswunders Ludwig Erhard. Dieses Wunder ist undenkbar ohne Hilfe aus dem Ausland: Rund eine Million »Gastarbeiter« arbeiten inzwischen in deutschen Fabriken. Der Berliner Bürgermeister Willy Brandt wird zum Vorsitzenden der SPD gewählt. Auch im Bereich des Fußballs bewegt sich einiges. Am 9. Mai wird der 1. FC Köln Meister der ersten ausgespielten Bundesligasaison 1963/64. Drei Tage später legt der Bundestrainer Sepp Herberger schweren Herzens sein Amt nieder, sein ungeliebter Assistent Helmut Schön wird der Nachfolger. Und in München entschließt sich ein gewisser Robert Schwan, statt Versicherungen fortan Fußball zu verkaufen. Er beginnt seine Arbeit als Spielausschussvorsitzender beim damaligen Regionalligisten FC Bayern München.

Das Leben von Franz Beckenbauer gerät ebenfalls Bewegung, manches Mal mehr als ihm lieb ist. Seine Kindheit und Jugend gehen jetzt unwiderruflich zu Ende. Nicht langsam, nicht organisch, nein, es ist ein Wirbel, eine Flut von Spielen, grellen Szenen und Ereignissen, die manchem den Boden unter den Füßen weggerissen hätte. Es ist ein Stakkato: Obwohl er noch Jugendspieler ist, gelingt ihm der Sprung in die erste Mannschaft, er ist Vater, er trennt sich von Ingrid, er verliebt sich erneut, er heiratet Brigitte. Er steigt mit dem FC Bayern in die 1963 gegründete Bundesliga auf, er wird Nationalspieler, bei der Weltmeisterschaft in England wird er zum Weltstar, er engagiert einen Manager, einen Ghostwriter, er gibt Autogramme im Akkord, er macht Werbung, er besingt eine Schallplatte, er wird in Deutschland zum Fußballer des Jahres gekürt, er kauft sich ein Haus, er wird wieder Vater, eine erste Biographie erscheint, er ist ständig unterwegs, im Bus oder im Flugzeug. Ein Spiel reiht sich an das andere, ein Trainingslager folgt dem nächsten, die Kameras beginnen ihm zu folgen, die Mikrophone, die Reporter, die Schlagzeilen. All das passiert in den nächsten zwei Jahren.

Ende März 1964 spielt Beckenbauer noch für die Jugendnationalmannschaft beim UEFA-Turnier in Holland. Man gewinnt gegen die Schweden, verliert gegen Holland, scheidet aus und fährt nach Hause. Beckenbauer ist der beste Spieler seiner Mannschaft. Auch bei einem internationalen A-Jugend-Turnier des FC Bayern München vom 28. Mai bis zum 2. Juni glänzt er, man gewinnt den Pokal. Es ist seine Abschiedsvorstellung aus der Jugendmannschaft, ein Abschied von Rudi Weiß. Denn wie wertvoll Beckenbauer ist, haben inzwischen auch die Vereinsoberen des FC Bayern München erkannt. Schon im Februar, bevor er nach Holland abreiste, offerierte ihm der FC Bayern einen Dreijahresvertrag. Da Beckenbauer als Minderjähriger jedoch keine rechtskräftigen Verträge abschließen kann, muss sein Vater unterschreiben. Der tut das murrend, denn wo soll das bloß enden, mit Fußball ist doch kein Staat zu machen und Geld? Präsident Neudecker und Geschäftsführer Walter Fembeck belagern den widerstrebenden Vater beharrlich, reden mit Engelszungen auf ihn ein, um den Störrischen zu überzeugen.

Und die gute Stellung bei der Allianz? Der gelernte Versicherungskaufmann Beckenbauer muss sich entscheiden. Die Allianz hat ihn zwar übernommen, aber einen sechswöchigen Sonderurlaub für die Aufstiegsspiele der Herrenmannschaft will man ihm nicht bewilligen. Also kündigt Beckenbauer, springt ins Ungewisse, ins Abenteuer Fußball. Es ist wirklich ein Abenteuer, man muss sich die damalige Situation vor Augen halten. Der FC Bayern München spielt zu diesem Zeitpunkt nur in der Regionalliga Süd. Bei der Gründung der Bundesliga wurden die Bayern vom DFB nicht berücksichtigt, dafür aber der große Rivale TSV 1860 München. Doch selbst wenn Beckenbauer gleich in der Bundesliga gespielt hätte, eine sichere Zukunft hätte auch das nicht geboten. Die Gehälter waren in den Gründungsjahren der Bundesliga einheitlich auf 1200 DM monatlich festgelegt worden, Ausnahmen mussten beantragt werden. Sicher, es gab Prämien, man zahlte den Spielern Schwarzgeld, man beschaffte ihnen

Sachzuwendungen, günstige Kredite und machte ihnen kostenlos die tollsten Versprechungen für eine bürgerliche Existenz nach dem Fußball, doch all das war äußerst ungewiss, ein Lotteriespiel.

Fast alle Spieler gingen in den ersten Jahren einem Halbtagsjob nach, zumindest offiziell, denn in den meisten Fällen kannten Spieler ihren Arbeitsplatz nur vom Geldabholen. Auch Beckenbauer fand so ein Auskommen, denn in der Regionalliga durfte das Gehalt 140 DM nicht übersteigen, mit Prämien kam man gerade einmal auf 400 DM im Monat. Rolf Gonther vermittelte Beckenbauer eine fadenscheinige Beschäftigung bei dem Textilhändler Gottfried Dresbach in der Fraunhoferstraße. Für den Fotografen legte Beckenbauer dann schon mal einen Stoffballen auf die Schulter, ansonsten beschränkten sich seine Verpflichtungen darauf, mit Dresbach Kaffee zu trinken. Für diesen Service bekam Beckenbauer stolze 750 DM Lohn und durfte außerdem den Lieferwagen für private Zwecke benutzen.

Dresbach war ein umtriebiger Geschäftsmann, und er witterte das Geld, das man in Zukunft mit Beckenbauer machen könnte. Er war aber auch ein eingefleischter Fan von 1860 München und versuchte zusammen mit TSV-Präsident Adalbert Wetzel, seine fotogene Aushilfskraft für die Löwen abzuwerben. Als Robert Schwan, der Manager der Bayern, davon erfuhr, kam es zwischen ihm und Dresbach auf dem Münchner Sportlerball fast zu Handgreiflichkeiten. Noch in der gleichen Nacht alarmierte Schwan seinen Präsidenten Neudecker und forderte: »Entweder hört Franz bei Dresbach auf, oder ich höre bei den Bayern auf.« Am nächsten Tag kündigte Beckenbauer in der Fraunhoferstraße und zwei Tage später trat er seinen neuen Job an; diesmal in Robert Schwans Versicherungsagentur.

Ein wirkliches Vollprofitum entwickelte sich erst langsam, auch weil sich der DFB nicht trennen konnte vom Bild des glorreichen Amateurs, der nur für den Applaus, den Ruhm seines Vereins oder die Ehre des Vaterlandes kämpft. Schmutziges Geld sollte diesen reinen Idealismus nicht beflecken. Es war ein wirklichkeitsfremdes, aber sehr deutsches Bild, es war eine Mentalität, hochgehalten von Feierabend-Funktionären, die als Sportpolitiker und Manager laienhaft und dilettantisch agierten. Das hartnäckige Fortleben des heroischen Amateurgedankens sollte Folgen haben, für den deutschen Fußball und für Beckenbauer.

Es war besonders der ehrgeizige und sparsame Präsident Wilhelm Neudecker, der sich bei Trainer Zlatko (»Tschik«) Čajkovski für den jungen Helden stark machte. Die Bayern hatten die Aufstiegsrunde zur Bundesliga erreicht und wollten mit aller Macht in die erste Liga, die vor ihrer zweiten Spielzeit stand. Für Franz Beckenbauer hatten sie deshalb eine Sondergenehmigung beim Süddeutschen Fußballverband beantragt, da er als Jugendspieler im Herrenbereich noch nicht eingesetzt werden durfte. Čajkovski, ein früherer Weltklassespieler, konnte auf 55 A-Länderspiele für Jugoslawien zurückblicken und errang 1962 als Trainer mit dem 1. FC Köln die Deutsche Meisterschaft. Er sprach ein erheiterndes Stammeldeutsch, das er oft ganz bewusst einsetzte, weil es der Kritik die Spitze, nicht aber die Substanz nahm und weil ihn viele Leute so als »lustigen Vogel« unterschätzten. Čajkovski liebte das Spiel, er war fußballversessen und pflegte oft zu sagen: »Ohne Fußball ich toter Mann.«

Franz Beckenbauer empfing er beim ersten Training in etwa so: »Sie Bohnenstange, unten nichts, Mitte nichts, oben nichts. Sie jetzt kämpfen gegen Männer, gegen Athleten. Sie müssen mehr Gewicht bekommen. Das nur geht, wenn Sie immer essen. Nix Frauen, nix Rauchen, nix Saufen.« Čajkovski meinte das ernst. Er war nicht nur ein leidenschaftlicher Esser, es musste deftig, fleischreich, scharf und reichlich sein, und er führte seine Mannschaft häufig in jugoslawische Restaurants, um ihnen dort die nötigen Reserven einzutrichtern. Er hatte auch viele geniale Techniker und begnadete Dribbler scheitern sehen, weil sie den Kampf nicht annahmen und sich durch harten Körpereinsatz bis zur Wirkungslosigkeit einschüchtern ließen. Obwohl er mit 1,64 Meter selbst klein war – sein Spitzname »Tschik« hieß so viel wie »Zigarettenstummel« – war er als Spieler äußerst durchsetzungsstark gewesen, er war schnell, wendig und hatte mit seinen mächtigen Oberschenkeln und den kantigen Ellenbogen auch immer mit dem ganzen Körper gearbeitet. Deshalb betrachtete er Beckenbauers Ballkünste zunächst misstrauisch, um dann jedoch schnell sein größter Förderer und Fan zu werden.

Ob Beckenbauer ein Kerl war? Diese Frage stellte sich vor dem Aufstiegsspiel gegen den FC St. Pauli nicht nur der Trainer, der einige verletzte Spieler zu ersetzen hatte, sondern auch eine Münchner Zeitung: »Als Experiment ist auch die Aufstellung des jungen Beckenbauer zu bezeichnen. Ausgerechnet im entscheidenden Stadium der Saison sein Debüt in der ersten Mannschaft geben zu müssen ist für den 18-jährigen Jugendspieler eine schwere Aufgabe. Die technischen Mittel besitzt er, um zu bestehen. Ob er körperlich gegen die harte Hamburger Deckung schon fit genug ist, müssen die 90 Minuten im Volksparkstadion beweisen.«

Die Sondergenehmigung traf rechtzeitig ein und Beckenbauer spielte. Es war ein glänzendes Debüt. Er lief mit der Nummer 11 auf und spielte Linksaußen. Seinen Gegenspieler Eppel narrte er ein ums andere Mal, hängte ihn ab, lief ihm davon, zeigte keinen Respekt. Wie »ein Alter« heißt es in einer Kritik über das Debüt, »als habe er schon ein ganzes Dutzend Aufstiegsspiele hinter sich«. Seine Leistung krönte er in der 84. Minute mit einem Tor. Die Bayern siegten mit 4:0, dennoch reichte es später nicht zum Aufstieg. Čajkovski setzte den Neuling in der Aufstiegsrunde auf vier verschiedenen Positionen ein und immer überzeugte Beckenbauer. Als Stürmer, Halbstürmer Stopper und Mittelläufer, egal, wo er im offensiven 3-3-4-System spielte, der 18-jährige Nachwuchsspieler, »dem man schon jetzt eine Nationalspielerkarriere prophezeien darf«, war für viele Kommentatoren eine »Sensation«.

Das entscheidende Spiel gegen Tasmania Berlin fand im Berliner Poststadion statt. Auch in diesem Spiel machte Beckenbauer als Stopper eine ausgezeichnete Figur, er beherrschte seinen Gegenspieler, den bulligen Mittelstürmer Fischer, nach Belieben. Bis zur 60. Minute, dann wendete sich das Blatt: »Ein Donnerwetter brach über den jungen Beckenbauer herein. Er hatte dem Torjäger Fischer bis zu diesem Zeitpunkt die Munition gestohlen. Doch der listige Fischer wusste seine Körpermaße, die jenen eines Möbelpackers glichen, sehr wohl in die Waagschale zu werfen. Er ließ Beckenbauer wiederholt auflaufen und schindete manchen Freistoß heraus. Der noch etwas unerfahrene Bayernstopper war völlig konsterniert, als ihn Schiedsrichter Sturm gar verwarnte und ein Pfeifkonzert von 30 000 fanatischen Berlinern in seinen Ohren gellte.«

Jetzt hatte Fischer den Raum, den er brauchte. Beckenbauer, der am Rand eines Feldverweises stand, hielt sich ängstlich zurück, und der »Kleiderschrank« schlug innerhalb von drei Minuten zweimal zu. Das Spiel war gelaufen, und Beckenbauer kämpfte mit den Tränen.

Čajkovski, der ihn nach dem Spiel väterlich umarmte und ihn zu trösten versuchte, »einziger Lichtblick in Wüste«, wusste, dass das Aufstiegsrennen nun gelaufen war. Mit einem Punkt Vorsprung vor den Bayern wurde Borussia Neunkirchen Gruppensieger und stieg in die Bundesliga auf. Die Bayern waren gezwungen, einen neuen Anlauf zu nehmen, doch was zunächst wie Pech aussah, sollte sich bald als Glück herausstellen.

Mit der neuen Spielzeit 1964/65 in der Regionalliga Süd begann für Beckenbauer nicht nur seine Laufbahn als Fußballprofi, es begann ein Lebensrhythmus, ein Takt, der sein Leben für die nächsten zwanzig Jahre bestimmen sollte. Es begannen die Mühen und Monotonien des grauen Fußballalltags. Das tägliche Training, zweimal am Tag, die kurzen Trainingslager vor wichtigen Spielen, die langen Trainingslager vor der neuen Saison, die Busfahrten, die Flüge, das Herumlungern auf den Flughäfen, Kartenspielen auf Koffern, das Zeittotschlagen in den Hotels, die eintönigen Autobahnfahrten, das samstägliche Spiel, die Blessuren danach, Duschen, Massagebank, die Fragen der Journalisten, Autogrammstunden in Sportgeschäften, Kaufhäusern und wieder das Training mit den immergleichen Kommandos und Übungen, die Reisen zu Länderspielen und Lehrgängen, der freie Sonntag, an dem die Familie sich meldet und ihr Recht fordert, und immer und immer wieder das Zusammensein mit den Kameraden, den Mitspielern, die gemeinsamen Mahlzeiten, die Waldläufe, Spaziergänge, das gemeinsame Zimmer.

Es ist die Wiederkehr des Immergleichen. Fast nie allein, beginnt man in der Mannschaft zu leben, zu denken und zu handeln. Man kennt die Witze, die Spielchen, die kleinen Fluchten, die Rivalitäten, den Streit und den gemeinsamen Jubel. Man wächst zusammen, ohne befreundet zu sein, es ist harte Arbeit Tag für Tag, und gleichzeitig ist es die Verlängerung der Kindheit, ein ewiges Spiel, die Jagd nach dem Ball, man darf noch mal Junge sein und wächst doch zum Mann.

Für Beckenbauer und den FC Bayern München beginnt in der Saison 1964/65 eine Erfolgsgeschichte, ein Fußballmärchen, das niemand für möglich gehalten hatte. Man muss das Image vom FC Hollywood, vom arroganten Rekordmeister, das den Bayern heute anhängt, vergessen. Die Stars spielten bei den Münchner Löwen, dort wurden die großen Gehälter gezahlt, dort wurde Bundesligafußball geboten. Die Bayern spielten in Emmendingen, Reutlingen, Schweinfurt, Fürth, Pforzheim oder in Hof. Es war Provinz, sicher, aber von Spiel zu Spiel wuchs die Ahnung, das diese Mannschaft etwas Ungewöhnliches würde leisten können. Von Sicherheitsfußball keine Spur, Čajkovski ließ stürmen.

Am Ende der Saison hatten die Bayern eine sagenhafte Torausbeute, sie trafen 146-mal ins gegnerische Tor und stellten mit Rainer Ohlhauser den Torschützenkönig; er traf 42-mal. Auch ein pummeliger junger Mann aus Nördlingen mit sehr kurzen, kräftigen Beinen namens Gerd Müller machte nachhaltig auf sich aufmerksam; er schoss in 26 Spielen 32 Tore. Es hätten leicht mehr werden können, doch Čajkovski war zunächst entsetzt, als ihm »kleines, dickes Müller« als Verstärkung präsentiert wurde. Während Čajkovski im Salvatorkeller für den schmächtigen Beckenbauer mächtige Fleischplatten eigenhändig heranschleppte, quälte er den stets hungrigen Müller mit immer ausgefalleneren Diätanweisungen. Erst ein Machtwort und Wutausbruch von Präsident Neudecker verschaffte ihm einen Stammplatz in der ersten Mannschaft.

Beckenbauers singuläres Können erkannte der Trainer dagegen sofort und sagte ihm eine große internationale Karriere voraus: »Größtes Talent von Europa!« Der Jungstar absolvierte 31 Regionalligaeinsätze und schoss dabei 16 Tore. Meistens spielte Beckenbauer als Stopper, in dieser Rolle löste er den erfahrenen Nationalspieler Herbert Erhard ab. Er kam aber auch als Mittelfeldspieler oder Stürmer zum Einsatz. Ja, nicht wenige Kommentatoren und Mitspieler sahen ihn zunächst als Stürmer, hielten sein Talent als Abwehrspieler für verschleudert, doch Čajkovski schätzte Beckenbauer als Defensivstrategen am wertvollsten für die Mannschaft ein.

Werner Olk, damals der einzige Abiturient in der Mannschaft, der neben dem Training seinem Ingenieurstudium nachging, teilte ab 1965 das Zimmer mit Beckenbauer. Die Aufgabenstellung war klar, Olk, der erfahrene Kapitän der Mannschaft, sollte den Neuling unter seine Fittiche nehmen. Der Franz sei zwar schüchtern gewesen, so erinnert sich Olk, aber Schutz habe er eigentlich nicht gebraucht. Schon in seiner ersten Saison in der Regionalliga erwarb sich Beckenbauer eine herausragende Stellung: »Die Mannschaft konnte sich schon an ihn anlehnen, weil man wusste, wenn man ihn anspielte, dann war der Ball in Abrahams Schoß.« Schon damals zeigte sich ein Charakterzug Beckenbauers ganz deutlich: Turbulenzen in seinem Privatleben wirkten sich nur kurze Zeit oder gar nicht auf seine Leistung auf dem Platz aus. Er konnte und wollte unangenehme Dinge, familiäre Konflikte vermeiden, er ging ihnen aus dem Weg, entzog sich allem, indem er in den Fußball floh. Da ließ er sich durch nichts beirren, auch schlechte Kritiken prallten an ihm ab, da er wusste, wie gut er war.

Seine Verlobte Ingrid bemerkt eine gewisse Kälte, eine altersuntypische Coolness an ihm. Sie empfindet ihn mitunter als gefühlstaub, unzugänglich für die Nöte anderer. Ingrid und Franz sind jetzt verlobt, ihr Sohn Thomas Walter wurde am 20. Oktober 1963 geboren. Die frühen Bücher über Beckenbauer unterschlagen diese Beziehung ganz oder verkürzen sie zu einer flüchtigen Jugendliebe, tatsächlich aber sind die beiden von 1963 bis 1965 ein Paar. In den Zeitungen taucht Ingrid überhaupt nicht auf und für die *Bild-Zeitung* im Jahr 2003 ist sie im Stammbaum des Kaisers eine Frau ohne Gesicht und Geschichte. Sie sagt über sein Ungerührtsein: »Mich hätte eine schlechte Kritik schon berührt, aber er ist da einfach drüber weggegangen. Auch als ich den Thomas bekommen hab, das war für mich wirklich schlimm, ich wäre am liebsten in die Isar gesprungen. Er hat bloß gesagt: Ach lass doch die reden! Dann war der Fall für ihn erledigt. Ich hab immer wieder gestaunt, weil in seinem Alter, wo er so jung war und die Karriere kam und die Öffentlichkeit, das hat ihn gar nicht so berührt. Aber als wir auseinander gegangen sind, da hat er schon geweint.« Thomas wächst in den ersten drei Jahren bei den Großeltern auf. Besonders Antonie Beckenbauer kümmert sich sehr um den Enkel, der junge Vater dagegen sieht ihn immer seltener. Ihn überfordert diese Rolle wohl auch, er sträubt sich innerlich gegen die feste Bindung und eine Eheschließung und findet neben dem Fußball immer seltener Zeit für Ingrid und Thomas.

Im Sommer 1965 trennen sie sich, da sich Franz in eine andere Frau verliebt. Er lernt Brigitte Schiller in der Sportschule Grünwald kennen, wo sie als Kontoristin an der Rezeption arbeitet, dort wo die jungen Fußballer im Trainingslager ständig vorbeigehen müssen. Gegenüber seiner Verlobten Ingrid findet Franz lange nicht die richtigen

Worte, um sich zu trennen. In der Öffentlichkeit scheut Beckenbauer keine Auseinandersetzung, in der Familie ist er konfliktscheu und süchtig nach Harmonie. Er möchte niemanden verletzen und schafft es gerade dadurch, indem er allzu lange ein klärendes Wort verschleppt, denjenigen, die ihn lieben, wehzutun. Er fürchtet niemanden auf der Welt, aber ihm fehlt der Mut, zu Hause seine Untreue einzugestehen. Als sein zweiter Sohn Michael Christoph am 21. Oktober 1966 geboren wird, ist Franz Beckenbauer gerade einmal 21 und noch selbst ein Kind. Die Trennung trifft Ingrid hart: »Das war eine schlimme Zeit, ich bin furchtbar abgemagert und wusste nicht mehr, was ich machen sollte.« Ihre eigene Mutter, die ein uneheliches Kind als Schande empfindet, unterstützt sie nicht: »Zu uns kannst du nicht kommen.« In Fürstenried findet sie eine kleine Wohnung für sich und Thomas. Nur auf Antonie ist wie immer Verlass, sie ist traurig, kommt dennoch jeden Tag, packt an, hilft und tröstet.

Man findet niemanden in Beckenbauers Familie und Freundeskreis, der Antonie nicht als ungewöhnlich tatkräftige, liebevolle und lebensfrohe Frau schildert. »Die Oma«, sagt Ingrid, »ist einfach ein barmherziger Mensch.« Man findet aber auch niemanden, der bereit wäre, Ähnliches über den Vater zu sagen. Er muss, das bezeugen alle, ein sehr strenger, ein rechthaberischer und selbstherrlicher Mann gewesen sein, der die Hausarbeit ganz seiner Frau überließ und gerne das Weite suchte, wenn es schwierig wurde. Antonie Beckenbauer dagegen hat ihren Mann nach außen stets verteidigt und ihm immer die Treue gehalten, selbst über seinen Tod hinaus. Auf dem alten Klingelschild in der Stauffenbergstraße sucht man ihren Namen vergeblich. Noch 28 Jahre nach dem Tod ihres Mannes steht da schlicht und ergreifend: F. Beckenbauer. Und wenn Antonie Beckenbauer in ihrer Wohnküche Fernsehen sieht, dann sieht sie auch ihren Mann, denn sein Porträt steht auf dem Fernsehgerät, unübersehbar und geschmückt mit dem schönsten Rahmen.

Ein neuer Star

»Sein wacher Gesichtsausdruck war es, der mir auffiel, mehr noch auffiel als seine Intelligenz: wach im Sinne von wissbegierig, meine ich. Eben dadurch unterschied sich sein Gesicht von den anderen in der Kabine, die derb waren und nicht so offen und so freundlich und deren gleichgültiger Ausdruck zu sagen schien: Wir wissen, was wir wissen, und das genügt uns; wir wissen es mit fünfundzwanzig, wir werden mit fünfunddreißig ebensoviel wissen und nicht mehr und nicht weniger mit fünfundvierzig.«

Brian Glanville: Der Profi

Die dritte Bundesligasaison 1965/66 endete mit einer Sensation. Der Aufsteiger FC Bayern München, den viele Beobachter als potenziellen Absteiger eingestuft hatten, belegte am Ende der Saison einen nie für möglichen gehaltenen dritten Platz. Dass der TSV 1860 München Meister wurde, überraschte niemanden, doch dass die Bayern als Aufsteiger die gesamte Saison in der Spitzengruppe verbrachten und erst kurz vor Schluss aus dem Rennen um den Titel ausschieden, ließ aufhorchen. Der Underdog aus München wurde in einer Umfrage zur beliebtesten Mannschaft in der Bundesliga gewählt, was sicher mit dem attraktiven Offensivspiel der Bayern zu tun hatte, aber auch damit, dass der Außenseiter vor allem auf Spieler aus dem eigenen Verein setzte. Die Bayern galten als bescheidener, bodenständiger Verein. Während der großspurige Startrainer Max Merkel bei den Münchner Löwen monatlich mindestens 10 000 DM einstrich, begnügte sich der lustige Čajkovski mit weniger als der Hälfte. Zum Bild des wirtschaftlich vernünftig operierenden Vereins gesellte sich der Ruhm, den das jüngste Münchner Eigengewächs Franz Beckenbauer in seiner ersten Bundesligasaison erwarb.

Johanna Gerold, Beckenbauers Jugendfreundin, schnitt jeden ihr erreichbaren Zeitungsartikel aus und füllte damit in nur einem Jahr einen dicken Aktenordner. Anhand der Überschriften konnte sie ablesen, wie rasant der Giesinger Beckenbauer sich jetzt nach oben und in den Fokus der Öffentlichkeit spielte. Da stand fettgedruckt: »Nur Lobeshymnen für Beckenbauer«, »Alles dreht sich um Beckenbauer«, »Dieser Beckenbauer ist einsame Klasse«, »Ein begnadetes Talent«, »Beckenbauer auf Fritz Walters Spuren«, »Ein Stern geht auf«, »Note eins«, »Beckenbauer Klasse«, »König im Mittelfeld«, »Ein neuer Wunderläufer«, »Der Mann mit den tausend Füßen«, »Beckenbauer sticht alle aus«, »Glänzender Beckenbauer«, »Respekt vor Beckenbauer«, »Trumpf-As Beckenbauer«, »2 Millionen Mark für Fußball-Star Beckenbauer geboten«, »Der Franz, der kann's« usw. Beckenbauers Besuche bei Gerolds wurden nun seltener, aber wenn er die Zeit noch fand, beugten sich die Freunde beinahe ungläubig und amüsiert über die ständig wachsende Flut von Artikeln.

All diese Superlative galten einem jungen Mann, der gerade einmal 20 Jahre alt war. Seine exponierte Stellung zeigte sich auch, als der FC Bayern München den Gewinn des DFB-Pokals feierte. Zur Krönung ihrer ersten Bundesligasaison hatten die Bayern das Pokalendspiel erreicht. Das Finale gegen den MSV Duisburg fand am 4. Juni 1966 im Frankfurter Waldstadion statt. Unter den Augen von Bundestrainer Helmut Schön erzielte Franz Beckenbauer den 4:2-Endstand für seine Mannschaft. 60 000 begeisterte Zuschauer staunten über die kaltblütige Eleganz des Münchners, so ein in sich ruhendes, von sich selbst überzeugtes Talent hatten sie noch nie gesehen.

Am Tag darauf begrüßten über 20 000 Münchner ihre Mannschaft auf dem Marienplatz. Die Fußballer fuhren in blumengeschmückten VW-Cabriolets vor, der Konvoi kam auf dem Weg zum Rathaus nur langsam voran. Zeit genug für den verblüfften Beckenbauer, sein eigenes Gesicht in der Masse zu entdecken. Tatsächlich winkten ihm lebensgroße Beckenbauer-Pappbilder zu, die am Rand der Straße aufgestellt waren, so als gelte die Triumphfahrt allein ihm, so als sei er die Mannschaft. In dieser Bildverehrung zeigte sich bereits ein Element jenes neuen Starruhms, der für die alten Fußballhelden nicht gegolten hatte.

Beckenbauer ist nicht nur ein Kind der Bundesliga, er ist auch ein Kind des Fernsehens und seiner neu begründeten Sportsendungen. Bereits seit dem 4. Juni 1961 berichtete die samstägliche ARD-»Sportschau«, die älteste Sportsendung des deutschen Fernsehens, über Fußball. Die »Sportschau« lieferte zusammen mit dem »Aktuellen Sport-Studio«, das seit dem 24. August 1963 am späten Samstagabend im ZDF gezeigt wurde, verlässlich und regelmäßig die Bilder zur Bundesliga. Dabei lieferte die »Sportschau« komprimierte Spielzusammenfassungen, während das »Aktuelle Sport-Studio« zusätzlich mit Show- und Unterhaltungselementen aufwartete.

Durch diese und andere Sportsendungen wurde ein Startypus wie Beckenbauer erst möglich. Fritz Walter und andere Spieler seiner Generation besaßen eine Aura, die stark an den Besuch des Stadions, an den Rundfunk und an die mündliche Überlieferung gebunden war. Diese Spieler waren in ihren jeweiligen Oberligen, in ihrer Region und Heimat beliebt und bekannt, doch erst wenn sie um die deutsche Meisterschaft spielten oder in der Nationalelf, erfuhren sie eine nationale Aufmerksamkeit. Weil damals aber eine zentrale Liga ebenso fehlte wie eine regelmäßige Fernsehpräsenz blieb auch ihr Bekanntheitsgrad beschränkt. Diese Spielergeneration besaß eine Aura des Spiels und eine Aura des Spielers.

Im Bild des Fußballhelden fielen Rolle und Person, Stil und Charakter noch zusammen. Mit Beckenbauer dagegen hielt in der öffentlichen Wahrnehmung nach und nach das Image Einzug. Das Image war sehr viel differenzierter als die Aura, die man unmittelbar spüren, beinahe greifen konnte. Dagegen zeigte sich das Image als sehr viel unzuverlässiger. Es entstand im unaufhörlichen Austausch zwischen dem Spieler, den Medien und dem Publikum. Es konnte variiert oder gewechselt werden, es konnte Schaden nehmen, glänzen oder aufpoliert werden. Man konnte es zwar planen, aber unter Kontrolle hatte man es nie.

Das Image konnte sich sogar von der Person ablösen, auf Wanderschaft gehen und sich zurückkehrend an seinem Besitzer rächen. Es war untreu und gehörte dem Fußballer keineswegs allein. Die Medien begannen nun, Stars zu formen, die über den Fußballplatz hinaus Interesse weckten. In den vierziger und fünfziger Jahren waren große Fußballer immer auch »liebe Kerle«, »brave Kameraden« oder »sagenhafte Kanonen«. Gerade die großen Spieler mussten in Deutschland bescheiden, tugendhaft, sauber, ehrlich und anständig sein. Diese Attribute wurden ihnen zugeschrieben, und die Öffentlichkeit hatte kein gesteigertes Interesse, diese Bilder genauer in Augenschein zu nehmen. Wenn Sepp Herberger den Charakter seines Lieblings Fritz Walter beschrieb, hörte sich das so an: »Ja, kann es einen besseren Kameraden als den Fritz geben?! Seine Kameradschaft hat keine Flecken. In der Nationalmannschaft ist er nicht nur der Führer, sondern auch der Freund aller Spieler.« Doch mit dem Aufkommen des Fernsehens und dem beginnenden Konkurrenzkampf der Boulevardzeitungen und Illustrierten, wurde einem Star wie Beckenbauer eine ganz andere Beachtung zuteil.

Eine sprunghafte Steigerung des öffentlichen Interesses an seiner Person erlebte Beckenbauer, als er am 26. September 1965 in der Nationalmannschaft debütierte. Es war das Spiel des Jahres, es war das alles entscheidende Spiel im Kampf um die Qualifikation zur WM 1966 in England. Und es war ein Spiel mit einer langen dramatischen Vorgeschichte: Im Juni 1958 schied die deutsche Mannschaft bei der Weltmeisterschaft in Schweden im Halbfinale gegen die Gastgeber aus. Man verlor 1:3 in Göteborg und fühlte sich verraten, verschaukelt. Man gab den schwedischen Zuschauern die Schuld, die von Stimmungsmachern mit Megaphon und Fahnenschwenkern emotional aufgestachelt wurden, man verachtete die »heimtückischen« schwedischen Spieler, die mit einer ganzen »Schar von Söldnern« antraten (gemeint waren die Italienprofis), und man verurteilte den Schiedsrichter, weil er den deutschen Verteidiger Erich Juskowiak nach einem harten Foul vom Platz stellte. »Dieses Foul«, stellte »Jus« Jahre später verbittert fest, »hat mich ewig verfolgt.« Er starb 1983 im Alter von 56 Jahren an einem Herzinfarkt. Die Schmach saß tief, und die Anti-Schwedenstimmung blühte. Man zerstach die Autoreifen schwedischer Urlauber, lud schwedische Musikgruppen wieder aus, sagte geplante Ferienaufenthalte in Schweden ab, deutsche Gastwirte strichen die »Schwedenplatte« von ihren Speisekarten, und in einigen Lokalen las man auf Schildern sogar »Schweden unerwünscht«. Das Spiel gegen die Schweden war auch das letzte Länderspiel von Fritz Walter, der von einem Gegenspieler gefoult und schwer verletzt wurde. Humpelnd beendete der liebste Fußballheld Deutschlands seine internationale Karriere, und seitdem wartete man in Deutschland wieder auf einen Genius wie ihn.

Vor diesem Hintergrund wurde Beckenbauers umstrittenes Länderspieldebüt mit Spannung erwartet. Von zwölf Experten, befragt von der *Sport-Illustrierten*, sprachen sich nur drei für einen Einsatz von Beckenbauer aus, und diese drei, Max Merkel, Sammy Drechsel und Günther Wolfbauer, waren Münchner. Bei den anderen neun, unter ihnen Rudi Gutendorf, Wim Thoelke, Ernst Huberty und Helmut Kronsbein, stieß der Jungspund auf Vorbehalte, auch weil ihn kaum einer wirklich kannte. In der Regionalliga Süd war er bundesweit nicht aufgefallen und die neue Bundesligasaison war erst wenige Wochen alt.

Gut, Beckenbauer hatte in der Nationalmannschaft zwei außerordentliche Talentproben abgegeben, er wurde am 17. August 1965 bei einem Testspiel gegen Chelsea London und am 1. September in Köln gegen eine B-Mannschaft der UdSSR eingesetzt, aber das waren harmlose Spielchen ohne wirklichen Stellenwert, keine echten Belastungsproben. Würde der junge Mann aus München, dieser Schönspieler, den die Münchner auffällig laut als neuen Fritz Walter priesen, der nervlichen Herausforderung gewachsen sein? Und war nicht schon der Einsatz von Uwe Seeler, der wegen eines Achillessehnenrisses acht Monate gefehlt hatte, überaus riskant, ja, unverantwortlich in einem so wichtigen Spiel?

Helmut Schön hatte seinen Kapitän Seeler gefragt, was er denn davon halte, wenn der unerfahrene Beckenbauer in Stockholm auflaufe? Und obwohl Seeler sich insgeheim sorgte, ob Beckenbauers Nerven im »Hexenkessel von Stockholm« mitspielen würden, erwiderte er: »Sie, Herr Schön, sind der Boss. Bringen Sie den Beckenbauer.« Manche Kommentatoren warnten düster, es könne Schön das Amt kosten, wenn sich das Team nicht für England qualifiziere. Fehlenden Mut konnte man dem introvertierten Schön also nicht nachsagen. Das Spiel würde zur Nervenschlacht werden, so schilderte es auch der Reporter der *Frankfurter Rundschau*: »Die Schweden haben den deutschen Fußballern 1958 schon einmal das Gruseln gelehrt. Ihr Interesse an diesem Spiel grenzt an eine Psychose. Während bei einem gewöhnlichen Länderkampf das Rasunda-Stadion oft halb leer steht, sind Karten für den 26. September in Schwedens Hauptstadt nur noch auf dem Schwarzmarkt zu haben. Die letzten Kurse schwankten um 400 Mark.« Da klang noch alter Groll durch die Zeilen, aber auch Sorge: »Unsere Mannschaft verliert, wenn sie verliert, weil sie die Nerven verlor.« Auch die

Schlagzeilen der schwedischen Zeitungen betonten die psychologische Dimension des Duells: »Nervenkrieg bis zum Anpfiff« oder »Es wird eine Schlacht«. Selbst den deutschen Botschafter trieb die Sorge, das Spiel könne alte Feindbilder wiederaufleben lassen. Deshalb besuchte er die Mannschaft einen Tag vor dem Spiel, um ihr klar zu machen, dass Fußballer doch »die besten Helfer der Diplomaten seien«, weshalb er, ganz im Sinne der Freundschaft der Völker, für ein Unentschieden plädiere. Damit hatte er sich zwar als Fachmann für diplomatische Floskeln gezeigt, von Fußball verstand er jedoch nichts. Ein Sieg musste her.

Die größte Sorge im deutschen Lager galt also, neben dem Comeback von Uwe Seeler, dem Debütanten Beckenbauer und seinen Nerven. Als die Mannschaft in Stockholm landete, wurde sie von einer großen Anzahl Journalisten bestürmt. Beckenbauer, der, seit seiner frühen Vaterschaft, in dem Ruf stand, charakterlich noch nicht gefestigt zu sein, wurde von Schön und Dettmar Cramer in die Mitte genommen und abgeschirmt. Man wollte seine Nerven schonen, ihn beruhigen. Zur »Keine-Angst-mein-Junge!«-Strategie des Bundestrainers gehörte auch, dass er Franz einen erfahrenen Zimmergenossen zuteilte, als die Mannschaft im Luxushotel Foresta ihr Quartier bezog. Es war Horst (»Schimmi«) Szymaniak, einer der ersten deutschen Italienprofis, der bereits 1958 und 1962 an zwei Weltmeisterschaften teilgenommen hatte. Szymaniak war zu diesem Zeitpunkt schon 33 Jahre alt, und seine Karriere neigte sich dem Ende zu. Er hatte für Wuppertal und den Karlsruher SC gespielt, ehe er nach Italien ging, dort spielte er zunächst bei Catania, dann bei Inter Mailand und schließlich beim FC Varese. Er hatte viel Geld verdient und viel Geld ausgegeben. Er lebte unbekümmert, von einem Tag zum andern, war aller Welt Freund, ein gutmütiger Mann.

Jetzt machte sich eine gewisse Tristesse in seinem Leben breit. Er war aus Italien zurückgekehrt und spielte für Tasmania Berlin. Die Berliner waren vom DFB quasi zur Bundesliga verurteilt worden, weil Hertha BSC wegen eines Bestechungsskandals disqualifiziert worden war. Für die Hertha sollte aber unbedingt ein Berliner Club nachrücken, und so traf es Tasmania 1900. Es war ein trauriges Los. Mit 8:60 Punkten und 15:108 Toren stellte der Club in dieser Saison einen immer noch gültigen Negativrekord auf. Das focht Szymaniaks gute Laune zwar nicht an, aber seine Chancen in der Nationalelf sanken. Herberger hatte große Stücke auf ihn gehalten, denn Szymaniak spielte sehr genaue, raumgreifende Pässe, war technisch außerordentlich sicher und hatte überraschende Ideen. Schön jedoch beurteilte ihn skeptischer, ihm blieb auch nicht verborgen, dass Szymaniak kein Kind von Traurigkeit war, gerne trank und Trainingsrückstände hatte.

Doch gerade Szymaniaks Unbekümmertheit und seine Erfahrung machten ihn in diesen Tagen zum idealen Zimmergenossen von Beckenbauer; das dachte zumindest Helmut Schön. Schon im Trainingslager in Malente hatten die zwei sich ein Zimmer geteilt und Zeit, sich aneinander zu gewöhnen. In Beckenbauers Autobiographie »Einer wie ich« nehmen diese Nächte großen Raum ein, denn offenbar wollte sich der Ghostwriter nicht den schillernden Gegensatz zwischen dem Frischling Beckenbauer und dem Routinier Szymaniak entgehen lassen. Zumal über Szymaniak viele Anekdoten im Umlauf waren, gute Geschichten für jeden Journalisten. So soll der zum Schlafwandeln neigende »Schimmi« nächtens einmal in einen Kleiderschrank uriniert haben, ohne es zu merken.

Ich habe diese Passagen mit einer gewissen Skepsis, aber auch mit Interesse gelesen. Hatte der Ghostwriter hier um der Pointe willen nicht übertrieben? Und was war aus Szymaniak seit jenem denkwürdigen Spiel in Stockholm geworden? Ich nahm mir vor, ihn zu suchen.

Szymaniak war nicht leicht zu finden, denn er hat kein Telefon. Als er mir zurückschrieb – er benutzte dafür das Blatt, dass ich ihm geschickt hatte – beschlich mich das Gefühl, dass es das Leben zuletzt nicht gut mit ihm gemeint hatte. Ich besuchte ihn in Melle, in der Nähe von Osnabrück. Melle ist eine hübsche, gepflegte Stadt, es gibt kaum Arbeitslose, dafür rundherum viel Wald, Wiesen und Radwege. Die Bürgersteige glänzen, die Fachwerkhäuser sind artig renoviert, und die alten Damen führen tadellos frisierte Hunde über das Kopfsteinpflaster. Es ist friedlich und ruhig in Melle, und der Weg zu Horst Szymaniak führte über einen weitläufigen Friedhof.

Meine Befürchtungen schienen sich zu zerstreuen, ein schöner Alterssitz, dachte ich, Szymaniak war jetzt immerhin siebzig. Doch mit einem Schlag änderte sich die Szenerie, als ich vor der angegebenen Adresse stand. Ein schmuddeliger, achtstöckiger Kasten, offenbar das einzige Hochhaus, das Melle besaß. Es schien, als hätte die Stadt all ihre Sorgenkinder hier ausgeladen und einquartiert. Der Star von einst ist heute ein vergessener Mann. Er hat kein Bett, nur ein altes, fleckiges Sofa, auf dem er schläft. Im Flur ein Kasten Bier, in der vollkommen leeren Küchenzeile ein paar Konserven, eine *Bild-Zeitung*. Die Fenster, gardinenlos, sind blind und verschmiert. Ein zotteliger Schäferhund ist sein einziger Gefährte. Szymaniak hat viel Geld in seiner Profilaufbahn gesehen, 100 000 DM Handgeld in bar bekam er allein, als ihn die Italiener kauften. Er hat einige Millionen verdient, geblieben ist nichts. Jetzt trägt er eine alte Jogginghose und einen Sweater und geht jeden Tag in seine Stammkneipe »Zum Gericht«. Dennoch – er hält sich aufrecht, ist optimistisch und beklagt sich nicht.

Horst Szymaniak hat vieles vergessen, auch an die Nacht vor dem Spiel gegen die Schweden kann er sich kaum noch erinnern. Er weiß aber noch, dass er Beckenbauer in jener Nacht zum Bierholen schickte. »Der traute sich zuerst nicht, aber dann hat er mir doch eins geholt. Er selbst hat Sprudel getrunken.« Am Mittag vor dem Spiel waren alle nervös. Helmut Schön zählte auffallend oft, ob alle Spieler beisammen waren, Cramer probierte es mit einem Glas Sekt, und auf der Fahrt ins Stadion versuchten die Spieler, das mulmige Gefühl im Bauch mit gekünstelter Heiterkeit zu überspielen.

Unruhig ging es auch zu Hause bei Beckenbauers zu. Die ARD zeigte das Spiel ab 13.30 Uhr als Direktübertragung, und vor dem Fernseher hatte sich die Familie samt Nachbarschaft eingefunden. Mutter Antonie saß aufgeregt neben Tante Frieda, auch Onkel Hans Beckenbauer war da, Bruder Walter und seine Frau, einige Nachbarn und auch ein Reporter der Münchner *Abendzeitung*. Wolfgang Forschbach hatte den Auftrag, den Lesern der Boulevardzeitung ein stimmungsvolles Porträt der Familie in diesem großen Moment zu liefern. Er wunderte sich allerdings, dass der Vater des Nationalspielers nicht zuschauen wollte. »Ich bin immerhin schon sechzig Jahre alt«, erklärte der dem verdutzten Reporter, »und glaub, dass ich so eine Aufregung nervlich nimmer packe. Deshalb geh ich lieber so lang spazier'n, bis des Spiel vorbei ist.« Sprach's und lüftete seinen

Hut. Diese Schlagzeile ließ sich die *Abendzeitung* nicht entgehen, und am Montag war Forschbachs Artikel dick überschrieben: »Der Vater des Fußballstars fehlte: ›Da geh' i lieber spazier'n.‹« Ob der Vater auf den Sohn stolz war? Gezeigt hat er es ihm damals nicht.

Beckenbauer selbst schien der Rummel um seine Person und die Wichtigkeit des Spiels nichts anhaben zu können. Noch beim Frühstück hatte sich Fritz Walter väterlich um ihn gekümmert, ihn in den Arm genommen und versucht, ihn zu beruhigen. Doch Beckenbauer schmunzelte bloß, von Beunruhigung keine Spur, und sagte: »Die poack mer uns.« Er fand sogar noch Zeit, einige Postkarten zu schreiben, an seine Familie und an Gerolds. Auf allen war in etwa das Gleiche zu lesen: »Herzliche Grüße vom Spiel Schweden gegen Deutschland an alle von der Nationalelf und Franz.« Das war sein Postkartenstandardtext, der Text, den er auch später immer schrieb, ob aus Duisburg, Malente, Rotterdam oder London.

Als die Mannschaft eine Stunde vor Spielbeginn im Rasunda-Stadion eintrifft, sind die Ränge schon rappelvoll, die Stimmung ist hitzig. Ein Münchner Reporter erwischt den Münchner auf dem Gang zur Kabine und fragt ihn, ob er aufgeregt sei. Beckenbauer entgegnet: »A bisserl, ungefähr so wia bei unsern Aufstiegsspielen mit dem FC Bayern; aba i denk ma nix.« So spielt er dann auch. Er denkt sich nichts. Bewegung und Überlegung sind völlig ineinander verschmolzen. Sein Körper denkt, sein Kopf spielt. Er handelt schon, wenn seine Gegenspieler ihr Handeln noch entwerfen. Das sichert ihm Vorsprung, verschafft ihm Handlungsspielräume, verleiht seinem Spiel eine überlegene Würde.

Keineswegs würdevoll hingegen ist das Spiel, es ist miserabel, langweilig, die Stimmung wird immer matter. Erst der überraschende Führungstreffer der Schweden in der 44. Minute, Torhüter Tilkowski unterläuft eine Flanke, weckt die Lebensgeister der Zuschauer. Tosender Jubel, Applaus, Gesänge. Die schwedischen Spieler liegen sich noch in den Armen, die Heja-Heja-Rufe erklingen noch, da fällt der Ausgleich. Werner Krämer spitzelt den Ball in der 45. Minute mausgrau-unauffällig ins Tor. Halbzeit. Nach dem Seitenwechsel wird die Partie besser, vor allem Beckenbauer und Szymaniak lenken nun das Spiel und bedienen die Spitzen mit genauen Pässen. Dann, die 55. Minute ist angebrochen, kommt Seelers großer Augenblick, die

Belohnung für sein bis dahin glückloses Rackern, Rennen und Schwitzen. Der kleine, bullige Mann rutscht mit letzter Kraft in einen Pass von Peter Grosser und grätscht den Ball ins Tor, als gelte es eine tiefe, tiefe Furche in den Rasen zu pflügen. Es ist ein sehr deutsches Tor, geschossen mit hochgekrempelten Ärmeln, herbeigelitten mit Kraft und schierem Willen. Ein Tor, das so aussieht wie der Anschlusstreffer zum 1:2, den Max Morlock 1954 im WM-Finale gegen die Ungarn schießt.

Schlusspfiff. Helmut Schön eilt auf den Platz, umarmt seine Spieler, zieht Franz Beckenbauer herzlich an die Brust. Ahnt er, dass der Erfolg dieses Jungen untrennbar mit seinem eigenen Erfolg zusammenhängen wird? Dass sie von nun an einen langen gemeinsamen Weg gehen werden? Beckenbauer geht erst mal duschen. Nach dem offiziellen Bankett, das brav-bieder abläuft, amüsiert sich die Mannschaft noch bis Mitternacht in der Ambassador-Tanzbar.

Als der Debütant am nächsten Tag um 17.30 Uhr auf dem Flughafen München-Riem empfangen wird, schüttelt er ungläubig den Kopf über das Interesse an seiner Person. Er hatte Gelegenheit gehabt, die Zeitungen zu lesen. Lob, überall, Begeisterung. Die *Frankfurter Allgemeine Zeitung* attestierte ein »glänzendes Debüt« und die *Süddeutsche Zeitung* befand, er habe mit »erstaunlicher Ruhe« gespielt, »als würde er gerade sein hundertstes Länderspiel bestreiten«. Verblüfft ist er auch, als er das Bild in der *Abendzeitung* findet, das seine versammelte Familie vor dem Fernseher zeigt: »Da ham's ja wegen mir schon was gemacht.« Beckenbauer versteht noch nicht, wie das zusammenhängen soll, sein Spiel und sein Leben, seine Position auf dem Platz und seine Person abseits des Platzes, das Private und das Öffentliche. Auch die zahlreichen Reporter, die ihn in diesem Augenblick porträtieren, bemerken, dass er sich unwohl fühlt, weil er den Wirbel um seine Person nicht nachvollziehen kann. »Kein Zweifel«, schreibt Axel Winterstein für die *Abendzeitung*, »der 20-Jährige scheut noch die Folgen des Ruhms. Er ist, wenn man ihn aus der Menge in eine Ecke bugsiert hat, durchaus zugänglich, versteht aber noch nicht, daß seine Person nun im Mittelpunkt des Interesses aller Fußballfans steht.« Beckenbauer spielt in diesem Moment nicht den Bescheidenen, es ist keine Koketterie, kein Zieren. Er sieht sich in erster Linie als Fußballer, und der existiert auf dem Platz. »Um

Gottes willen!«, entgegnet er dem Journalisten Walter Schweden: »Hoffentlich macht man mich jetzt nicht zu so etwas wie zu einem Star. Das wäre das Schlimmste.« Doch während er das sagt, taxiert man ihn bereits und erkennt sein Starpotenzial. Axel Winterstein schildert seinen Lesern die Szene so: »Beckenbauer hat alle Voraussetzungen zu einem Publikumsliebling. Wie er da so steht in seiner blauen Jacke und mit dem blütenweißen Hemd, das selbst nach stundenlangem Flug keine Falte kräuselt, ist er durchaus das, was man fotogen nennt.« Da klingt schon der Appetit an, den die Werbung und die Medien in Hinblick auf den neuen Star bald entwickeln werden. Bevor aber das ganz große Fressen losgeht, die Werbeverträge kommen, das große Geld und die großen Spiele, will der neue Stern erst einmal ausschlafen. Ein paar letzte Sätze für die hungrigen Blöcke der Journalisten: »Aber keine Angst! All denen, die meinen, mir würde dieses Länderspiel zu Kopf steigen, denen kann ich nur sagen, das wird nicht der Fall sein. Jetzt heißt es erst einmal schlafen, schlafen und dann nochmals schlafen, denn nicht allein das Stockholmer Spiel, sondern auch das ganze Drum und Dran haben uns einfach todmüde gemacht.«

Gentleman aus Giesing

»Fußball ist die allwöchentliche Wiederkehr der Kindheit.«
Javier Marías

Ich will verhindern, dass Beckenbauer so kurz vor der Weltmeisterschaft der Kopf verdreht wird.« Helmut Schön sorgte sich um seinen Jungstar, und er sorgte sich um sich selbst. Die Weltmeisterschaft in England begann am 11. Juli 1966 und für den Bundestrainer stand viel auf dem Spiel. Der übermächtige Schatten Sepp Herbergers lastete auf ihm, und die deutsche Öffentlichkeit wusste noch nicht so recht, wie sie den langen Dresdner einschätzen sollte. Er hatte das Abitur, liebte Opern, sprach passabel Englisch und Französisch, besaß eine Wohnung, die überaus geschmack- und stilvoll eingerichtet war, und trug beim Autofahren gerne geschmeidige Handschuhe. Ein leicht melancholischer Herr, dessen Welt nicht nur aus Fußball bestand.

All das machte ihn in den Augen der Fußballanhänger nicht unbedingt vertrauenswürdig. Würde so einer, der seine Spieler gerne mal ins Theater oder die Operette mitnahm, der Nervenbelastung eines großen Turniers standhalten? Der *Spiegel*-Reporter Hermann Schreiber attestierte vor Beginn der Spiele leicht mokant: »Zwischen Helmut Schön und der Fußballerei bleibt ein schmaler Streifen Niemandsland, ein bisschen respektvolle Verfremdung, ein Hauch von Kannitverstan.« Mit nervöser Gereiztheit registrierte Schön deshalb alles, was seine Mission in England gefährden könnte.

Beckenbauer war in den Vorbereitungsspielen zu einem seiner Schlüsselspieler geworden, obwohl er erst zwanzig Jahre alt war. Zusammen mit dem Italienprofi Helmut Haller bildete er eine spielstarke und ungemein variable Mittelfeldachse, ein Duo, das schwer auszurechnen war, ein Duo, in dem Beckenbauer für brillante Zielstrebigkeit und Schusskraft, Haller für undurchschaubare Schlitzohrigkeit und eine begnadete Spieleröffnung bürgte. Torgefährlich waren sie beide, ebenso ballsicher, umsichtig und spielbestimmend.

Dass Beckenbauer und Haller so gut miteinander harmonierten und sich sogar noch aneinander steigerten, machte Schön zuversichtlich, allerdings betrachtete er seine Hoffnungsträger auch mit einiger Sorge. Haller, immerhin schon 29, war ein Bruder Leichtfuß mit einem Faible für Süßspeisen und süffiges Bier. Und Beckenbauer? Galt er nicht als labil? War er nicht doch ein Schönwetterspieler ohne Kämpferherz?

Und ausgerechnet jetzt musste dieses Angebot aus Italien kommen, ein Angebot, das erfahreneren Spielern den Kopf verdreht hätte. Zwei Millionen DM wollte der AC Mailand für Beckenbauer auf den Tisch legen, die höchste Summe, die bis dahin für einen deutschen Fußballer geboten worden war. Für eine Woche herrschte deshalb großer Wirbel in München, und mancher sah Beckenbauer schon im Trikot des norditalienischen Klubs, bei dem bereits Karl-Heinz Schnellinger sein Geld verdiente.

Helmut Schön drängte die Bayernführung zur raschen Klärung der Angelegenheit, Unruhe konnte er nicht im Kader gebrauchen. Zu seiner Erleichterung zerschlug sich die Offerte rasch, denn die Bayern, allen voran Präsident Neudecker und der Spielausschussvorsitzende Schwan wollten ihr größtes Talent, ihre Option auf die Zukunft nicht ziehen lassen, nicht zu diesem Preis, nicht zu diesem Zeitpunkt.

Unterdessen hatte die Nationalmannschaft in Malente Quartier bezogen, um sich ungestört auf die Weltmeisterschaft vorzubereiten. 26 Spieler hatten sich hier versammelt, vier von ihnen würde Schön noch streichen müssen. Beckenbauer stand nicht zur Disposition, aber sein alter Zimmergenosse Horst Szymaniak war gefährdet. Als er erfuhr, dass nicht er, sondern der aufstrebende Bremer Max Lorenz mitfahren sollte, zertrümmerte der ansonsten so friedfertige Szymaniak in einem Wutanfall die gesamte Zimmereinrichtung. Horst Szymaniaks Karriere als Nationalspieler war beendet.

Auch in England hatte sich der DFB um ein Quartier bemüht, das weitab vom Schuss lag. Das Hotel »The Peveril of the Peak« befand sich etwa 30 Meilen von Sheffield entfernt und sollte in seiner idyllischen Abgeschiedenheit vor Presse und Publikum schützen. Bald jedoch war der abgelegene Ort von Journalisten und »Schlachtenbummlern« überflutet. Mit 120 Reportern und 15 Fotografen hatten die Deutschen das größte Pressekontingent bei dieser Weltmeisterschaft gemeldet und von Anfang an gehörte Beckenbauer, »Deutschlands jüngste Wunderwaffe«, wie die Illustrierte *Quick* ihn getauft hatte, zu den Spielern des Turniers, die mit erhöhter Aufmerksamkeit beobachtet wurden. Der Pressechef des DFB, Dr. Wilfried Gerhardt, der die Wünsche der Journalisten ansonsten sehr bereitwillig erfüllte, achtete aufmerksam darauf, dass der junge Münchner nicht zu sehr in Beschlag genommen wurde und blockte manchen Interviewwunsch ab.

Beckenbauer schien es zwar nicht nötig zu haben, aber beinahe jeder im Kader versuchte, dem jüngsten Spieler im deutschen Aufgebot etwaige Nervosität zu nehmen. Man klopfte ihm auf die Schulter, tätschelte ihm auf die Wange, nahm ihn väterlich in den Arm und versorgte ihn mit jeder Menge guter Ratschläge. Zu dieser »fürsorglichen Belagerung« gehörte auch die Zimmereinteilung. Nachdem sein alter Zimmergenosse Szymaniak so unrühmlich aus dem Kader geschieden war, teilte ihm Schön den ebenso erfahrenen und unbekümmerten Helmut Haller zu, auch um das Spielverständnis zwischen ihnen durch ein persönliches Verhältnis zu vertiefen. Dann gab es noch Schöns Assistenten Udo Lattek und Dettmar Cramer. Vor allem Cramer, der sich für den befähigteren Bundestrainer hielt, freundete sich mit Beckenbauer an.

Ihre Gespräche verliefen zumeist einseitig, Cramer dozierte, Beckenbauer lauschte andächtig. Denn der »kleine Napoleon« hatte wirklich viel zu sagen: Die Spielsysteme schrien danach, erläutert zu werden, jeder potenzielle taktische Schachzug der gegnerischen Mannschaft verlangte nach Erklärung, und alle denkbaren Gegenspieler wurden gründlich auf vorhandene Stärken und Schwächen abgeklopft. Beckenbauer gefiel dieser quicklebendige, scheinbar allwissende Fußballgelehrte so gut, dass er ihn nach der Weltmeisterschaft zu seinem Trauzeugen machte.

Damit war die Liste der väterlichen Ratgeber aber bei weitem nicht erschöpft. Uwe Seeler, der Spielführer, bemühte sich nach Kräften um ihn, ebenso Fritz Walter, sein Vorgänger, der jetzt immer öfter las und hörte, dass dieser Jüngling sein legitimer Nachfolger sei und ihn sogar noch übertreffen könne. Und dann war da noch der altväterliche Sepp Herberger, der sich schon zu einem Mythos verwandelnde

Bundestrainer a.D., der im Nachbarhotel logierte, sich gewissenhaft auf die Weltmeisterschaft vorbereitet hatte und wie ein Star im Cadillac durch England chauffiert und zum Mannschaftstraining vorgefahren wurde. Beckenbauer ließ alle Aufmunterungen und Ansprachen über sich ergehen, etwas benommen von all dem Trubel um sein Talent, dennoch selbstgewiss, nervös sicherlich, aber eben gerade so, dass es ihn stimulierte, seine Leistung förderte und ihn, in Hinsicht auf das erste Spiel gegen die Schweiz, anspornte, sich der Welt endlich zu zeigen.

Am 12. Juli war es soweit. Dienstagabend, Hillsborough-Stadion in Sheffield. Die Schweizer, die nicht als übermächtiger Gegner galten, hatten sich überdies selbst geschwächt. Am Vorabend waren drei Spieler verspätet ins Mannschaftsquartier zurückgekehrt und gleich anschließend für die Partie gegen Deutschland gesperrt worden. Sieht man sich heute eine Videoaufzeichnung der Partie an, taucht man ab in eine andere Welt, begegnet einer anderen Körperlichkeit und Spielkultur. Obwohl Helmut Schön mit seinem offensiv ausgerichteten 4-2-4-System eine klare taktische Marschroute vorgegeben hatte, erschöpft sich das Spiel nicht im System, die Spieler wirken, auch wenn sie ihre Aufgabe diszipliniert erfüllen, nicht so angebunden, nicht so vollkommen absorbiert vom Spiel und vom Zwang, gewinnen zu müssen.

Nicht nur die Räume auf dem Rasen waren noch weiter, auch das Erscheinungsbild des Fußballers war noch nicht so ausschließlich auf Erfolg und Funktion verengt. Die Spieler sehen mitunter noch aus wie Männer, die Fußball spielen, und nicht wie Profis, die ihrem Beruf nachgehen. Noch sind die Bälle aus Leder, die Torhüter spielen ohne Handschuhe, die Werbebanden sind spärlich belegt, »Neckermann macht's möglich«, »Gordon's Gin«, »Kaloderma«, »Bunte« und »Bluna«, viel weiße, unvermietete Fläche. Die Bobbys umkreisen würdevoll das Spielfeld, die Arme auf dem Rücken verschränkt, oder sitzen wie begeisterte Jungen am Spielfeldrand, glücklich darüber, dass sie so einen günstigen Platz erwischt haben.

Harmlos und unschuldig sind auch die Anfeuerungsrufe der deutschen Fans. Ihren Liebling Uwe Seeler unterstützen sie bei gelungenen Aktionen »Uwe!, Uwe!«, und wenn der Gegner weit am Tor vorbeischießt, schallt es mehr aufmunternd als schadenfroh: »Üben,

üben!« Es ist eine Fußballwelt in körnigem Schwarzweiß, die, zumindest während der laufenden Übertragung, noch keine Zeitlupe kannte. Wenn man Glück hatte, konnte man die verlangsamte Wiederholung entscheidender Szenen einige Tage später im Fernsehen studieren, sicher war das aber nicht, der Augenblick also kostbar.

In der ersten Viertelstunde greifen die Schweizer ungestüm an, und Hans Tilkowski, der Dortmunder Torwart, muss einige Male eingreifen. Doch das Spiel kippt genau in dem Moment, als Beckenbauer und Haller zueinander finden und das Spiel dirigieren. Wie dabei die Gewichte verteilt sind, offenbart eine Szene aus der 5. Minute. Siggi Held, der schnelle Linksaußen, wird vor dem schweizerischen Tor in halblinker Position gefoult. Entfernung zum Tor: etwa 25 Meter. Karl-Heinz Schnellinger, der linke Verteidiger, legt sich den Ball zurecht, dann muss er Haller weichen, der ein bisschen am Leder herumzupft und streichelt, ehe Beckenbauer die Bühne betritt. Er kommt aus dem Hintergrund, keineswegs hastig oder überstürzt, einfach nur geradlinig und zielstrebig. Haller blickt auf und überlässt ihm sofort den Ball, Beckenbauer jedoch macht sich nicht noch einmal die Mühe, den Ball zurechtzulegen, sondern läuft an und schießt, ohne vorher lange geschaut, überlegt oder sondiert zu haben. Er trifft nicht richtig, der Ball springt links am Tor vorbei ins Aus.

Die Aktion signalisiert den Status, den Beckenbauer sich bereits durch seine Leistungen gesichert hat. Je länger das Spiel dauert, desto klarer wird die Position, die der Münchner einnimmt. Er spielt im zentralen defensiven Mittelfeld und wird zum zweiten Libero vor der Abwehr, in der Willi Schulz als konventioneller Ausputzer und Zerstörer beschäftigt ist. Mit dem Hamburger Schulz wird er in den nächsten Jahren um den Posten als Libero kämpfen, den er im Verein längst spielt, doch bei seiner ersten WM fügt sich Beckenbauer noch bereitwillig den Anweisungen des Bundestrainers.

Was ihn später als Libero auszeichnen wird, lässt sich schon an seinem Mittelfeldspiel in auffälliger Weise ablesen. Er besitzt ein enormes Raumbeobachtungstalent, schätzt die Laufwege des Gegners gekonnt ab und spürt, wann Aktionen wirklich gefährlich werden können. Erst dann geht er zur Sache. Beckenbauer gilt in der Erinnerung heute gemeinhin als majestätischer Spieler, als Ästhet, der kein sehr körperbetontes Spiel pflegte und lieber anderen die Schufterei überließ. Doch in diesem Turnier zeigt er sich noch von einer ganz anderen Seite.

Wenn ein Schweizer Spieler auf ihn zuläuft, den Zweikampf sucht, dann zeigt Beckenbauer ein sachliches und bisweilen äußerst robustes Engagement. Er verharrt so lange auf seinem Beobachterposten, bis sich der Gegner entscheidet, dann stößt er vor, packt zu und ist fast immer siegreich. Er scheut dabei auch die harte Grätsche nicht, zieht es aber vor, dem Gegenspieler den Ball wegzuspitzeln, abzulaufen oder ihm den Raum zu verstellen. So unterbindet er fast alle Angriffe der Schweizer und geht dann sofort zum Gegenangriff über. Aufrecht und unbewegt der Oberkörper, der Blick suchend und abtastend, der linke Arm liegt eng am Körper, während der rechte sehr viel stärker pendelt und raumteilend vorandrängt. So taucht er nach Pass von Overath allein vor dem Schweizer Torwart Schneiter auf, der mit dem Bein parieren kann. Keine Abwehrchance hat er jedoch in der 16. Minute, als Held im Nachschuss aus stark abseitsverdächtiger Position trifft. In der 21. Minute folgt Hallers großer Auftritt, als er einen Alleingang aus der eigenen Hälfte startet, diverse Gegenspieler abhängt, ehe er den Torwart täuscht und überlegt einschiebt.

Bis zu diesem Zeitpunkt hat Beckenbauer bereits ein herausragendes Spiel gemacht, aber in der 40. Minute überreicht er der Welt seine Visitenkarte. Haller spielt ihn in vorgeschobener Mittelfeldposition an, Beckenbauer startet nach vorne, sieht rechts den sich anbietenden Seeler und spielt mit ihm Doppelpass. So schlüpft er zwischen zwei Schweizern hindurch, spitzelt mit rechts den Ball durch die Gasse, die sie, von rechts und links heranstürmend, bilden, ehe er den Ball mit links am herausstürzenden Torwart vorbeizirkelt: 3:0 für Deutschland. Wie jubelt so ein Neuling? Beckenbauer winkt ab, erst mit rechts, dann mit links. Er springt nicht in die Luft, reißt die Arme nicht hoch, sondern macht eine wegwerfende Handbewegung, als wolle er sagen, das gibt's doch nicht, leck mich am Arsch, jetzt hab ich auch noch ein Tor geschossen.

Dieses Wegwerfen der Hände und Arme, dieses Abwinken wird ihm später noch viel Kritik eintragen, weil man es ihm als Arroganz und Überheblichkeit auslegt und weil Beckenbauer auch abwinkt, wenn er mit einem Mitspieler oder einer Schiedsrichterentscheidung nicht einverstanden ist. Das Abwinken kann aber auch ihm selber gelten, durchaus schonungslos die eigenen Fehler kommentierend. So oder so, es ist eine Geste, die Beckenbauer als einen sich zügelnden und bremsenden Mann zeigt. Er weiß, dass in ihm die Hitze hochschießen kann, ihm der Zorn die Wangen färbt und ihm dann Worte aus dem Mund fahren, die er gleich wieder bereut. Den heißen Jähzorn hat er vom Vater ererbt, stolz ist er darauf nicht und meistens hat er sich auch im Griff.

Das Spiel ist entschieden. Es folgen noch das 4:0 und das 5:0 für die deutsche Mannschaft. Beckenbauer setzt mit seinem zweiten Tor in der 52. Minute ein noch größeres Ausrufezeichen. Er läuft sich auf Höhe der Mittellinie frei, stößt schnell nach vorne und wird von Overath mit einem Steilpass bedient. Durch seinen raschen Antritt lässt er alle Schweizer hinter sich und manövriert die gesamte Abwehr aus. In Windeseile taucht er allein vor dem Schweizer Torwart auf, der sich wie ein Sperrriegel vor die Beine des Schützen werfen will. Doch Beckenbauer bleibt so ruhig, als gelte es, ein Frühstücksei zu köpfen. Er schiebt den Ball seelenruhig rechts am Torwart vorbei. Dann, der Augenblick des Jubels ist wieder gekommen, trabt Beckenbauer beschwingt zurück, dabei immer wieder abwinkend, als wolle er den Wirbel um seine Tore schon vorab für übertrieben erklären. Sein ganzer Körper schwingt und wippt in diesem Augenblick, entspannt und gelockert, im Bewusstsein des sicheren Sieges und der eigenen Leistung. Es ist ein auffälliger Genussmoment, beinahe noch ihm ganz selbst gehörend, noch nicht gänzlich von den Kameras aufgesogen, noch nicht eingereiht in eine Kette von Erfolgen, vom Publikum noch nicht müde registriert und bloß hingenommen in Beckenbauers beeindruckender Bilanz, noch nicht beiläufig im Berufsalltag des Spielers untergegangen und noch nicht belastet von kommenden Sorgen und Erwartungen. Beckenbauer ist, das sieht man, versöhnt mit sich und allen in diesem Moment, schattenlos, hingegeben nur dem reinen Glücksgefühl. Beckenbauer wird wichtigere Tore schießen, er wird, noch wichtiger, viele Tore verhindern, aber er wird nur noch selten so ungetrübt und vorbehaltlos den Jubel genießen.

Nach diesem Auftaktsieg war die Stimmung gut, zumal das Presseecho in den deutschen und englischen Zeitungen überaus freundlich und zustimmend ausfiel. »Beckenbauer und Haller beherrschen das

Mittelfeld« lautete eine Schlagzeile der *Süddeutschen Zeitung*. Sehr viel martialischer klangen die Töne der englischen Zeitungen. Der *Daily Sketch* schmetterte: »Zeigt mir einen besseren Mittelfeldspieler als Franz Beckenbauer, und ihr habt einen idealen Fußballer. Der Schrecken verbreitende Franz nahm im Mittelfeld die Parade ab wie ein General vor seiner Truppe.« Jimmy Hill, Manager bei Coventry und Vorsitzender der englischen Spielergewerkschaft, stellte fest: »Haller und Beckenbauer sind das beste Mittelfeldgespann, das ich seit langer Zeit gesehen habe.« Und er prognostizierte: »Beckenbauer könnte zum herausragenden Spieler der ganzen Weltmeisterschaft 1966 werden.« Was für ein Lob! Was für Vergleiche! Über Nacht hatte man Beckenbauer in den Kreis der großen Stars eingereiht, ihn mit den Protagonisten Pelé, Eusebio, Bobby Charlton, Bobby Moore, Gianni Rivera oder Lew Jaschin auf eine Stufe gestellt.

Beckenbauer schluckte das Lob herunter, versuchte sich unbeeindruckt zu zeigen, aber aufmerksame Beobachter wie der Journalist Hans Schiefele, Reporter der *Süddeutschen Zeitung*, der ihn seit seiner Jugendzeit sehr gut kannte, bemerkte vor dem nächsten Spiel gegen Argentinien: »Franz Beckenbauer sah ein wenig blasser aus als sonst.« Es kam einiges zusammen. Beckenbauer spürte jetzt die Erwartungslast, er war unbekümmerter an das erste Spiel gegen die Schweiz herangegangen. Inzwischen war ihm die Dimension des Turniers klarer geworden, die Reichweite, auch durch Telefonate mit seiner Familie, durch die Lektüre der Zeitungen, durch die Vergleiche, die im Umfeld der deutschen Delegation gezogen wurden und durch das sich stetig steigernde Medienecho.

Hinzu kam, dass die Partie gegen die Argentinier schon im Vorfeld mit gehöriger Brisanz aufgeladen war und zum »Erdteilwettkampf« aufgebauscht wurde. 16 Mannschaften traten bei dieser 8. Weltmeisterschaft in vier Gruppen gegeneinander an, wobei die Afrikaner ganz fehlten, Asien nur durch Nordkorea vertreten und lediglich Mexiko für Mittel- und Nordamerika dabei war. Dagegen war Europa gleich mit zehn Mannschaften vertreten, während der Block aus Südamerika mit Argentinien, Brasilien, Chile und Uruguay von nur vier Teams gebildet wurde. Schon lange fühlten sich die Südamerikaner durch die Europäer benachteiligt und betrogen, schon lange kämpften sie im Weltfußballverband FIFA um mehr Macht.

Die vorangegangene Weltmeisterschaft 1962 in Chile war die härteste und unfairste, die jemals stattgefunden hatte, und sie hinterließ den Eindruck, dass die sportpolitischen Konflikte, aber auch die Spannungen des Kalten Krieges stellvertretend auf dem Rasen ausgetragen worden waren. Es hatte Knochenbrüche und Platzverweise zuhauf gegeben, mehrere Spiele standen am Rande des Abbruchs, woraufhin der englische FIFA-Präsident Stanley Rous ernsthaft überlegte, auf Weltfußballturniere ganz und gar zu verzichten: »Es hat keinen Sinn mehr. Ich halte es für das Beste, wenn in Zukunft die Südamerikaner ihre Meisterschaft ausmachen und wir Europäer unsere. Wir ersparen uns Verdruss, Blamagen und vermeiden das Risiko, dass der Fußball stirbt, dass er zugrunde geht an solchen Spielen.« Zwar hatte man sich nach dem Turnier in Anerkennung der Realitäten wieder zusammengerauft, aber das Misstrauen war geblieben. Die Südamerikaner glaubten, die Schiedsrichter und der Turniermodus seien manipuliert worden, um England zum Weltmeister zu machen und sie selbst klein zu halten.

Auch in den Tagen vor dem Spiel gegen die Bundesrepublik schürten die südamerikanischen Zeitungen Verdächtigungen und Ressentiments. So lag ein Hauch von Hysterie über der Partie, zumal die argentinische Mannschaft in ihrem ersten Spiel der Gruppe 2 gegen Spanien ziemlich ruppig zu Werke gegangen war. Deshalb sah man der Begegnung im deutschen Lager mit einigem Unbehagen und der Furcht vor Verletzungen entgegen. Helmut Schön hatte seine Spieler eindringlich gewarnt, sich nicht provozieren zu lassen. Außerdem veränderte er sein System. Er begann zwar mit der gleichen Aufstellung, aber die Ausrichtung war sehr viel defensiver. Beckenbauer, der im ersten Spiel als Bindeglied zwischen Defensive und Offensive geglänzt hatte, wurde nun aufgetragen, Onega, den torgefährlichen Spielmacher der Argentinier, in Sonderbewachung zu nehmen.

Was sich dann am 17. Juli in Birmingham auf dem Rasen des Aston-Villa-Parks abspielte, war ein schlechtes, zerfahrenes und zerpfiffenes Spiel, das durch viele versteckte Fouls und einige offene Grobheiten geprägt war. Auch die Deutschen waren keineswegs zimperlich, und Wolfgang Overath beging das erste sehr hässliche Foul der Partie, das nach heutigen Maßstäben für mehrere Platzverweise ausgereicht hätte. Bei diesem Turnier gab es jedoch noch keine gelben und roten Karten, was mitunter zu erheblicher Konfusion führte. Der Schiedsrichter ermahnte die Spieler zunächst, ehe er sie verwarnte und diese Verwarnung dann schriftlich in seinem Büchlein fixierte. Als letztes Mittel blieb ihm schließlich noch der Feldverweis, den er jedoch bloß aussprach, aber nicht durch eine Karte klar und unmissverständlich für alle im Stadion und an den Fernsehgeräten signalisierte. Auch Franz Beckenbauer würde im Verlauf der Weltmeisterschaft von dieser unklaren Regellage noch betroffen sein.

Beckenbauer kam in diesem Spiel kaum zur Geltung. Er blieb in die Defensive gedrängt, rieb sich in Zweikämpfen mit Onega auf, fand keine Gelegenheit, das Mittelfeld mit seinen langen Pässen zu zerschneiden oder es selbst im langgezogenen Sprint zu durchqueren, Haller schlurfte wie ein sonnenverbrannter Bademeister über das Feld, paralysiert von der im Vorfeld entfachten Hysterie und der Angst, verletzt zu werden. Helds Flanken fanden nie den eigenen Mann, Overath schaufelte unergiebige Querpässe über das Feld, Brülls blieb gefangen in fruchtloser Selbstumkreiselung, und Seeler schuftete auf verlorenem Posten in der Sturmmitte. Ein sehr dürftiges Spiel, ein hartes Spiel, aber eine Schlacht? Vielleicht erleben wir das Spiel im Rückblick anders, weil es damals noch keine Fernsehkontrolle gab, weil vieles in stillen und unbeobachteten Momenten vor sich gegangen zu sein scheint. Bernd Trautmann jedenfalls, der in England zu einer Torwartlegende geworden war, weil er ein Spiel mit gebrochenem Halswirbel zu Ende spielte und dem DFB vor Ort als Botschafter diente, urteilte, das sei das schmutzigste Spiel, das er je erlebt habe. Ein komisches Spiel war es, von heute aus betrachtet, auch. Nachdem der Argentinier Albrecht vom Schiedsrichter des Feldes verwiesen worden war, weil er Wolfgang Weber brutal getreten hatte, spielte der Sünder ablenkend selbst den Schwerverletzten. Nachdem er eingesehen hatte, das dieser Trick nicht verfing, wollte er den Platz nicht verlassen, wobei er von seinen Mitspielern und dem Trainer Lorenzo unterstützt wurde, die den Schiedsrichter massiv bedrängten und ihm entlastende Versionen des Tathergangs vorspielten. Schließlich ging er erst nach vier Minuten zeternd vom Feld. Soviel Anarchie, regellosen Raum und provinzielles Theater würde man heute bei keinem internationalen Spiel mehr erleben.

Trotz der Überzahl gelang es der deutschen Elf nicht, ein Tor zu erzielen, und auch weil Beckenbauer bei seiner destruktiven Rolle blieb. Seine Körpersprache hatte sich verändert, offenbar war seine Autorität seit dem Spiel gegen die Schweiz in der Mannschaft sprunghaft gewachsen. Mehrmals erleben wir ihn als Dirigent, der, bevor er den Pass auf die Reise schickt, mit beiden Armen anzeigt, wohin er spielt oder wohin sich die Mitspieler zu bewegen haben. In diesen Gesten steckt Herrschaft, sie zeigen Beckenbauer in der Rolle des Anführers, der seine Mitspieler im Geiste verschiebt wie Schachfiguren, der den Takt vorgibt, weil er ganz unzweifelhaft der beste Fußballer von allen ist. Er weiß es, und die anderen wissen es auch.

Nach dem Spiel geht es so zu wie im Lazarett. »Noch nie«, so Beckenbauer, »hatte ich bis dahin derart zerschundene Schienbeine gehabt. Die Haut hing an manchen Stellen in Fetzen, Blut hatte die weißen Stutzen getränkt.« In der Kabine macht man sich Vorwürfe, die Reporter spitzen die Ohren. Damals noch möglich, heute undenkbar: Die Journalisten dürfen die Stars in der Kabine zwischen Massagebank und Dusche beobachten und befragen. Horst Vetten, einer der ambitioniertesten deutschen Sportjournalisten, der für die *Frankfurter Allgemeine Zeitung* berichtet, schildert die Szene so: »Bei den Deutschen ächzt Brülls unter den Händen des Masseurs. Höttges fingert an seinem Pflasterverband. Ein Reporter zählt an Webers Beinen die blauen Flecken und hört bei fünf auf. Franz Beckenbauer betrachtet grimmig sein blutunterlaufenes Knie.«

Niemand macht Beckenbauer einen Vorwurf, aber er hört das Getuschel der Reporter, hätte Beckenbauer nicht angriffslustiger sein müssen? Machte er sich den Vorwurf nicht bereits selbst? Er weiß, er hätte handeln, das Heft in die Hand nehmen und Schöns Ausgangsplan der Situation angemessen abwandeln müssen. Er kommt deshalb jeder Kritik zuvor und verschanzt sich hinter der Autorität des Bundestrainers. Alle horchen überrascht auf, als er ruft: »Ich musste bei Onega bleiben. Das war mein Auftrag.« Es klingt unzufrieden, auch ein vorwurfsvoller Unterton schwingt da mit. Tags darauf geht die britische Presse scharf mit dem Spiel und auch mit der deutschen Mannschaft ins Gericht. »Ein böses und schlechtes Spiel«, urteilt *News of the World*, die *Sunday Times* schreibt von der »bisher physisch gewalttätigsten Begegnung«, und der argentinische Trainer Lorenzo kartet nach: »Die deutschen Spieler sind alle große Schauspieler.«

Der Bundestrainer ist ebenfalls verärgert: »Vor allem nach der Herausstellung des Argentiniers Albrecht hatte ich immer wieder ins Spielfeld signalisiert, dass jetzt Haller und Beckenbauer mitstürmen sollten, Sie haben es nicht getan.« Es muss etwas passieren, Erfolgsdruck baut sich auf, denn auch die Spanier wollen nach ihrem Sieg gegen die Schweiz das Viertelfinale erreichen. Ein Unentschieden hätte den Deutschen zwar zum Weiterkommen gereicht, aber als Gruppenzweite in Gruppe 2 wären sie dann auf den Ersten der Gruppe 1 gestoßen und das würden die favorisierten Engländer sein, gegen die die deutsche Mannschaft bis dahin noch nie gewonnen hatte. Schön grübelt, die Boulevardpresse, allen voran die *Bild-Zeitung*, fordert Umstellungen, und Herberger geistert immer wieder durch die Kulissen mit raffiniert-verdrossenem Gesicht, nicht offen gegen seinen Nachfolger agierend, aber doch auch nicht loyal und zurückgenommen.

Die *Süddeutsche Zeitung* formuliert gewitzt: »Das Traumgespann Haller-Beckenbauer war plötzlich ein Albtraum geworden.« Die *Bild-Zeitung* befahl »Jetzt muss Emma ran!« und meinte damit den Dortmunder Lothar Emmerich, einen Trumm von Mann, nicht eben ein feingliedriger Techniker, aber ein echter Vollstrecker mit einem Schuss wie ein Keulenschlag. Und wen soll Schön draußen lassen? Beckenbauer? Nein, der habe »glänzend« gespielt, befindet Schön, und so trifft es Haller, der zu wenig nach vorne getan hat. Der Augsburger ist so verärgert und wütend, dass er sofort abreisen will: »Ich fliege mit dem nächsten Schiff nach Hause.« Der unerfahrene Beckenbauer, sein Zimmerpartner, muss sich nun als Seelenmasseur und Psychologe beweisen – eine Rolle, die eigentlich Haller zugedacht war. Was macht er? Er hört einfach zu, lässt Haller reden, der wiederum das Talent besitzt, sich selbst zu beschwatzen und zu beschwichtigen. Und so bleibt Haller, und Beckenbauer spielt.

Man gewinnt gegen Spanien mit 2:1, die Tore erzielen Lothar Emmerich und Uwe Seeler. Ein Spiel, das nur in Erinnerung bleibt, weil Emmerich ein »Jahrhunderttor« erzielt. Er drischt den Ball brutal ins Tor, aus einem Winkel, der derart spitz und aussichtslos ist, dass die Aktion, so schön sie ist, einen Schuss Wahnsinn in sich birgt. Nach diesem schrecklich-schönen Tor ist Emmerich für alle folgenden Spiele gesetzt, kein Vorteil für die Deutschen, denn der Dortmunder wird von Spiel zu Spiel schwächer und wirkt auf die Gegner zuletzt nur durch die Drohung, die Wahnsinnstat aus dem Spanien-Spiel könne sich eventuell wiederholen.

Je länger das Turnier dauert, desto nervöser wird Helmut Schön, sein empfindlicher Magen rebelliert und will mit warmer Milch und Bettruhe kuriert werden. Die Journalisten verspotten ihn bereits als »wandelnde Magenschleimhaut-Entzündung«. Cramer nutzt die Auszeiten des Chefs und spielt sich stärker in den Vordergrund, und auch Sepp Herberger tritt jetzt häufiger wie ein Inspekteur beim Training auf. Trotz dieser Rivalitäten war die Stimmung in der Mannschaft gut, und auf den Sieg gegen Spanien folgt im Viertelfinale ein hohes 4:0 gegen Uruguay in Sheffield. Es ist ein hartes und unfaires Spiel, mit Troche und Silva werden zwei Uruguayer des Feldes verwiesen, und Troche weicht erst, als ihn drei Bobbys energisch vom Feld drängen.

Beckenbauer ist erneut unter den Torschützen, und wieder ist es ein sehenswertes Tor. Es ist die 70. Minute. Wie schon in der Begegnung gegen die Schweiz spielt er mit Seeler Doppelpass, der eine Gasse öffnet, durch die sich Beckenbauer wie ein beschwingter Slalomläufer hindurchschlängelt. Dann verlädt er den Torwart, zieht links vorbei und schiebt in aller Seelenruhe ein. Die Fotografen hinter dem Tor haben den Moment vielfach eingefangen, und es ist ganz deutlich zu sehen, dass Beckenbauer schon tor- und siegesgewiss ist, als er den Torwart umspielt. Dann lacht er. Dann schießt er. Und winkt wieder jubelnd ab.

In diesem Spiel zeigt sich noch deutlicher: Der junge Mann ist auf dem Weg in die Chefetage, nicht zu Fuß, sondern im Expressfahrstuhl. Er schießt die gefährlichen Freistöße, er lenkt, belehrt die Mitspieler, wenn sie einen falschen Pass spielen und schreckt dabei auch vor Uwe Seeler nicht zurück, er hadert mit dem Schiedsrichter, spielt Standfußball, wann es ihm passt, und jongliert lässig mit dem Ball, falls das Spiel einmal unterbrochen ist. Immer mehr weist ihn die Körpersprache als Anführer aus, der aufrechte Gang, die kaltblütige, beinahe blasierte Ruhe, wenn ein Angreifer ihn umspielen will, die selbstbewussten Gesten, die sich den Raum Untertan machen.

Die Deutschen hatten das Halbfinale erreicht. Die sowjetische Mannschaft, die sich im Viertelfinale gegen Ungarn durchgesetzt hatte, würde der Gegner sein. Man war jetzt über drei Wochen in England, und die Zeit zwischen den Spielen versickerte so träge, so unmerklich, als sei das Leben in Superzeitlupe eingefroren. »Am schlimmsten«, so Franz Beckenbauer über diese merkwürdige Zeiterfahrung, »sind die spielfreien Tage. Tagelang sitzt du auf einer Stube, manchmal mit dem Zimmergenossen, oder du versuchst zu lesen, Briefe zu schreiben, irgendetwas, aber du denkst doch immer an das Spiel. Telefonate mit der Familie sind noch das beste Mittel gegen die Ungeduld.«

Franz Beckenbauer telefonierte in diesen Wochen nicht nur mit der Familie, sondern auch und vor allem mit seiner neuen Liebe. Die Öffentlichkeit wusste zu diesem Zeitpunkt noch nicht viel über Brigitte Schiller. Man hatte sie beim DFB-Pokalendspiel in Nürnberg auf der Tribüne gesehen, man munkelte, trug Gerüchte weiter. Ist Beckenbauer nicht mit einer anderen verlobt? Hat er nicht bereits einen unehelichen Sohn? Und ist die Neue nicht hochschwanger? Tatsächlich war Beckenbauer zu diesem Zeitpunkt nicht daran gelegen, sein Liebesleben in der Öffentlichkeit auszubreiten. Brigitte blieb in den Wochen vor der Weltmeisterschaft nur ein Schatten in den Gazetten.

Beckenbauer hatte vor der Weltmeisterschaft eine geräumige, jedoch glanzlose Doppelhaushälfte in München-Solln erworben, die in den seichteren Illustrierten sofort zur »prächtigen Villa« hochgeschrieben wurde. Ein Haus für die Zukunft, ein Haus für die Familie, denn Brigitte war schwanger, und hier wollte man leben. Doch am liebsten hätte Beckenbauer noch alles versteckt, sein Haus und seine neue Frau. Er empfängt zwar Journalisten, hält sie aber an, keine Fotos von Brigitte und dem Haus zu machen. Er will nicht protzig wirken, keinen Neid wecken. Ein Reporter der Illustrierten *Quick* will seine Leser teilhaben lassen an dem intimen Blick auf den Star. »Er ist«, heißt es über den Hausherrn, »alleinstehend, wenn man von der blonden Dame absieht, die schweigend neben ihm auf der Couch sitzt und keine Sekunde von seiner Seite weicht.« Dann wagt der Journalist eine letzte Frage: »Haben Sie Heiratspläne?« Beckenbauer knapp: »Nein.« Der Reporter setzt nach: »Sind Sie verlobt?« Kurz angebunden Beckenbauer: »Auch nicht.« Ein letzter Versuch: »Verliebt?« Franz sieht hinüber zu Brigitte, dann: »Das lassen wir wohl besser raus.« Was es mit dieser Beziehung auf sich hatte, sollte die Öffentlichkeit erst nach der Weltmeisterschaft erfahren, als Beckenbauer auf breiter Front von den Medien, der Werbung und der Industrie entdeckt und in den unterschiedlichsten Rollen und Posen einer wissbegierigen Öffentlichkeit präsentiert wurde.

Im Kampf gegen die stillstehende Zeit wurden im Trainingslager der deutschen Mannschaft Kinoabende veranstaltet, die sich zumeist am Geschmack der älteren DFB-Funktionäre ausrichteten, Filme wie Luis Trenkers »Der Berg ruft«. Brav heuchelte die Mannschaft Interesse, bis das Licht ausging. Dann sei man, so der Libero Willi Schulz, in das Zimmer von Franz Beckenbauer geeilt, wo keine Heimat-, sondern erotische Filme vorgeführt worden seien. In einem Artikel für die *Welt am Sonntag* hatte Schulz vermutet, dass Beckenbauer der Sexfilmbesitzer gewesen sei, allerdings ist es wohl eher sein Zimmerkollege gewesen, der als Vorführer glänzte. Das zumindest berichtet Sepp Maier: »Manche Trainingsabende sind lang. Und damals waren sie besonders lang, denn das englische Fernsehen war genauso abwechslungsreich wie das deutsche, dazu noch in einer anderen Sprache. Helmut Haller hatte das wohl geahnt, er brachte nämlich seine eigene Unterhaltung mit: Softsex-Filme auf Super 8, wirklich sehr soft und in Deutschland noch verboten. Mit einem geliehenen Projektor schauten wir uns an einem spielfreien Nachmittag die Filme an.«

Am 25. Juli 1966 war das Warten vorbei, die Zeit kam auf Touren. Das Spiel gegen die Sowjetunion fand im Liverpooler Goodison Park statt und brachte Beckenbauer die Begegnung mit einem der Helden seiner Kindheit. Den russischen Torwart Lew Jaschin hatte Beckenbauer als Zehnjähriger bereits im Fernsehen gesehen, als Deutschland das erste Mal nach dem 2. Weltkrieg in Moskau wieder gegen eine russische Mannschaft spielte. Jaschin, der lange Zeit als bester Torhüter der Welt galt, Kette rauchte und gerne Wodka trank, lief stets im schwarzen Dress auf, weshalb er auch die »schwarze Spinne« oder die »schwarze Krake« genannt wurde. Mitten im Kalten Krieg ist das Duell zwischen Deutschland und der Sowjetunion nicht frei von Spannungen und politischen Untertönen. Die *Bild-Zeitung* rief antirussische Gefühle wach und forderte: »Stürmt, stürmt, dann wackeln auch die russischen Iwans!« Und mancher deutsche Journalist therapierte offensichtlich sein Wehrmachtstrauma, indem er das Spiel als

Revanche für die deutsche Kriegsniederlage betrachtete: »Es gelang den Deutschen, der unaufhaltsam vorwärtsrollenden Dampfwalze durch zwei Bomben die Ketten zu sprengen und sie an einem weiteren Vormarsch zu hindern. Unser Mittelfeldgespann Haller und Beckenbauer legte die Minen so geschickt, dass der russische Motor blockiert wurde.«

Das Spiel wurde zwar keine »Schlacht«, aber eine sehr harte Partie. Tschislenko wurde des Feldes verwiesen, und auch Beckenbauer wurde verwarnt, seine zweite Verwarnung in diesem Turnier. Es war bereits das dritte Mal, dass die Deutschen von einem gegnerischen Feldverweis profitierten, und in der englischen Öffentlichkeit machte sich der Eindruck breit, die deutschen Spieler provozierten ihre Gegner, teilten hart aus, seien aber selbst wehleidig und theatralisch. Ein Boulevardblatt hatte höhnisch vorgeschlagen: »Verleiht ihnen den Oscar«, und je näher die deutsche Mannschaft dem Finale kam, desto giftiger wurden die Kommentare in der englischen Presse. Beckenbauer machte wieder ein gutes Spiel. In der 68. Minute schoss er, mit links, von der Strafraumgrenze. »Der Ball zischt wie ein Sputnik davon und landet, ohne dass Jaschin auch nur mit der Wimper zucken kann, hoch oben links im Torgebälk.«

Zwei Jahre darauf, 1968, spielt Beckenbauer mit seinem Kindheitsidol bereits in einer Weltauswahl in Rio. Auf dem Hotelzimmer leeren sie zusammen eine Flasche Wein. Sie mögen sich, bleiben locker in Kontakt. Fast zwanzig Jahre vergehen. Beckenbauer liest in der Zeitung, dass man Lew Jaschin ein Bein amputieren musste, zu viele Zigaretten, zu viel Wodka. Zusammen mit dem *Stern*-Journalisten Peter Bizer fliegt Beckenbauer 1986 nach Moskau, um Jaschin zu besuchen. Im Flur seiner bescheidenen Wohnung hängt seit Jahren ein Beckenbauer-Porträt, angepinnt mit Reißzwecken. Jaschin ist jetzt ein alter Mann, dem Tode nah, und Beckenbauer ist Teamchef. Peter Bizer erinnert sich an Beckenbauers Fürsorglichkeit: »Er hat dafür gesorgt, das Jaschin eine neue Prothese bekam, weil die alte schlecht passte. Für Franz war die Begegnung mit Jaschin was Besonderes.« Es ist ihre letzte Begegnung, Jaschin stirbt im März 1990 an Krebs, vier Monate bevor Beckenbauer in Rom mit seiner Mannschaft die Weltmeisterschaft gewinnt. Noch einmal will Jaschin demonstrieren, wie es war, als er Beckenbauers Ball nicht halten konnte, damals im Goodison Park im Sommer 1966. Er reckt seinen Stock hoch, zeigt auf den Knauf: »Siehst du, genauso hoch kam der Ball, ich habe ihn nicht kommen sehen.«

Nachdem der Schiedsrichter das Spiel abgepfiffen hat, läuft Helmut Schön erstmals in diesem Turnier aufs Feld. Er will seine Spieler umarmen, alle, auch Beckenbauer wird gedrückt. Nur selten zeigt Schön seine Gefühle so offen. Wimmelt es nicht überall von Neidern, Besserwissern und Schlagzeilensüchtigen? Man muss sich vorsehen! Es ist ein unbeschwerter, ein lockerer Augenblick, der schnell verfliegt. Schon in der Kabine beginnt wieder die Sorge, um die Spieler, um das System. Wer ist verletzt? Tilkowski hat eine schmerzhafte Schulterprellung, auch Horst Höttges ist angeschlagen, doch Mannschaftsarzt Schober und Masseur Deuser sind zuversichtlich, sie bis zum Endspiel wieder fit zu bekommen.

Es sind noch vier Tage Zeit bis zum Finale im Wembley-Stadion, Gegner ist die Mannschaft des Gastgebers, die im Halbfinale in einem Kraftakt Portugal niedergerungen hat. Es war eine Glanzvorstellung von Bobby Charlton gewesen, der niemals in seinem Leben besser gespielt hatte. Der englische Star war jetzt 28 Jahre alt, und es war ein Wunder, dass er überhaupt noch lebte und Fußball spielte. Er gehörte zu der legendären Mannschaft von Manchester United, die sich 1958 anschickte, den Europapokal der Landesmeister zu gewinnen. Es war die Mannschaft von Matt Busby, dem legendären Manager, der aus den Busby Babes eine Elf formte, auf die ganz England stolz war.

Auf dem Rückflug von Belgrad – Bobby Charlton hat beim 3:3 gegen Roter Stern Belgrad zwei Tore geschossen – landet die Maschine planmäßig in München. Das Flugzeug wird gewartet und aufgetankt. Der 6. Februar 1958 ist ein kalter Wintertag. Es schneit ununterbrochen. Die Maschine geht dennoch in Startposition und nimmt Anlauf. Ein erster Versuch scheitert, wird abgebrochen, ebenso der zweite Versuch. Beim dritten Versuch rast die Maschine über das Rollfeld hinaus, kracht in ein Haus, bricht auseinander und fängt Feuer. Acht Spieler, acht Journalisten und drei Funktionäre sterben in den Flammen. Mit Duncan Edwards kommt auch das größte Talent des englischen Fußballs ums Leben. Charlton, bis dahin ein leichtsinniger, manchmal leichtlebiger junger Mann, nahm den Fußball nun ernster und verfolgte seine Ziele von diesem schwarzen Tag an sehr viel hartnäckiger. Nun konnte er sich seinen größten Traum erfüllen und zusammen mit seinem Bruder Jack, der hinten in der Abwehr einen konventionellen Ausputzer spielte, Weltmeister im eigenen Land werden. Wer wollte ihm das nehmen?

Im deutschen Lager hatte man genau beobachtet, wie Bobby Charlton das Spiel seiner Mannschaft antrieb, wie er 90 Minuten über den Platz flog wie ein Langstreckenläufer mit Pferdelunge, aber auch wieder und wieder im Stil eines Sprinters, mit explosivem Antritt. Dazu verfügte er über einen harten, torwartängstigenden Schuss. Man war sich nicht einig, wie man dieses Kraftwerk ausschalten sollte. Schön grübelte, Cramer grübelte, die Journalisten grübelten, Herberger grübelte sowieso, und so zerbrachen sich alle die Köpfe, und Schön bekam wieder Magenschmerzen. Schließlich liefen alle Strategien und Theorien auf eine einfache, aber umstrittene Frage hinaus: Soll Beckenbauer Charlton in Manndeckung nehmen oder nicht?

Der junge Münchner hatte gegen den Argentinier Onega bewiesen, dass er ein solches Geschäft humorlos hart und effizient erledigen konnte. Aber würde er dann Akzente in der Offensive setzen können? Würde er seine Torgefährlichkeit – er hatte bis dahin schon vier Tore erzielt – unter Beweis stellen können? War Beckenbauer, so phantastisch sein Auftritt bei diesem Turnier bis dahin war, so ausgefuchst und abgebrüht, um gegen einen erfahrenen Spieler wie Charlton bestehen zu können? Vor 100 000 Zuschauern in Wembley, vor den Augen von 400 Millionen Menschen in aller Welt?

In seinen Memoiren, die den schlichten Titel »Fußball« tragen, hat Helmut Schön nach der Weltmeisterschaft 1978 beschrieben, wie diese Frage entschieden wurde und wie er sich von seinem Assistenten Cramer hintergangen fühlte: »Später sollte ich aus dem *Spiegel* erfahren, ich hätte in jenen kritischen Situationen bisweilen ›wie Lenin im Mausoleum‹ dagelegen. (. . .) Es stimmt nicht – wie später manchmal behauptet worden ist –, dass Dettmar Cramer eine eigene, umfassende Konzeption entwickelt hatte, deren ›Erfolg‹ ich dann verhindert habe. Ganz simpel: Ich war für Beckenbauer gegen Charlton. Er war dagegen. Von Seiten der Mannschaft gab es keinen Widerspruch. Als ich Franz Beckenbauer beiseite nahm, um ihn auf seine Aufgabe vorzubereiten, fand er die Maßnahme in Ordnung.«

1 Die Hochzeit der Eltern, Antonie und Franz Beckenbauer, 1937.

2 Der kleine Franz mit der Mutter, 1947.

3 Der einjährige Franz mit der Mutter (li.), 1947.

4 Als Mützchenträger, mit Bruder Walter (re.) und Nachbarskindern, 1948.

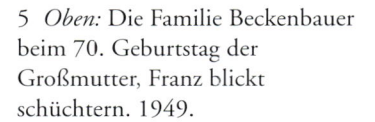

5 *Oben:* Die Familie Beckenbauer beim 70. Geburtstag der Großmutter, Franz blickt schüchtern. 1949.

6 Bei der Erstkommunion von Bruder Walter (li.), 1951.

7 Auf dem Fußballplatz: Stehend der Cousin Alfred Moosmaier (li.) und Bruder Walter (re.), Franz kniet, ca. 1952.

8 Ausflug mit Freunden, Franz mit dem größten Rad (re.), ca. 1956.

9 *Oben:* Franz (re. vorne) in der Schülermannschaft des SC München 1906, 1954.

10 Auch als Handballer erfolgreich (2. von re., vorne), ca. 1955.

11 Franz und sein Trainer
Rudi Weiß, 1958.

12 *Unten:* In der Bayern-Jugend,
ca. 1962.

15 *Rechts:* Horst Szymaniak gratuliert Franz Beckenbauer zum 2:1-Sieg des FC Bayern München bei Tasmania 1900 Berlin, 1966.

13 Sepp Maier und seine Verlobte, Franz Beckenbauer und Ingrid Grönke, ca. 1965.

14 *Unten:* WM 1966 in England, im Viertelfinale gegen Uruguay umspielt Franz Beckenbauer den Torwart Mazurkieviez und schießt zum 2:0 ein.

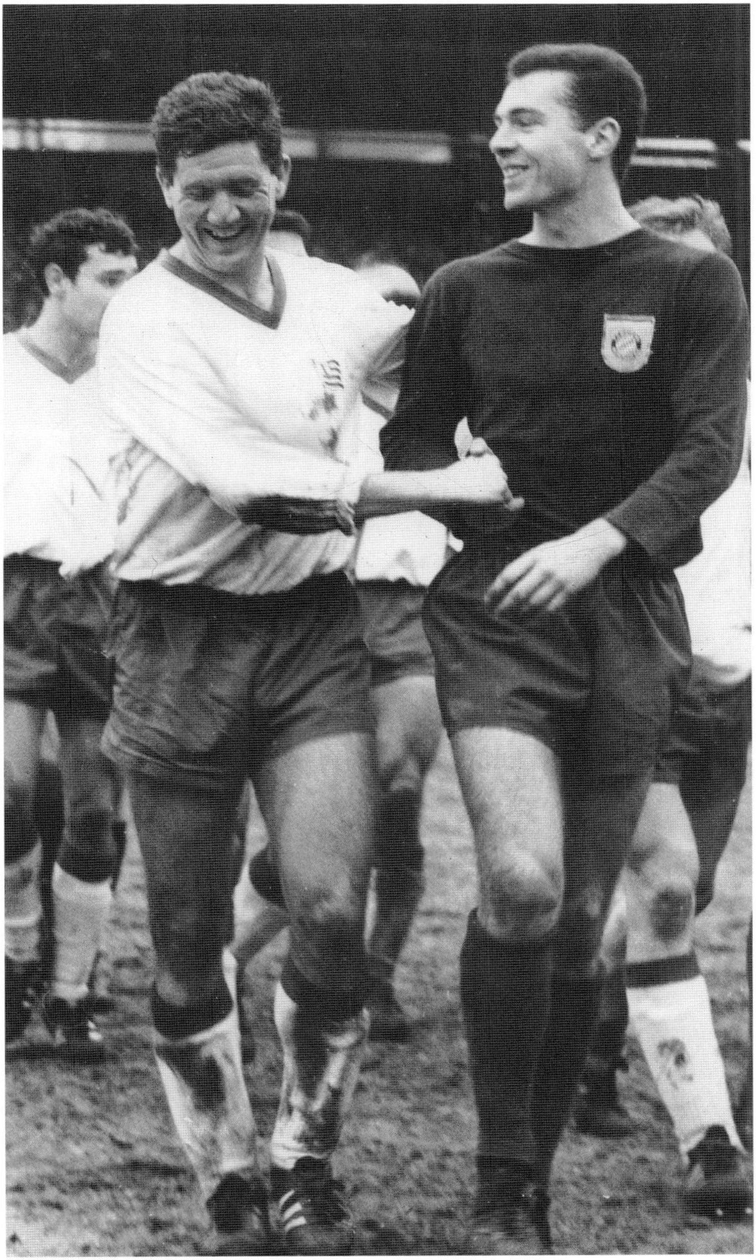

16 Bundestrainer Helmut Schön und zwei junge Wilde, Wolfgang Overath und Franz Beckenbauer, 1967.

17 Manchmal muss es eben Saft sein. Gerd Müller, Franz Beckenbauer und Sepp Maier bei der Afterwork-Party, 1969.

Hätte er denn protestieren sollen? Bislang hatte sich Beckenbauer noch jedem Trainer gefügt, weil er sie als Fußballväter, als Förderer und Behüter seines Talents kennengelernt hatte. Er besaß noch Vertrauen in ihre Autorität, und Schön, das wusste er vom Hörensagen, war selbst ein Spieler mit großem Talent gewesen. Und noch eine ganz andere Frage beschäftigte ihn, aber vor allem das ganze fußballfiebernde Heimatland: Würde er überhaupt im Endspiel dabei sein? Zwei Verwarnungen hatte er im Laufe des Turniers bekommen, zwei Mal hatten sich die Schiedsrichter seinen Namen in ihr Notizbüchlein geschrieben. Gegen Argentinien soll er den Schiedsrichter mit abfälligen Bemerkungen bedacht haben, und gegen die Sowjetunion hatte er ein hartes Foul begangen. Zwar bedeuteten zwei Verwarnungen nicht automatisch eine Sperre, aber ausgeschlossen war es nicht.

»Unser Franzl ist doch kein Holzhacker!«, fauchte ein Münchner Boulevardblatt in Richtung des Disziplinarausschusses des Weltfußballverbandes FIFA. Als die FIFA dann am Mittwoch vor dem Spiel entschied, von einer Sperre abzusehen, frohlockte das Blatt in faustgroßen Lettern: »Franzl spielt!« Kaum war die Aufregung um dieses Drama abgeklungen, wurde erörtert, ob der Franz denn nun ein »Franz« oder immer noch ein »Franzl« sei. Der Reporter Fritz Wirth urteilte in der *Welt*: »Beckenbauer ist in diesem Turnier zu einem Mann gereift. Diese Weltmeisterschaft ist nicht mehr allein das Fest des faszinierenden Eusebio, Beckenbauer ist an seine Seite getreten.« Etwas vorsichtiger klang da der Alt-Bundestrainer Herberger, als gefragt wurde, ob er denn Beckenbauer für entwicklungsfähig halte: »Aber sicher«, gab er den Lesern der Münchner *Abendzeitung* zu bedenken, »wenn erst einmal damit begonnen wird, aus dem Franz keinen Franzl mehr zu machen. Je schneller man damit aufhört, desto besser. Man muss ihn zu einem Mann erziehen, nicht zu einem Burschen, dem man labile Erscheinungen zubilligt, weil er der Franzl ist.«

Das Endspiel am 30. Juli 1966 im Londoner Wembley Stadion war dazu angetan, aus dem »Franzl« einen Franz, aus dem Jungen einen Mann, aus dem Talent den »Kaiser«, aus dem deutschen Liebling einen globalen Star und aus dem Spieler eine Marke zu machen. Die technische Innovation des Synchronsatelliten »Early Bird« schuf erstmals die Möglichkeit, ein WM-Finale rund um den Erdball live zu übertragen. Noch war das Spiel in Schwarz-Weiß, noch gab es keine Zeitlupe und die Werbebanden waren eigens für das Endspiel verhängt worden, aber das Zeitalter des Fernsehfußballs war unwiderruflich angebrochen.

Bis zu elf Kameras wurden im Endspiel eingesetzt. Die Zuschauer an den Fernsehgeräten erlebten ungewohnte Perspektiven, etwa dann, wenn sich die erstmals präsentierte Hintertorkamera dicht an den Torwart heranpirschte, der gerade einen Abstoß ausführte. Ungefähr 400 Millionen Fernsehzuschauer in aller Welt verfolgten das Endspiel zwischen dem favorisierten Gastgeber England und der Bundesrepublik Deutschland. Sie sahen ein Tor, das entscheidende 3:2 der Engländer, das zum Mythos wurde, weil es einen unabreißbaren Erzählfaden gebar. Heute spricht man bei jedem Tor, das zweifelhaft erscheint, von einem Wembley-Tor. Hatte der Ball, nach einem Schuss von Hurst, in der elften Minute der Verlängerung die deutsche Torlinie überquert oder nicht? Eine Untersuchung der Universität Oxford aus dem Jahre 1995 wies mit »wissenschaftlicher Objektivität« nach, dass der Ball nicht »drin« gewesen sei. Gleich nach der Weltmeisterschaft präsentierten die Engländer damals ein Buch unter dem Titel »World Cup Report 1966«, in dem demonstriert wurde, dass der Ball die Linie überschritten habe. Ein Jahr später erschien in Deutschland das Buch »Das Tor des Jahrhunderts«, dass selbstverständlich das Gegenteil beweisen wollte. Das Reizvolle an diesem Tor ist, dass es wieder und wieder fällt, in jeder Erzählung wird es rekonstruiert, in jeder Erinnerung hat sich die Flugbahn des Balles als Bewegung erhalten und das es, obwohl es doch unzweifelhaft gefallen und Fakt worden ist, zugleich immer wieder dementiert, in Frage gestellt und weg gewünscht wird. Es ist ein Tor, das an kein Ende kommt.

Nach dem Finale wurde vor allem in der deutschen Presse, aber auch von den deutschen Spielern geurteilt, Bobby Charlton und Franz Beckenbauer hätten sich »neutralisiert«. Einen Tag nach dem Endspiel wertete Hans Schiefele für die *Süddeutsche Zeitung* das Duell folgendermaßen: »100 000 Menschen starrten neugierig auf die zentralen Figuren im Mittelfeld: auf englischer Seite Bobby Charlton, auf deutscher Seite Franz Beckenbauer. Sie waren Könige in diesem Spiel, aber schachmatt gesetzt, weil sie sich gegenseitig bekämpften.« Helmut Schön schrieb 1978 rückblickend: »Franz Beckenbauer neutralisierte Bobby Charlton – kam allerdings nicht dazu, eigene Aktivitäten zu entwickeln.« Und in dem Buch »Halbzeit« legt der Ghostwriter Kurt Lavall Beckenbauer diese Sichtweise in den Mund: »Das Spiel verlief, als wären wir gar nicht dabei. Das private Duell brachte weder Vor- noch Nachteile.«

Einer genaueren Beobachtung halten diese Urteile jedoch nicht stand. Wenn man sich das Endspiel mehrfach anschaut, wird man zwar einen faszinierenden Zweikampf entdecken, aber auch einen klaren Sieger – und der heißt unzweifelhaft Bobby Charlton. Von der ersten Minute des Spiels wird deutlich, wie Beckenbauer Charlton bekämpfen will. Er beobachtet ihn genau, wartet im Abstand von drei bis fünf Metern auf seine Aktionen und stößt erst dann grätschend vor, wenn sich Charlton endgültig auf eine Marschrichtung festlegt. Da der Engländer immer wieder aus der Tiefe des Raumes nach vorne prescht, das Tempo und die Seiten wechselt, muss Beckenbauer immer wieder variieren und warten, er bleibt immer passiv, während Charlton agiert. Mehrfach fährt Beckenbauer seinem Gegner grätschend in die Parade, doch der überspringt das lange Bein wie ein eleganter Hürdensprinter und zieht unbeirrt davon.

Zwar geht die deutsche Mannschaft überraschend durch ein Tor von Helmut Haller in der 12. Minute in Führung, aber das Mittelfeldgespann Haller-Beckenbauer existiert an diesem Tag nicht. Haller wird im Laufe des Spiels immer kraftloser, da ihm der kongeniale Partner fehlt. Charlton dagegen gelingt es stets aufs Neue, seine Mittelfeldkollegen Nobby Stiles, Martin Peters und Alan Ball einzubinden.

So fällt der Ausgleich. Er fällt zu schnell. Die englische Mannschaft ist weder nervös geworden, noch hat sie der deutschen Mannschaft Zeit gelassen, den Vorsprung auszubauen. In der 18. Minute kann Hurst unbedrängt von seinem Gegenspieler Horst Höttges einköpfen.

Charlton ist ein Laufwunder an diesem Tag, er scheint die Lungen eines Pferdes zu besitzen, und sein Gesicht ist bald schweißüberströmt. Er ist erst 28 Jahre alt, sieht aber sehr viel älter aus, sein Haar liegt nur noch spärlich in langen Strähnen auf dem kahlen Schädel. Er hetzt Beckenbauer über den Platz, der nicht verhindern kann, dass er mehrere gefährliche Pässe und Flanken in den deutschen Strafraum spielt und mehrfach gefährlich aufs Tor von Hans Tilkowski schießt. Als er wieder einmal nach vorne schnellt, unmittelbar vor dem deutschen Tor, stößt Beckenbauer, der ihm zu folgen versucht, mit seinem Torhüter zusammen. Beide halten sich benommen den Kopf. Ein anderes Mal verschläft Beckenbauer den Moment, in dem Charlton startet, man sieht förmlich, wie ein Schrecken durch seinen Körper läuft. Da kommt ihm der Ausputzer Willi Schulz zu Hilfe und säbelt den Engländer im 16-Meter-Raum um. Oder trifft er ihn nicht? Elfmeter? Keine Zeitlupe, es wird weitergespielt.

Während Charlton also an vielen offensiven Aktionen seiner Elf beteiligt ist, bleiben die Bemühungen seines Gegenspielers um die deutsche Offensive fruchtlos. Seine Schüsse bleiben an den gegnerischen Schienbeinen hängen oder verfehlen weit das Ziel, er spielt eine Reihe von Fehlpässen und befindet sich ansonsten fast ausnahmslos in der Rückwärtsbewegung. Dieses Spiel setzt sich in der zweiten Halbzeit fort, Beckenbauer versucht zu zerstören, Charlton baut auf. Am zweiten Treffer der Engländer ist Beckenbauer nicht ganz unschuldig, auch wenn man das Gegentor hauptsächlich Höttges ankreiden muss. Charlton erhält den Ball an der Mittellinie und stößt sofort vor, sucht die offene Konfrontation mit Beckenbauer. Er legt den Ball an seinem Bewacher vorbei und verschärft das Tempo. Mit letzter Kraft kann ihm der Münchner den Ball wegspitzeln. Da Bobby Charlton ihn jedoch schon überlaufen hatte, verwandelt sich Beckenbauers Abwehrschlag unversehens zu einem wunderschönen Pass auf Alan Ball, der das Geschenk dankbar annimmt und auf Hurst weiterleitet. Dessen Schuss wird abgeblockt, Ecke für England. Nach dem Eckball fabriziert Höttges einen Querschläger im eigenen Strafraum, der genau bei Martin Peters landet. Der fackelt nicht und schießt zum 2:1 für England ein. Dass Deutschland durch Wolfgang Weber noch ausgleichen kann, wenige Sekunden vor Schluss, ist Glück, Beckenbauer ist daran nicht beteiligt.

Das Spiel geht in die Verlängerung. Wäre an diesem Tag in Wembley nach 120 Minuten keine Entscheidung gefallen, hätte es am darauffolgenden Dienstag an gleicher Stelle ein Wiederholungsspiel gegeben. Regelungen wie Elfmeterschießen oder das berüchtigte »golden goal« waren damals noch unbekannt. Doch die 101. Minute machte ein Wiederholungsspiel unnötig. Der Schiedsrichter Gottfried Dienst aus der Schweiz und sein Linienrichter, der Russe Bachramow, betätigten sich als Geburtshelfer eines Mythos. Hurst nimmt rechts im deutschen Strafraum ein Zuspiel von Alan Ball auf, eine halbe Drehung, er schießt etwa acht Meter vom deutschen Tor entfernt, am Eckpunkt des Fünfmeterraums positioniert. Tilkowski reißt die Arme hoch, zu spät, der Ball knallt an die Unterkante der Latte, schlägt auf den Rasen und springt wieder ins Feld zurück, wo ihn Weber über die Latte köpft. Hurst wirft jubelnd die Arme nach oben, ebenso Bobby Charlton. Weber will ihm die Arme herunterreißen, doch der Engländer lässt sich nicht beirren. Dienst, der etwa vierzig Meter entfernt steht, ist die Sicht versperrt, und so läuft er zu seinem Linienrichter, um ihn zu befragen. Doch der steht noch weiter weg, und so entspinnt sich ein Dialog, der schon zum Mythos des Wembley-Tors gehört, denn mit dieser Szene beginnt die unendliche Erzählung.

Hunderttausend Zuschauer rufen, pfeifen, brüllen oder applaudieren, die Schiedsrichter müssen sich anschreien. Auch die Sprachbarriere erschwert die Verständigung, denn das Englisch, das beide sprechen, hat Lücken. Dienst: »Was the ball behind the line?« Bachramow nickt: »Is goal, goal, goal!« und winkt Richtung Mittellinie. Dienst schließt sich seinem Urteil an. Sehr viel später wird der russische Linienrichter in mehreren Interviews einräumen, dass es vor allem die entsetzten Gesichter der deutschen und die überzeugten Schreie der englischen Spieler gewesen seien, die ihn zu seiner Entscheidung veranlasst hätten. Ein Tor also, geboren aus dem Geist der Physiognomie und der Akustik.

Wie auch immer, die deutsche Mannschaft gibt sich noch nicht geschlagen und stürmt um jeden Preis. Aber ihr ungestümes Spiel zeugt von Verzweiflung. Auch Beckenbauer gibt jetzt endlich seine defensive Rolle auf, aber es ist zu spät. Seine Kraft reicht nicht mehr: »Nach jenem Tor waren wir wie die Schlafwandler. Ich spürte meine Beine nicht mehr, meine Sinne auch nicht. Mir war so, als hielte ich meinen Kopf in einen riesengroßen Haufen Watte. Das Lärmen der Menge auf den Rängen sah ich nur, ich erkannte die verzerrten Gesichter, aber ich hörte keinen Ton mehr.«

Seine Schüsse verhungern, dagegen trifft Bobby Charlton, der jetzt ungehinderter seine Bahnen ziehen kann, noch einmal den Pfosten des deutschen Tores. Das 4:2, es fällt praktisch mit dem Schlusspfiff, ist unzweifelhaft ein irreguläres Tor, denn während Hurst sich auf den Weg zu seinem dritten Tor macht, laufen bereits englische Fans jubelnd auf den Platz. Das Spiel ist aus. Bobby Charlton scheint dem Himmel zu danken, er streckt die Arme hoch, faltet die Hände wie zum Gebet. Sein Trikot ist dreckverschmiert, die Schatten unter den Wangenknochen sind tiefer geworden, dieses Spiel hat ihn älter gemacht. Beckenbauer ist zu benommen, um wirklich am Boden zu sein, zu erschöpft, um zu weinen, wie einige seiner Mitspieler. Er ist reicher geworden in diesem Spiel, reich an Erfahrungen und reich an Ruhm, der Folgen haben wird.

Einige Wochen darauf. Bundespräsident Heinrich Lübke empfängt die deutsche Nationalmannschaft in der Villa Hammerschmidt in Bonn. Der Bundespräsident müht sich, die Spieler auseinander zu halten, sein Butler Mantwitz flüstert ihm den ein oder anderen Namen ins Ohr. Als Lübke, dessen zweite Amtszeit bereits von altersbedingten Absencen getrübt war, mit Helmut Schön ins Gespräch kommt, weckt er den Unmut des Bundestrainers. Das Staatsoberhaupt hat den Ball hinter der Linie gesehen, also klares Tor, sicher doch. Helmut Schön zwingt sich zur Ruhe: »Nein, Herr Bundespräsident«, antworte ich etwas gedehnt, »es war sicher kein Tor.« Doch Lübke lässt sich nicht beirren: »Herr Schön, ich habe in dem Moment genau hingesehen, auf meinem Fernseher, zu Hause. Und da habe ich den Ball hinten im Netz liegen sehen!« Schön schluckt den aufsteigenden Ärger hinunter, sehr zum Nachteil seiner Magengeschwüre, und winkt Helmut Haller heran: »Helmut, erklär doch mal dem Herrn Bundespräsidenten, wie das mit dem dritten Tor wirklich war!«

Saison für Füchse

»**Adidas-3-Streifen-Trainingsanzug,
Modell ›Franz Beckenbauer‹**
Erstklassige Qualität: Außen Nylonstretch, innen supergekämmte Baumwolle. Das feine Gestrick ist luftdurchlässig. Spitzensportler und viele Bundesligavereine tragen adidas-Trainingsanzüge. Der adidas-Schüler- und Jugend-Trainingsanzug Modell ›Uwe‹ ist ein preisgünstigerer Anzug aus dem gleichen Gestrick.
Nur echt mit den drei Streifen.«

Adidas-Werbung 1969

Am 14. März 1968 erschienen bei dem Notar Hugo Widmann in der Münchner Theatinerstraße der Versicherungskaufmann Franz Beckenbauer und seine Gattin Brigitte. Ebenfalls anwesend waren Ingrid Grönke, seine frühere Verlobte, und deren Mutter. Man war zusammengekommen, um eine Adoption zu besiegeln. Die Adoptionsurkunden wurden zur Unterschrift vorgelegt: »Herr Franz und Frau Brigitte Beckenbauer nehmen hiermit Thomas Walter Grönke, geboren am 20. Oktober 1963 als gemeinschaftliches Kind an Kindes Statt an.« Als Franz Beckenbauer unterschreibt, schnell und geübt, schüttelt der Notar den Kopf und bittet ihn, die Unterschrift zu wiederholen, denn sie sei unleserlich und damit, in diesem Falle, wertlos. Es ist die Unterschrift eines Stars, die seine Handgelenke schont und es ihm erlaubt, Autogrammstunden möglichst kräftesparend und effektiv zu bewältigen. Und so beugt sich der Star ein zweites Mal über die Urkunde auf der Suche nach dem Privatmann Beckenbauer, dessen Schriftzüge noch schülerhaft-brav aussehen.

Nach dem WM-Finale in London brauchte Beckenbauer Hilfe. Er hatte sich zwar einen Stammplatz in der Nationalmannschaft erkämpft, aber seinen Platz in der Welt der Erwachsenen suchte er noch. Sah er nicht noch wie ein Kind aus? Am 11. September 1965, an seinem zwanzigsten Geburtstag, war Beckenbauer das erste Mal zu Gast im »Aktuellen Sportstudio« im ZDF. Der Gastgeber Harry Valérien weiß kaum etwas mit dem scheuen jungen Mann anzufangen, der jede Frage brav beantwortet, mit leiser Stimme und großem Respekt vor dem älteren Mann. Zaghaft greift er nach dem Sektglas, als ihn der Journalist ermuntert, auf den Geburtstag anzustoßen. »Darf er das trinken?« erkundigt sich Valérien bei seinem Trainer Čajkovski, der seinen Schützling begleitet. Der Trainervater nickt, Franz nippt.

Die Szene ist symptomatisch für Beckenbauers Biographie in diesen Jahren. Auf der Suche nach Halt und Orientierung lehnt er sich an die starken Männer, die meistens sehr viel älter und damit sehr viel lebenserfahrener sind als er. Mit ihnen identifiziert er sich, sie lenken seine Geschäfte, sie vermitteln ihm Werte, er kopiert ihre sozialen Gesten, ihren Lebensstil und ihre Art, den Kopf oben zu behalten. Es ist vor allem Robert Schwan, der nach der WM 1966 die Funktion des Mentors und des Managers übernimmt. Warum fiel die Wahl auf Schwan, der doch, wie er selbst sagte, so wenig vom Fußball verstand?

Brigitte Beckenbauer erinnert sich: »Wir standen da wie vom Regen überschüttet und mussten mit dieser Situation fertig werden. Die Presse, die Länderspiele, die Anrufe, Verträge. Wir bekamen es laufend mit Füchsen, mit großen Füchsen zu tun. Wie sollten wir denn entscheiden? Wir waren diesen Leuten nicht gewachsen. Wo kriegen wir einen Manager her? Und da haben wir überlegt, nehmen wir den Dettmar Cramer, meinen Trauzeugen, oder nehmen wir den Schwan, der immerhin schon Manager bei Bayern war? Der kann doch die Termine besser koordinieren und so haben wir den Schwan bestellt. Er hat von Anfang an 20 Prozent bekommen, er war schon ein ganz großer Fuchs. Er war für alles da. Wir hatten keine Ahnung, er aber war wie ein Kardinal, eine Eminenz, da hat sogar der Vater Beckenbauer einen Diener gemacht. Er hat sich überall eingemischt, auch den Eltern und den Verwandten gesagt, was sie tun sollen.«

Als Robert Schwan Manager von Franz Beckenbauer wurde, war er 44 Jahre alt und hatte ein bewegtes Leben hinter sich. Ihn grauste vor dem Haus, in dem er im Münchner Schlachthofviertel aufgewachsen war, in dem sich sechs Parteien »ein Scheiß-Plumpsklo mit Zeitungspapier« teilten und in dem es immer nach billigem Essen roch. Den Kleinbürgermief wollte er hinter sich lassen. Aber der Krieg zerstörte seine Bildungschancen und machte ihn stattdessen in Russland »zum Vagabunden und zum Tier«. Was blieb, war eine Genuss- und Aufstiegswut, er wurde zum »Ich-will-hoch-Athleten«. Nach 1945 lernte er zuerst als Schwarzhändler, wie man seinen Schnitt macht – ein Talent, das er als Gemüsehändler auf dem Viktualienmarkt weiter auszubilden verstand.

Sehr viel einträglicher jedoch, das entdeckte er bald, war der Verkauf von Versicherungen. So putzte er landauf, landab Klinken, pries, schmeichelte, empfahl, flirtete, warnte und drohte und strich immer bessere Provisionen ein. Er stieg zum Organisationsdirektor bei der Braunschweigischen Lebens- und Sachversicherungs AG auf, ein Selfmademan, wie er im Buche steht, immer adrett gekleidet, bestens frisiert, sauber rasiert und mit gesundem Teint, ein Akrobat des Wirtschaftswunders. Nachdem er bei Bayern 1964 zunächst ehrenamtlicher Spielausschussvorsitzender und 1965 dann hauptamtlicher Technischer Direktor und damit der erste Bundesliga-Manager überhaupt geworden war, begriff er schnell, dass man Fußballer noch gewinnbringender verkaufen und vermarkten konnte als Versicherungen. Schwan war hart, schnell, ruppig und von sich selbst überzeugt. »Es gibt nur zwei intelligente Menschen«, pflegte er zu sagen, »Schwan am Vormittag und Schwan am Nachmittag.«

Sein erster Eingriff als Beckenbauer-Manager bestand darin, einen Werbevertrag mit Brisk-Haarpflege rückgängig zu machen, der seinem Klienten wie allen Nationalspielern nur 1000 DM eingebracht hätte. Weil Beckenbauer noch nicht volljährig und damit noch nicht uneingeschränkt geschäftsfähig war, konnte Schwan den Vertrag kündigen. Bald sah man Beckenbauer in seinem ersten Werbespot, wie er mit knorrsuppengestärkten Beinen einen scharfen Schuss abfeuert und daraufhin lächelnd und löffelnd verspricht: »Kraft in den Teller, Knorr auf den Tisch. Schmeckt gut!« Für dieses Engagement hatte Robert Schwan schon ein Honorar von 12 000 DM für seinen Schützling ausgehandelt.

Im November 1966 ist Beckenbauer dank Schwans Cleverness bereits Schlagersänger. Fast alle deutschen Plattenfirmen hatten Beckenbauer Angebote unterbreitet, ehe Polydor den Zuschlag von Schwan erhielt, für ein garantiertes Honorar von 100 000 DM. Die Titel der ersten Single lauten »Du allein« und »Gute Freunde kann niemand trennen«, die Platte klettert auf Platz sieben der deutschen Hitparade. Für die Aufnahmen hatte Beckenbauer nach einem

Bundesligaspiel gegen Köln einen Nachmittag im Kölner Polydor-Studio verbracht, wo sich der Produzent Hans Bertram und der Münchner Komponist und Roy-Black-Entdecker Rolf Arland um ihn kümmerten. Die *Bild am Sonntag* argwöhnt: »Der Franzl singt wie ein Preuße!« Später folgen noch, ebenfalls bei Polydor, »1:0 für die Liebe« und »Du bist das Glück«.

Auch die Filmindustrie hatte den athletischen Hübschling schon entdeckt. Der Berliner Filmproduzent Kurt Ulrich, der lange Zeit Heinz Rühmann exklusiv an sich zu binden wusste, wollte ihn als feschen Taxifahrer für den Kriminalfilm EIN TOTER FÄHRT TAXI gewinnen. Auch für die Fortsetzung des Hans-Albers-Films SERGEANT BERRY war er im Gespräch. Wie man sich verkauft und seinen Wert selbstbewusst taxiert, hatte Beckenbauer inzwischen Robert Schwan abgelauscht: »Es zahlt sich schon aus, wenn man im Blickpunkt steht. Eine Gage unter 100 000 DM kommt überhaupt nicht in Frage.« Doch das Projekt zerschlug sich, Trainingsbetrieb und Filmaufnahmen waren zeitlich nicht zu koordinieren.

Dagegen hatte der erste Ghostwriter Beckenbauers keine Zeitprobleme. Rolf Gonther, der unter dem Titel »Revisor meldet« für die *Abendzeitung* die erste Sportkolumne in Deutschland verfasste, bekam ein Angebot des Münchner Copress-Verlags, der unbedingt so schnell wie möglich eine Beckenbauer-Biographie auf den Markt werfen wollte. Gonther wehrt zunächst ab: »Ich habe gesagt, man kann über einen Zwanzigjährigen kein Buch schreiben, der hat doch nichts erlebt!« Doch der Verleger Hermann Hess insistierte: »Das kriegen wir schon hin, das ist uns 5000 Mark wert.« Diesem Lockruf war wenig entgegenzusetzen: »Da hab ich das Buch geschrieben, weil ich meiner Frau versprochen hatte, dass wir in den Urlaub nach Acapulco fahren. Ich habe dieses Buch in sieben Tagen und Nächten rund um die Uhr geschrieben, gegen meine Überzeugung. Es ist nichts, worauf ich stolz bin. Dann bin ich mit meiner Frau ins Flugzeug gestiegen und hatte damit nichts mehr zu tun.« Tatsächlich kann sich Rolf Gonther heute nicht einmal mehr an den Titel des Buches erinnern, ein Exemplar besitzt er ebenfalls nicht. Als ich Franz Beckenbauer frage, welcher Journalist ihn in seinem Leben beeindruckt hat, kommt die Antwort schnell: »Mich hat damals der Rolf Gonther beeindruckt. Er hat jeden Tag seine Kolumne geschrieben, da musst schon was können. Der war hoch angesiedelt und begehrt, wenn der dich gut erwähnt hat in seiner Kolumne, das war schon was.« An das Buch erinnert sich Beckenbauer aber ebenfalls nicht mehr. »Gonther war ja auch Ihr erster Ghostwriter, er hat das erste Buch geschrieben.« Beckenbauer erstaunt: »Hat er das geschrieben, ja? Na, das ist hundert Jahre her. Das waren Zeiten!« Er lacht, schüttelt den Kopf, versöhnlich und rückblicksmilde.

Wie schnell der Ruhm zur Last werden konnte, zeigte sich im Februar 1967. Beckenbauer war gerade vom *Kicker* und dem Verband der deutschen Sportpresse mit 305 Stimmen zum Fußballer des Jahres 1966 gewählt worden. Das Idol Uwe Seeler hatte auf Platz zwei nur 80 Stimmen erhalten. Jeden Tag trafen bis zu 1000 Verehrerbriefe in der Hofbrunnstraße 93 in München-Solln ein. Plötzlich schien die Stimmung zu kippen. Beim Länderspiel Nr. 15 in Köln gegen Norwegen und beim Bundesligaspiel gegen Aachen wurde Beckenbauer ausgepfiffen, Sprechchöre forderten: »Beckenbauer raus!« Die *Bild-Zeitung* griff das begierig auf und veröffentlichte Leserbriefe: »Franz Beckenbauer ist als Fußballer bestimmt erstklassig, als Mensch aber ist er nur zweitklassig. In seiner Arroganz ist er kaum zu übertreffen. Pfiffe quittiert er mit Spucken gegen das Publikum.« Beckenbauer wehrte sich gegen solche Anwürfe, ebenfalls *via Bild-Zeitung*: »Das ist doch ein Missverständnis. Ich lebe nur für den Fußball! Der Vorwurf, ich würde mich verzetteln, ist deshalb ungerecht.«

Tatsächlich brachte Franz Beckenbauer die Vorstellungswelt der Fußballfans durcheinander, weil er das traditionelle Rollenbild eines Fußballhelden sprengte. Buchautor, Schlagersänger, Filmstar, ja, was denn alles noch? Wo ist denn da die Rolle und wo die Person? Und, so die Zweifel, spielt er nur den Fußballstar? Wie er schon läuft, so anstrengungslos, und sein Trikot ist auch immer sauber, kämpft der Mann denn überhaupt nicht?

Schon der Wirbel um Beckenbauers Hochzeit mit Brigitte Schiller, geborene Wittmann, hatte gezeigt, dass er kein traditioneller Fußballheld mehr war, sondern eine Art Popstar, dessen Privatleben mindestens so viel Interesse weckte wie seine Fußballkunst. Die Hochzeit sollte am 11. September 1966 stattfinden, es war der 21. Geburtstag Beckenbauers. Als Ort der Trauung war das Standesamt in Steinebach am Wörthsee vorgesehen, der Termin war auf 20.30 Uhr festgelegt. Durch den Ort und den späten Zeitpunkt wollte man dem Pressewirbel entgehen, nur die engsten Familienangehörigen und die Trauzeugen waren eingeweiht.

Dennoch hatten Reporter verschiedener Boulevardzeitungen etwas erfahren und läuteten bereits nachmittags bei den Eltern Sturm. Phantasievoll, wie es zu ihrer Profession gehört, gaben sich einige als Abgesandte des Königshauses Wittelsbach aus, überreichten riesige Blumensträuße und fragten ganz arglos, ob die Hochzeit denn schon vollzogen sei und wo man dem Brautpaar gratulieren könne. Schwan hatte die Eltern jedoch vor solchen Räuberpistolen gewarnt, und so zogen die »Wittelsbacher« ohne Information ab. Unterdessen legten die Brautleute falsche Fährten. Sie brachen zu verschiedenen Zeiten von zu Hause auf. Während Franz Beckenbauer Richtung Flughafen startete, besuchte Brigitte ein Kino, nur um unbemerkt durch den Seiteneingang zu entwischen. Doch kaum war man verfolgerfrei in Steinbach angekommen, entdeckte man vor dem Gasthof, wo die kleine Hochzeitsfeier stattfinden sollte, die Autos von Münchner Journalisten. So ging die Jagd von vorne los, ehe man endlich, alle Verfolger waren abgehängt, leicht verspätet vor den Standesbeamten treten konnte. Bereits einen Monat nach der Hochzeit wurde am 21. Oktober 1966 Beckenbauers zweiter Sohn Michael Christoph geboren. Dass es überhaupt zu dieser Verbindung und Hochzeit gekommen war, verdankte sich Franz Beckenbauers Entschlossenheit und Verliebtheit.

Als sich Franz und Brigitte in der Sportschule Grünwald kennenlernen, dort, wo die Bayern und die Nationalmannschaft Quartier beziehen und Trainingslager und Lehrgänge abhalten, arbeitet Brigitte Schiller als Sekretärin. Sie kommt aus Ingolstadt, wo sie am 13. September 1944 geboren wurde. Ihren Vater, der im Krieg fällt, lernt sie nie kennen. Ihre Mutter bleibt mit drei Kindern allein und hat einen schweren Stand in der konservativen Kleinstadt. Von dort, wo Anfang der sechziger Jahre schon das Tragen einer Jeans eine Rebellion bedeutete, wollte sie so schnell wie möglich weg. Sie heiratet mit achtzehn, um zu fliehen, Liebe ist nicht im Spiel: »Der war zehn Jahre älter, und ich war zehn Jahre blöder.« So findet sie sich wieder in einem kleinen bayerischen Dorf, mit »dem Kochbuch meiner

Schwester unter der Bettdecke, weil ich nicht wusste, was koche ich am nächsten Tag«.

Sie hält die Zweckehe nicht lange aus und flieht erneut, trampt nach München, wo sie niemanden kennt. Ihre erste Anstellung findet sie bei der Filmfirma Constantin, ehe sie schließlich in der Sportschule Grünwald anfängt. Hier, wo auch der TSV 1860 München seine Spieler unterbringt, fällt die hübsche junge Frau auf. Sie wird umschwärmt, man macht ihr Komplimente und weil sie nett ist, gerät sie in den Ruf, ein leichtlebiges Mädchen zu sein. Es sind Gerüchte, aber sie machen das Leben schwer. Sie erinnert sich heute noch mit einer weicheren Stimme daran, wie der junge Franz um sie wirbt, schüchtern, beharrlich: »Und da ist er immer öfter gekommen, hat immer mal eine Tafel Schokolade gebracht, eine Blume, immer so ruhig, er hat nur so dagestanden, und plötzlich war er so oft da, dass er bei den Besprechungen fehlte.«

Die Eltern sind gegen die Verbindung, und auch Spieler raten ihm von diesem Schritt ab. Man erinnert ihn an seinen Sohn, an seine Verlobte Ingrid, man gibt zu bedenken, dass Brigitte eine verheiratete Frau sei. Doch Beckenbauer hält an seinem Gefühl fest, und er setzt sich das erste Mal energisch gegen seinen Vater zu Wehr. Er droht, seine Fußballschuhe sofort an den Nagel zu hängen, wenn Brigitte nicht seine Frau werden dürfe. Das ist, zumindest für ihn selbst, das Schlimmste, was er sich vorstellen kann. Aber er meint es ernst.

Bei all dem öffentlichen und privaten Rummel um seine Person, ist es erstaunlich, dass der Fußballer Beckenbauer dennoch unbeirrt seinen Weg geht. Auf die Frage, ob er sich nach der Weltmeisterschaft 1966 verändert habe, geben fast alle damaligen Mitspieler die gleiche Auskunft. Fritz Kosar, der zweite Torwart hinter Sepp Maier, beschreibt es so: »Beckenbauer hatte sich nicht verändert. Überhaupt nicht. Es war schon eine Kluft da zwischen Franz und uns. Unsereiner war ein kleines Licht. Aber es war kein Neid da. Ihm merkte man nichts an, dass da mehr Geld oder mehr Erfolg war. Der Franz hat immer alles von der lockeren Seite gesehen. Ich kann mich nicht erinnern, dass der in der Mannschaft einen Feind gehabt hatte. Der war immer ausgeglichen.« Auch sein Trainer Čajkovski stellte erleichtert fest, dass der Erfolg Beckenbauer nicht ablenkte: »Meine anfänglichen Befürchtungen stellten sich bald als unbegründet heraus. Franz war trotz seiner Eleganz und Leichtfüßigkeit jederzeit auch ein Mann, der immer weiter an sich arbeitete.«

Beckenbauer hatte maßgeblichen Anteil daran, dass der FC Bayern München von Deutschlands Sportjournalisten zur »Mannschaft des Jahres 1967« gewählt wurde. Die sehr junge Mannschaft (Altersdurchschnitt: 22,7 Jahre) belegte am Ende ihrer zweiten Bundesligaspielzeit 1966/67 zwar »nur« Platz sechs, aber die ungemein offensiv ausgerichtete Elf traf selbst bei Auswärtsspielen auf viel Sympathie. Gekrönt wurde das Jahr gleich durch zwei Titel, den Gewinn des DFB-Pokals am 10. Juni 1967, den die Mannschaft schon ein Jahr zuvor gewonnen hatte, und den Sieg im Europapokal der Pokalsieger, den die Bayern am 31. Mai 1967 in Nürnberg errangen.

Im Spiel gegen die Glasgow Rangers stand die Münchner Abwehrreihe im Mittelpunkt, die von Beckenbauer dirigiert wurde. Die *Times* befand: »Die Bayern verstanden sich auf die Deckung, und sie hatten in Beckenbauer einen Spieler, der noch stärker war als der Beste in der Abwehr der Rangers.« Und der Reporter des *Münchner Merkur*, Rolf Hofmann, bescheinigte ihm kurzerhand »Weltklasse«. Zehn Tage später kam es im Finale des DFB-Pokals zum Duell mit dem Hamburger Sportverein, dessen Kapitän Uwe Seeler hieß. Unter den 69 000 Zuschauern waren auch Bundestrainer Helmut Schön und prominente Politiker wie Münchens Oberbürgermeister Hans-Jochen Vogel, der baden-württembergische Ministerpräsident Hans Filbinger, Bundesinnenminister Paul Lücke und der Bundesverkehrsminister Georg Leber. Der 4:0 Sieg täuschte, denn lange Zeit waren die Hamburger ebenbürtig, und der hohe Sieg wurde erst in der Schlussviertelstunde herausgeschossen. Doch gegen Beckenbauers Stellungsspiel, gegen seine Raumkontrolle fanden die Hamburger kein Gegenmittel: »Franz Beckenbauer warf sich nach dem Spiel wieder in Schale – fürs Bankett. Eigentlich hätte er gar nicht unter die Dusche zu gehen brauchen, weil ihm auch nicht ein Schweißtropfen auf der Stirn stand. Beckenbauer gewann jeden Zweikampf. Wer hat noch nicht, wer will nochmal? Nach einer Stunde waren die Hamburger restlos bedient. Wenn der Franz angestiefelt kam, hatten sie höchste Eisenbahn, den Ball an den Nebenmann zu bringen. Denn keiner läßt sich gern das Leder vom Stiefel stiebitzen. Nur einmal rutschte Beckenbauer aus. Aber noch im Hinfallen stand er schon wieder auf.«

In der Stil- und Spielbeschreibung des *Münchner Merkur* kommt deutlich zum Ausdruck, dass Beckenbauers Ruf ihm schon gewinnbringend vorauseilte. Das Image des Unantastbaren gehörte inzwischen selbst zu seinem Spiel und flößte Gegenspielern schon vor dem Zweikampf Respekt ein. In jenen Jahren entstand auf dem Spielfeld und in der medialen Wahrnehmung Beckenbauers Erfolgsaura, die seine Aktionen überhöhte und dadurch mit einem imaginären Schutzschild versah. Das Image des begnadeten Genies machte ihn aber auch verwundbarer für Vorurteile und Verdächtigungen. Es schürte Aggressionen, wenn sich die Gegenspieler oder das Publikum durch Beckenbauers Stil provoziert fühlten, der so undeutsch aussah, der ganz ohne Begriffe wie »Fleiß«, »Kämpfen«, »Einsatz« und »Anstrengung« auskam. Über seinen Auftritt gegen Eintracht Frankfurt im Bundesligaspiel am 22. August 1966 urteilt der Reporter des *Münchner Merkur*: »Beckenbauer muß sich noch mehr zusammennehmen. Seine kaltschnäuzige, überlegene Spielweise reizt die Gegner zu harten Attacken. Doch auch andere Stars wie Pelé oder Eusebio mußten sich daran gewöhnen, besonders heftig angegriffen zu werden, ohne daß sie mit gleicher Münze heimzahlen können.«

Noch fehlte der öffentlichen Wahrnehmung Beckenbauers ein zündendes, ein zentrales Bild, ein Begriff, der seinen Stil prägnant zum Ausdruck brachte. Beckenbauer ist immer wieder gefragt worden, wie er zum Titel des »Kaisers« gekommen sei. Er hat dann stets die folgende Geschichte erzählt. Nach einem Freundschaftsspiel gegen Austria Wien habe anschließend ein Empfang in dem herrschaftlichen Gebäude eines Versicherungsunternehmens stattgefunden. Dort sei ein Fotograf auf die Idee verfallen, ihn neben der Büste des Kaisers Franz Joseph abzulichten, und fortan sei er eben der »Kaiser« gewesen. Doch die Geschichte muss anders erzählt werden.

Der FC Bayern spielte zwar anlässlich des 60-jährigen Vereinsjubiläums von Austria Wien am 4. August 1971 in der österreichischen Hauptstadt. Als das besagte Foto entstand, war der Begriff für Beckenbauer allerdings schon geprägt und verschiedentlich gebraucht worden. Das erste Mal taucht er in der Berichterstattung 1969 auf, als die Bayern am 16. Juni im DFB-Pokalfinale in Frankfurt gegen Schalke 04 antreten. In diesem Spiel, das die Bayern mit 2:1 gewinnen, ereignet sich eine denkwürdige Szene. Als der Schalker Rechtsaußen und Publikumsliebling Reinhard (»Stan«) Libuda die Bayernabwehr durcheinanderwirbelt, bremst ihn Beckenbauer durch energisches Ziehen an der Hose. Die Schalker Anhänger sind empört, pfeifen und buhen Beckenbauer aus. »Das Pfeifkonzert ließ mich beinahe in die Erde kriechen. Ich erschrak. Was hatte ich denn verbrochen? Ein Foul, wie tausend Spieler vor mir und tausend andere nach mir begehen werden. Nur mir, dem Beckenbauer, dem nimmt man so etwas übel«, schilderte er die Szene in seinem Buch »Halbzeit«.

Zwar gibt es einen Freistoß für Schalke, aber der bringt nichts ein, und so landet der Ball bei Sepp Maier, der ihn umgehend zu seinem Libero abwirft. Jetzt rast das Publikum, schreit Beckenbauer nieder. Doch der versteckt sich nicht: »Statt sich schuldbewusst zu ducken, nimmt Franz den Ball genau in jener Ecke, wo das Geschrei am vernichtendsten klang, und jonglierte ihn von einem Fuß auf den anderen, auf den Kopf und wieder auf den Fuß. Im Stadion war es plötzlich mucksmäuschenstill. Beckenbauer führte seine Privatvorstellung etwa 40 Sekunden fort und schob den Ball dann zur Seite wie einen leeren Suppenteller. Das Spiel war nicht unterbrochen, der nächste Schalker stand kaum 10 Meter entfernt, knapp 20 Meter hinter Beckenbauer befand sich das Tor der Bayern. Doch das Spiel war erstarrt. Schalker und Bayern und 64 000 Zuschauer starrten wie gelähmt auf Beckenbauer. Er demütigte den Gegner und vor allem dessen Anhänger, hielt Zwiesprache mit dem Volk, selbstbewusst, herausfordernd und vernichtend zugleich. Die Geste eines Stars, der sein Publikum beherrscht, der ihm nicht nach dem Munde redet.«

Diese reuelose Unbeugsamkeit, hier von Ulfert Schröder im *Tagesspiegel* sehr anschaulich beschrieben, war neu für das deutsche Publikum, das seine Helden liebte, aber von ihnen auch Demut verlangte. Beckenbauer scherte sich nicht um diese unausgesprochene Abmachung, sondern verlangte volle Souveränität. Indem er das Spiel einfror und sich den Ball jonglierend gefügig machte, betonte er nicht nur, wie frei er sich gegenüber den Ansprüchen des Publikums fühlte, sondern er demonstrierte ganz beiläufig auch, dass er es war, der das Spiel lenkte und sich diesen Hoheitsanspruch auf dem Feld von niemandem bestreiten ließ. Franz Beckenbauer wehrte sich jedoch gegen solche Interpretationen und jene Pressestimmen, die ihm Hochmut vorwarfen: »Ehrlich gesagt wollte ich, dass den lautesten Schreiern langsam die Luft ausging. Später musste ich lesen: Kaiser Franz demütigte mit dieser Galavorstellung seine Untertanen! So ein Blödsinn; zeigen, ganz einfach zeigen wollte ich, dass ich mehr kann als ein Foul begehen.«

Tatsächlich sind es die Münchner Journalisten Bernd Hildebrandt und Hans Schiefele, die den Begriff »Kaiser« als Erste benutzen, um Beckenbauer und seine Interaktion mit dem Schalker Publikum zu beschreiben. Hildebrandt berichtet in der Münchner Boulevardzeitung *tz*: »Der Münchner ›Libero‹ hielt sich im Stolpern an Libudas Hose fest. ›Kaiser‹ Franz, nun bei jeder Aktion mit Pfiffen bedacht, reagierte gelassen. Provozierend jonglierte er nach einem Abwurf Sepp Maiers den Ball sekundenlang in der Luft.« In auffällig ähnlicher Weise gibt Hans Schiefele das Ereignis seinen Lesern in der *Süddeutschen Zeitung* wieder: »Einmal entlud sich der Zorn des Schalker Anhangs, weil ›Kaiser Franz‹ den ›König von Westfalen‹ festhielt. Was den Münchner Fußballsouverän zu einer Sondereinlage à la Rastelli animierte.« Mit Enrico Rastelli, dem berühmtesten Jongleur aller Zeiten, war Beckenbauer vorher schon mehrfach verglichen worden. Doch jetzt musste ein anderer Ausdruck gefunden werden, denn erstens gab es in München schon einen »König«, den legendären Torhüter Radi Radenkovic vom Ortsrivalen 1860 München, und zweitens war Stan Libuda, der »König von Westfalen«, von Beckenbauer in seine Schranken verwiesen worden. Es musste also ein Begriff her, der sowohl Franz Beckenbauers spielerische Machtmöglichkeiten auf dem Feld beschrieb als auch seine souveräne Beziehung gegenüber dem Publikum charakterisierte.

Diese Szene im DFB-Pokalendspiel 1969 und ihre Beschreibung ist demnach die Initialzündung für das Bild vom »Kaiser«. Es war also nicht die *Bild-Zeitung*, wie ebenfalls immer wieder erzählt wurde, die Beckenbauer diesen Titel verlieh. Während der gesamten Weltmeisterschaft 1970 ist in der *Bild-Zeitung* nur ein einziges Mal, sehr beiläufig übrigens, vom »Kaiser Franz« die Rede. Erst 1971 finden sich große Schlagzeilen wie »Kaiser Franz will weg von Bayern« (15. Juli). Auch in diesem Fall taucht der Begriff bereits vor dem Spiel der Bayern gegen Austria Wien (4. August) auf.

Mit diesem wirkungsmächtigen Synonym bestieg Beckenbauer einen dauerhaften Thron und nahm zumindest bildlich eine Machtposition ein, die kaum zu überbieten war. Herbert Zimmermann hatte in seiner berühmten Radioreportage vom Endspiel 1954 den deutschen Torwart Toni Turek zwar einen »Fußballgott« genannt. Es blieb Turek ebenso wenig erhalten wie Jürgen Kohler, der von den Dortmunder Fans Ende der neunziger Jahre ebenfalls zum »Fußballgott« gekürt wurde.

Bei Beckenbauer jedoch überlebte die Metapher nicht nur seine aktive Laufbahn, sie gewann danach sogar noch an Bedeutungsfülle und Nachhaltigkeit. Auch wenn die Bezeichnung von Anfang an eine ironische Seite besitzt, verweist sie Ende der neunziger Jahre längst auf eine sportpolitische und publizistische Macht- und Möglichkeitsfülle, die nicht nur in der Bundesrepublik einmalig ist. Treffend ist hierzu auch der Kommentar von Bundesinnenminister Otto Schily zu Franz Beckenbauers Ernennung zum Chef des WM-Bewerbungskomitees für 2006: »In der Politik sind wir eine gefestigte Demokratie, im Fußball sind wir ein Kaiserreich.«

Diese Ausnahmestellung hatte sich Beckenbauer auch innerhalb der Mannschaft gesichert, ohne ihn einfordern zu müssen. Sein Können sprach einfach eine deutliche Sprache und ließ sich auch im Bundesligaalltag ablesen. Mit den Pokalerfolgen in der Saison 1966/67 hatten die Bayern das Kräftemessen zwischen sich und dem Lokalrivalen TSV 1860 erstmals und dauerhaft zu ihren Gunsten entschieden. Und obwohl die dritte Bundesligasaison 1967/68 sportlich schwächer ausfiel (Rang sieben), überholten sie die »Löwen« nun auch in der Publikumsgunst und erzielten im Grünwalder Stadion einen Zuschauerschnitt von 21 924. »Die Bayern«, stellte der Fußballhistoriker Dietrich Schulze-Marmeling in seiner vorzüglichen Vereinsgeschichte fest, »hatten sich als Topadresse etabliert. Die DFB-Pokalsiege und der Europacupsieg bewirkten eine stärkere Mobilisierung des Umlands.«

Obwohl die Mannschaft in dieser Saison auch keinen der Pokalwettbewerbe für sich entscheiden konnte, im DFB-Pokal scheiterte man im Halbfinale überraschend am Regionalligisten VfL Bochum, im Europapokal der Pokalsieger war im Viertelfinale gegen den AC Mailand Endstation, wuchs sie zusammen und reifte. Was Čajkovskis offensivem System noch fehlte, war Stabilität, defensive Verlässlichkeit, und den Spielern in der entscheidenden Phase Kondition und

Athletik. So waren die Bayern zwar in den Pokalwettbewerben äußerst erfolgreich, weil sie sich punktuell gut motivieren und ihren dynamischen Tempofußball ausspielen konnten. Für eine lange, kraftraubende Saison jedoch fehlte der Mannschaft die spielerische und körperliche Konstanz. Das fiel besonders ins Auge, wenn Beckenbauer verletzungsbedingt fehlte. In den ersten beiden Spielzeiten hatte er von 34 möglichen Spielen 33 absolviert. In der dritten Bundesligasaison jedoch kam er durch verschiedene Verletzungen, u. a. eine schmerzhafte Knochenabsplitterung am kleinen Zeh, die er sich beim Länderspiel gegen Frankreich am 27. September 1967 zuzog, nur auf 28 Spiele. Und so lautete eine Schlagzeile im *Münchner Merkur*, nachdem die Bayern am 10. September 1967 hoch mit 3:6 gegen Dortmund verloren hatten: »Bayern ohne Beckenbauer die Hälfte wert.«

Auffällig war auch, dass sich zu diesem Zeitpunkt die Bezeichnung »Libero« in Deutschland noch nicht durchgesetzt hatte. Beckenbauer wird wechselweise als »Ausputzer«, »Kontrolleur« oder als »letzter Mann« bezeichnet. In diesem Zusammenhang muss man daran erinnern, dass Beckenbauer zwar im Verein überwiegend auf der Position des letzten Mannes spielte, aber von Čajkovski von Fall zu Fall noch als Mittelfeldspieler eingesetzt wurde, wenn es ihm an Offensivkraft fehlte oder ihm der Gegner nicht angriffsstark erschien. So heißt es am 8. Januar 1968 im *Münchner Merkur* unter der Schlagzeile »Ausputzer Beckenbauer wird Regisseur« über das Spiel gegen Alemannia Aachen: »Franz Beckenbauer, vor Jahresfrist für Zlatko Čajkovski als ›Ausputzer‹ der Weisheit letzter Schluß und nun von seinem Trainer als der ideale Mittelfeldspieler bezeichnet, übernahm die Regieführung.« Solche Wechselspiele waren bei Čajkovski allerdings selten der Fall, weil sich schnell herausstellte, dass die eingespielte Achse Torwart Maier, Libero Beckenbauer und Mittelstürmer Gerd am besten funktionierte.

Doch was für die Bayern gut war, sollte für die Nationalmannschaft nicht gelten, sehr zum Verdruss von Beckenbauer. Sein Wunsch, auch in der Nationalelf seine Lieblingsposition einzunehmen, wurde von Helmut Schön hartnäckig übersehen. Schön, in vielen Dingen wankelmütig, blieb hier fest. Für ihn war der Hamburger Willi Schulz, ein gefürchteter Zerstörer, der ideale Mann auf diesem

Posten. Außerdem schätzte Schön Beckenbauers Offensivqualitäten stärker als sein defensives Potential ein. Mit dem Hamburger als Ausputzer und dem Münchner als Impulsgeber im Mittelfeld war man in England bei der Weltmeisterschaft sehr gut gefahren, warum hätte Schön also sein System ändern sollen? Und hatten die Bayern in der Saison 67/68 nicht stattliche 58 Gegentore hinnehmen müssen? War des etwa ein Ausweis einer sattelfesten Abwehr?

Viele Beobachter und Sportjournalisten waren der gleichen Meinung. Man konnte nicht begreifen, dass ein Spieler wie Beckenbauer freiwillig darauf verzichtete, als Offensivspieler zu glänzen und Tore zu machen. Noch zum fünfzigsten Geburtstag des »Kaisers« klagte Dettmar Cramer in seinem Beitrag für das Geburtstagsbuch »Schau'n mer mal«: »Bei allem Ruhm und bei allen Titeln, die Franz errang, beschleicht mich doch ein bisschen Wehmut: Für mich hat der Franz viel zu wenig Tore geschossen.« Manche Kommentatoren argwöhnten, Beckenbauer habe sich bereits als junger Mann auf's »Altenteil« zurückgezogen, »mit 23 hat er den Weg des 35-jährigen gewählt. Er will sich in das Schneckenhaus der Abwehr zurückziehen«, lautete eine bissige Bemerkung. Andere witterten dahinter eine Strategie seines Managers Robert Schwan, der seinem Schützling einen kraftraubenden Mittelfeldplatz ersparen wolle. Nur als Libero, so deuteten es manche, könne Beckenbauer möglichst lange spielen und damit gleichzeitig ein beliebtes Werbeobjekt sein.

Doch solche Interpretationen waren weit hergeholt. Sie übersahen, dass Beckenbauer seine Talente wirklich am besten auf dem Posten des letzten Mannes einbringen konnte und dass sein Spiel dort keineswegs kraftschonender war als im Mittelfeld. Beckenbauer selbst hatte schnell begriffen, dass diese Position die Idealposition für ihn war, auch wenn er sie nicht erfunden hat, wie immer wieder behauptet worden ist. Ulfert Schröder schreibt in seiner Beckenbauer-Biographie: »Es ist dagegen kein Fall bekannt, in dem ein Fußballspieler als Vater einer neuen Idee der Nachwelt überliefert wurde. Bis Beckenbauer kam. Beckenbauer und seine Idee vom Libero.« Tatsächlich war es sein Jugendtrainer Rudi Weiß, der ihn erstmals als Abwehrchef einsetzte: »Ich habe es ihm schmackhaft gemacht und gesagt, dich wird ganz selten jemand umhauen und du kannst von dort alles überblicken.«

Helmut Heigl, sein Jugendfreund und Mitspieler in der A-Jugend der Bayern, berichtet, wie überrascht er damals war, als er Beckenbauer das erste Mal in dieser Rolle sah. Er war ein wenig älter als sein Freund und kam deshalb ein Jahr früher in die Herrenmannschaft. Eines Tages besuchte er ein A-Jugendspiel und traute seinen Augen nicht. Beckenbauer spielte hinten. Heigl fragte den Trainer Weiß: »Warum spielt der Franz denn hinten, der hat doch sein Leben lang im Sturm gespielt?« Weiß antwortete: »Ich musste dem eine Aufgabe geben, der stand vorne nur rum, lief sich nicht richtig frei und winkte verächtlich ab, wenn das Zuspiel nicht genau kam. Jetzt hat er eine Aufgabe.«

Das letzte Jahr in der Jugend, so Heigl, sei für Beckenbauer ein herausragendes gewesen, weil er als Abwehrchef neuen Ehrgeiz entwickelte, sich nie habe überlaufen lassen wollen und er in der Defensive – sehr viel mehr als im Angriff – selbst habe gestalten können. Beckenbauers Rolle als Libero ist also aus dem Geist der Pädagogik und Disziplinierung entstanden. Dass Beckenbauer sich diese Position aber so furios zu Eigen machen und sie derart fortschrittlich gestalten würde, hat vermutlich auch Rudi Weiß nicht voraussehen können. Für Beckenbauers Interpretation des Abwehrpostens gilt, was Ulfert Schröder über Beckenbauer als Libero schrieb: »Als wirklich freier Mann hatte er die Freiheit, zu entscheiden zwischen der Disziplin des Abwehrspielers und der schöpferischen Schrankenlosigkeit des Genies.«

Von einer »schöpferischen Schrankenlosigkeit des Genies« wollte Schön in der Nationalmannschaft jedoch vorerst nichts wissen. Er hielt an seiner klaren, traditionellen Auffassung fest, und Beckenbauer war mit seinen 23 Jahren noch nicht der Mann, der sich gegen Schön durchsetzen konnte. Im Verein und unter Freunden verhehlte er seine Unzufriedenheit zwar nicht, gegenüber der Öffentlichkeit aber hielt er sich mit Forderungen einstweilen noch zurück. Zum ersten öffentlichen Dissens mit dem Bundestrainer kam es im Dezember 1968, als die Nationalmannschaft in Südamerika Spiele gegen Brasilien, Chile und Mexiko bestritt. Bereits im November 1968 war Beckenbauer in Rio de Janeiro, um in einer FIFA-Weltauswahl gegen die Gastgeber Brasilien zu spielen. Neben ihm standen auch Willi Schulz und Wolfgang Overath in der Mannschaft, Beckenbauer spielte Libero, Schulz agierte als Manndecker gegen Pelé. Brasilien gewann diese Partie am 6. November mit 2:1.

Kaum sechs Wochen später spielte Beckenbauer wieder in Rio. Schulz hatte sich bis dahin bereits drei Mal als Manndecker gegen Pelé bewährt und deshalb betraute Schön ihn auch jetzt mit dieser Aufgabe. Nur deshalb durfte Beckenbauer zum ersten Mal seine Wunschposition bekleiden. Schön hatte offenbar bis zuletzt gezögert. Die Mannschaftsaufstellung gab er erst am Mittag vor dem Spiel bekannt, wie sich der Braunschweiger Rechtsaußen Klaus Gerwien erinnert. In der *Frankfurter Rundschau* hieß es: »Was Bundestrainer Schön vorher streng geheimgehalten hatte und was schließlich als kleine Sensation erschien, wirkte sich auch zum Nutzen aus. Zum ersten Mal in einem Länderspiel trat Beckenbauer nämlich als Ausputzer auf.«

Bei den brasilianischen Journalisten und Zuschauern stieß diese Taktik auf Unverständnis, denn einen Spieler wie Beckenbauer wollte man im Angriff *genießen*. Tags zuvor war offenkundig geworden, welches Ansehen Beckenbauer bereits weltweit genoss. Der Reporter der *Frankfurter Allgemeinen Zeitung* berichtete: »Der Star der Deutschen aber ist Beckenbauer, und seine Popularität ist hier überwältigend. Die deutsche Mannschaft wurde bei einer Busrundfahrt entlang der Küsten und Strände Rios nie als Mannschaft von den Jugendlichen begrüßt und gefeiert. Immer war es das Wort ›Beckenbauer‹, das aufgeregt geschnattert wurde. Kleine Jungen in allen Tönen zwischen dunkelstem Schwarzbraun und hellstem Milchkaffee, die selbst und vielleicht auch deren Eltern kein Wort lesen und schreiben können, brüllten und kreischten das Wort ›Beckenbauer‹, wo immer der Bus der Deutschen in Copacabana und Ipanema auftauchte.«

Auch als die Deutschen dann abends in den Glutkessel des Mario-Filho-Stadions einliefen, war der Beifall für Beckenbauer am lautesten. Obwohl die deutsche Mannschaft schnell mit 0:2 gegen die Gastgeber zurück lag und Pelé seinen Gegenspieler Schulz nach Belieben narrte, spielte Beckenbauer stark und konnte als Abwehrchef überzeugen. Als er in der zweiten Halbzeit offensiver wurde, das Mittelfeld nach vorne trieb und mit Netzer und Overath reihenweise gelungene Doppelpässe spielte, brandete für ihn wiederholt Szenenapplaus auf. Durch Tore von Sigi Held und Klaus Gerwien gelang den Deutschen der Ausgleich gegen die nunmehr erschöpften Brasilianer. Man war sich im deutschen Lager einig, eines der besten Länderspiele der letzten Jahre gesehen zu haben. Sollte Beckenbauer noch länger schweigen?

Als die Mannschaft nach Santiago fliegt, sitzen etliche Presseleute mit an Bord, und Beckenbauer macht aus seinem Herzen nicht länger eine Mördergrube. Am nächsten Tage finden sich in Deutschland vor allem in den Boulevardzeitungen große Artikel über Beckenbauers Gemütsausbruch und seine Forderungen. Bundestrainer Schön erfährt erst durch den DFB-Pressechef Wilfried Gerhardt, der ihm die Artikel aus der »Heimat« übers Telefon mitgeteilt, wie zornig sein junger Mann geworden ist. »Ja, so macht das Fußballspielen Spaß«, hatte Beckenbauer geseufzt. »In meinem Klub spiele ich Libero. In der Nationalelf muss ich ins Mittelfeld. Meine Leistung leidet unter der ständigen Umstellung. Ich spiele schlechter, als ich kann, und mein Marktwert sinkt. Dafür bin ich mir zu schade.«

Dann folgt der Angriff gegen Schön: »Man kann heute nicht mehr mit einem Ausputzer spielen wie vor dreißig Jahren. Das ist altmodisch und erfolglos.« Dann kommt Willi Schulz an die Reihe: »Der Willi hält seine Schäflein hinten zusammen, keiner darf mal nach vorne gehen, und tut es trotzdem einer, schreit er gleich: ›Komm zurück, komm zurück.‹ Das ist doch a Schmarrn.« Es folgt eine Drohung: »Wenn das die Leute, die es angeht, nicht einsehen, mache ich lieber Schluss mit der Nationalelf.« Und schließlich resignierend: »Manchmal meine ich, ich sollte den Fußball ganz an den Nagel hängen. Libero, das ist der Posten für mich, und sonst keiner. Soll ich warten, bis Willi Schulz abgetreten ist? Das kann ich nicht. Dann steige ich lieber gleich aus.«

Inzwischen hatte auch Willi Schulz erfahren, was Beckenbauer gesagt hatte und schoss zurück. Wer sage, er könne nicht im Mittelfeld spielen, sei kein Weltklassespieler und außerdem sei man mit ihm als letztem Mann Vizeweltmeister geworden. Schön rief die Kontrahenten eilends zur Ordnung. Beckenbauer musste Federn lassen, der Bundestrainer machte ihm unmissverständlich deutlich, dass er nicht beabsichtige, sein System zu ändern, nur weil ein Spieler unzufrieden sei. Kleinlaut räumte Beckenbauer hinterher ein, er werde dort spielen, wo ihn Herr Schön aufstelle, auch wenn das auf dem Posten des

Linksaußen sei. Damit war das Thema vorerst erledigt, Schulz blieb letzter Mann.

Seitdem ist viel Zeit vergangen. Willi Schulz hat seine Laufbahn 1973 beendet und lebt in Hamburg, wo er Versicherungen verkauft. Wenn man den 66-fachen Nationalspieler heute sieht, dann begreift man, warum es der junge Beckenbauer so schwer hatte, an diesem Mann vorbeizukommen, warum er in den sechziger Jahren einer der unbequemsten Abwehrspieler der Welt war. Schulz hat einen schmerzhaften Händedruck. Er ist immer noch athletisch, sehnig, hält sich kerzengerade. Bei seinen Antworten verzieht er kaum eine Miene.

Von einer Rivalität, gar einem Konflikt mit Beckenbauer will er nichts wissen. »Das war nur ein Thema fürs Sommerloch.« Wir dachten, es war im Winter. Und er setzt nach: »Das war in Insiderkreisen kein Thema.« Man beharrt: »Aber über den Konflikt ist doch sehr viel berichtet worden?« – »Es war ja nie ein Konflikt, persönliche Auseinandersetzungen hat es nie gegeben. Man muss wissen, dass die Journalisten Geschichten abliefern müssen, damit die Zeitungen voll werden.« Auch im Interview kommt man an Willi Schulz, Spitzname »World-Cup-Willi« eben nicht vorbei. Er kennt sich auch da aus, hat für die *Welt am Sonntag* zehn Jahre als »gefürchteter Zeitungskolumnist« (Jürgen Bitter) gearbeitet. – »Und wie schätzen Sie Beckenbauer als Menschen und Mitspieler ein?« Schulz schaut auf seinen Handrücken, als würde da eine Antwort wachsen. »Er war«, sagt er, »immer ein guter Kamerad. Franz hat die Position des Führungsspielers nie forciert. Er ist einfach ein Mensch geblieben.«

Mehr wagen

»Immer nur Lächeln und immer vergnügt,
immer zufrieden wie's immer sich fügt,
lächeln trotz Weh und tausend Schmerzen,
doch wie's da drin aussieht
geht niemand was an.

Immer nur lächeln und immer vergnügt
Immer zufrieden, wie's immer sich fügt
Lächeln trotz Weh und tausend Schmerzen
Doch niemals zeigen sein wahres Gesicht.«

Franz Lehár: Land des Lächelns

Willy Brandt, der frisch vereidigte Bundeskanzler, trat am 28. Oktober 1969 vor den deutschen Bundestag, um seine Regierungserklärung abzugeben: »Wir wollen mehr Demokratie wagen.« Dieser Satz fand ein Echo und blieb in Erinnerung, denn in ihm steckten historische Atmosphäre und gesellschaftliche Dynamik. Das Jahr 1969, in dem der CDU-Staat unwiderruflich zu Ende ging, war ein Jahr des Wandels, ein Jahr, in dem eine Reihe von kulturellen und politischen Modernisierungen angestoßen wurden. Es wird noch zu erzählen sein, wie sich die Biographien von Beckenbauer und Brandt kreuzen. Vorerst ist es wichtiger, auf den Slogan »Mehr wagen« zurückzukommen, denn er markiert eine Reihe von Veränderungen, die für Beckenbauers Leben und Image von ausschlaggebender Bedeutung sind. Arnulf Baring hat es in seiner großen Studie »Machtwechsel« so ausgedrückt: »Das Lebensgefühl der Menschen wandelte sich: Wir erlebten eine Bewußtseinsrevolution.«

Alte Grenzen wurden verschoben, Traditionen in Frage gestellt, Reformen eingeleitet, man wagte sich über das Bewährte hinaus. Das Wagnis an sich wurde zum Wert, vor allem im Bereich der Kultur, im Alltag, in der Lebenspraxis und in den Medien. Das Universum der Prominenz begann sich auszuweiten, die neuen Götter des Fernsehens und des Fußballs hielten Einzug, und auch biedere Kaufleute und seriöse Wirtschaftsführer entdeckten plötzlich, dass es von Vorteil sein konnte, wenn man seinen Namen im Gesellschaftsteil der bunten Presse wiederfand. Das Leben stürzte sich auf die Show, die Show stürzte sich auf das Leben. Langeweile verboten!

Das beherzigte nicht nur die sehr beliebte Spielshow »Wünsch Dir was« mit Vivi Bach und Dietmar Schönherr, die am 20. Dezember 1969 im ZDF Premiere hatte, sondern auch der FC Bayern München, der die Saison 1968/69 mit einem neuen Trainer begann. Der mopsmuntere Tschik Čajkovski wurde von seinem sehr viel schweigsameren Landsmann Branko Zebec abgelöst, ein »harter Knochen«, wie es Sepp Maier ausdrückte, der »uns die Flötentöne beibrachte«. Werner Olk, damals Mannschaftsführer, beschreibt, wie sich durch den Trainerwechsel auch das Image der Bayern zu verändern begann: »Wir wurden damals noch gefeiert vom Publikum, denn wir haben unter Čajkovski ja ein super Offensivspiel gepflegt, das war seine Philosophie. Dann kam Zebec, der nahm uns ganz anders ran, er brachte uns das defensivere 4-4-2-System bei. Er hat uns Kondition bolzen lassen und hat uns so fertig gemacht, wir konnten nicht mehr zum Training gehen, so übersäuert waren wir. Dann stand er an der Seite und hat Steinchen nach uns geworfen. Einige Spieler haben sich sogar übergeben, andere brachen zusammen. Zebec war intelligenter, introvertierter als Tschik, den wir eigentlich erzogen haben. Čajkovski heulte mal auf, aber nach fünf Minuten war dann alles wieder in Ordnung.«

Mit Zebec begann die Ära der coolen Bayern, die disziplinierter und sachlicher spielten. Čajkovskis bisweilen ungestümer Hurra-Fußball wurde jetzt ökonomisch herabgedrosselt. Tore vermeiden, lautete die Devise von Zebec, bei dem ein Lächeln schon als Gefühlsexplosion betrachtet werden musste. Und tatsächlich, die Münchner spielten in dieser Saison dreizehnmal »zu Null«, und ebenso oft musste die Hintermannschaft um Franz Beckenbauer nur einen Treffer hinnehmen. Das mag – auf den ersten Blick – kein Ausweis einer gelungenen Show sein und klingt nicht nach »guter Unterhaltung«, doch mit Zebec kam der große sportliche Erfolg, der aus den Fußballstars Stars machte, die auch für diejenigen interessant wurden, die nicht im engeren Sinne zu den Fußballfans gerechnet werden konnten.

Am Ende der Saison holten die Bayern das Double, die Deutsche Meisterschaft und den DFB-Pokal. Alemannia Aachen, der Zweite in der Bundesligatabelle, hatte acht Punkte Rückstand gegenüber den Bayern, die mit Gerd Müller, der trotz einer achtwöchigen Sperre 30 Tore schoss, auch noch den Torschützenkönig stellten. Mit 25 177 Zuschauern im Schnitt kamen mehr Besucher als je zuvor zu den Heimspielen ins Grünwalder Stadion. Doch bemerkenswerter ist, dass die Bayern anfingen, auswärts deutlich mehr Zuschauer zu mobilisieren. Die neuen Bayern machten Schlagzeilen, sie spielten attraktiv und sie brachten Stars mit, die für Geschichten bürgten, die über den Fußballplatz hinaus reichten.

Zum Motor dieser Entwicklung und Beckenbauers Karriere wurde die Zeitungs- und Fußballstadt München. Mit der Gründung der Bundesliga 1963 wurde der Zweikampf zwischen den Blauen und den Roten, zwischen den Löwen und den Bayern zu einem unversiegbaren Quell attraktiver Geschichten. Die Bundesliga an sich wurde zu einem Erzählkosmos, der stets aufs Neue Helden, Abenteuer, Verrat, Sieger und Besiegte, Tragik und Glück, Aufstieg und Fall hervorbrachte. Diese mythische Welt brauchte aber auch Erzähler und Sänger, die unablässig für Nachschub sorgten. Bis 1968 war der Münchner Zeitungsmarkt übersichtlich aufgeteilt; zwischen der *Süddeutschen Zeitung*, dem *Münchner Merkur* und der *Abendzeitung* herrschte ein ausbalancierter Frieden. Als einzige Boulevardzeitung vor Ort besaß die *Abendzeitung* praktisch keine Konkurrenz.

Das änderte sich schlagartig, als am September 1968 die aggressivere Boulevardzeitung *tz* auf den Markt kam, dicht gefolgt von *Bild-München*, die am 1. September 1969 startete. Damit begann ein erbitterter Kampf zwischen den drei Boulevardzeitungen, der dazu führte, dass sich der Stil und die Methoden des Journalismus zu verändern begannen, eine Entwicklung, die selbstverständlich auch vor dem Sport nicht Halt machte. Da das Fernsehen nun die Spiele zeigte und auf dieser aktuellen Ebene unschlagbar war, waren die schreibenden Sportjournalisten gezwungen, andere Akzente zu setzen. Ein erstes Opfer war die Vielfalt der Themen, denn der massentaugliche Fußball verdrängte viele Sportarten aus dem Sportteil, degradierte sie zu Randsportarten. In ihrer Untersuchung über die Münchner *Abendzeitung* schrieb Barbara Tremel: »Boxen, Radsport, Rudern,

Fechten, Pferderennen und Turnen, die in den fünfziger und sechziger Jahren außerdem den Großteil der Sportseiten gefüllt haben, mussten mehr und mehr der Bundesliga weichen. Auf den zwei bis acht Seiten gewannen Personality-Stories über die Fußballprofis samt Anhang größere Bedeutung.«

Der Fußball wurde glamourisiert, intimisiert. Der Leser sollte mit Geschichten unterhalten werden, die das Fernsehen nicht erzählte. Diese Tendenz traf sich mit dem Anliegen des Boulevards, der von nun an den Menschen aus dem Schatten des Sportlers hervorzerrte und zwischen Mensch und Sportler ein unaufhörliches Image-Drama inszenierte. Verdirbt der Ruhm des Sportlers den Menschen? Ruinieren die Gelüste des Menschen den Sportler? Wie wohnt er? Wie liebt er? Wie viel Geld hat er? Welche Musik hört er? Wird er wechseln oder hält er seinem Verein die Treue? Trinkt er? Das Alltägliche und Banale wurde nun durch den Fußballstar geadelt.

Es sei, ohne *tz* und *Bild-Zeitung*, eine »ganz glückliche Situation« gewesen, sagt Rolf Hofmann, der damals das Sportressort des *Münchner Merkur* leitete. »Bei Abflügen zu Länderspielen standen wir da zu dritt vor der Maschine, der Hans Schiefele von der *Süddeutschen Zeitung*, der Günther Wolfbauer von der *Abendzeitung* und eben ich. Heute stehen da Hunderte. Es war eine ›Pfundskollegialität‹.« Man kannte sich, und die Spieler kannten die Journalisten. Sie fuhren, heute undenkbar, noch im Mannschaftsbus mit, führten direkt nach dem Spiel Interviews in der Kabine, während die Spieler auf der Massagebank lagen oder unter der Dusche standen. Günther Wolfbauer, Ressortleiter Sport bei der *Abendzeitung* erzählt, dass man auch schon mal beim Training mitgespielt habe, auch vor bedeutenden Europapokalspielen.

Es war noch alles sehr intim, überschaubar, und die Journalisten gehörten, auf die eine oder andere Weise, zur Vereinsfamilie. Allerdings mussten sie *familiär Farbe bekennen*, denn die Rivalität zwischen den Münchner Clubs zwang sie in ein Lager. »Sie müssen sich vorstellen«, erläutert Rolf Hofmann, »bei dem wahnsinnigen Konkurrenzkampf zwischen Blau und Rot, der sich ja nicht nur im Sport abspielt, der hineinreicht ins gesellschaftliche, ins gesellschaftspolitische und ins politische Leben, ist es natürlich so, dass sie sich als Journalist bekennen müssen, da bleibt ihnen gar nichts anderes übrig.«

Hans Schiefele, in jenen Jahren einer der angesehensten Fußballreporter in Deutschland, hatte sich längst entschieden. Er war seit 1928 Mitglied beim FC Bayern und gab in den fünziger und sechziger Jahren die Vereinszeitung heraus. Sein saftiger, bilderreicher Stil fand viele Freunde, so schrieb er in der *Süddeutschen Zeitung* unter dem Pseudonym »Xaver Salvermoser« eine Fußballkolumne im bayerischen Dialekt. Für Franz Beckenbauer, den Schiefele schon als Schüler kennen gelernt hatte, betätigte er sich auch als Ghostwriter. Das Buch hieß »Gentleman am Ball« und erschien 1968. In der *Süddeutschen Zeitung* blickte Schiefele, der 1987 sogar Vizepräsident der Bayern wurde und heute deren Ehrenvorsitzender ist, vor einigen Jahren auf das schmale Werk zurück: »Drei Monate dauerte meine Verwendung als Ghostwriter, weil der Franz keine Zeit zum Schreiben hatte. 500 DM betrug das Honorar, der Verleger versprach mir dazu einen Konfektionsanzug, falls ich mal nach Rosenheim komme.«

Einen ganz anderen Stil pflegte Rolf Gonther, dessen Kolumne »Revisor meldet« äußerst einflussreich war. »Gonther«, sagt Rolf Hofmann, »war eine Person, die anerkannt wurde, man tat gut daran, sich mit Gonther gutzustellen. Der Gonther lebte manchmal eine Woche davon, dass Beckenbauer und seine Frau Reitunterricht nahmen.« Und Günther Wolfbauer, sein damaliger Chef, ergänzt: »Den Gonther haben die Spieler gefürchtet, weil sie wussten, wenn sie ihm böse sind, schreibt er am nächsten Tag noch böser über sie. Manche haben ihn gehasst, aber ihn hat das nicht gestört.«

Das Vorbild für den »Revisor« war Johann Obermaier, dessen Kolumne in der *Abendzeitung* »Hunter notiert« 1952 startete und in der Bundesrepublik damals ohne Vorbild war. »Hunter«, der Jäger, sammelte die neuesten Gerüchte, den heißesten Klatsch über Filmstars und Prominente. Obermaier, der selbst ein Star wurde, sagte man nach, er hätte sein Geld vor allem damit verdient, gewisse Dinge nicht zu schreiben. Als Michael Graeter am 29. April 1970 seine Nachfolge antrat, meldete die *Abendzeitung*: »Wachablösung am Schlüsselloch.« Den Blick durch das »Schlüsselloch«, das »Ohr an der Tür«, das versprachen Gonther, Graeter und all ihre Adepten. Beckenbauer gehörte fortan zu ihren Lieblingen, weil er das Rollenbild des Fußballers vielfach sprengte, weil er gut aussah, mit einer schönen Frau verheiratet war und immerzu neue Geschichten produzierte.

Wenn man Beckenbauers quecksilbrige Allgegenwart in der heutigen Öffentlichkeit und seine scheinbar unaufhörlich nachwachsenden Medienallianzen verstehen will, ist es hilfreich, sich die Szene in München vor Augen zu halten. Hier, in der »uneinnehmbaren Hochburg des bundesdeutschen Partylebens«, rivalisierten drei Boulevardzeitungen um die Stars von zwei sich befehdenden Bundesligaclubs. Diese Konstellation versprach Dynamik, eine Fülle von Storys, Glamour, zeilenträchtige Gerüchte, Klatsch und Tratsch. Für »Hunter«, der einem älteren Starbegriff anhing, hatten Fußballer noch keine Rolle gespielt. Das änderte sich jedoch mit Graeter. In Beckenbauers Autobiografie »Ich« heißt es dazu: »In München konnte man zu dieser Zeit ja nicht einmal ein Glas Rotwein umschütten, ohne dass daraus eine Meldung wurde. Einer, dem fast alles zugetragen wurde, war Michael Graeter. Langsam entstand so der Eindruck, ich würde den Fußball nur noch nebenbei betreiben und vor allem dazu benützen, in eine Schicht vorzudringen, die es nur in München gibt, die man Schickeria nennt.«

Zwischen einer neuen Spieler- und Journalistengeneration entwickelte sich ein »Geben und Nehmen«, auch wenn viele Spieler von ihrem »Glück« erst überzeugt werden mussten. Auch Beckenbauer hat die Medien damals nicht offensiv gesucht, sie suchten ihn und ließen ihn nicht los. Klaus Müller, der 1970 das Sportressort der *Bild-Zeitung* in München leitete und Beckenbauer später als Pressechef bei Adidas betreute, erlebte ihn in dieser Zeit so: »Er war ein desinteressierter junger Mann, der noch nicht den Wert der Medien erkannt hatte. Man musste mit allen Spielern diese Aufklärungskurse machen und ihnen vermitteln, dass das ein Zusammenspiel ist und dass sie davon profitieren, je häufiger sie in der Zeitung stehen, ob mit positiven oder negativen Artikeln. Dass das den Marktwert steigert, hat der Robert Schwan frühzeitig erkannt, aber Franz Beckenbauer war vom Typus her ein Phlegma. Wenn der auf seiner Massagebank lag, war es mühsam, ihn zu interviewen, weil du ihm alles rauskitzeln musstest.« Aber Beckenbauer lernte, und auch wenn er sich immer wieder dagegen wandte, als Star behandelt und inszeniert zu werden, so begriff er doch, dass es bequemer und ökonomischer sein konnte, Wünsche zu befriedigen, als sich ihnen zu entziehen. Er war ohnehin stets ein Mann, der schlecht Nein sagen konnte, diesen Job übernahm der bärbeißige Robert Schwan, der den Zugang zu Beckenbauer nur dann freigab, wenn genügend Geld floss.

Auch die Journalisten machten die Erfahrung, dass es sich lohnte, dicht an Beckenbauer dran zu sein – sei es, um exklusive Informationen zu erhalten oder um ihren Einfluss als Türöffner auszuspielen. So wickelte Günther Wolfbauer das folgende Nebengeschäft ab: »Wir hatten mal einen Anzeigenkunden, der kam zu uns in die *Abendzeitung* und wollte unbedingt mit dem Beckenbauer werben. Das habe ich dem Schwan gesagt und der hat gesagt, ja, soll er mal kommen. Dann wurden mir 5000 DM Vermittlungshonorar gezahlt, dafür, dass ich den Kontakt hergestellt habe.« Während die angestammten Münchner Sport-Journalisten wie Gonther, Wolfbauer, Schiefele oder Hofmann bedeutend älter waren als Beckenbauer und auf ihn wie Väter wirkten, waren die nachrückenden Reporter der *tz* oder der *Bild-Zeitung* etwa gleichaltrig. Vor allem die Journalisten der *Bild-Zeitung*, Klaus Müller, Gerhard Pietsch oder Herbert Jung, zählten bald zu seinen engeren Bekannten und Freunden. In dieser Zeit begann Beckenbauers Liaison mit der größten und einflussreichsten deutschen Boulevardzeitung, die im Laufe der Jahre familiäre Züge annahm. 1967 ist Beckenbauer Trauzeuge, als Gerhard Pietsch heiratet, er wird Taufpate von Klaus Müllers jüngstem Sohn und 1993 spielt er in Las Vegas den Trauzeugen von Herbert Jung.

Als die Bayern noch im Grünwalder Stadion spielten, hatte Jung die Stadionzeitung *Bayern-Echo* gemacht, in der vor allem lokale Geschäftsleute ihre Anzeigen schalten konnten. Gedruckt wurde das flammendrote Blatt von Beckenbauers Bruder Walter, ein gelernter Buchdrucker. In dieser Zeit freunden sich Beckenbauer und Jung an. Der Journalist, der inzwischen auch eine Wohnung in Kitzbühel besitzt und gerne Golf mit dem »Kaiser« spielt, lernt Beckenbauer als selbstkritischen Spieler kennen: »Wir haben ja damals in der *Bild* mit der Spielerbewertung durch Noten angefangen. Ich kann mich an zwei Mal erinnern, da hat er mich am Sonntag angerufen und sich beschwert: ›Mit den Noten bin ich nicht einverstanden!‹ – ›Aber wieso, du hast doch eine Zwei?‹ – ›Ja, aber ich war nicht so gut, wie Ihr geschrieben habt.‹ Der Franz war der einzige Fußballer, soweit ich mich erinnere, der das jemals gemacht.«

Seit diesen Tagen existiert zwischen Beckenbauer und den *Bild-*

Journalisten eine spannungsvolle Doppelbindung, die ständig Widersprüche produziert. Beckenbauer hat sich durch die enge Kooperation mit der *Bild-Zeitung* einerseits Freiräume und Rücksichtnahmen gesichert, andererseits aber wird er als Kolumnist auch permanent befragt und als »der Kaiser« beobachtet und inszeniert. Wenn er Urlaub macht und wie im Frühjahr 2004 nach Dubai fliegt, muss er Herbert Jung erst einmal klar machen, dass er diesmal wirklich nur mit der Familie fliegen will. Aber gehört die Zeitung nicht selbst zur Familie? Franz, wie lange kennen wir uns? Nur ein paar Fotos! Nur drei Sätze! Das dauert keine fünf Minuten!

Beckenbauer setzt solche Grenzen selten genug; er verlässt sich aber darauf, dass die Journalisten sich selbst Grenzen setzen, dass sie wissen, was nicht an die Öffentlichkeit gehört. Dadurch geraten gerade die, die sich eng an seiner Seite wähnen, in eine intime Distanz, die sie gegenüber Journalisten, die keine Rücksicht nehmen müssen, benachteiligt. Auch Klaus Müller kennt diesen Zwiespalt, den Intimität und Distanzlosigkeit schaffen: »Das bringt innerliche Konflikte, weil du gewisse Informationen, die du hast, einfach nicht rausposaunen kannst. Du musst Rücksicht nehmen und du musst ständig abwägen. Wie viel ist dir deine Quelle wert?«

Beckenbauer versuchte in diesen Jahren zu lernen, wer ihm freundschaftlich oder wer ihm nur professionell begegnete. Von Haus aus neigte er nicht zu Misstrauen, zumindest nicht jenen gegenüber, die ihm in ihrem Stil und Sprechen nicht zu fremd erschienen. Er versuchte, gleichmäßig freundlich zu sein, Geduld zu üben und verließ sich im Übrigen auf Robert Schwan, der die Journalisten für ihn kritischer prüfte und auch hart anging, wenn er mit ihren Berichten nicht einverstanden war. Auch Brigitte Beckenbauer, die zwar vorsichtiger und zögerlicher als ihr Mann war, aber dennoch sehr resolut sein konnte, gab sich Mühe, Franz Beckenbauer zu beraten und ihn abzuschirmen. Sie sagt rückblickend: »Die Journalisten wollten sich immer in die Clique reindrücken. Aber ich habe Franz dann auf einen Sockel gesetzt, einen Glassturz drüber und wenn dann einer zu nahe kam, war ich schon da. Es gab keinen, der besondere Vorrechte hatte oder sich als Hofjournalist betrachten konnte, es waren gleichermaßen alle am Ball. Du hast sie jeden Tag gesehen, jeder rief an, einer nach dem anderen.«

Das Bild vom Glassturz enthält viel Wirklichkeit, aber noch viel mehr unerfüllte Wünsche. Natürlich konnte sie weder ihn noch die Familie gegen die Öffentlichkeit so abschirmen, wie sie es gerne gewollt hätte, zumal sie selbst immer häufiger ein begehrtes Objekt für die Reporter wurde. Großen Wirbel hatte es bereits gegeben, als Beckenbauer 1968 seinen Sohn Thomas aus der Beziehung mit Ingrid Grönke adoptierte. Antonie Beckenbauer, die immer den Kontakt zu Ingrid gehalten und sich weiter um Thomas gekümmert hatte, brachte den Stein eigentlich ins Rollen. Sie hatte den neuen Partner von Ingrid kennengelernt und fand ihn, »einen richtigen Geschäftsmann«, wenig kinderlieb. Von ihr ließen sich Franz und Brigitte leicht überzeugen, Thomas zu adoptieren. Und schon prangte am 20. Mai 1968 in der *Abendzeitung* die fette Schlagzeile: »Was hältst du davon, wenn wir Thomas zu uns nehmen?« In der Unterzeile las man: »Fußballstar des FC Bayern München hat seine voreheliche ›Jugendsünde‹ adoptiert.«

Rolf Gonther, der in diesen Jahren den besten Zugang zu Beckenbauer besaß, ließ es sich nicht entgehen, seine Leser mit Schauern der Rührung zu beglücken: »Michael Beckenbauer, der sein Kinderzimmer jetzt mit Thomas teilt, war in den ersten Tagen eifersüchtig auf seinen neuen Bruder. Doch jetzt sind die beiden ein Herz und eine Seele. Die Stofftiere auf dem großen Wandregal im Kinderzimmer des Hauses Beckenbauer sind längst im gemeinschaftlichen Besitz der beiden Kinder.« Wenige Monate später wird Beckenbauer dann zum dritten Mal Vater, am 1. Dezember kommt Sohn Stefan zur Welt.

Dadurch rückt Brigitte Beckenbauer noch stärker in den Blickpunkt der Boulevardpresse, denn natürlich will man von ihr wissen, wie sich so ein Star als Vater verhält oder wie sie damit zurecht kommt, dass ihr Mann beruflich so oft fort ist. Eine typische Schlagzeile jener Jahre lautet am 17. Oktober 1969: »Ab heute wieder Grüne Witwe«. Franz Beckenbauer hatte wieder einmal in der Sportschule Malente Quartier bezogen, um sich auf ein Länderspiel gegen die Schotten vorzubereiten. Edgar Fuchs, auch er ein Journalist, der sich mit Beckenbauer anfreundete und 1992 seine Autobiographie »Ich – wie es wirklich war« schreiben sollte, hatte Brigitte Beckenbauer für die *Abendzeitung* interviewt und gab ihre Stimmung so wieder: »Die Kinder helfen mir über die Einsamkeit hinweg. Am liebsten würden sie den ganzen Tag mit mir spielen. Morgens werden Trainingsanzüge übergestreift und dann fallen alle drei über mich her. Dann wird nach Herzenslust gerauft.« Dazu sah man ein Foto, das Franz und Brigitte beim Spielen mit den Kindern zeigt.

Solche Familienberichte, in denen das intakte Idyll gezeigt wurde, dominierten in der Berichterstattung, bis etwa 1970. Schatten bedrohten diesen modernen Glücksroman nur, wenn eines der Kinder ernsthaft krank wurde. Im Februar 1970 schickte Helmut Schön Franz Beckenbauer vor einem Länderspiel gegen Spanien nach Hause, weil Michael Beckenbauer an einer lebensgefährlichen Hirnhautentzündung erkrankt war. Erst nach drei Wochen wird er, sehr blass und immer noch schwach, aus der Universitätsklinik entlassen. Als sich Franz Beckenbauer über das Krankenbett beugt, um seinen Sohn abzuholen, klickt der Fotoapparat. Der »Revisor« Gonther ist wie selbstverständlich auch dabei und lässt die Leser an der Freude der Eltern teilhaben.

An den Umgang mit Gonther und den Kollegen der *Bild-Zeitung* hatte sich Beckenbauer gewöhnt. Robert Schwan hatte ihn darin bestärkt, dass man mit den Journalisten kooperieren müsse, weil man sie dann besser kontrollieren und selbst Vorteile daraus ziehen könne. Nur mit Reinhart Hoffmeister kam Beckenbauer nicht zurecht. Hoffmeister leitete seit 1968 das ZDF-Kulturmagazin »aspekte«. Im legendären Jahr der Studentenbewegung begann Hoffmeister das Magazin zu politisieren, ganz im Geist der Zeit. Alles konnte jetzt politisch sein, der Alltag, die Familie, der Sex und eben auch ein Fußballer. Wo herrschen Unterdrückungsstrukturen? Wer unterdrückt wen? Wer manipuliert wen? Leben wir noch in einer Demokratie? Alles musste untersucht, ausgeleuchtet und analysiert werden. Hoffmeister plante eine Reportage über das Phänomen Beckenbauer. Was steckte hinter diesem Idol? Und was verbarg sich hinter den Wünschen, die ihm galten? Schwan war zunächst misstrauisch gegenüber dem Projekt, ließ sich aber von Hoffmeister überzeugen, obwohl er mit dessen Ideen nicht viel anzufangen wusste.

Als die halbstündige Reportage dann am 13. Januar 1970 im ZDF gezeigt wurde, war die Aufregung groß. »Krach um Beckenbauer« und »Wirbel um Fußballstar Beckenbauer« lauteten die Schlagzeilen. Hunderte von Vereinsmitgliedern drohten dem FC Bayern mit dem

Vereinsaustritt, weil Beckenbauer in Hoffmeisters Film gesagt haben sollte, er betrachte Willy Brandt als »ein nationales Unglück«. Schwan beeilte sich zu dementieren: »Das hat der Franz nie gesagt.« Die CSU erklärte umgehend, es sei »das Recht eines jeden Staatsbürgers, eine solche Meinungsäußerung abzugeben«. Und das ZDF ließ verlauten, dass der Satz über Brandt vor Zeugen gefallen sei, weshalb man bei der Darstellung bleibe. Willy Brandt war zu diesem Zeitpunkt keine drei Monate im Amt und die Dreharbeiten hatten in der aggressiv aufgeheizten Atmosphäre des Wahlkampfs stattgefunden. Spricht man Beckenbauer heute auf den Film an, erinnert er sich sofort: »Hab ich nie gesagt!« Ebenso felsenfest klingt aber auch Reinhart Hoffmeister, wenn man ihn nach dem Zitat fragt: »Er hat es gesagt!«

Ganz gleich, ob Beckenbauer diesen Satz damals nun gesagt hat oder nicht, er war politisch desinteressiert und warf zur Not mit Schlagworten um sich, die er von Schwan, Wilhelm Neudecker oder Franz Josef Strauß aufgeschnappt hatte. Selbstkritisch räumte er 1980 in einem Interview mit dem *Playboy* ein: »Früher habe ich bestimmten Leuten nachgeplappert. Dass Deutschland in einem roten Sozialismus versinkt, glaube ich nicht.« Brigitte Beckenbauer bestätigt, wie unmündig sie beide anfangs gewesen seien: »Wir haben alles, was der Schwan gesagt hat, nachgeplappert. War plötzlich ein Journalist da, dann hat der Franz nur gesagt, was er vom Schwan gehört hat. Es hat dann gedauert, bis er anfing, seinen Hirnkastl selber zu gebrauchen.«

Der Film von Reinhart Hoffmeister verdient aber nicht nur wegen des Streits um das Willy-Brandt-Zitat Aufmerksamkeit. Er ist in doppelter Hinsicht ein aufschlussreiches Dokument für Beckenbauers Biographie. Hoffmeisters Studie gewährt intime Einblicke in dessen Alltag und Lebenswelt, sie verrät aber mindestens ebenso viel über den Beobachter, der es dem Star zu verübeln scheint, dass er so *normal* und *durchschnittlich* ist. Für Hoffmeister ist Beckenbauer ein ruhiger Kleinbürger, der nicht raus will aus seiner Haut, ein satter Gewinner, der so bleiben will, wie er ist. Damit kann sich der politisch fortschrittliche Intellektuelle natürlich nur schwer abfinden. Das Bild, das er sich von Beckenbauer macht, ist ein Bildnis horriblen Muffs und Miefs.

An dieser Passage hatte sich der Streit entzündet: »Es passt alles zueinander: Franz Lehár, Zufriedenheit, sichere Existenz, Eichenmöbel, Franz Beckenbauers Ansicht, Willy Brandt sei ein nationales Unglück für Deutschland und Franz Beckenbauers Bewunderung für Franz Josef Strauß. Er hat politisch noch nicht viel nachgedacht und zum Lesen kommt er kaum. Immerhin, Erich Maria Remarques ›Arc de Triomphe‹ ist sein Lieblingsbuch.« Klingt das nicht wie ein Zeugnis? Musik- und Möbelgeschmack ungenügend, falsche Ideale, politisch töricht, Bildung mangelhaft, Beckenbauer setzen!

Ähnlich streng und weltgewiss geht der Aufklärer mit den Anhängern des Idols ins Gericht. Er beobachtet eine Autogrammstunde, die Beckenbauer in einem Dortmunder Kaufhaus gibt. Es sind vorwiegend Kinder und Jugendliche, die ungeduldig zu Hunderten auf Beckenbauer warten. Sepp Herberger und Fritz Walter schreiben schon mal Autogramme, bevor der Star auftritt. Viele der jüngeren Fans wissen kaum noch, wer die älteren Männer da vorne sind. Als Beckenbauer endlich eintrifft, löst er Begeisterungstumulte aus. Hoffmeister spricht zu den Bildern folgenden Kommentar: »Sie rangeln sich um ein Stückchen vom Ruhm, etwas Persönliches von einem Idol zu besitzen, und sei es nur ein Autogramm, da färbt der Glanz des Berühmten auf sie ab. Noch träumen sie davon, selbst berühmt zu werden, als Astronaut oder als Fußballspieler, der das entscheidende Tor in der Weltmeisterschaft schießt. Später, wenn sie sich in die Normen des Durchschnitts ergeben haben, wenn sie, stumpf geworden vom Leben, keine Überraschung mehr erwarten, werden sie als Zuschauer auf dem Fußballplatz stehen und ihrem Idol zujubeln, dem Ruhm, den sie selbst nicht erreichen.« Schneidende Verachtung spricht aus diesen Zeilen, und man kann sich gut vorstellen, dass sich der junge Beckenbauer durch diese Art von Kommentar hintergangen und verletzt fühlte. Zwar war es ausgemacht worden, dass Beckenbauer den Film vor der Ausstrahlung »abnimmt«, aber da der Autor Hoffmeister erkrankte, bekamen Schwan und er den Film ohne Kommentar und Ton zu sehen. Beckenbauer hatte guten Grund, sich verschaukelt zu fühlen.

Von heute aus betrachtet, unterscheidet sich Hoffmeisters Film gar nicht so sehr von den Haus- und Hofgeschichten des Boulevards, es ist politischer Boulevard. Er will entlarven, auf den Grund gehen, hinter die Kulissen schauen. Die Kamera klebt förmlich an den Menschen. Sie umkreist Brigitte Beckenbauer hartnäckig und saugt sich an der Wohnzimmereinrichtung fest. Da entdeckt das Auge das Porträt von Robert Schwan auf der Anrichte und schwenkt von da aus hoch zu einem Kreuz. Sie zoomt auf die Zähne von Beckenbauers Frau, auf ihre Lippen, so als könne man dort die Mentalität einer Schicht auskundschaften. In der heutigen Fernsehlandschaft wäre ein Film, der einem Star wie Beckenbauer so nahe rückt, kaum denkbar.

Als der Kameramann Peter Nicolay das Interview von Hoffmeister mit Schwan und Beckenbauer begleitet, liegt seine Kamera wachsam auf der Lauer. Schwan nuckelt schweigend an seiner Pfeife, während Beckenbauer, der sich sichtlich unwohl fühlt, seinem Mentor scheinbar jedes Wort zu Prüfung vorlegt. Wenn er nach einem Begriff sucht, nimmt ihm Schwan die Mühe ab. Der junge Mann blickt dann ratsuchend zu dem Älteren, der seinen Blick sofort aufnimmt und seine Rede ergänzt. Der Lehrling signalisiert Zustimmung, nickt ergeben und ordnet sich bereitwillig dem Führungsanspruch des lebenserfahrenen Meisters unter. Der Interviewer will wissen: »Haben Sie eigentlich Freunde?« Beckenbauer entgegnet: »Im Moment ja, solange es einigermaßen gut geht und solange ich oben bin, aber ich glaube, das sind einseitige Freunde, die von mir nicht anerkannt werden, die aber glauben, meine Freunde sein zu können. Echte Freunde habe ich nur ganz ganz wenige und ich weiß auch welche.« Als der Regisseur Hoffmeister Brigitte Beckenbauer im Beisein von Franz Beckenbauer interviewt und sie nach dem Charakter ihres Mannes befragt, registriert die Kamera, wie sich Beckenbauers Mund vor Missfallen kräuselt, wie er die Lippen zusammenkneift, wie es ihn wurmt, dass er den Fragen eines fremden Journalisten ohne Deckung gegenübersteht. Einen so intimen Film hat es über Beckenbauer nie wieder gegeben.

Einen Tag nachdem die Reportage über Beckenbauer im ZDF gezeigt worden war, hielt Brandt vor dem Bundestag eine Rede zur Lage der Nation, die großes Aufsehen erregte. Hatte Brandt in diesen politisch aufgeheizten Tagen überhaupt registriert, was da ein Fußballer über ihn gesagt haben sollte? Ich fragte Franz Beckenbauer: »Meinen Sie denn, das Zitat hat ihn überhaupt erreicht?«

»Ja sicher, er hat mich ja darauf angesprochen.«

Ich bin erstaunt: »Er hat Sie angesprochen?«

Beckenbauer bestimmt: »Ja, Jahre später noch!«

Ich frage nach: »Wie lief das Gespräch, können Sie sich erinnern?«
»Wir waren mal zusammen bei einem Mittagessen in Bremen, es war vor einem Spiel, viele Jahre später. Da hat er wieder davon angefangen und ich sagte ihm, ich habe Ihnen doch schon hundertmal gesagt, ich kann wirklich nichts dafür. Ja, aber er konnte das nicht vergessen.« Tatsächlich hat sich Willy Brandt für Fußball und Beckenbauer interessiert. Am 28. Januar 1978 besucht er eigens die Münchner Lach- und Schießgesellschaft, »um Beckenbauer kennen zu lernen«, der als Stargast des Abend von Sammy Drechsel interviewt wird. Nach Beckenbauers Auftritt kommen der SPD-Vorsitzende und der Fußballer ins Gespräch, sofort eilen die Fotografen herbei, Blitzlichter flammen auf. Da will auch der Münchner SPD-Oberbürgermeisterkandidat Max von Heckel nicht fehlen, denn Wahlen stehen in München vor der Tür. Robert Schwan stört die politische Vereinnahmung von links, schimpfend zieht er Beckenbauer aus dem Lokal. Willy Brandt wäre Beckenbauer schon 1974 begegnet, wenn er nicht wenige Wochen vor dem Turnier als Bundeskanzler zurückgetreten wäre. An seiner Stelle gratulierte dann sein Nachfolger Helmut Schmidt dem Mannschaftskapitän Beckenbauer zum Titelgewinn. Brandt, so erinnert sich sein Sohn Matthias, der damals mit seinem Vater ebenfalls im Stadion war, saß ein paar Reihen nach hinten versetzt. Ob es denn stimme, frage ich Matthias Brandt, dass er ein Fan von Beckenbauer gewesen sei? »Nun«, antwortet er, »ein ausgemachter Fan von Beckenbauer bin ich nicht gewesen. Ich war eher ein Bewunderer von Günter Netzer. In meinem Jugendzimmer hing aber tatsächlich ein Plakat der Europameister-Mannschaft von 1972. Da war Beckenbauer natürlich auch dabei. Und im übrigen«, Brandt lacht, »war ich der Einzige in der Familie, der wirklich etwas von Fußball verstand.«

Hitzige Zeiten

»Gentleman-like
Was für Schuhe trägt eigentlich ein eleganter Spieler wie der Weltklassemann Franz Beckenbauer? Natürlich seine eigenen: ›Franz Beckenbauer Super‹-Schraubstollenschuh mit aufgespritzter Nylonsohle und Schwarz/Gelber-Farbkombination. Sein Tip für die Jugend: ›Franz Beckenbauer‹ Schraubstollen, Triloplastsohle, Schaft aus kräftigem Kernspaltleder. Echte Klasse.«

Adidas-Werbung 1972

Erfahrungshunger« – mit diesem Begriff hat der Schriftsteller Michael Rutschky eine verbreitete Zeit- und Lebensstimmung der siebziger Jahre beschrieben. Sich selbst finden! Sinnlichkeit spüren! Aufbrechen ins Ungewisse! Erfahrungen machen! Und Beckenbauer? Erfahrungshunger? Blickt man auf seine siebziger Jahre, dann könnte man eher sagen: Erfahrungswirbel und -stürme, Erfahrungstumult und -hast. Ist Beckenbauer in diesem Jahrzehnt noch Herr seiner selbst? Bleibt ihm Zeit, die Erfahrungen, die er macht, zu verarbeiten? Oder wird er, von Terminen und Ereignissen bedrängt, zum Gefangenen einer Erfahrungsdichte, die leicht für zehn andere Biographien gereicht hätte? Doch vielleicht ist es ganz anders. Möglicherweise steckt hinter all dem Hochglanz, hinter den Kulissen des veröffentlichten Lebens eine bittere Erfahrungsarmut? Vielleicht spielt er unentwegt, ohne zu leben?

Als die deutsche Nationalmannschaft am 19. Mai 1970 um 9.22 Uhr vom Frankfurter Flughafen in Richtung Mexiko startet, war Brigitte Beckenbauer als einzige Spielerfrau mit an Bord. Stellte das einen Versuch dar, Familie und Beruf zu verbinden und die rivalisierenden Lebensbereiche miteinander zu versöhnen? Das Arrangement markierte zumindest Beckenbauers veränderte Stellung innerhalb der Mannschaft, denn seit der Weltmeisterschaft 1966 hatte er sich zu einer der führenden Spielerpersönlichkeiten entwickelt. Zusammen mit Uwe Seeler, Willi Schulz und Wolfgang Overath bildete er Helmut Schöns Spielerrat. Die Zeiten, in denen sich die Spieler widerspruchslos der Autorität eines »Chefs«, wie Herberger es war, unterwarfen, waren endgültig vorbei. Schön war klug genug, seinen Führungsstil an die veränderten Mentalitäten anzupassen, zumal sich das Pathos der Kameradschaft und Pflichterfüllung überlebt hatte. Der Ton war sachlicher geworden, und die Spieler wollten nicht einer übergeordneten Idee dienen, sondern hatten in erster Linie ihre eigenen Interessen im Blick. Der Journalist Ludger Schulze, einer der aufmerksamsten Beobachter der Nationalmannschaft, beschreibt diese Generation treffend: »Das Team der WM 70 bildete keine verschworene Gemeinschaft mehr, und von Freundschaft konnte erst recht keine Rede sein. Nach Mittelamerika kamen Profis, Geschäftsleute, die zum allgemeinen Nutzen einen möglichst guten Handel tätigen wollten. Miteinander oder, wenn nötig, auch gegeneinander.«

Das »Gegeneinander« möglichst klein zu halten, war eine von Schöns vornehmsten Aufgaben. Ein schwieriges Unterfangen, zumal sich Einkommens- und Popularitätsunterschiede innerhalb der Mannschaft deutlicher abzeichneten als jemals zuvor. Beckenbauer hatte sich den Spitzenplatz in der Gagen- und Werbehierarchie erworben, obwohl Uwe Seeler volkstümlicher und Günter Netzer glamouröser war, obwohl Gerd Müller mehr Tore schoss und Wolfgang Overath beständiger spielte. Beckenbauer jedoch, fotogen, erfolgreich und elegant, verkörperte mehr als nur den smarten Fußballer. Sein Image begann, den Fußball zu übersteigen. Um Tüchtigkeit, Optimismus und Vorsprung zu signalisieren, brauchte er keinen Schweiß, keine hochgekrempelten Ärmel und keinen Ball. Er war der Mann der Stunde, vor dem sich eine Fülle von Möglichkeiten ausbreitete, ein Ende seines Weges war noch lange nicht in Sicht.

Das hatte auch der Mineralölkonzern Aral entdeckt. Schon zur Weltmeisterschaft 1966 hatte das Unternehmen ein prächtiges Sammelbildalbum veröffentlicht, in das der hochgeschätzte Kunde »die Fotos von 32 berühmten in- und ausländischen Fußballspielern einkleben« konnte. Noch ist Beckenbauer einer unter vielen, und sein Blick auf diesem Bild ist skeptisch, zwei Falten über der Nasenwurzel signalisieren seine Anspannung. Vier Jahre später sieht das alles schon ganz anders aus. Das Fußball-Album 1970 kennt nur noch Beckenbauer: »Hin zu Aral – das Beckenbauer-Buch holen – für nur 4,90 DM an jeder Tankstelle.« Beckenbauer, wohin man blickt. Auf dem Umschlag ein lachender Beckenbauer. Innen dann ein freundlich blickender Beckenbauer umringt von seiner Adidas-Ausrüstung. Es folgt der private Beckenbauer im Kreise seiner Familie, und zu guter Letzt wird der Tankstellenkunde zum Schüler, wenn der Lehrer Beckenbauer einlädt in »Meine kleine Fußballschule«. Keine Spur von den anderen 21 deutschen Nationalspielern, kein Porträt, nicht einmal ein unscheinbares Mannschaftsfoto findet man. Stattdessen stößt man auf die Porträts der Fernsehkommentatoren von ARD und ZDF, die neuen Stars des Bildschirms. Über die erste Weltmeisterschaft in Farbe heißt es da stürmisch: »Opas Fußball ist tot, Opas Fernsehen ist es auch.«

Deutsche Technologie und Tüchtigkeit werden so selbstbewusst und markig gepriesen, als sei das Fernsehen eine Art mobiles Ersatzheer: »Wir haben eine eigene Bodenstation, wir haben Umwandler, wir haben das Geld, die Satelliten und Zusatzleistungen zu mieten. Technisch ist die Bundesrepublik von allen Fernsehländern in Europa am besten ausgerüstet. Wir brauchen die anderen nicht um Hilfe zu bitten.« Und wir haben, diesen Zusatz vermisst man, Beckenbauer, den telegenen Protagonisten, den das auftrumpfende Medium braucht, um sich selbst ins beste Licht zu rücken.

Die Macht des Fernsehens zeigte sich auch, als die FIFA die Anstoßzeiten in Verhandlungen mit der Eurovision (der Zusammenschluss aller westeuropäischen sowie einiger afrikanischer und asiatischer Länder) auf 12.00 und 16.00 Uhr festlegte, um trotz des kontinentalen Zeitunterschieds von sieben Stunden attraktive Sendezeiten für den heimischen Fernsehmarkt zu erreichen. Der englische Sportjournalist Brian Glanville merkte daraufhin kritisch an: »Das Weltmeisterschaftskomitee hatte sein Turnier prostituiert und seine Spieler den Forderungen des europäischen Fernsehens geopfert.«

Womit wir wieder bei Franz Beckenbauer wären, der nach den ersten Trainingseinheiten in Leon seinen Unmut äußerte: »Ich denke nur mit Schrecken an das erste Spiel. Es ist einfach unverantwortlich, eine Weltmeisterschaft bei solchen Temperaturen auszutragen.« Beckenbauer hatte auch sein Leistungsvermögen und sein Image im

Auge: »Die ganze Welt weiß, dass ich kein Kämpfer bin. Wenn es bei uns zu Hause 25 Grad Wärme hat, dann muss man mich schon auf den Platz treiben. Hier in Mexiko aber ist es doppelt so heiß.« Wollte Beckenbauer die Erwartungslast abschütteln? Dem *Bild*-Journalisten Klaus Müller vertraute er an: »Man erwartet immer Wunderdinge von mir. Ich bin aber kein Wunderknabe. Ich bin froh, wenn ich unter der brennenden Sonne von Mexiko heil über die Runden komme. Mehr darf man von mir einfach nicht erwarten, wenn ich decke und gleichzeitig auch noch das Spiel mache.«

Damit ließ Beckenbauer die Katze aus dem Sack. Helmut Schön war der Adressat seiner Beschwerde, denn der Bundestrainer setzte ihn auf der ungeliebten Mittelfeldposition ein. Viele Beobachter hatten damals den Eindruck, dass Beckenbauers Länderspielkarriere nach 1966 nicht so glänzend verlief, wie es der Fall hätte sein können. Gab es da nicht diese Momente von Lustlosigkeit? Von Verstocktheit und Protest? Spielte er wirklich alles aus, was er besaß? Hütete er aus Groll gegen den Trainer die stillen Reserven seines Talents?

Das erste Vorrundenspiel in Leon gegen Marokko schien diesen Stimmen Recht zu geben. »Mieser Start«, rüffelte die *Bild-Zeitung*. »Mattes Unternehmen berufsmüder Fußballspieler«, kritisierte auch die *Frankfurter Allgemeine Zeitung* den dünnen 2:1-Erfolg gegen Marokko. Steffen Haffner urteilte in der *FAZ* über Beckenbauer: »Nicht selten beschränkte sich Beckenbauer auf hübsch anzusehende Tändeleien. Und es war wieder die merkwürdige Ratlosigkeit an ihm zu bemerken, die ihn immer erfasst, wenn er seinen Platz im Mittelfeld angewiesen bekommt.«

War es Protest oder die Hitze? Brigitte Beckenbauer erlebte ihn in diesem Augenblick so: »Als ich meinen Mann kurz nach dem Spiel aus der Kabine kommen sah, bin ich fast erschrocken. Das Gesicht war ausgehöhlt, die Backenknochen standen hervor. Ich spürte, wie erschöpft er war.« Beckenbauer hatte in der Hitzeschlacht drei Kilo verloren, doch für den Alt-Bundestrainer Herberger lag kein körperliches, sondern ein charakterliches Defizit vor. Zürnend ließ er sich aus der Heimat vernehmen: »Das ärgert mich besonders, dass ein Mann von seinen spielerischen Qualitäten so wenig bietet. Er ist nicht der Kerl, die anderen zu zwingen, seine Ideen zu verwirklichen, obwohl er dem Talent nach der Kopf der Mannschaft sein müsste. Aber wenn der Ball weg ist, ist das Spiel erst einmal für ihn vorbei.«

Der Ruf nach dem »Kerl«, nach dem Führungsspieler ist eine Art Reflex, wenn es in der deutschen Nationalmannschaft nicht läuft. Sogar heute noch: Man denke nur an die Diskussion um Michael Ballack, als monatelang seine charakterliche Eignung in Frage gestellt und von den Experten Beckenbauer, Netzer und Breitner öffentlich diskutiert wurde.

Nach dem Marokko-Spiel drohten die latenten Konflikte im Kader aufzubrechen. Da waren zum einen die unvermeidlichen Reibungspunkte. Dettmar Cramer, der sich als Beobachter vor Ort tummelte, hat sie vorbildlich für die *FAZ* benannt: »22 junge Männer leben in einem fremden Land fünf bis acht Wochen zusammen, fern von zu Hause und ihren Familien. Es gehört wenig Vorstellungskraft dazu, die Schwierigkeiten aufzuzählen: Heimweh, Langeweile, Sexualität, Rivalität, Übertraining, Verletzung, Krankheit, Verlust des Selbstvertrauens, Einfluss von Presse, Radio und Fernsehen, Sieg und Niederlage.« Durchaus vermeidbar war hingegen das Konfliktpotenzial, mit dem Cramer selbst die Situation anheizte. In deutschen Zeitungen konnte man lesen, dass er die Konzeption und Taktik von Helmut Schön nicht schätzte und sich selbst als Nachfolger ins Spiel brachte.

Der Bundestrainer war außer sich, und Hermann Neuberger, der DFB-Vizepräsident und Delegationsleiter, sprang ihm zur Seite. Es sei »kompletter Unsinn«, was da aus dieser Ecke komme. Ein anderer Unruheherd war die Boulevardpresse. Schon vor dem ersten Spiel hatte es Ärger gegeben, als die *Bild-Zeitung* über einen »Schuhkrieg« informierte. »Geld her – oder wir ziehen die Schuhe aus!«, hieß es am 1. Juni 1970 auf der ersten Seite der *Bild*. Einige Spieler waren damit unzufrieden, dass sie für das Tragen der Adidas-Ausrüstung in der Nationalmannschaft keine, wie sie fanden, angemessenen Bezahlung bekamen. »Bild« zitierte einen Spieler anonym: »Alle vier Jahre einen kleinen Teppich oder eine Goldmünze – das ist nun wirklich zu wenig, wenn man sich überlegt, dass Fußballspielen unser Beruf ist.«

Die Konkurrenzfirma Puma sollte den Spielern für einen Schuhwechsel 15 000 DM versprochen haben. In einer improvisierten

Pressekonferenz auf dem Rasen des Trainingsgeländes warf Schön der Boulevard-Zeitung vor, die »Unwahrheit« zu berichten. Zwar räumte er ein, dass es Gespräche zu diesem Thema gegeben habe, aber von einem Ultimatum der Spieler könne keine Rede sein. Und der Bundestrainer, dem man so oft fehlende Härte vorwarf, wandte sich unmissverständlich an seine Spieler: »Wer eine bestimmte Schuhsorte fordert, der kann morgen mit der ersten Maschine nach Hause fliegen.«

Dass die Stimmung zu diesem Zeitpunkt getrübt war, räumte auch Franz Beckenbauer 1982 rückblickend ein: »Der Zusammenhalt der Mannschaft war anfangs nicht der beste. Das fast zweiwöchige Aufeinandersitzen schuf Antipathien.« Weitere Konfliktherde gefällig? Wie brachte man Uwe Seeler und Gerd Müller zusammen? Konnte Helmut Haller, der 1966 mit Beckenbauer so ein fabelhaftes Mittelfeldgespann gebildet hatte, seinen jetzigen Trainingsrückstand wettmachen? Würden die selbstbewussten Ersatztorhüter Wolters und Manglitz ihre Zurückstellung akzeptieren?

All das war vergessen, als die deutsche Mannschaft ihr zweites Spiel im »Swing-Rhythmus«, so der Bundestrainer, gegen Bulgarien mit 5:2 gewann. Diesmal war »Franz das ganze Geld wert« *(Tagesspiegel)*, obwohl er vor dem Spiel noch einmal ausdrücklich den Liberoposten gefordert hatte, nachdem Schön den leicht angeschlagenen und gegen Marokko auch nicht überzeugenden Willi Schulz aus der Mannschaft genommen hatte. Doch der Bundestrainer brachte stattdessen den Italienprofi Karl-Heinz Schnellinger, der die Rolle des letzten Mannes ganz im Sinne des harten Ausputzers interpretierte. Da wirkte Beckenbauers Leistung fast wie eine Trotzreaktion. Alle waren sich einig: »Lange hat Beckenbauer nicht mehr so eindrucksvoll wie diesmal gespielt« *(Frankfurter Rundschau)*, und seine »Alleingänge rissen die Zuschauer von ihren Sitzen« *(FAZ)*. Aber trotz Beckenbauers Leistung und auch wenn Gerd Müller drei Tore schoss oder Uwe Seeler schuftete wie ein Berserker – der große Held des Spiels war ein anderer. Das Schalker Dribbelgenie Reinhard (»Stan«) Libuda machte gegen die Bulgaren sein bestes Länderspiel.

Was Beckenbauer ausmachte, lässt sich auch an dem ermessen, was Libuda fehlte. Dieter Kürten hatte einmal in einem Interview mit dem *Tagesspiegel* erzählt, woran es Libuda mangelte: »Es gab

Männer wie den Reinhard Libuda, der bei Schalke 04 und Dortmund gespielt hat, der hatte richtig Angst, ins ›Sportstudio‹ zu kommen. Aber er war ein toller Stürmer. Alle wollten ihn sehen. Deshalb haben wir für ihn extra einen Skattisch aufgebaut. Er durfte zwei Begleiter mitbringen. Wir haben mit den Dreien vor laufender Kamera Skat gespielt und dazu ein bisschen geplaudert. Ein Interview wäre mit ihm gar nicht gegangen.« Beckenbauer kannte solche Ängste inzwischen nicht mehr. Kein anderer Gast war so oft wie er im »Sportstudio«, bis heute ist er mehr als fünfzig Mal in der Sendung aufgetreten. Beckenbauers Auftritte versprachen stets Heimeligkeit und Heiterkeit. Er lachte oder schmunzelte, und selbst wenn Beckenbauer einmal grollte oder Feuer spuckte, dann war das die beste Unterhaltung.

Mit dem dritten Sieg in der Vorrunde, dem 3:1 gegen Peru, erreichte die deutsche Mannschaft den Gruppensieg und konnte damit in ihrem angestammten Quartier bleiben. Vor nur 15 000 Zuschauern war diesmal Gerd Müller der entscheidende Mann, er erzielte alle drei Tore. Beckenbauer machte zwar ein gutes, aber keineswegs ein herausragendes Länderspiel. An die Hitze hatte er sich mittlerweile gewöhnt, auf dem Spielfeld herrschten in der Sonne rund 50 Grad. Bescheiden meinte er nach dem Spiel:»Es war mein Ehrgeiz, den peruanischen Spielmacher Cubillas auszuschalten. Das ist mir ziemlich gelungen. Deshalb bin ich mit mir einverstanden.« Im mexikanischen Fernsehen war er inzwischen zu einem der meist genannten Spieler des Turniers avanciert und die heimischen Kommentatoren rollten das »R« in seinem Namen mit hörbarem Behagen.

Die Verkrampfungen und Unstimmigkeiten im deutschen Team wurden durch den Erfolg gelöst, Entspannung war angesagt. Der sichtbare Ausdruck dieser gewonnenen Lockerheit war das unfreiwillige Bad, das Helmut Schön im Swimmingpool nehmen musste, nachdem ihn der Bremer Max Lorenz hineingeschubst hatte. Helmut Schön witzelte hinterher pressefreundlich: »Das war mein schönster Reinfall.« Allerdings hatten die Spieler ihren Trainer vorher ganz umsichtig gebeten, seine schöne Uhr abzulegen, da die sonst sicherlich Schaden genommen hätte.

Obwohl Max Lorenz bei der Weltmeisterschaft 1966 und 1970 kaum zum Einsatz kam, war er die »Stimmungskanone« an Bord, einer, der immer für Neckereien und Frotzeleien zu haben war und der unbekümmert die monotone Disziplin der Trainingslager durch heimliche Ausflüge und Abenteuer aufbrach. Solche Männer mochte Beckenbauer, und mit Max Lorenz ist er seit diesen Tagen befreundet. Als Lausbube vom Dienst, der in Maßen über die Stränge schlug und Optimismus verbreitete, wurde Lorenz aber auch von Helmut Schön geschätzt.

Im Viertelfinale traf die Mannschaft auf England. Schön musste seine Spieler kaum motivieren, galt es doch, sich für die schmerzhafte Niederlage im Weltmeisterschaftsfinale 1966 zu revanchieren. »Wir sind«, verhieß Schön, »bis obenhin mit Energie geladen. Wir alle wollen es den Engländern zeigen.« Das galt vor allem für die fünf Vizeweltmeister, die in Leon von Anfang an auf dem Feld standen: Beckenbauer, Seeler, Höttges, Schnellinger und Overath.

Gerade für Franz Beckenbauer bot das Spiel Gelegenheit, das verlorene Duell mit Bobby Charlton wieder aufzunehmen. Sein Gegner war sichtbar älter geworden, die Haare wuchsen noch spärlicher auf dem mächtigen Schädel. Der 32-jährige Engländer hatte damals 105 Länderspiele absolviert, doch das Spiel gegen Deutschland würde sein letztes werden. Während des Interviews mit einem deutschen Reporter zwei Tage vor dem Spiel rauchte Charlton genüsslich zwei Zigaretten und bemerkte lässig: »Die Deutschen haben gegen uns keine Chance.«

Woher nahm er die Zuversicht? Die Engländer hatten sich weitaus unauffälliger ins Viertelfinale gespielt. Aber Bobby Charlton glaubte an ein besonderes Talent seines Teams: »Wir Engländer und die Deutschen verhalten uns in einer Situation wie dieser meist sehr ähnlich. Wenn wir gewinnen wollen und gewinnen müssen, verfügen wir plötzlich über neue Kräfte. Es ist, als würden über Nacht andere Menschen aus uns.« Doch Charltons Hoffnungen trogen. Er, der 1966 von den Schiedsrichtern zum »First Gentleman« gewählt worden war, spielt auch so. Er hält sich dezent zurück und bemühte sich, Franz Beckenbauer nicht auf die Füße zu treten. Beckenbauer steht ihm darin kaum nach, auch er fällt zunächst kaum auf und vermeidet beinahe jeden direkten Zweikampf mit seinem Kontrahenten. Sind die Helden von 1966 gelähmt durch die Erinnerung an ihren legendären Wettkampf? Damals hatten sie das ganze Feld in seiner ganzen

Länge und Breite vermessen, auf und ab, vor und zurück, kreuz und quer, verbissen, jeden Meter erobernd und verteidigend. Doch hier in Leon, um zwölf Uhr Mittags, vier Jahre später und älter, auf einem ausgedörrten, schattenlosen Rasen, war so ein erschöpfendes, kräftezehrendes Duett nicht mehr möglich. Das gesamte Spiel ist statisch. Die Mannschaften belauern einander, es wird aus dem Stand gespielt, Beckenbauer und Charlton wirken desinteressiert aneinander. Die Engländer gehen 2:0 in Führung, doch auch diese Tore sind ohne Glanz, graue Mäuse, an die sich heute niemand mehr erinnert. Auffälliger als das Spiel sind allemal die Werbebanden, die das Spielfeld säumen und eine klare deutsche Dominanz zeigen: Jägermeister, Zeiss of Jena, Kaufhof. Die Plakate wirken wie handgemalt, welk von der Sonne.

Wie schnell Helden in dieser Gluthitze sterben, zeigte der Fall Libuda. Er hatte sich bemüht, hatte gearbeitet, sich angeboten, manchen Pass gespielt. Doch herausgesprungen war dabei fast nichts. Die 51. Minute: Eckball für Deutschland. Libuda läuft zur Eckfahne und legt sich den Ball zurecht. Da registriert er, dass Grabowski für ihn eingewechselt wird. Der Körper des Schalkers verliert plötzlich jede Spannung, er wendet sich ab, er atmet einmal tief durch, sein Kinn fällt auf die Brust. Ein melancholischer Moment. Der Mann, der nur selten lachte, verlässt das Spielfeld, ganz still und in sich gekehrt, als ginge ihn das alles nichts mehr an. Hat er überhaupt gesehen, wie Beckenbauer den Anschlusstreffer erzielt?

Beckenbauer selbst, der zuvor einige Fehlpässe gespielt hat und sich mehrfach den Ball hat abjagen lassen, scheint in der 68. Minute aus einem Traum zu erwachen. Er deutet ein Dribbling an, er sprintet kurz und schüttelt Mullery ab. Dann ein flacher Schuss mit rechts, der Ball rutscht unter dem Körper von Englands Torhüter Bonetti durch, und es steht nur noch 1:2 aus deutscher Sicht. Bobby Charlton steht weit entfernt und verfolgt die Szene mit den Händen in den Hüften. Kaum einer bemerkt, dass er drei Minuten später das Feld verlässt. Ausgepumpt, kraftlos, müde, ohne Wirkung.

Es ist eine Legende, die bis heute gerne kolportiert wird, dass dieser »Wechselfehler« von Trainer Alf Ramsey die Engländer den Sieg gekostet hätte. Das ist falsch. Colin Bell, der Charlton ersetzt, ist wesentlich agiler und lässt Beckenbauer mehrfach hinter sich. Es stimmt auch nicht, dass Beckenbauer nun, von der Deckungslast befreit, aufblühte und die Deutschen zum Sieg trieb. Er hatte jetzt ein paar gute Szenen, aber letztendlich war es Glück, dass die deutsche Mannschaft schließlich mit 3:2 nach Verlängerung gewann, denn auch die Engländer scheiterten mehrfach knapp.

Nach dem Spiel beklagte sich ein deutscher Spieler, der nicht eingesetzt wurde, über seinen Trainer: »Er hat so viel Glück, dass man sich schon gar nicht mehr freuen kann.« Bestimmt hatte Helmut Schön Glück, aber er hatte auch den nimmermüden Uwe Seeler, der den späten Ausgleichstreffer erzielte, unnachahmlich mit dem Hinterkopf. Und dann war da noch Gerd Müller, der bis dahin kaum aufgefallen war, aber wie eine gereizte Wespe urplötzlich zustach und den Ball akrobatisch ins englische Tor trat, nachdem Hennes Löhr das Leder nach innen geköpft hatte.

Letztlich hatten die Deutschen sich zwar revanchiert, den Mythos von Wembley bezwangen sie damit aber nicht. Das Spiel in Leon taugte nicht als Stoff für Heldenlieder, auch wenn die *Bild-Zeitung* jubelte: »Jungs, ihr seid die Größten!« Nach dem Viertelfinale standen die letzten vier Teilnehmer fest: Uruguay, Italien, Brasilien und Deutschland. Eigentlich hätte Deutschlands Treffen gegen Italien in Guadalajara stattfinden sollen. Doch dann war das Spiel vom Organisationskomitee kurzfristig nach Mexiko City verlegt worden, weil man den Zuschauern nach einer Reihe von enttäuschenden Spielen eine attraktive Partie bieten wollte. Die deutsche Delegation musste ihr gewohntes Quartier in Leon verlassen und flog nach Mexiko City.

Bei großen Turnieren scheinen die Tage vor einem entscheidenden Spiel endlos zu sein. Alle bemühen sich, locker und frei zu wirken. Doch innerlich ist man an das bevorstehende Spiel gekettet, und die Zeit wird zur Folterbank. Wer das nächste Spiel gewinnt, steht im Finale. Wer es verliert, spielt untröstlich und lustlos um den dritten Platz. Beckenbauer denkt an diese Tage so zurück: »Wer vor solch einem Hintergrund von etwas anderem als Fußball spricht, ist krank. Wer also ein Buch las, wer den Kopf in Zeitungen oder Zeitschriften versteckte, wer Karten spielte, wer scheinbar gelangweilt um das Hotel schritt, jeder spielte sich und den anderen etwas vor. Jeder dachte an dasselbe wie die anderen: In ein paar Tagen entscheidet es sich, ob wir ins Endspiel kommen. Vielleicht gegen Brasilien.«

Doch aus dieser Hoffnung wurde nichts. Die Deutschen verloren 3:4 gegen Italien im sogenannten »Spiel des Jahrhunderts«. Es sei »der dramatischste Kampf der Geschichte« gewesen, schrieb die mexikanische Zeitung *Excelsior*. Die norwegische Zeitung *Dagbladet* meinte: »Es war das großartigste Spiel in der Geschichte der Fußball-Weltmeisterschaften.« Und die französische Sportzeitung *L'Équipe* urteilte: »Welch ein Spiel! Es hat keine Parallele.« Im *Evening Standard* wurde Franz Beckenbauer besonders hervorgehoben: »Beckenbauer, den rechten Arm an die Brust gebunden, verließ das Feld wie ein verwundeter, besiegter, aber stolzer preußischer Offizier. Einer der größten Spieler dieser Weltmeisterschaft wurde bei jedem Schritt umjubelt.«

War es wirklich ein so singuläres Spiel? Und was hatte der Münchner Beckenbauer bloß mit einem »preußischer Offizier« gemeinsam? Es regnete leicht, als Schiedsrichter Yamasaki das Spiel um 16.00 Uhr anpfiff. Über 90 000 Zuschauer hatten die riesige Betonschüssel des Aztekenstadions gefüllt und die meisten von ihnen sympathisierten mit der deutschen Mannschaft. Die Italiener waren nicht nur unbeliebt, weil sie die Mannschaft des Gastgebers im Viertelfinale mit 4:1 besiegt, sondern auch weil sie in der Vorrunde äußerst unansehnlich gespielt hatten und mit nur einem erzielten Tor im Turnier geblieben waren.

Die Italiener begannen mit einem defensiveren 4-4-2-System, während Helmut Schön auf ein offensiveres 4-3-3-System setzte. Grabowski, der »beste Auswechselspieler der Welt« stand jetzt das erste Mal von Beginn an auf dem Rasen. Die ersten Minuten des Spiels gehörten aber Wolfgang Overath. Er war hellwach, immer unterwegs, dribbelte, passte und warf sich ungestüm in die Zweikämpfe. Für Beckenbauer war er in diesem Turnier der ideale Partner, weil er das ganze Mittelfeld bearbeitete und die Räume durchs seine präzisen Querpässe auch in der Breite öffnete. Während Beckenbauer häufiger geradlinig in die Spitze spielte und Müller ohne Umwege suchte, verknüpfte Overath die Flügel mit dem Mittelfeld und der Abwehr. Außerdem bot er sich Beckenbauer immer wieder zum Anspiel und zum Doppelpass an, jenem simplen aber genialen Spielzug, den Beckenbauer so liebte.

Auch ihre spielerischen Temperamente ergänzten sich perfekt:

Overath tanzte auf engstem Raum, hitzig, schreckte auch vor einem groben Foul nicht zurück, um gleich wieder raffiniert und elegant weiter zu spielen. Er war ein Senkrechtstarter, das verzögernde Spiel lag ihm nicht. Dagegen agierte Beckenbauer verhaltener, kontrollierter, um dann den Gegner überfallartig zu überlaufen oder durch einen Pass schachmatt zu setzen. Viele Beobachter haben Beckenbauer auf dem Spielfeld, aber auch im Alltagsleben ein gewisses Phlegma unterstellt. So einen schläfrigen Augenblick erlebt Beckenbauer in der achten Minute, als ihm ein Ball vor die Füße fällt, der von Berti Vogts unglücklich abgeprallt war. Ehe Beckenbauer die Situation erfasst und den Ball fortschlagen kann, geht Boninsegna dazwischen und überwindet den deutschen Torwart mit einem Distanzschuss.

Jetzt nimmt das »Jahrhundertspiel« seinen Lauf. Beckenbauer, wachgerüttelt, zieht mehr und mehr das Spiel an sich und schwingt sich zum uneingeschränkten Dirigenten des Mittelfelds auf. Immer wieder stößt er ungemein schnell und entschlossen nach vorne, nur durch Fouls können ihn die Gegenspieler bremsen. Der knochige Abwehrhühne Facchetti tritt ihn im Strafraum um, Schiedsrichter Yamasaki pfeift nicht. Dann streckt ihn Mazzola rüde im Mittelfeld nieder, als er schon wieder auf und davon geeilt war. Beckenbauer steht kopfschüttelnd auf, noch unverletzt. Der nächste Bremser kommt bestimmt. Pierluigi Cera, der italienische Ausputzer, zieht dem heranstürmenden Deutschen Zentimeter vor der italienischen Strafraumgrenze die Beine weg. Ein Foul mit Folgen, denn Beckenbauer segelt durch die Luft, landet auf der Schulter und zieht sich eine schwere Prellung des Schultereckgelenks zu.

»Ohne die Schulterverletzung«, sagte Overath hinterher, »hätte der Franz anders gespielt.« Uwe Seeler formulierte es noch deutlicher: »Mit einem gesunden Franz Beckenbauer wären wir als Sieger vom Platz gegangen!« Diese Einschätzung ist nicht abwegig, denn bis dahin hat Beckenbauer die Italiener in Angst und Schrecken versetzt. Bis zur 65. Minute und dem Foul von Cera. Unglücklicherweise hat Schön genau in diesem Moment seinen zweiten Wechsel vorgenommen und Siggi Held für Patzke gebracht. Erst nach und nach wird deutlich, wie schwer Beckenbauer sich verletzt hat, wie sehr ihn die Verletzung beeinträchtigt. Er läuft und arbeitete noch mit, müht sich und versucht, das Tempo zu halten, doch dem deutschen Spiel fehlen jetzt seine unwiderstehlichen Alleingänge und Scharfschüsse.

Doch schon sein Bleiben und Ausharren spornt die deutsche Mannschaft an, jeder kämpft, um die Lücke zu füllen. Die Italiener werden mehr und mehr in die Defensive gedrängt, und der Ausgleich liegt in der Luft. Overath knallt den Ball nur an die Latte, Albertosi boxt einen Kopfball von Seeler aus dem Winkel. Mehrfach können die Italiener den Ball nur mit akrobatischen Einlagen von der Linie kratzen. Die Deutschen werfen alles nach vorne, aber das Tor fällt nicht. Die Zuschauer beginnen schon das Stadion zu verlassen, Schiedsrichter Yamasaki blickt auf die Uhr, die 90. Minute ist erreicht, das Spiel ist gelaufen.

Eine offiziell angezeigte Nachspielzeit gab es damals noch nicht, die meisten Schiedsrichter pfiffen eine Partie ungeachtet aller Unterbrechungen pünktlich nach 90 Minuten ab. Yamasaki legte zwei Minuten drauf, zwei Minuten für die Fußballewigkeit. Dann kommt Schnellinger. Ausgerechnet Schnellinger, der Italienlegionär, der noch nie ein Tor in der Nationalmannschaft erzielt hatte. Im Spreizschritt erwischt er eine Flanke von Grabowski. Tor! Schnellinger bleibt liegen, Beckenbauer, der jubelnd seine Arme hochreißen will, bricht den Versuch mit schmerzverzerrtem Gesicht ab.

Wann kam Schnellinger? Im Fernsehen wurde damals noch keine mitlaufende Uhr eingeblendet, jeder hatte die Zeit anders empfunden und erfahren. Die *Süddeutsche Zeitung* sah das Tor in der 90. Minute, die *Frankfurter Allgemeine Zeitung* erlebte es sowohl in der 90. als auch in der 91. Minute, für den *Tagesspiegel* lief die 91. Minute, die *Bild-Zeitung* nannte die 92. Minute und die *Frankfurter Rundschau* hatte gar die 93. Minute ausgemacht. Das scheinbar nebensächliche Detail offenbart die mythische Qualität, die dieses Spiel hat. Die Europameisterschaft 2004 bot den Zuschauern eine Reihe von furiosen und spannenden Spielen. Mancher Sportjournalist glaubte gar, eines der besten Turniere aller Zeiten gesehen zu haben. Aber würde irgendjemand ein Jahr später behaupten, es sei ein »Jahrhundertspiel« darunter gewesen?

In der übersatten Fußballfernsehwelt, in der kein Tag ohne Fernsehfußball vergeht, steht jedes Spiel schon im Schatten eines künftigen. Das Prinzip der Steigerung regiert, nichts ist sicher davor, nicht schon bald überboten zu werden. Im Dauerfluss der Fußballbilder verlieren die Szenen ihre Fähigkeit, sich tief in die Erinnerungen einzugraben. Die Formulierung »Jahrhundertspiel« lässt den Gedanken an eine baldige Steigerung gar nicht erst aufkommen. Sogar die *Bild-Zeitung*, immer auf der Suche nach der Intensivierung und Eskalierung, glaubte felsenfest: »Größeres wird es nie wieder geben.« Zu einem Mythos gehört auch, dass er immer wieder aufgenommen, erneut erzählt und variiert wird. Die offene Frage, wann genau Schnellinger das Ausgleichstor erzielte, lässt sich nicht erledigen, weil das Fernsehen das Spiel 1970 noch nicht vollends kontrollierte und die Übertragung Leerstellen ließ. Heute dagegen regiert die erzählerische Allmacht des Mediums, jedes Detail kann aus unzähligen Perspektiven betrachtet werden. In seinem erhellenden Buch »Gott ist rund« stellt der Publizist Dirk Schümer fest: »Ein Fußballspiel im Fernsehen wird nicht übertragen und schon gar nicht ›live‹. Es wird neu geschaffen.«

Das »Jahrhundertspiel« dauerte 120 Minuten. Wäre die Partie danach noch nicht entschieden worden, hätte ein Münzwurf bestimmt, wer das Finale erreicht, denn ein Elfmeterschießen gab es damals nicht. Aber keine der beiden Mannschaften dachte daran, dem Zufall die Entscheidung zu überlassen. Es wurde, wie es der Reporter Hartmut Scherzer treffend ausdrückte, ein Schauspiel »mit einer herrlichen Planlosigkeit auf beiden Seiten, mit Toren, die das Stadion in ein Tollhaus verwandelten«. Jürgen Grabowski, den die *Süddeutsche Zeitung* hinterher als besten Spieler auf dem Platz bezeichnete – »ein toller Dribbelkünstler von teuflischer Schnelligkeit« –, beschrieb, wie er die Verlängerung erlebte: »Ich werde nie vergessen, welche Kräfte das 1:1 von Karl-Heinz Schnellinger noch einmal freimachte, obwohl wir vor Erschöpfung kaum noch einen Fuß vor den anderen setzen konnten. Das 1:1 hatte uns aufgeputscht, das 2:1 war die ganz natürliche Folge unseres unbändigen Siegeswillens, das völlig unnötige 2:2 der lähmende Schock, der nach dem 3:3 noch einmal neuer Hoffnung wich. Dann das 4:3 der Italiener. Es war wirklich zum Heulen. Nach der unglücklichen Niederlage saßen in unserer Kabine erwachsene Männer, Millionäre, Superstars, und schluchzten hemmungslos wie kleine Kinder, mich eingeschlossen.«

Beckenbauer weinte nicht. Er fluchte: »Was der Schiedsrichter sich erlaubt hat, war ein Verbrechen, jawohl, ein Verbrechen.« Aber Beckenbauer war auch ein Spieler, der sich schnell abregte. Am nächsten Tag hatte er das Spiel bereits in seine Biographie eingeordnet: »Wembley war schon gut. Aber das hier war das Größte, was ich bisher erlebte.«

Zur Sache, Schätzchen

»Der aus der Tiefe des Raumes plötzlich vorstoßende Netzer hatte ›thrill‹. ›Thrill‹, das ist das Ereignis, das nicht erwartete Manöver, das ist die Verwandlung von Geometrie in Energie, die vor Glück wahnsinnig machende Explosion im Strafraum, ›thrill‹, das ist die Vollstreckung schlechthin, der Anfang und das Ende. ›Thrill‹ ist Wembley.«

Karl Heinz Bohrer

Die Polizisten sind verdattert. Sperrangelweit stehen die Münder offen. Da spaziert ein junger Mann auf die Wache, um einen Überfall anzuzeigen. Aber statt sich in die Routine der Befragung einzufügen, sprengt er die Ordnung mit Gegenfragen. »Jetzt machen wir ein richtig gemütliches Quiz zusammen. Wer oder was ist Schopenhauer? – A) ein Astronaut, B) ein berühmter Fußballer in den dreißiger Jahren oder C) eine urzeitliche Keule zum Töten von Tieren.«

Diese Szene stammt aus dem Film Zur Sache Schätzchen, der 1968 in die Kinos kommt und Uschi Glas mit einem Schlag berühmt macht. Die Handlung spielt in München, ein Werbetexter und ein Schauspieler, zwei phantasievolle Taugenichtse und Freunde aus dem Schwabinger Künstlermilieu, hasten durch den Tag, und ihre kleine Welt schwingt aus den Fugen. Sie kidnappen Ziegen und Kinderwagen im Zoo, verteidigen Spanner im Schwimmbad, laufen mit vorgehaltener Pistole durch die Stadt, stören die Ordnung und verulken die Polizei. Sie verbrennen ihre »schlaffen« Hosen, spielen Tipp-Kick und schwärmen von Uwe Seeler.

Der Film zeigt die Atmosphäre in München Anfang der siebziger Jahre. München glitzert, die Discokugel dreht sich, aus München kommt der Munich Sound, der von Produzenten wie Giorgio Moroder, von Sängerinnen wie Donna Summer und von Gruppen wie Silver Convention oder Les Humphries Singers geprägt wird. Beckenbauers Lieblingssänger in jenen Jahren ist Tom Jones, aber Franz Lehár mag er auch. Die luftige Architektur des Olympiastadions, in dem die Bayern seid 1972 spielen, drückt den Schwung jener Jahre aus, und die Olympischen Spiele im Sommer 1972 sind heitere Spiele, bis arabische Terroristen die israelische Mannschaft überfallen. München boomt, neue Medien und Industrien siedeln sich an, und eine spaßsuchende Schickeria wälzt sich durch die Discos und zieht von Party zu Party.

In den Discojahren der Republik fielen die Scheinwerfer im Fußball vor allem auf den FC Bayern München und Franz Beckenbauer. Es begann die erfolgreichste Ära der Bayern, eine Ära, in der sich die Mannschaft langfristig in die deutsche und europäische Spitze spielte, ihr Image von der pragmatischen Erfolgsmannschaft ebenso erwarb wie den Ruf, arrogant und eitel zu sein. Das »Mir-san-mir«-Gefühl wuchs und erhielt zusätzliche Nahrung durch die Bewunderung neuer Publikumsschichten, die sich jetzt zum Fußball hingezogen fühlten, weil es schick und modisch war.

Rainer Zobel, der 1970 als junger Mittelfeldspieler von Hannover 96 zu den Bayern kam, sechs Jahre blieb und einige Jahre das Zimmer mit Franz Beckenbauer teilte, sagte über die Bayern-Euphorie der gehobenen Schichten: »Es gehörte damals einfach dazu, sich mit uns sehen zu lassen, ob das nun Politiker waren, Industrielle oder Schauspieler.« Und Peter Bizer, der in jener Zeit als freier Journalist in München arbeitete und mit Netzer befreundet war, analysiert Beckenbauers Platz in der Münchner Gesellschaft folgendermaßen: »Netzer war der Hippie und der Existentialist, Beckenbauer dagegen war der Gutbürgerliche, auch der Repräsentant der Münchner Schicki-Micki-Gesellschaft, der Neureichen. Beckenbauer war, erstaunlicherweise, ein Einzelgänger, ohne allein zu gehen.«

Dass der »Kaiser« von nun an immer einen ganzen »Rattenschwanz« nach sich zog, bestätigt auch Brigitte Beckenbauer. Sie sprach schon damals gegenüber Freunden ironisch vom »Kaiser«, weil ihr die unkritische Verehrungswut und die ermüdungslose Zudringlichkeit der Edelfans auf die Nerven fiel und sie den Alltag nicht mit dem »Kaiser« teilte, sondern mit einem Mann, den sie und die Kinder immer seltener zu Gesicht bekamen. Je bekannter die Bayern und ihr Mann weltweit wurden, desto fremder wurden sich die Eheleute zu Hause in Grünwald. Wenn Brigitte Beckenbauer heute über diese Zeit spricht und ihren Ex-Mann in unserem Interview immer mal wieder den »Kaiser« nennt, dann schwingt darin vieles mit: Enttäuschung vielleicht, aber eben auch Respekt und immer noch Nähe und Zuneigung. Gerade weil sie immer noch Anteil an seinem Leben nimmt, hört man von ihr differenziertere Töne als von Gesprächspartnern, die vornehmlich daran interessiert sind, sein Image als Erfolgsmensch und Glückskind nicht in Frage zu stellen.

»Und wie«, frage ich sie, »haben Sie die Erfolgsjahre erlebt, die große Bayern-Ära?« »Es waren die schönsten, aber auch die aktivsten Jahre des Fußballs im vergangenen Jahrhundert, aber familiär . . .«

Sie macht eine Pause, dann fährt sie fort: »Es gab nur Termine, nur Spiele, Mittwoch, Samstag, Mittwoch, Samstag, Nationalmannschaft, Autogrammstunden. Und wenn er dann wirklich einmal da war, an einem Sonntag, ein Ausflug mit den Kindern, das hat ihn nicht interessiert oder dass wir mal ins Kino oder ins Museum gegangen wären, das hat es auch nie gegeben.« Auch deshalb ließ die Familie keine Gelegenheit aus, den Vater und Mann im Stadion zu sehen. Bei jedem Heimspiel waren Brigitte und die Kinder zusammen im Stadion, um ihm, seinem Leben und dem Fußball nah zu sein.

»Ein Lehrer und viele Abiturienten« so hat Dietrich Schulze-Marmeling das Kapitel in seiner Vereinsgeschichte des FC Bayern überschrieben. Udo Lattek, von Haus aus Lehrer, später dann Amateur- und Jugendtrainer beim DFB und Assistent von Helmut Schön, hatte seinen Job als Nachfolger von Zebec in erster Linie Franz Beckenbauer zu verdanken. Zebec, der knurrige und schweigsame Jugoslawe, wollte sich nicht vom Präsidenten Neudecker die Mannschaft diktieren lassen, und Neudecker kam nicht mit einem unzugänglichen Trainer aus, der seine präsidiale Autorität in Frage stellte. Weil aber Neudecker und auch Schwan den unberechenbaren Zorn des Jugoslawen fürchteten, musste der umtriebige Journalist Gonther dem Trainer die Nachricht überbringen, er sei entlassen.

Lattek dagegen, den Beckenbauer bei der Nationalmannschaft schätzen gelernt hatte und ihn deshalb empfahl, war umgänglicher und – in den ersten Jahren – zugänglich für die Wünsche des Präsidiums. Sehr viel später, als Lattek den Verein im Streit verlassen hatte, wurde ihm nachgesagt, jeder andere Trainer hätte mit dieser Mannschaft ebenfalls Erfolg gehabt, und Beckenbauer fand: »Wir Bayern waren damals eine Supertruppe, aber irgendwer musste sie schließlich bei Laune halten.« Die Einschätzung geht fehl, denn erstens war es eine Kunst, die Stars bei Laune zu halten, und zweitens hatte Lattek einen wesentlichen Anteil daran, dass die Mannschaft überhaupt eine »Supertruppe« wurde: Denn er brachte eine Reihe von äußerst talentierten Spielern mit und gab der Mannschaft, indem er sie entscheidend verjüngte, eine Perspektive für die nächsten Jahre.

Da sind in erster Linie natürlich Paul Breitner und Uli Hoeneß zu nennen, die er als Jugendnationalspieler betreut hatte. Beide, gerade 18 Jahre alt, mit dem Abitur in der Tasche und nicht eben auf den Mund gefallen, boxten sich auf Anhieb in die Mannschaft, erfolgshungrig, dynamisch und ehrgeizig. Ein Jahr zuvor war bereits der selbstbewusste Karl-Heinz Mrosko gekommen, auch er Abiturient. Ihm folgten unter Lattek dann noch Edgar Schneider, Günther Rybarczyk und Rainer Zobel. Kein anderer Verein in der Bundesliga hatte mehr Abiturienten unter Vertrag als der FC Bayern. Bildeten sich deshalb Lager in der Mannschaft? Kam es zu Konflikten? Ergaben sich daraus unvermeidbare Spannungspotenziale?

Sicher, es sollte in den folgenden Jahren zu Rivalitäten und Konflikten kommen, aber die hatten nicht so sehr etwas mit Bildung zu tun, sondern letzten Endes immer etwas mit Geld und dem Anspruch, die Mannschaft zu führen. Ein Münchner Journalist erzählte mir die folgende Anekdote: »Da waren fünf, sechs junge Burschen, die haben sich beim Training immer auf Latein unterhalten und das hat den Beckenbauer wahnsinnig geärgert. Als ich Gerd Müller fragte, ob ihn das nicht auch nervt, sagte er zu mir: ›I genervt? I find des toll, i könnt des net.‹« Das ist eine schöne Geschichte, aber eben eine Geschichte. Ob sie denn damals tatsächlich Latein gesprochen haben beim Training? »Quatsch!« ist das einzige, was Uli Hoeneß mir dazu sagen will. Und Zobel: »Unsinn!« Und Rybarczyk: »Hör ich das erste Mal.« Und Edgar Schneider, der später Sozialpädagogik studierte und heute auf dem Jugendamt in Pforzheim arbeitet: »Bestimmt nicht!« Zunächst einmal wollten alle dasselbe: spielen, gewinnen, verdienen und die Knochen heil durch den Profialltag bringen.

Lattek war im März 1970 während der laufenden Saison zu den Bayern gestoßen, die folgende Spielzeit 1970/71 war die erste, in der er die Mannschaft von Anfang an betreute. Obwohl die Bayern Herbstmeister wurden und noch am letzten Spieltag vor den punktgleichen Gladbachern auf dem ersten Platz standen, mussten sie am Ende Borussia Mönchengladbach den Vortritt lassen, die das letzte Spiel 4:1 in Frankfurt unter der Führung von Günter Netzer gewannen, während die Bayern 0:2 in Duisburg verloren. Ihren Schmerz über den entgangenen Titel konnten die Bayern jedoch durch den Gewinn des DFB-Pokals lindern.

Am 19. Juni 1971 trafen sie in Stuttgart vor 71 400 Zuschauern auf den 1. FC Köln, der mit Overath, Löhr, Weber oder Flohe ebenfalls eine Reihe von Stars beschäftigte. Das Spiel wurde zu einem dramatischen Kampf, in dem die Bayern ab der 71. Minute nur mit zehn Mann spielten, weil sich Koppenhöfer zu einer Tätlichkeit gegen Löhr hinreißen ließ. Beckenbauer war der beste Mann auf dem Platz. Er tauchte überall auf, mal als Libero, Mittelfeldspieler oder als Stürmer und bewahrte noch in den hitzigsten Momenten eine glänzende Übersicht. Längst war er für den Verein unbezahlbar geworden, deshalb hatten ihn die Bayern auch, als ersten deutschen Fußballer überhaupt, mit 600 000 DM gegen Spielunfähigkeit versichert. Die Hälfte davon wäre im Falle einer Invalidität Beckenbauer zugekommen, der sich privat mit 150 000 DM gegen schwere Verletzungen abgesichert hatte. Auch in diesem Spiel bewies Beckenbauer wieder seine Sonderstellung, als er nach dem Rückstand das Ruder herumriss und den Ausgleichstreffer erzielte. Als Siegprämie hatte Präsident Neudecker 10 000 DM ausgesetzt, und die Münchner schienen sich diese Einnahme nicht nehmen lassen zu wollen. Trotz des Platzverweises zeigte sich Bayern als die spielerisch reifere Mannschaft und führte die Partie auch in Unterzahl überlegen. Nach 90 Minuten stand es 1:1, die Verlängerung brach an. Am nächsten Tag schrieben die Zeitungen von einem »Finale der Superlative« und einem »Fußball-Krimi«. Das Spiel wogte hin und her, es wurde gerannt und gerackert, aber auch gespielt, schnell und kombinationssicher, Torchancen gab es im Minutentakt, doch die Entscheidung wollte nicht fallen. Fast alle hatten sich schon mit einem Wiederholungsspiel abgefunden, als der eingewechselte Edgar Schneider in der 118. Minute mit einem Gewaltschuss doch noch traf. So gewannen die Bayern 2:1, und Bundesinnenminister Genscher überreichte dem abgekämpften Kapitän Beckenbauer den Pokal.

Ein anderer Mann hatte an diesem Tag ebenfalls glänzend gespielt, und seine Leistung warf ein grelles Schlaglicht auf das eigentliche Thema dieser Saison: den Bundesligaskandal. Im Tor der Kölner stand nämlich Milutin Soskic, der den Stammtorhüter und Nationalspieler Manfred Manglitz vertrat. Manglitz, ein Hüne, der bei seinen Mitspielern wegen seiner selbstbewussten Wortwahl den Spitznamen »Cassius« trug, war keineswegs verletzt, krank oder wegen einer Roten Karte gesperrt. Der Kölner Torhüter war vielmehr einer der Protagonisten des Bestechungsskandals, der die Bundesliga in jenen Tagen erschütterte. Wenige Wochen zuvor hatte der Obsthändler Horst-Gregorio Canellas, der nebenbei auch noch Präsident von Kickers Offenbach war, den Skandal aufgedeckt. An seinem 50. Geburtstag, dem 6. Juni 1971, spielte er den Gästen seiner Gartenparty, darunter auch Bundestrainer Helmut Schön, mit der Miene eines allwissenden Geheimdienstchefs Tonbänder vor, die belegten, dass eine Reihe von Spielen gekauft worden war.

Der Sportjournalist Christian Eichler hat in seinem unterhaltsaminformativen »Lexikon der Fußballmythen« die halbweltdunkle Szenerie und die schillernden Akteure anschaulich beschrieben: »Offenbart wurde ein reger Geld- und Gefälligkeitsverkehr mit Figuren wie aus einem Jerry-Cotton-Heft, mit Geldübergaben auf Autobahnraststätten und Rollfeldern, in Spelunken und Swinger-Klubs, mit Promi-Friseuren, Baulöwen, Spielerbräuten, puffbetreibenden Assistenztrainern und anderen Geldboten. Die Bilanz des Skandals war erschütternd: Mindestens 18 Spiele der letzten acht Spieltage der Saison 1970/71 waren verschoben worden, zehn von 18 Klubs waren beteiligt, 52 Spieler und zwei Trainer wurden gesperrt, teilweise lebenslänglich, es gab hohe Geldstrafen, Amtsentzug für sechs Funktionäre, Zwangsabstieg für Bielefeld und Offenbach. Die Zuschauerzahl der Bundesliga sank von 6,3 Millionen (70/71) auf 5,4 Millionen (72/73).«

Trotz des Bestechungsskandals wurde das Jahr 1972 zu einem Erfolgsjahr, für die Bayern, Beckenbauer und die deutsche Nationalmannschaft. In der Bundesliga waren die Bayern von Anfang an auf Meisterschaftskurs. Alles passte: Die Mannschaft war jung und fand

Gefallen an Punkten und Prämien, die interne Hierarchie war fest und noch unangetastet, das Verhältnis zwischen Trainer und Mannschaft war intakt, und die Atmosphäre innerhalb des Teams war ausgeglichen. Lattek, so Rainer Zobel, verstand es, die Spieler zu motivieren und jeden individuell anzusprechen. »Lebe dein Leben, lebe dich aus, aber spiele auch Fußball«, das war Latteks Devise. Lattek empfand sich dabei »als der 12. Spieler und nicht als Trainer«, und Beckenbauer bewertete dieses Jahr als »die stärkste Spielzeit, die der FC Bayern je hatte«. Tatsächlich, am Ende der Saison wird die Meisterschaft erreicht sein, errungen mit 55:13 Punkten und einem sagenhaften Torverhältnis von 101:38 Toren. Allein Gerd Müller, der vor Beginn der Saison zu Europas Fußballer des Jahres gewählt worden war, hatte 40 Tore erzielt, ein bis heute gültiger Rekord.

Um Gerd Müller zu treffen, muss man nur zum Trainingsgelände der Bayern an die Säbener Straße fahren. Dort trainiert er auch heute noch wie ein Junger mit den Amateuren des Vereins, außerdem hält er sich jeden Tag mit einer Stunde Tennis fit. Wenn man ihn erlebt, ahnt man, warum es seine Gegenspieler früher so schwer mit ihm hatten. Er zappelt unberechenbar herum, er dreht sich auf dem Stuhl, als ob er im Strafraum stünde, er springt auf, er setzt sich, der Oberkörper immer in Bewegung.

»Was ist denn das Geheimnis ihres gefürchteten Zusammenspiels mit Beckenbauer gewesen?«, frage ich. Müller, der einen dunkelblauen Trainingsanzug trägt, zuckt nach rechts: »Wir haben uns blind verstanden. Ich hab gewusst, wenn er mir einen scharfen Ball herhaut, dann musste ich meine Drehung machen und ab ging es Richtung Tor. Wenn er aber den Ball weicher gespielt hat, dann wollte er den Doppelpass. Und wehe, das ist falsch gegangen, dann hat er geschrien, weil er den weiten Weg zurück musste.« An dieser Stelle seiner Schilderung hält es Müller nicht länger auf dem Stuhl, er springt auf, um mir vorzuführen, wie der »Kaiser« dann nach hinten gezuckelt sei. Müller macht das gut, er verwandelt sich in einen grimmigen Beckenbauer, der locker nach hinten trabt, aber den Kopf zornbebend nach vorne zu seinem Stürmer wendet. Und Müller setzt hinzu: »Gespurtet ist er nicht!«

Beckenbauers Zorn auf dem Spielfeld, ein Zorn, der ebenso

schnell verrauchte, wie er sich entzündet hatte, konnte seinen Mitspieler bisweilen den Mut rauben. Einmal, so hat es mir Günther Wolfbauer erzählt, beklagte sich Gerd Müller nach einem Länderspiel vor der Weltmeisterschaft in Mexiko bitter bei Uwe Seeler: »Ich höre auf mit dem Fußballspielen, ich lass mir das nicht länger gefallen vom Franz!!« Seeler, der im Spiel nichts bemerkt hatte, fragte erstaunt: »Aber wieso? Der Franz hat doch gar nichts gesagt?« Daraufhin Müller: »Aber wie der schaut, wie der schaut!«

Beckenbauers einschüchternden Blick bestätigt auch ein anderer legendärer Mitspieler, Georg »Katsche« Schwarzenbeck. Kein anderer der Weltmeister von 1974 hat sich so weit vom Fußball entfernt, kein anderer zeigt so wenig Allüren und Stargepränge. Heute steht Schwarzenbeck hinter dem Tresen seines Schreibwarengeschäftes in der Münchner Ohlmüllerstraße und verkauft Zeitungen, Bücher und allerlei Schulbedarf. Zu Beginn eines Schuljahres kann man ihn deshalb nicht interviewen, da verkauft er Schulbücher, da kann er, wie er sagt, die »Kinder nicht im Stich lassen«. Er ermuntert aber: »Kommen Sie ein paar Wochen später, dann ist das kein Problem mit dem Interview hier im Laden.« Es sei, so Schwarzenbeck, eine »gute Schule« neben dem Franz gewesen, denn natürlich wollte man sich neben ihm nicht blamieren: »Er war eigentlich recht ruhig, nur im Spiel, wenn etwas nicht klappte, war er aufbrausend oder er schaute so wild mit den Augen, aber im Bus hast du fast vergessen, dass er auch da ist. Er war sehr still und zurückgezogen.« Diese Eindrücke bestätigt auch Gerd Müller, sein Zimmerkollege, der ihn obendrein als notorischen Langschläfer in Erinnerung hat: »Wie oft der zu spät gekommen ist beim Frühstück, beim Training, er war aber immer die Ruhe selbst. Ich habe ihn oft abgeholt, wenn wir geflogen sind, auf den letzten Drücker, und er sagte dann seelenruhig: ›Ohne uns fliegen die nicht.‹«

Viele, viele Jahre später, als aus dem »Mann mit den goldenen Beinen« ein Problemfall geworden war, erinnerte sich Beckenbauer dankbar an den Torjäger, der für die Bayern unvorstellbare 365 Bundesligatore geschossen hatte. Müller war kein Glückskind wie Beckenbauer, schlechte Berater verringerten sein Vermögen, anstatt es zu mehren, seine geliebte Ehefrau verließ ihn, und schließlich begann Gerd Müller zu trinken. Da bewiesen die Mitspieler von einst, vor allem Hoeneß und Beckenbauer, Zusammenhalt. Sie kümmerten sich darum, dass der stille Star eine Therapie antrat, und verschafften ihm einen Job bei der eigenen Amateurmannschaft. Als dann bei einer Jahreshauptversammlung des Vereins kritische Fans wissen wollten, wofür denn der Müller Gerd sein Geld bekomme und ob man da nicht Geld zum Fenster hinauswerfe, gab der Präsident Beckenbauer eine Antwort, die die Nörgler sofort verstummen ließ: »Ohne den Gerd und ohne seine Tore hätten wir niemals diese Erfolge gehabt, ohne den Gerd wäre der FC Bayern nicht das, was er ist, und ohne den Gerd würden wir heute hier nicht sitzen.«

Im Frühjahr und Sommer 1972 mussten Entscheidungen fallen, denn die Bundesligasaison ging in ihre Endphase, ebenso wie die Europameisterschaft, die damals erst ab dem Halbfinale als Turnier ausgetragen und davor in Begegnungen mit Hin- und Rückspiel ausgespielt wurde. Noch bevor die Bayern am 28. Juni, dem letzten Spieltag der Saison 1971/72, zum alles entscheidenden Spiel gegen die Schalker antraten, die punktgleich auf dem zweiten Tabellenplatz lagen, wurde die Europameisterschaft entschieden. Zwei Spiele der EM 1972 sind bis heute in Erinnerung geblieben und zum Mythos geworden, das Viertelfinalspiel gegen England in Wembley und das Finale in Brüssel gegen die Sowjetunion. Viele Fußballhistoriker halten sie für den Höhepunkt des deutschen Fußballvermögens überhaupt. Niemals zuvor und niemals danach hätte die deutsche Nationalmannschaft so kultiviert, überlegen, technisch brillant, spielerisch überzeugend, phantasievoll und variantenreich agiert. »Von nun an«, so säuseln die Barden des Verfalls melancholisch wie einst Hildegard Knef, »ging's bergab.« Stimmt das wirklich? Und bestimmt nicht ein gerütteltes Maß an Verklärung diese Wahrnehmung?

Trotz aller großartigen Momente erscheint die deutsche Wembley-Mannschaft und ihr Spiel von heute aus betrachtet überschätzt. In die Loblieder auf den deutschen Fußball jener Jahre flossen die politischen Hoffnungen und privaten Aufbruchsgefühle jener Zeitgenossen ein, die die sozial-liberale Koalition als Abschied vom dumpfen Gestern begriffen. Der historisch-politische Enthusiasmus bestimmte die Wahrnehmung des Fußballs und tatsächlich war das Spiel der Mannschaft um Beckenbauer und Netzer aufregend genug. Was viele

Beobachter faszinierte, war das Zusammenspiel von Franz Beckenbauer und Günter Netzer, das in der Nationalmannschaft tatsächlich nie mehr so gut funktionieren sollte wie in diesen beiden Spielen. Im Wechselspiel trieben Netzer, der lange Blonde mit dem großen Fuß, und Beckenbauer, der aufrechte Ästhet, die Mannschaft nach vorne. Stürmte Beckenbauer, dann ließ sich Netzer nach hinten fallen und wenn Netzer mit wehenden Haaren attackierte, dann sicherte Beckenbauer ihn ab. Sie lupften, streichelten und zirkelten einander die Bälle zu, das sah fast überheblich aus, lässig, cool, erstrebenswert undeutsch. Zwei ganz und gar unterschiedliche Temperamente und Stile fanden für Momente zusammen.

Dabei waren die Voraussetzungen für das Spiel in Wembley gegen die favorisierten Engländer alles andere als ideal. Helmut Schön musste auf die verletzten Spieler Overath, Weber und Vogts verzichten, die Schalker Nigbur, Fichtel und Libuda waren wegen des Bundesligaskandals unabkömmlich und die Bayernspieler um ihren Kapitän Beckenbauer waren niedergeschlagen und müde. Zuerst waren die Münchner im DFB-Pokal gegen den 1. FC Köln in einem wahren Knochenbrecherspiel mit 1:5 ausgeschieden. Die Schreckensbilanz: Die Kölner hatten Wolfgang Sühnholz das Schienbein gebrochen und Franz Krauthausen zwei Zähne ausgeschlagen. Ein paar Tage später schieden die Bayern gegen die Glasgow Rangers im Europapokal der Pokalsieger aus und schließlich wurde der Tabellenführer auch noch vom MSV Duisburg in der Bundesliga düpiert und mit 3:0 überrannt. Dabei ließ ein 18-jähriger Wunderstürmer namens Ronald Worm Beckenbauer sehr alt aussehen, zog an ihm nach Belieben vorbei, tanzte ihn aus und erzielte, nach einem Schnitzer des Münchner Liberos, auch noch das 3:0. Der Kabarettist Dieter Hildebrandt tippte 2:1 für England und spöttelte:»Wenn sich der Schön auf die Bayern verlässt, dann ist hinten etwas undicht.« Die *Frankfurter Allgemeine Zeitung* bezeichnete die deutsche Elf wenig ermutigend als »abgeschabte Kombination«. Deshalb saß Beckenbauer vor dem Länderspiel mit hängenden Schultern in der Kabine, und als Netzer aufmunternd flachste:»Wenn wir heute weniger als fünf Stück kassieren, ist das schon ein Erfolg!«, seufzte er schicksalsergeben nur:»Ja mei!«

Und dann? Unter den zeitgenössischen Spielberichten ist keiner anschaulicher und schöner als der von Steffen Haffner, der für die *Frankfurter Allgemeine Zeitung* aus London berichtete: »Im Mittelfeld wurde die Partie entschieden. Hier nahmen Günter Netzer und Franz Beckenbauer als angriffslustiger Libero das Heft fest in die Hand. Wenn Netzer zu seinen mitreißenden Sololäufen ansetzte, zitterten die Engländer, dann sprangen die Signale auf Sturm. Mit dem Trick, den Ausgangspunkt weit nach hinten zu verlegen, übertölpelte er zuerst Ball und dann Bell, denen er wie ein Aal von Mal zu Mal entglitt. Ebenso wenig wussten die Gastgeber den flinken Ausflügen Beckenbauers zu begegnen. Der elegante Münchner verdient besondere Anerkennung. Er erledigte die nicht leichte Defensivaufgabe mit Bravour und zündete mit seiner Virtuosität die entscheidenden Blitze. Nach der Partie von Wembley bemessen, ist Beckenbauer neben Weltklassespielern wie di Stefano, Bobby Charlton und sogar Pelé zu stellen. Netzers und Beckenbauers Impulse schlugen an, weil die Mitspieler empfindlich wie ein Seismograph auf jeden Anstoß reagierten. Nahe der Mittellinie fanden sich die Deutschen wie im Training zu einem ›Kreisverkehr‹, in dem sie den Ball so lange kursieren ließen, bis der Einschusswinkel zum Tor stimmte. Jeder Einzelne besaß die Freiheit des Handelns und war nicht an die taktische Kandare genommen, was Bundestrainer Schön ein gutes Zeugnis ausstellt.«

Fußball bleibt in seinen großen, mythischen Momenten unerklärbar. Der glänzende Sieg gegen England kam so unvermutet, so überraschend wie Willy Brandts Erfolg gegen den Oppositionsführer Rainer Barzel, der ihn, siegesgewiss, zwei Tage zuvor durch ein konstruktives Misstrauensvotum stürzen wollte. Mit minutenlangen Ovationen und Bravorufen feierte die SPD/FDP-Koalition ihren unverhofften Sieg, derweil hockten die CDU/CSU-Abgeordneten in sich zusammengesackt und verdrossen auf ihren Bänken. Sahen so nicht auch die Engländer aus? Geschlagen, am Boden zerstört, gescheitert? Man kann verstehen, dass sich in der Wahrnehmung mancher Zeitgenossen der Beifall für Brandt mit dem Jubel über den Sieg der deutsche Mannschaft mischte. Vor allem die linksliberalen Interpreten führten die beiden Ereignisse eng und entdeckten hier wie da utopische Momente.

Doch die Energien eines Spiels, die rätselhaften Kurven seines

Verlaufs, sein Rhythmus und die Psychologie der neunzig Minuten widerstehen jeder eindeutigen Erklärung und jeder politischen Theorie. Wer den Grashalm nicht ehrt, den Schnitt des Rasens, Gerd Müllers Schnupfen oder Beckenbauers Zeh außer Acht lässt, wer den Wind ignoriert und die Laune des Trainers, wer nicht die Vitalität, das Alter und die Biographie des Gegners in Rechnung stellt, wer übersieht, dass der Ball den nötigen Luftdruck braucht und die Geschichte einen eigenen Atem, wer glaubt, ohne den Schiedsrichter auskommen zu können, der wird ein Fußballspiel für eine berechenbare Sache halten. Irrtum – das große Spiel ist ein Ding an sich.

Übrigens – das Rückspiel in Berlin, vierzehn Tage später, war kein großes Spiel, es war, so schrieb die englische Sportpresse, eine »Beerdigung« für die Mannschaft von Alf Ramsey, die überaltert war, ohne Esprit, Ideen und Witz. Es endete 0:0 und damit hatte die deutsche Mannschaft das Halbfinale in Belgien erreicht.

Als die deutsche Mannschaft in Belgien eintraf, galt das »Wunderteam« als haushoher Favorit. Wer sollte die Elf um Beckenbauer und Netzer schlagen? Etwa die sowjetische Mannschaft, die noch am 26. Mai 1972 zur Einweihung des Münchner Olympiastadions mit 4:1 durch vier Gerd Müller-Tore zerlegt worden war? Oder die biederen Gastgeber Belgien, die zwar kämpfen konnten, aber nur als Außenseiter galten? Oder etwa die braven Ungarn, denen man zwar eine gute Technik aber keine Durchschlagskraft attestierte? Das erste Spiel bestritt die deutsche Nationalmannschaft am 14. Juni gegen Belgien. Man gewann durch zwei Tore von Gerd Müller vor 59 000 Zuschauern in Antwerpen mit 2:1 und hatte das Finale erreicht. Der Mönchengladbacher Herbert Wimmer, ein Marathonmann im Mittelfeld, war der auffälligste Spieler. »Netzer und Beckenbauer können sich bei ihm bedanken. Er ermöglicht es ihnen, durch seinen Bienenfleiß und seine Selbstlosigkeit, sichtbar zu brillieren«, schrieb die *Frankfurter Allgemeine Zeitung,* die auch den verletzten Spielmacher der Belgier Wilfried van Moer zitierte, der Netzer und Beckenbauer als »Show-Leute« bezeichnete und vor allem Beckenbauers »Hang zur Arroganz« kritisierte.

Am 18. Juni traf die deutsche Mannschaft im Finale auf die Sowjetunion, der niemand eine Chance zubilligte. Der englische Journalist Brian Glanville, der den bis heute unerreichten Fußballroman »Der Profi« geschrieben hat, meinte vielsagend: »Wenn die Deutschen das Finale gegen die Sowjetunion verlieren, dann wird der internationale Fußball um fünf Jahre zurückgeworfen.« Im deutschen Lager dachte niemand an eine Niederlage, doch wie hielt man die sich einschleichende Arroganz in Schach? Ich frage Günter Netzer.

Für unser Interview treffen wir uns zum Frühstück im Mandarin Oriental in München. Ein Luxus-Hotel, das den Luxus zurückhaltend in Szene setzt. Das passt zu Netzer, der als ARD-Experte zusammen mit Gerd Delling den angesehenen Grimme-Preis erhielt und als Manager Mitinhaber der Fernsehrechte für die Bundesliga und die WM 2006 ist. Netzer bemüht sich aufmerksam um mich, ohne dabei in ermüdete Professionalität zu verfallen. Er ist größer, als man ihn sich vorstellt. Der hochaufgeschossene Delling, neben dem er jetzt immer im Bild steht, misst mehr als zwei Meter und macht ihn auf dem Bildschirm kleiner, als er tatsächlich ist. Nicht umsonst riefen ihn die Mitspieler früher »Langer«, legendenumwoben ist auch seine Schuhgröße 46.

»Wie hat denn Schön die Mannschaft damals angesprochen und sie erreicht?« Netzer spricht bedachtsam: »Er war von seinem Naturell her kein typischer Trainer, er war vielmehr ein Schöngeist und hat Dinge gesagt, die nicht der damaligen Trainersprache entsprachen. Er war eher ein Freund der Mannschaft und hat uns bei guter Laune gehalten. Als er uns bei der Europameisterschaft kurz vor dem Finale die russische Mannschaft aufzeigen wollte, hielt er plötzlich inne und sagte nur: ›Macht doch, was ihr wollt.‹ Er hat gespürt, die Mannschaft ist so gefestigt, so sicher, die wissen genau, wie sie es zu machen haben.«

Die damalige Selbstgewissheit der deutschen Spieler kann man noch heute spüren, wenn man das Spiel ansieht. Ebenso fällt auf, dass sich die sowjetischen Spieler offenbar schon in ihre Opferrolle gefügt haben. Es ist kein glänzendes Spiel, es gibt viel Leerlauf, die Partie ist einfach zu unausgeglichen, um zu einem dramatischen Match zu werden. Mancher Pass von Beckenbauer oder Netzer landet im leeren Raum, manche Kombinationen versanden, und doch sind die Stars wie von einer Aura umglänzt, die ihre Gegenspieler zu fesseln scheint. Wenn Beckenbauer auf engstem Raum seine Gegenspieler narrt, ruft der Kommentator der BBC den Zuschauern nur andächtig zu: »Look at that!« Mehr muss er nicht sagen, die Bilder sprechen für sich.

Neben diesen majestätischen Momenten gibt es aber auch einen Beckenbauer zu besichtigen, der wie ein Bierkutscher flucht und wütet. Er ist im Ballbesitz, Vorwärtsbewegung, rechts hinten in der eigenen Hälfte. Er spielt den Ball in den leeren Raum. Für wen war der Ball? Schwarzenbeck? Oder Netzer? Er landet beim Gegner, der so unvermutet zu einer Chance kommt. Doch bevor die Russen wirklich durchdringen können, landet der Ball wieder bei Beckenbauer. Das Spiel geht weiter, ein Gegenspieler bedrängt den deutschen Libero, der es nun fertig bringt, gleichzeitig wild mit den Armen zu rudern, lautstark zu toben, mit feurigen Blicken seine Mitspieler zu strafen und den Ball abzuschirmen, um ihn dann zu Sepp Maier zurückzuspielen.

Dieses Kunststück machte Beckenbauer keiner nach. Es belegt auch die unumstrittene Chefrolle, die er inzwischen in der Nationalmannschaft einnahm und zu der auch gehörte, dass Beckenbauer endlich, nach langen Jahren des ungeduldigen Wartens, auf der Wunschposition spielte. Beckenbauer hatte gehofft, diese Rolle gleich nach der Weltmeisterschaft in Mexiko zu übernehmen, doch Schön ließ ihn zappeln. Schnellinger hatte als Ausputzer eine gute WM gespielt und dann war da ja auch noch der Stuttgarter Klaus-Dieter Sieloff, den Schön ebenfalls mehrfach testete. So schnell wollte sich der Bundestrainer nicht von seinem traumhaften Plan abbringen lassen, Overath, Beckenbauer und Netzer zum besten Mittelfeld der Welt zu vereinigen. Und als sein Assistent Lattek Trainer der Bayern geworden war, rechnete er sich Chancen aus, Beckenbauer auch im Verein wieder ins Mittelfeldfeld dirigieren zu können. Doch Lattek war jetzt auf Unabhängigkeit bedacht und wusste, dass Beckenbauer in diesem Konflikt perspektivisch die besseren Karten hatte. Deshalb verbat er sich jede Einmischung in seine Arbeit und forderte nun seinerseits angriffslustig, sein Libero müsse endlich auch für Deutschland auf diesem Posten stehen. Schön traf sich im März 1971 zum klärenden Gespräch mit Beckenbauer und ließ sich umstimmen. Im Hinblick auf die kommende Weltmeisterschaft 1974 im eigenen Land gewann das Argument Gewicht, dass Sieloff und Schnellinger dann ihre beste Zeit hinter sich haben würden, und was nützte Schön ein ewig unzufriedener Beckenbauer? Auf ihn musste er seine Mannschaft bauen, er war der Kopf, er war der Mann, wie sich der BBC-Reporter ausdrückte, »der alle Fäden zog«. Beim nächsten Länderspiel am 25. April 1971 gegen die Türkei spielte Beckenbauer wieder auf seiner Wunschposition, erstmals seit der Südamerikareise 1968. Damit hatte Beckenbauer einen langen Kampf für sich entschieden.

Die Frage, ob die sechs Bayernspieler, die in der Finalmannschaft von Brüssel gestanden hatten, noch genügend Kraft und Konzentration für die Meisterschaft besitzen würden, war schnell geklärt. Am letzten Spieltag der Saison 1971/72 wurden die Schalker, die als punktgleicher Zweiter ebenfalls noch Erster hätten werden können, mit 5:1 »in sämtliche Bestandteile zerlegt«, so der *Münchner Merkur*. Erstmals spielten die Münchner im baufrischen Olympiastadion vor 80 000 begeisterten Zuschauern, die das letzte Tor von Beckenbauer zum 5:1 mit Gesängen wie »So ein Tag, so wunderschön wie heute« feierten.

Bayern war zum dritten Mal nach 1932 und 1969 Meister und die Mannschaft um Beckenbauer, der in den Spielberichten jetzt immer häufiger »der Kaiser« genannt wurde, hatte lange noch nicht ihren Zenit erreicht. Nach dem offiziellen Bankett verschwanden die Spieler schnell, die Verheirateten zog es nach Hause, die Jüngeren gingen zum »Austanzen«. Die angesagten Discotheken jener Jahre in München hießen »Charly M«, »East Side«, »Sugar Shake« oder das »Why not«, in dem auch Netzer oft anzutreffen war, bis in die frühen Morgenstunden feiernd, ehe er mit der Frühmaschine wieder Richtung Weisweiler und Mönchengladbach flog.

Als Beckenbauer zusammen mit Netzer beim ARD-Talkmaster Beckmann eingeladen war, um Netzers gerade erschienene Autobiographie »Aus der Tiefe des Raumes« freundlich plaudernd zu bewerben, witzelte Beckenbauer, »früher ging man nach dem Spiel austanzen, heute müssen die Spieler zum Auslaufen«. Sein Mitspieler Rainer Zobel, der die Sendung auch gesehen hat, fügt im Gespräch mit mir hinzu: »Das stimmt, was der Franz da gesagt hat. Heute rufen die Wirte oder andere Besucher bei der Presse an, um mitzuteilen, dass Oliver Kahn oder andere in der Disco sind.« Der Sportjournalist Jürgen Schießl, der die Bayern damals für die Münchner Boulevardzeitung *tz* beobachtete, bringt es auf den Punkt: »Früher wusste man viel und schrieb wenig, heute weiß man wenig und schreibt viel.«

Die Journalisten der *Bild-Zeitung* waren nicht die ersten, die erkannten, dass das Privatleben der Fußballstars nun bares Kapital bedeutete, aber sie setzten diese Einsicht besonders nachdrücklich um, mit viel Personal, mit einem großen Apparat, später auch mit Geld und Exklusivverträgen für die Spieler. Die *Bild-Zeitung* in München war die erste Zeitung, die jeden Tag einen Reporter zum Training der Bayern schickte. Die Kontakte zu den Spielern wurden systematisch gepflegt und ausgebaut. Grundsätzlich alles, was ein Spieler tat oder ließ, wurde interessant und konnte in Schlagzeilen umgemünzt werden, auch ein paar Barthaare. Nachdem sich Gerd Müller und Franz Beckenbauer im Oktober 1970 beide einen Schnurrbart wachsen ließen, inszenierten Deutschlands Boulevard-Zeitungen einen »Bart-Krieg« *(Bild)*, von dem offenbar das Schicksal der Nationalelf abhing. »Muss Helmut Schön in Zukunft mit Hippies und Beatniks um Deutschlands Fußballehre kämpfen?«, fragte der Kölner *Express* entrüstet. Helmut Schön wurde so zur Lippenzierde zitiert: »Ehrlich gesagt, mir gefällt das ganz und gar nicht.« Der autoritäre Präsident Neudecker dazu: »Ich würde mich riesig freuen, wenn unsere Mannschaft eines Tages mit kurz geschnittenen Haaren einlaufen würde.« Brigitte Beckenbauer verteidigte den Bart als Tarnung gegen allzu aufdringliche Fans: »Vielleicht können wir dann wenigstens einmal in Ruhe ausgehen, ohne gleich entdeckt zu werden.« Die Zeitungen forderten ihre Leser auf, über Beckenbauers Bart abzustimmen, und Klaus Müller, Sportredakteur der *Bild-Zeitung*, der damals selbst einen Oberlippenbart trug, wollte es sich nicht nehmen lassen, als Bartanstifter vor seine Leser hinzutreten. Brigitte Beckenbauer habe ihn wegen seines Bartes gelobt und deshalb ihren Mann ermutigt, ihm nachzueifern.

Bald begnügte sich der Boulevard nicht mehr damit, nur die Oberlippe freizulegen, der ganze Körper sollte es nun sein. Die Gelegenheit dazu bot sich, als die Bayern in der Saison 1972/73 ihren Titel verteidigten, so unangetastet wie bis heute keine Mannschaft mehr. 11 Punkte betrug der Vorsprung vor dem Zweiten am letzten Spieltag, und die Bayern hatten allen Grund zu feiern. Sie begannen damit bereits im Ermüdungsbecken, Trainer Lattek flog bekleidet ins Nass, Sekt und Bier befeuchtete heiser gesungene Sportlerkehlen.

Einer der zahlreich anwesenden Reporter zögerte nicht lang und schoss ein paar Nacktfotos, die begierige Abnehmer fanden, u. a. die *Sport-Illustrierte*. In einer Zeit, in der unentwegt Filme wie DIE VERSTOSSENE – AUS DEM INTIMEN TAGEBUCH EINER HALBJUNGFRAU oder STOSSZEIT – MITTEILUNGEN EINER PROSTITUIERTEN das Publikum anzogen, schienen die nackten Fußballer zunächst niemanden zu empören. Bis der Bundestrainer sich echauffierte und damit erst dem »Skandal« Nahrung gab: Da seien, so Schön, »Porno-Fotos« gemacht worden, und er wusste auch: »Den Franz hat das tief getroffen.«

Von *Bild-Zeitung* bis *Spiegel*, niemand wollte sich die Nackten im Bad entgehen lassen, und auch für das berühmte »Streiflicht« der *Süddeutschen Zeitung* war der »Planschbeckenbauer« ein gefundenes Fressen. Schön war jedoch weniger über die Fotos empört, sondern vielmehr über die Ablenkung seines Schützlings vor dem Länderspiel gegen Bulgarien in Hamburg. »Man kann sich nicht vorstellen, wie oft er deswegen zum Telefon gerufen wurde.« Aber Beckenbauer spielte dann gar nicht fahrig oder unkonzentriert, zumindest wenn man der *Bild-Zeitung* aus Hamburg glauben darf: »Beckenbauer dirigierte das Spiel und hatte sogar noch Zeit zum Tore schießen.« Tatsächlich erzielte Beckenbauer schon in der 18. Minute das 1:0 gegen die Bulgaren, die schließlich mit 3:1 besiegt wurden. Die *Bild*-Kollegen aus München legten dem Publikum dagegen einen ganz anderen Eindruck nahe. Unter der Schlagzeile: »Und alles wegen der Nacktfotos« sorgte sich Herbert Jung einfühlsam: »Selten hatte man Nationalmannschaftskapitän Beckenbauer so nervös, so überhastet, so ungenau abspielen sehen wie in Hamburg gegen die Bulgaren.«

Aber nicht nur die *Bild-Zeitung* war am Innenleben Beckenbauers interessiert, auch der *Spiegel* wollte wissen, was es mit dem »Helden der Nation« nach dem Gewinn der Europameisterschaft auf sich hat. Nach Interviews mit Beckenbauer, Müller und Netzer analysierte der Reporter Hermann Schreiber: »Sie haben eine oder zwei Sprossen auf der sozialen Leiter übersprungen und versuchen seither, sich einer gesellschaftlichen Situation anzupassen, die sie kaum definieren, geschweige denn artikulieren können. Solcher Mangel an Maßstäben führt zu Unsicherheit, schließlich zu fremdbestimmtem Verhalten.« Schreiber zitierte in seiner Reportage auch den Sportjournalisten

Horst Vetten, der beobachtete, dass ein Fußballstar »jeden Tag aus der Zeitung sein eigenes Image herausliest. Das prägt ihn, reguliert sein Verhalten, fertigt sein Selbstverständnis, und dem rennt er nach.«

War Beckenbauer in jenen Jahren fremdbestimmt? Begann er, seinem Image nachzulaufen? In Interviews wies er immer wieder darauf hin, dass er sich mit der Bezeichnung »Kaiser Franz« nicht »wohl fühle«, aber »ich hab' mir den Namen nicht gegeben. Ich kann das auch nicht beeinflussen. Das ist geboren worden, und damit muss ich leben.« Weder er noch sein Manager Robert Schwan unternahmen Anstrengungen, ein Image zu erfinden. Es war vielmehr so, dass das Image Beckenbauer nachlief, und er keine Lust und Energie besaß, davonzulaufen oder diesem Image andere Persönlichkeitsentwürfe entgegenzustellen. Und fremdbestimmt? Sicher, Schwan und Brigitte Beckenbauer hatten in seinem Leben vieles zu bestimmen und zu entscheiden, aber letztlich waren sie es, deren Handeln und Leben von ihm bestimmt wurden, weil sie sich, sehr viel mehr als er selbst, vom Image des »Kaisers« angetrieben und herausgefordert fühlten.

Beckenbauer ließ vieles mit sich machen, nicht nur weil er ein geduldiger und freundlicher Mensch war und ist, sondern auch weil er niemals das Gefühl hatte, wirklich Schaden nehmen zu können. Er ließ sich gerne lenken, aber nur, wenn er glaubte, dass die Lenker es zu seinem Wohl und Besten taten. Schlechte Absichten unterstellte er niemandem, und er versuchte auch nicht krampfhaft, seine Arglosigkeit und Lebensunerfahrenheit abzuschütteln. Günther Wolfbauer äußerte sich so über Beckenbauers Charakter: »Der Franz war als Fußballer mit allen Wassern gewaschen, nicht als Mensch.« Er war formbar, aber nicht formlos, denn andienen oder gefällig machen musste er sich nicht. »Wie sehen Sie sein Image in diesen Jahren?«, fragte ich Peter Bizer, der heute potenzielle Olympiastädte in Image- und Bewerbungsfragen berät: »Er war doch relativ undeutsch in seiner Spielweise, er war so ein Ableger des deutschen Fräuleinwunders und verkörperte die Leichtigkeit der siebziger Jahre. Nach diesem Rackerer Uwe Seeler, der für den Aufbau stand, entsprach er dem Image der Lockerheit, vielleicht auch, weil er selbst noch nicht wusste, wo er hinwill, er probierte mal dieses und jenes, hatte auch Affären, aber nie hat man ihm was übel genommen.«

Zweimal hintereinander hatte Bayern München jetzt die Deutsche Meisterschaft gewonnen. Die Mannschaft, die sich nun gereifter und ausgeglichener denn je zeigte, war auf dem Höhepunkt ihrer Möglichkeiten angekommen. In München erwartete das inzwischen anspruchsvoll gewordene Publikum neue Superlative. Die Situation war zwiespältig, für Beckenbauer und den Verein. Der Erfolg bedeutete Lust und Last zugleich, denn je erfolgreicher die Bayern wurden, desto weniger Zeit blieb, die Titel zu genießen, den Erfolg auszukosten. Präsident Neudecker forderte vor der neuen Saison unverhohlen, dass man jetzt den Europapokal der Landesmeister holen müsse. Franz Beckenbauer beurteilt die angespannte Situation rückblickend so: »Spätestens 73/74 war es soweit, dass wir zum Erfolg regelrecht verurteilt waren. Wir mussten, um die Zuschauer ins Stadion zu locken, immer wieder Steigerungen bieten. Das Beste war gerade noch gut genug. Unsere eigenen Bestmarken waren jetzt die Messlatte. Es war eine ständige Gratwanderung. So schön diese Zeit auch war, so anstrengend war sie. In dieser Saison mussten wir über 100 Spiele bestreiten und danach auch noch die WM überstehen.«

Die Weltmeisterschaft im eigenen Land weckte bereits Erwartungen. Nach dem zweiten Platz 1966 in England und dem dritten Platz 1970 in Mexiko – Erfolge, die nicht unbedingt erwartet wurden und die deshalb um so stürmischer gefeiert worden waren – wollten jetzt alle den Weltmeistertitel. Deshalb standen der Libero und der FC Bayern in der anlaufenden Saison 1973/74 unter besonderer Beobachtung, schließlich hatten die Münchner bei der Europameisterschaft in Belgien das Gerüst der Nationalmannschaft gebildet, und alles deutete darauf hin, dass das auch bei der Weltmeisterschaft der Fall sein würde.

Der öffentliche Beckenbauer begann nun, dem privaten Beckenbauer zuzusetzen und ihm die Luft abzuschnüren. Nicht weil Beckenbauer sich unter dem Druck sonderlich verändert oder Erfolg und Ruhm ihm den Kopf verdreht hätten – das war es nicht. Aber wie viel Star verträgt eine Familie? Eine Ehe? Und was macht der Star, wenn er sich in den eigenen vier Wänden noch als Star begegnet? In den Zimmern der Beckenbauer-Kinder hingen die bunten Adidas-Poster, die den lächelnden, werbetreibenden »Kaiser« zeigten. Oder war das doch der Vater, der da hing? Und mit wem wollte Brigitte Beckenbauer auf festlichen Bällen und Partys in München tanzen? Mit dem Mann oder dem Star?

Brigitte Beckenbauer, die die Familie zusammenhielt, war sehr viel kontaktfreudiger als ihr Mann, der sich um niemanden bemühen musste, weil sich ohnehin alle um ihn bemühten. Brigitte dagegen wollte an einem Leben, an einem Gesellschaftsleben teilhaben, das nicht dem Fußball gehörte, das etwas anderes bot. Sie sah den Aufstieg an der Seite ihres Mannes auch als Chance, sich zu bilden und sich persönlich weiter zu entwickeln. Das Rollenbild des »Kaisers«, das sie unweigerlich zur »Kaiserin« machte, spornte sie an, den kleinbürgerlichen Alltag auch hinter den Kulissen abzustreifen. Größer sollte das Leben auch da sein, anders, als sie und ihr Mann es von Haus und Kindheit her kannten.

Brigitte nahm Klavierunterricht, und warum sollte Franz das nicht auch versuchen? Und Englisch? Das gehörte doch einfach dazu, das musste man können! Und lass' uns doch in die Oper gehen, das ist wirklich interessant. Man muss auch mal etwas anderes sehen als die »Sportschau«, etwas anderes lesen als die *Bild-Zeitung*. Bis zu einem gewissen Grad war Beckenbauer seiner Frau für diese Anregungen dankbar. Er ließ sich von seiner Frau durchaus für Dinge begeistern, die ihm fremd waren. Hatte er seine Trägheit erst einmal überwunden, konnte er sogar Gefallen daran finden, die Fußballwelt zu verlassen.

Eine dieser ganz anderen Welten war die Oper, und einer, der den Fußballer in diese Welt einführte, war der Bariton Karl Helm, der mit Beckenbauer einen gemeinsamen Jugendfreund teilte. Als Helm 1970 an die Bayerische Staatsoper ging, nahm er Kontakt zu Beckenbauer auf. Man traf sich, fand sich sympathisch, und so ging Helm ins Olympiastadion und Beckenbauer in die Bayerische Staatsoper. »Die verkaufte Braut« von Friedrich Smetana, das sei vermutlich die erste Oper gewesen, in die Beckenbauer damals gegangen ist. Man traf sich auch zum Kartenspielen, ging zusammen in den Bayerischen Hof oder verabredetet sich bei Beckenbauers in Grünwald.

Auf diese Weise lernte Helm auch jene Leute kennen, die sich vom Strahlenkranz des Kaisers ein wenig Glanz borgten, weil ihr Metier zwar ungemein viel Geld, aber wenig Glamour abwarf: Teppichmogule, Fleischwarenfabrikanten, Imbisskettenkönige, schwerreiche

Maschinenhersteller oder Straßenbauer. Das waren Leute, so Helm, die mal flink zum Kaffeetrinken nach Venedig jetteten oder zum Autorennen nach Barcelona, eine mobile Amüsierfraktion mit dem Hang zur »übertriebenen Wichtigtuerei«, die sich auch »gerne mit dem Franz geschmückt hat«, ohne sich tiefer für den Fußball oder den Menschen Beckenbauer zu interessieren.

Etwas anders lag der Fall bei Roman Polanski, der 1966 mit seinem Film DER TANZ DER VAMPIRE weltberühmt geworden war und keinen fremden Glanz brauchte. Er, ein leidenschaftlicher Fußballfan, der 1976 an der Staatsoper in München Regie führte, wollte unbedingt den Fußballer Beckenbauer kennen lernen, und Helm sollte den Kontakt herstellen. Der »Kaiser« war zunächst nur mäßig interessiert, er lag gerade auf der Massagebank, als ihn Helm telefonisch erreichte, aber »wenn die Brigitte das will, dann machen Sie den Termin«. Als das Treffen dann tatsächlich zustande kam, wurde es ein sehr lebhafter Abend, bei dem sich Polanski und Beckenbauer angeregt unterhielten. »Der Bühnenbildner Jürgen Rose war auch dabei«, erzählt Helm, »und es hat dem Franz wahnsinnig gefallen, dieses andere Metier kennen zu lernen. Er wollte ganz genau wissen, wie das abläuft mit der Regie und dem Bühnenbild.«

Doch auch ein so gelungener Abend konnte nicht verdecken, dass Beckenbauer viele dieser Aktivitäten nur seiner Frau zuliebe unternahm und dass er sich von ihren Wünschen zunehmend überfordert fühlte. Manchmal kam es dabei zu Szenen, die im Rückblick komisch wirken, damals jedoch Gräben zwischen den Eheleuten aufrissen. Brigitte hatte sich mit dem Musikkritiker des *Münchner Merkurs* Hans Göhl angefreundet, dessen Freund Heinrich Breyer als Redakteur bei der *Süddeutschen Zeitung* arbeitete. Dieses Paar war von dem missionarischen Eifer beseelt, die Beckenbauers für die Opernwelt zu gewinnen. Deshalb traf man sich zu dritt oder zu viert in Grünwald, es wurde Klavier gespielt, Weltliteratur gelesen, diskutiert und erläutert. An einem dieser Abende, gerade war noch über die Bedeutung von Goethes »Faust« gesprochen worden, kam der »Kaiser« vom Training nach Hause, ging ins Wohnzimmer und legte eine in diesem Augenblick sehr profane James-Last-Platte auf. Die »Faust«-Deuter verstummten verstört.

Göhl war es auch, der Beckenbauer Karten für die Bayreuther Festspiele besorgte. Man fuhr zu viert, Beckenbauer und Frau auf der Rückbank, vorne Göhl und sein Freund. »Tristan und Isolde« stand auf dem Programm. Göhl, der über die Aufführung zu berichten hatte, wollte pünktlich sein und wurde deshalb sichtlich nervös, als Beckenbauer darauf bestand, vorher noch ein Hemd bei Rudolph Moshammer abzuholen. Nachdem diese Hürde gemeistert war, ließ sich Beckenbauer während der Fahrt in aller Ausführlichkeit über Bayreuth, Wagner und seine Mythologie belehren. In einem kurzen Augenblick des Schweigens, der Referent holte gerade Atem und war auf dem Sprung zu seinem nächsten Gedankenflug, überkam den Schüler ein Drang nach anderer Musik und von hinten hörte man die unbekümmerte Frage: »Kann man nicht mal ›Bayern 3‹ einschalten?« Kaum war die Fahrgemeinschaft in Bayreuth eingetroffen, wurde Beckenbauer vor dem Festspielhaus von den wartenden Journalisten bedrängt. Das war eine Sensation, eine Geschichte, etwas nie Dagewesenes: ein Fußballstar in Bayreuth. Beckenbauer warf locker einige der ihm in Erinnerung gebliebenen Vortragsfetzen hin und zog sich damit mehr als achtbar aus der Affäre.

Um sich für das Wagner-Erlebnis bei Göhl zu bedanken, bot Beckenbauer seinem Lehrmeister Karten für das Finale der Weltmeisterschaft an, doch Göhl hatte mit Fußball nicht viel im Sinn und lehnte dankend ab. Es war ihm schon Lohn genug, wenn er in der Redaktion eine Beckenbauer-Anekdote wie die folgende erzählen konnte. Eines Tages bekam Göhl in seiner Wohnung Besuch von dem weltbekannten Dirigenten Sergiu Celibidache. Der Maestro wollte gerade auf einem Stuhl Platz nehmen, als der Gastgeber ihn darauf aufmerksam machte, dass auf diesem Stuhl schon der »Kaiser« gesessen hätte. Daraufhin schnellte Celibidache wieder hoch, betrachtete das Möbel von allen Seiten, um sich dann äußerst langsam, geradezu andächtig darauf niederzulassen.

Beckenbauer sprengte die herkömmliche Vorstellungswelt über Fußballer und ihr Leben. Er besuchte nicht nur Bayreuth, er fuhr auch zum Opernball nach Wien, ließ sich dort von einem Edelschneider Maßanzüge fertigen und fand Gefallen an Modeschauen. Spötter sprachen vom »Gockel aus Giesing«, Bewunderer wählten ihn zum »Modemann des Jahres«. Er blieb dennoch bei allem, was er tat, bei allen Rollenwechseln und Ausflügen in andere Gesellschaftssphären, immer freundlich und geduldig, hinterließ Spuren von Charme und ein warmes Lächeln. War das die von der Mutter ererbte Langmut? Oder war es Professionalität? Kaum ein Autogrammjäger blieb unbeschenkt. »Wir«, sagt Rainer Zobel, »waren ja keine Stars in diesem Sinne wie er. Und wir haben ihn manchmal verflucht, wenn wir schon im Bus saßen, weil er wirklich jedem ein Autogramm gegeben hat.« Um die Abfahrt des Busses nicht über Gebühr zu verzögern, hatte Beckenbauer bei Auswärtsspielen daher eine besondere Technik entwickelt. Wenn sich eine allzu große Blase von Fans um ihn gebildet hatte, bat er sie freundlich, ihm zum Bus zu folgen. Dort begab er sich dann auf den Fahrersitz und servierte so, dem Schieben und Stoßen entzogen, von höherer Warte.

An einen umsichtigen und ihr freundlich zugewandten Beckenbauer erinnert sich auch Angela Gebhardt, die 1973 als erste Journalistin für die *Bild-Zeitung* aktuell über Bundesliga-Fußball berichtete. Einige Wochen zuvor war Carmen Thomas, die als erste Frau das »Aktuelle Sportstudio« moderierte, jener legendäre Versprecher von »Schalke 05« unterlaufen. Hohn und Spott waren die Folge, Frauen und Fußball, so die Fußballmännerwelt, das passt nicht zusammen. Auch für Angela Gebhardt begann eine »schlimme Zeit«, in den Stadien rief man ihr zu »Geh an den Kochtopf zurück!« oder »Ab auf den Laufsteg!«, und Bayern-Präsident Neudecker riet ihr lautstark, sich einen »Verschlag vor die Hütte« bauen zu lassen, um seine Spieler nicht abzulenken. Gegen solche groben Anfeindungen nahm Beckenbauer die Journalistin in Schutz und ermutigte sie, sich von den Schreihälsen und »saublöden Bemerkungen« nicht unterkriegen zu lassen.

Aufmunternden Zuspruch hatte auch der Filmregisseur Wigbert Wicker nötig, nachdem sein Film Libero im Dezember 1973 bei Publikum und der Kritik gleichermaßen durchgefallen war. Wicker hatte Robert Schwan davon überzeugt, einen Fußball-Film zu drehen, in dessen Mittelpunkt Franz Beckenbauer stehen sollte. Beckenbauer spielt sich selbst, einen Star, den die Fans heute vergöttern und morgen verdammen, den die Werbeindustrie hin und her schiebt wie einen Aschenbecher, einen Star, dem die Boulevardpresse erfundene Geschichten andichtet und den die Angst vor einer schweren Verletzung plagt. Wicker hatte mit Gernot Roll einen der besten deutschen

Kameramänner engagiert, der Bestsellerautor Bernt Engelmann war als Drehbuchautor verpflichtet worden, und mit einem Etat von 1,2 Millionen DM – Beckenbauer erhielt eine Gage von 15 000 DM – wurde in Deutschland, Frankreich, Israel und Moskau gedreht.

Doch der aufwändige Film erntete nur schlechte Kritiken, er sei eine »Kitschpostkarte« schrieb die *Frankfurter Allgemeine Zeitung*, die *tz* urteilte »nur Geplänkel«, und die *Süddeutsche Zeitung* fand, ein lohnendes Filmthema sei »leichtfertig verschenkt« worden. Ebenso einig waren sich aber auch alle Betrachter darin, dass Beckenbauer, »der Prototyp des guten Freunds, des soliden Familienvaters, des makellosen Helden« *(SZ)*, seine Sache ungemein gut gemacht hätte, weil er natürlich agierte und sich seine jungenhafte Unbekümmertheit, die er nicht spielen musste, allen mitteilte. »Er wirkt sympathisch, nett, ohne Allüren. Die Darstellung fiel ihm nicht schwer, so ist er nämlich.« *(FAZ)*

Tatsächlich erscheint Beckenbauer in diesem Film vollkommen ungezwungen, zutraulich, unverstellt und durchsichtig bis auf den Grund seiner Seele. Eine beinahe kindliche Fassungslosigkeit ergreift ihn als Filmhelden, wenn er mit den Härten des Lebens und skrupellosen Geschäftemachern konfrontiert wird. Der erste und bisher einzige Spielfilm in dem Franz Beckenbauer mitwirkt, ist ein eigentümliches Dokument, denn es schickt den Menschen Beckenbauer als Filmheld in eine erfundene Welt, die doch seiner eigenen Lebenswirklichkeit sehr nahe kommen soll. Der Protagonist meistert diesen Grenzgang zwischen Dokumentation und Fiktion so, als ob sein eigenes, sein echtes Leben selbst schon Züge des Erfundenen trüge, als ob sich Beckenbauer schon damit abgefunden hätte, sein Leben lang in einem Film auftreten zu müssen.

Die dokumentarischen Spielszenen – das Filmteam hatte Beckenbauer bei einigen Spielen begleitet und Rolls Kamera verfolgt sein Spiel mit beinahe ebenbürtiger Geschmeidigkeit – fügen sich in die fiktionale Dramaturgie so nahtlos ein, als seien sie selbst erfunden, so wundersam, so unglaublich ästhetisch und schön spielt Beckenbauer. Die Szenen sind in den folgenden Jahrzehnten zum festen Bestandteil von Beckenbauers Lebensfilm geworden, denn wann immer ihn das Fernsehen mit einem Porträt oder einer Dokumentation bedenkt, diese Bilder werden verlässlich eingespielt.

Der Film hatte keinen Erfolg an den Kinokassen. Man sprach von einem Flop. Beckenbauer hatte dieser Ausflug in die Filmwelt nicht geschadet, aber der Regisseur Wicker fiel in eine tiefe Krise. Die verheerende Kritik hatte ihm zugesetzt, Aufträge blieben erst einmal aus. Verhielt sich Beckenbauer da nicht wie der Held, den er gespielt hatte? Er meldete sich regelmäßig bei Wicker, versuchte ihn aufzumuntern, er solle sich die Sache nicht so zu Herzen nehmen, ihm habe der Film schließlich sehr gut gefallen.

Kalte Meister

»Und was die Spieler selbst angeht, so scheinen sie routiniert-desinteressiert zu sein, jeder einzelne bloß egoistisch darauf aus, es zu schaffen, in eine der großen Ligen aufzusteigen, ans große Geld zu kommen und sich eine einträgliche Bowlingbahn dafür zu kaufen. Fachleute, wie andere auch, nicht Männer, die ein Spiel spielen, weil in jedem Mann ein Junge steckt, dem die Zeit an den Kragen will.«

John Updike: Unter dem Astronautenmond

Johan Cruyff steht am Anstoßpunkt. Die Welt wartet. Es ist der 7. Juli 1974 im Münchner Olympiastadion, die Uhr von Schiedsrichter Taylor zeigt 16.02 Uhr, und das Finale der zehnten Fußballweltmeisterschaft kann nicht angepfiffen werden, weil die Eckfahnen fehlen. Es ist ein Witz. Cruyff lacht, klatscht seinen Kameraden noch einmal aufmunternd zu. »König Johan« hat ein glänzendes Turnier gespielt, ein ständig quasselnder, Gift und Galle spuckender Despot, dem alle folgen müssen. Selbstbewusst taxiert er den Gegner, sein ganzer Körper ist ein herrisches Ausrufezeichen. Dann geht es los. Die Holländer lassen den Ball von links nach rechts einmal durch ihre gesamte Abwehrreihe laufen, der Gegner bleibt unsichtbar. Nun hat der König seinen ersten Auftritt, nicht länger will er sich dieses Geschiebe anschauen. Fordernd läuft er auf den ballhaltenden Haan zu. Als dieser seinen Kapitän nahen sieht, lässt er den Ball einfach liegen und fügt sich dem Dirigenten. Cruyff nimmt das Leder auf, doch da ist auch schon Berti Vogts und stellt ihn an der Mittellinie. Der »Terrier« soll ihn bändigen, sein Genie klein beißen, das Feuer löschen. Cruyff spielt ab, Duell verschoben.

Doch ohne ihn wagt sich seine Mannschaft noch nicht nach vorne und so kommt Cruyff im Mittelkreis erneut in Ballbesitz. Dann zieht er los und bittet Vogts zum Tanz. Er tritt an, stockt, beschleunigt erneut und schon hat er den kleinen Mönchengladbacher abgeschüttelt. Ohne Angst sprintet er auf den deutschen Strafraum zu, wo die weißen Hemden eine Festung bilden. Nicht für ihn, er findet die Lücke und bevor Beckenbauer ihn stellen kann, grätscht ihm der übereifrige Hoeneß in die Beine und mäht ihn um. Kein Zweifel, Elfmeter. Kaum ein Protest bei den Deutschen, kein Geschrei, kein Zusammenlaufen und Gestikulieren. Sind sie überhaupt schon auf dem Platz? Nur Beckenbauer reißt den Arm zornig hoch: »Außerhalb war's!« Doch es hilft nichts. Neeskens drischt den Ball ins Netz, das ganze Tor wackelt. Es ist die erste Spielminute, und die Holländer ahnen noch nicht, dass sie gerade das Spiel verloren haben.

Maier, Vogts, Schwarzenbeck, Beckenbauer, Breitner, Hoeneß, Bonhof, Overath, Grabowski, Müller, Hölzenbein. Sechs Bayern, zwei Gladbacher, zwei Frankfurter und ein Kölner, das ist die Elf, die Weltmeister werden will. Günter Netzer, der 1973 zu Real Madrid wechselte, sitzt nur auf der Tribüne. Mit ihm fehlt der Mannschaft jener hitzige, eigensinnige Mittelfeldlenker, der sie 1972 zur Europameisterschaft führte. Beckenbauer wusste, was der Mannschaft mit Netzer abging. In Gesprächen mit dem Bundestrainer hatte er sich im Vorfeld der Weltmeisterschaft immer wieder für den »Rebell am Ball« eingesetzt. Doch im Trainingslager in Malente zeichnete sich frühzeitig ab, dass Netzer bei diesem Turnier keine herausragende Rolle spielen würde und mit jedem Trainingstag rückte er weiter an den Rand, während sich der engagierte und fleißige Overath statt seiner in die Mannschaft arbeitete.

Der Presserummel um den eigenwilligen Star wurde, auch wenn sich Helmut Schön dadurch empfindlich gestört fühlte, von den Spielern beinahe als willkommene Abwechslung empfunden, denn die Monotonie des Trainingsalltags in Malente wurde durch die beklemmende Dauerbewachung durch GSG-9-Beamte noch verschärft. In der Bundesrepublik saß die Angst vor Terroranschlägen tief, obwohl die führenden Köpfe der RAF inhaftiert waren. Die Bilder vom Überfall arabischer Terroristen auf die israelische Olympiamannschaft 1972 in München war noch allen in Erinnerung und die Sorge, Ähnliches könne sich während der Weltmeisterschaft ereignen, dämpfte die Freude über das Turnier beträchtlich.

Franz Beckenbauer erinnert sich an die »Festung« Malente: »Tag und Nacht patroullierten Polizeistreifen an den Zäunen hin und her. Wir warteten auf das nächste Spiel, die Bewacher warteten auf ein Attentat.« Uli Hoeneß, damals einer der Jüngsten in der Mannschaft, denkt an diese Tage so zurück: »Malente war eine bedrückende Angelegenheit, wir waren mehr oder weniger eingepfercht, denn immer waren GSG-9-Beamte da, wir fühlten uns auch in unserer persönlichen Freiheit sehr eingeschränkt und waren ständig in einer gewissen Unruhe.« Bald berichteten die Zeitungen vom Lagerkoller in Malente, in dieser eigentümlichen Atmosphäre, »gemixt aus Sportheim, Kloster, Festung, Internat und Sanatorium«. Und der Bundestrainer gab gequält scherzhaft zu Protokoll: »Die Spieler rasseln in den Ketten.«

Zurück zum Endspiel: Welche Antwort gibt die deutsche Mannschaft den Holländern? Ist sie geschockt von diesem sensationell frühen Rückstand? Keineswegs, sie schlagen zurück. Vogts beißt, zwickt und torpediert den holländischen Superstar. Nach zwei Fouls bekommt er die gelbe Karte. Aber ist er deshalb nervös? Er lacht den Schiedsrichter herausfordernd an. Helmut Schön, im hellblauen Trainingsanzug, sitzt auf der Bank wie eine Statue, dass sein Magen schmerzt und sein Herz flattert, soll man diesem Gesicht nicht ablesen können. Sein Kapitän feuert die eigene Mannschaft an. Bloß jetzt nicht durchdrehen, mit kühlem Kopf weiterspielen. Seine Pässe sind Botschaften: Mich lässt euer frühes Tor kalt, wir spielen unser Spiel, nehmt euch in Acht.

Das anfängliche Feuer der Holländer wird schwächer. Cruyff taucht ab, Vogts wühlt, Breitner marschiert und Müller kreiselt sich heiß. Auch Hoeneß kommt ins Spiel und nimmt immer wieder die steilen Pässe von Beckenbauer auf. Jetzt steigen die Holländer hart ein, denn die Deutschen beginnen zu dominieren. Breitner, mit herunterhängenden Stutzen, schießt wuchtig auf das Tor von Jongbloed, der ohne Torwarthandschuhe spielt. Grabowski dribbelt sich immer näher an den Strafraum der Holländer, Hölzenbein erprobt seine stürmische Schlitzohrigkeit im Mittelfeld, und Bonhof öffnet Räume durch seine ungestümen Sprints. Sogar Schwarzenbeck, dem man viel zu oft nur derbe Grobklotzigkeit nachsagt, entdeckt die Leichtigkeit des Spiels und umkurvt locker zwei Holländer. Dann erdribbelt sich Overath den Ball am eigenen Strafraum und schlägt einen seiner langen Pässe in den freien Raum. Hölzenbein nimmt den Ball auf und dringt in den gegnerischen Strafraum vor. Da fahren ihm zwei

Beine in die Parade, und ob sie ihn treffen oder nicht, kann man auch in der mehrfach wiederholten Zeitlupe kaum entscheiden. Auf jeden Fall fällt er spektakulär, die Arme voran, ein lauter Schrei zwischen Schmerz und Empörung ruft nach Sanktion. Die folgt. Schiedsrichter Taylor gibt auch hier Elfmeter. Falls Franz Beckenbauer der »sachlichste Fußballer« aller Zeiten gewesen sein soll, wie viele Experten während dieser Weltmeisterschaft urteilen, dann darf man Rudi Michel getrost als den wohl sachlichsten Journalisten bezeichnen, der jemals ein Spiel seines Landes zu kommentieren hatte. Als Breitner sich den Ball greift, um den Elfmeter auszuführen, empfiehlt Michel den Zuschauern ganz ungerührt und pädagogisch: »Schauen Sie hin, meine Damen und Herren. Wenn Breitner die Nerven hat, diese Aufgabe zu übernehmen, beim Stande von 0:1 in der 24. Minute, dann müssen wir das auch können. Tor!« Michel jubelt nicht, er registriert; er macht keine Show wie Kerner oder Beckmann heute und er sucht auch nicht nach gewagten Bildern, um das Spiel sprachlich aufzumöbeln. Lieber schweigt er, lässt seine Pause sprechen, oder er nennt einfach die Namen der Spieler.

Rudi Michels Reportage repräsentiert eine Haltung der Zeit. Auch die Architektur der WM-Stadien drückt in diesen Jahren Nüchternheit aus, Strenge, gedämpfte Schau. Die Deutschen fürchten sich vor Extremen, jede Raserei ist ihnen verdächtig, zumal wenn sie dem Nationalen begegnen könnte. In der *Frankfurter Allgemeinen Zeitung* schreibt Ulfert Schröder über die Architektur der acht WM-Stadien und die Rolle des Zuschauers: »In den deutschen Stadien bleibt er Zuschauer, bleibt auf Distanz, wird im ursprünglichen Sinne ferngehalten, er soll schauen, aber den Atem des Kampfes darf und soll er nur ahnen. Auch das Münchner Olympiastadion ist nach diesem Prinzip gebaut. Würde man es seines Zeltdaches berauben, so wäre es nichts anderes als eine riesige Suppenschüssel, in der auch der heißeste Inhalt sehr schnell abkühlt.«

Fehlt dem Finale von München nicht jener heiße Atem der Ränge? Die soziale Energie, die das Spiel antreibt, die Spieler anstachelt und die Atmosphäre spannungsvoll auflädt? Beckenbauers majestätischer Stil passt in diese Zeit und er passt zu dieser Architektur. Noch vom entferntesten Platz aus, kann man ihn und seine Bälle erkennen, seine Haltung, seine Pässe, seine Kopfbälle, seine Gesten. Er ist unverwechselbar. Und dennoch – Beckenbauer schafft im selben Moment auch wieder Distanz, denn er braucht keine Intimität mit dem Publikum, er sucht keinen Kontakt mit den Kurven, er biedert sich nicht an und sucht sein Rückgrat nicht auf den Rängen.

Es steht 1:1 und vielleicht fangen die Holländer erst jetzt an zu begreifen, dass sie das Spiel noch nicht gewonnen haben. Der Schock der ersten Minute hat nicht die Deutschen getroffen, sondern sie. Denn plötzlich, allzu plötzlich war alles erreicht. Die Favoritenrolle war ausgefüllt, und König Johan musste nur noch den Weltpokal in die Höhe stemmen. Übermut? Hochmut? Es steht 1:1 und die Deutschen greifen an. Vogts überspringt seinen Gegenspieler wie ein Mann aus Gummi, steht allein vor Jongbloed und nur eine Glanzparade des holländischen Torhüters verhindert das 2:1. Auf der anderen Seite klärt Maier ebenso reaktionsschnell gegen Neeskens, der unvermutet vor ihm auftaucht.

Dann aber wieder die Deutschen, Hoeneß rast in den holländischen Strafraum und passt quer, im letzten Moment wird geklärt. »Deutschland, Deutschland« hallt es jetzt durchs Stadion und »Berti, Berti«, Tausende Deutschlandfahnen werden geschwenkt. Grabowski, der an diesem Tag seinen dreißigsten Geburtstag feiert, steigert sich von Minute zu Minute in einen Kreisel- und Dribbelrausch, nur noch Fouls halten ihn auf.

Ein Freistoß, halbrechts, achtzehn Meter vor dem holländischen Tor. Hoeneß und Beckenbauer stehen bereit. Hoeneß läuft über den Ball, Beckenbauer zirkelt den Ball mit dem Außenrist über die Mauer, und Jongbloed faustet die Kugel im letzten Moment über die Latte. Cruyff schüttelt den Kopf. Worüber? Über Beckenbauers Chuzpe? Über die Chancen der Deutschen? Über seinen nickligen Gegenspieler, der ihn mit unverfrorener Disziplin und Härte bearbeitet? König Johan ist nicht zufrieden, das ist unübersehbar.

Ganz und gar unzufrieden waren die deutschen Spieler, als ihnen der DFB in Malente eine lächerlich geringe WM-Prämie anbot. Es ist viel über den Prämienstreit geschrieben worden, machen wir es kurz. Der DFB sehnte sich nach Spielern, die ihr Vaterland voller Stolz und Ehre vertraten und sich dadurch schon hoch belohnt fühlten. Ein Jahr vor der Weltmeisterschaft war die Nationalmannschaft mit Jack White ins Studio gegangen und hat die Polka »Fußball ist unser Leben« aufgenommen. Der Schlager sollte dem DFB helfen, Geld in die Kassen zu spülen, doch der Text selbst wollte den Anschein wecken, die Spieler liefen nur für die Ehre auf: »Fußball ist unser Leben,/denn König Fußball regiert die Welt./Wir kämpfen und geben alles,/bis dann ein Tor nach dem anderen fällt./Ja, einer für alle, alle für einen, wir halten fest zusammen. Und ist der Sieg dann unser,/sind Freud' und Ehr' für uns bestellt.«

Seit dem »Schuhkrieg« in Mexiko hatten die Funktionäre nichts dazugelernt. Nur die Spieler waren, was ihren Geschäftssinn anging, professioneller geworden. Die »verschrobenen Idealismen« der DFB-Funktionäre »wurden in einer langen Nacht beerdigt«. *(FAZ)* Der DFB bot 30 000 DM für den ersten Platz, die Spieler 100 000 forderten DM. Viele, viele Stunden, Verhandlungsrunden und Worte später traf man sich bei 70 000 DM. Helmut Schön war persönlich beleidigt. Beckenbauer, der als Kapitän auch Verhandlungsführer war, warf er vor: »Franz! Du verdienst so viel Geld! Wollt ihre jetzt unsere Weltmeisterschaft kaputtmachen, das Betriebsklima aufs Spiel setzen wegen Summen, die ihr doch alle mit euren Werbeverträgen im Nu wieder hereinholt?!« Beckenbauer ließen diese Vorwürfe kalt, unterstützt von Netzer und Höttges blieb er bei seinen Forderungen.

Netzer kann sich noch heute über den Dilettantismus der Funktionäre staunend ergötzen: »Diese Nummer war unglaublich, die haben auch erst lernen müssen. Sie gingen in die WM und haben nicht über Geld reden wollen. Es war wirklich auf des Messers Schneide, denn der Helmut Schön hatte sich schon den Nachtzug ausgesucht, der wollte wirklich abfahren. Franz aber blieb unerbittlich, es gehe nicht, dass wir soviel weniger als die Holländer oder die Italiener verdienen.« Auch Uli Hoeneß, der in jener Nacht zu den Wortführern gehörte, sah beim DFB Amateure am Werk: »Die haben immer gemeint, elf Freunde müsst ihr sein, es wird alles umsonst gehen, obwohl sie doch Einnahmen hatten wie noch nie. Es war frappierend zu beobachten, wie schlecht vorbereitet der DFB auf diese Situation war.«

Schön verlor sich in trotzigen Gedankenspielen. Mal wollte er selbst abreisen, dann wollte er den »Rädelsführer« Breitner aus dem Kader werfen, ein anderes Mal alle 22 Spieler entlassen und eine ganz neue Mannschaft nominieren. »Die Leute auf der Straße werden euch anspucken!«, hatte er prophezeit und war auf sein Zimmer gegangen. Irgendwann setzten sich Erschöpfung und Realismus durch, Breitner und Schön packten ihre Koffer wieder aus, das erste Spiel gegen Chile stand vor der Tür.

Die erste Halbzeit nähert sich dem Ende. Neun zu eins lautet das Eckenverhältnis für die deutsche Mannschaft. Immer noch scheinen die Holländer mit sich selbst beschäftigt. König Johan beginnt in Empörung über seinen aufmüpfigen Gegenspieler abzutauchen. Im Fußball wird die Bedeutung des genialen Passgebers übrigens häufig überschätzt. Studiert man eine Reihe von so genannten Traumpässen, dann kommt man zu dem Ergebnis, dass der Zuspieler oft nur reagiert, weil ein laufbereiter Mitspieler in den freien Raum vorstößt.

Auch dem 2:1 der deutschen Mannschaft durch Gerd Müller geht so eine Aktion voraus. Bonhof sieht, dass die rechte Abwehrseite der Holländer offen ist und dass Grabowski, der den Ball an der Mittellinie führt, eine Anspielstation sucht. Sofort sprintet er in den freien Raum und zwingt Grabowski, ihn anzuspielen. Er nimmt dessen Ball auf, nähert sich der Grundlinie der Holländer, schüttelt einen Gegenspieler ab und passt scharf nach innen. Dort lauert Müller, der das Leder mit Mühe annehmen kann. Er dreht sich, lässt sich ein Stück zurückfallen und schießt flach ein. Die Holländer sehen sich entsetzt an, während Rudi Michel am Mikrofon beinahe ekstatisch wird. Er hebt die Stimme, fast könnte man es einen Ruf nennen: »Zwei zu eins!« Dann sagt er dreißig Sekunden lang nichts, bis die Holländer wieder anstoßen, so als ob er selbst über seinen Ausbruch erschrocken sei.

Deutschland führt, und Beckenbauer ist souveräner als jemals zuvor. Die Holländer wollen zurückschlagen, ihr Angriff bleibt jedoch am rechten Flügel bei Breitner hängen, der sofort wieder von Neeskens attackiert wird. Deshalb spielt der Münchner Breitner den Ball auf seinen Teamkollegen Beckenbauer zurück. Nun folgt eine Demonstration der Macht: Beckenbauer erwartet den heranstürmenden Neeskens, macht eine halbe Drehung, schirmt den Ball ab und sucht seinen Torhüter. Dabei wirft er einen Blick über die Schulter und merkt, dass Neeskens durch sein Täuschungsmanöver zu Boden geht. Alles auf engstem Raum, im eigenen Fünfmeterraum: den Ball gesichert und Neeskens ausgetanzt wie einen Fußballlehrling. Und es geht weiter. Eine Minute später. Von links eine Flanke in den deutschen Strafraum. Sie könnte gefährlich werden, aber Beckenbauer köpft den Ball im Flug zur Ecke. Ein Jubel geht durch das Stadion, Beifall brandet auf, aber der Kapitän hebt fast beleidigt die Hände, als wolle er sich wehren gegen den Szenenapplaus. Michel spürt das: »Na, aber da gibt es doch keine Diskussionen über diese Aktion von Franz Beckenbauer. Das ist der Ästhet, der in diesem Turnier auch noch das Kämpfen gelernt hat.« Beckenbauer, der nie so körperlos gespielt hatte, wie es sein Stil vermuten ließ, hätte sich diese Einschätzung gewiss verbeten. Dann ist Halbzeit. Nur einer will nicht aufhören. Cruyff schimpft fürchterlich und erhält deshalb noch auf dem Weg in die Kabine von Taylor die gelbe Karte.

Nach dem Theater um Netzer, dem Prämienstreit, dem »Lagerkoller« und den dürftigen Vorrundenspielen hatte Deutschland seine Favoritenrolle verloren. In der Vorrundengruppe 1 hatte man es mit Chile, Australien und der DDR zu tun bekommen. Nach dem mageren 1:0 gegen Chile in Berlin wurde die deutsche Mannschaft ausgepfiffen. Auch das 3:0 gegen die amateurhaften, aber leidenschaftlich kämpfenden Australier in Hamburg fiel kaum überzeugender aus. Ja, das Pfeifkonzert war sogar noch erheblich lauter geworden und richtete sich in erster Linie gegen den deutschen Libero. Beckenbauer hatte verächtlich in die Richtung einer Zuschauergruppe gespuckt, nachdem ihn eine Handvoll Krakeeler als »Bayernschwein« beschimpft hatte. Das nahm ihm das ganze Stadion übel und pfiff ihn fortan bei jeder Ballberührung aus. Gerd Müller wurde »liebevoll« mit »Uwe-Uwe«-Sprechchören malträtiert.

Wer gedacht hatte, jetzt könne es nicht mehr schlimmer kommen, wurde bei der 0:1-Niederlage gegen die DDR eines Besseren belehrt. Ausgerechnet gegen die DDR! Obwohl die Spieler die brisante Begegnung in erster Linie nicht als politische Auseinandersetzung begriffen, konnten sie sich doch nicht von dem öffentlichen Erwartungsdruck befreien, der auf dem Spiel lastete. Der Journalist Thomas Blees hat in seinem lesenswerten Buch »90 Minuten Klassenkampf« die damalige Situation ausführlich analysiert: »Die Begegnung BRD–DDR war mehr als nur ein Fußballspiel. Sie bedeutete – zumindest nach der Definition der DDR – 90 Minuten Klassenkampf, eine sportpolitische Auseinandersetzung im 25. Jahr des Bestehens der beiden deutschen Staaten. Genau ein Jahr nach Inkrafttreten des ›Grundlagenvertrages‹ und nur wenige Wochen nach der Enttarnung des Kanzleramt-Spions Günther Guillaume und dem daraus resultierenden Rücktritt von Bundeskanzler Willy Brandt wollte man die – politische wie sportliche – Überlegenheit des eigenen Systems demonstrieren.« Die DDR gewann zwar das Spiel, und Bundeskanzler Helmut Schmidt verlor auf der Ehrentribühne für Momente die Fassung, geholfen hat dieser Sieg aber nur der Mannschaft um Beckenbauer, die offenbar einen schmerzlichen Impuls benötigte.

Dass Schön sich vor allem auf seinen Kapitän verlassen konnte, hatte sich schon vor dem Spiel gezeigt. Eine Stunde vor dem Anstoß ergriff Beckenbauer in der Kabine des Volksparksstadions das Wort und unterstrich die Wichtigkeit des deutsch-deutschen Duells: »Heute spielen wir nicht gegen irgendeinen Gegner. Heute spielen wir gegen die DDR! Das bedeutet: Wir müssen auch für unseren Bundestrainer spielen. Versteht ihr?« Vorher hatte es Spekulationen gegeben, ob die bundesdeutsche Mannschaft überhaupt den Gruppensieg anstreben solle. Man war für die zweite Finalrunde bereits sicher qualifiziert und der erste Platz in der Vorrundengruppe hätte zu einer vorzeitigen Begegnung mit Argentinien, Holland und Brasilien geführt.

Doch Schön war weit davon entfernt, eine taktische Niederlage anzustreben wie einst Sepp Herberger 1954 in der Vorrunde gegen Ungarn. Er wollte um jeden Preis gewinnen. Schön, der lange Sachse, war 1950 aus der DDR geflohen, weil der Dresdner SC, sein Heimatclub, als »Symbol feudaler Cliquenwirtschaft« verboten worden war. Zwischen Mai 1949 und April 1950 war der 16-fache Nationalspieler (1937–1941) gleichsam der Auswahltrainer der DDR gewesen. Auch deshalb brannte er darauf, gegen die Mannschaft von Georg Buschner zu gewinnen.

Beckenbauer, der sich mit Schön vor dem Spiel mehrfach über die Aufstellung und die Taktik beraten hatte, wusste, wie ernst sein Trainer den persönliche Aspekt der Auseinandersetzung nahm. Beckenbauer selbst ging es dabei nicht um Politik, das war ihm »wurscht«, sondern um die volle Unterstützung für den »Herrn Schön«, die man ihm bei dieser familiären Revanche einfach schuldig war. Doch Beckenbauers Appell blieb ungehört, und das Spiel ging durch das berühmte Tor von Jürgen Sparwasser verloren. Erst in den Kabinen kam es zum Trikottausch, denn den DDR-Spielern war verboten worden, das schon auf dem Platz unter den Augen der Öffentlichkeit und der Kameras zu tun.

Schön saß benommen in der Kabine. Vor dem Stadion sangen derweil die ausgesuchten DDR-Touristen ein »Hoch soll'n sie leben« auf ihre Mannschaft und winkten mit der *Bild-Zeitung*, die mit der Kompetenz der »größten Sportredaktion des Kontinents« erklärt hatte, »Warum wir heute gewinnen«. Die Autorität des Bundestrainers war beschädigt, und im Umfeld von DFB-Vize-Präsident Neuberger überlegte man, ob Jupp Derwall zum gleichberechtigten Co-Trainer ernannt werden sollte. Doch bevor solche Überlegungen weiter gediehen, handelte der Kapitän. Die Mannschaft war um Mitternacht in Malente eingetroffen, und 30 Fans hatten ausgeharrt, nur um die Mannschaft bei ihrer Ankunft auszupfeifen. Auch als man die Abgeschiedenheit von Malente verließ und in der Sportschule Kaiserau Quartier bezog, wurde man dort mit »Deutschland weg, hat kein' Zweck«-Sprechchören empfangen.

Da war Beckenbauer längst der Kragen geplatzt. Was denn damals genau gelaufen sei, wollte ich von Günter Netzer wissen. Der erinnert sich noch genau: »Er hat, als die Mannschaft auseinanderzubrechen drohte, etwas völlig Außergewöhnliches getan. Da hat er die Regie übernommen und getan, was der Trainer tun musste. Und er hat das auf sehr eindrucksvolle Art und Weise gemacht. Ihm stand das zu, schon von seiner Klasse her, von seiner Position und von seiner Akzeptanz innerhalb der Mannschaft. Er hat in diesem sehr kritischen Moment Verantwortung übernommen, das ist eine seiner größten Leistungen in seinem Leben, dass er zur richtigen Zeit die Weichen für den Erfolg gestellt hat.« Netzer spricht fein ausgewogen wie ein Diplomat. »Hat sich Beckenbauer denn mit Schön abgestimmt? Netzer denkt nach, bevor er antwortet: »Ich glaube nicht, dass er das mit Schön besprochen hat, das ging eher instinktiv los, er hat sich da nicht abgesichert, nein, da wurde Tacheles geredet, er hat uns an unsere Aufgaben erinnert. Es könne ja wohl nicht wahr sein, was da abginge und was da für Leistung gebracht werde.«

Man kann es auch anders ausdrücken. Beckenbauer stauchte diejenigen zusammen, die seiner Meinung nach nicht genug gekämpft hatten. Er tat das laut, mehrfach und mit bösen Blicken. Nach außen hin wollte er keine Namen nennen, aber alle wussten, wen er meinte. Vor allem Jungstar Hoeneß wurde gerüffelt. Freunde sind Beckenbauer und Hoeneß seit jenen Tagen nicht mehr geworden. Auch Breitner, Grabowski und Flohe wurden kritisiert. Beckenbauer verlangte mehr Einsatz, weniger unkontrollierte Offensive, und lieber wollte er mit zwei oder drei disziplinierten Stürmern spielen, als mit vier stumpfen Spitzen.

Schön hatte Beckenbauer nach dem Debakel gegen die DDR auf der Pressekonferenz ausdrücklich für seinen Einsatz gedankt, von den anderen fühlte sich der Trainer im Stich gelassen. Der kämpferische Einsatz des Kapitäns war in der Sportpresse durchweg gelobt worden. Jetzt verlangte Beckenbauer von allen mehr Kampf- und Laufbereitschaft. Er, der eleganteste und technisch talentierteste Spieler, den Deutschland jemals hatte, beschwor die Mannschaft, endlich aufzuwachen und den Traum vom schönen und leichten Fußball des Jahres 1972 zu beerdigen. Wenn der »Kaiser« nach mehr Schweiß, Schufterei und Grätsche verlangte und das auch selbst vorspielte, wer sollte ihm widersprechen?

Niemals zuvor und niemals danach hatte ein Kapitän so viel Einfluss und Macht, sich in die Entscheidungen des Bundestrainers einzubringen. Beckenbauer und Schön verwandelten ihren Unmut in den gemeinsamen Mut, die Mannschaft radikal umzubauen. Ohne Beckenbauer hätte Schön kaum derart tiefe Einschnitte gewagt und ohne den Bundestrainer hätte Beckenbauer sein Konzept nicht umsetzen können. Grabowski, Hoeneß, Cullmann und Flohe mussten auf die Bank, und stattdessen kamen nun der Düsseldorfer Außenstürmer Herzog, Bernd Hölzenbein, Rainer Bonhof und der Dauerläufer Wimmer zum Zug. Das nächste Spiel war das schwerste Spiel, das nächste Spiel ging gegen Jugoslawien.

Beim Finale sind die Deutschen nach der Pause als erste auf dem Platz. Dann betreten die Holländer den Rasen: Jongbloed, Suurbier, Rijsbergen, Haan, Krol, Jansen, van Hanegem, Neeskens, Rep, Cruyff und René van de Kerkhof für Rensenbrink. Cruyff betritt als Letzter den Platz, schüttelt noch einmal die Beine aus. Die Kamera fängt ein handgemaltes Fanplakat ein: »Wir kennen Bonhof, aber wer ist Cruyff?« Der Kapitän der Holländer wird jetzt bei jeder Aktion ausgepfiffen, die Rolle des Buhmanns gehört ihm. Führt er seine Mannschaft dennoch zum Sieg? Er weicht Vogts aus. Lassen sich seine Kameraden von diesem Zögern anstecken?

Ecke für die deutsche Mannschaft. Bonhof steigt unbedrängt hoch. Der Oberkörper schnellt nach vorne, der Kopf stößt zu, und der Ball fliegt um Zentimeter am Pfosten vorbei. Wo bleiben die Holländer? Vogts schaut immer wieder über seine Schulter, um die Laufwege von Cruyff zu beobachten. Von halbrechts fliegt eine Flanke in den deutschen Fünfmeterraum, sichere Beute für Maier, doch Cruyff springt mit gestrecktem Bein in die Seite des Torwarts. Ein kleiner Erregungstumult, Cruyff wird umringt, von Taylor ermahnt und zuckt mit den Achseln. Die Pfiffe gegen ihn nehmen zu.

Auch seine nächste Aktion endet unglücklich. Beim Einwurf wischt er den Ball etwas eigentümlich über den Kopf, aber kein Schiedsrichter würde das pfeifen. Im Normalfall. Doch Cruyff ist kein normaler Spieler. Taylor lässt sich die Gelegenheit nicht entgehen, ihm eine kleine Lektion zu erteilen: König Johan, Einwurf ungenügend, bitte abtreten! Jeder, der einmal Fußball gespielt hat, kann diese Demütigung nachvollziehen. Das kleine Einmaleins der Fußballschule. Bleiben Sie bitte mit beiden Beinen auf dem Boden stehen und werfen Sie mit beiden Händen über den Kopf! Cruyff muss sich sichtlich zusammenreißen.

Trotzdem riskiert er beim nächsten Angriff viel: Er kann Vogts abschütteln, aber da ist auch schon Overath und keilt ihm das Knie in die Beine. Foul. Freistoß von halbrechts. König Johan schießt scharf vor das deutsche Tor, Beckenbauer streckt seine Fußspitze vor, Krol, in seinem Rücken, hechtet in die Flugbahn und trifft den Ball und Beckenbauer. Maier hält, der Libero humpelt. Schön beginnt seine Finger zu kneten, der Mannschaftsarzt Deuser greift nach dem Behandlungskoffer. Beckenbauer winkt ab, humpelt noch ein bisschen und schlägt schon wieder einen seiner Traumpässe.

Die nächsten Minuten gehören Grabowski, dem Fummelfürsten. Er narrt seinen Gegenspieler, flankt von rechts in den Strafraum, wo Müller den Ball kurz annimmt, sofort schießt – und trifft. Die Holländer werden sich das Spiel später noch einmal ansehen und zugeben: »Eigentlich haben wir das Spiel 3:1 verloren.« Es war kein Abseits. Aber so geht das Spiel weiter, und die Holländer beginnen zu stürmen. Rudi Michel wird nervös und rät mit väterlicher Strenge: »Na Freunde, jetzt müsst ihr ein bisschen genauer markieren und decken dahinten in der Abwehr.«

Die Langeweile von Malente war erdrückend gewesen. Was hatte man nicht alles getan, um ihr zu entgehen. Sepp Maier und Uli Hoeneß waren nächtens ausgebüxt wie Schüler auf dem Klassenausflug und mit einem Wagen, dessen Bremsen defekt waren, nach Hamburg zu ihren Ehefrauen gefahren. Beckenbauer liebte derweil außerfamiliär und floh in die Arme von Film- und Schlagerstar Heidi Brühl, die in der Nähe von Malente für Dreharbeiten engagiert war. Einem Münchner Reporter, der ihn bei dem nächtlichen Ausbruch beobachtete, zwinkerte er verschwörerisch zu: »Du erzählst doch nichts, oder?«

Und wozu hat man Freunde? »Besuch uns doch mal in Malente!«, so hatte Beckenbauer den Regisseur seines Kinofilms Wigbert Wicker eingeladen: »Hier ist es fürchterlich langweilig!« Wicker brachte gleich Horst Buchholz mit, einen Tag nach dem Tiefschlag gegen die DDR kamen sie ins Trainingsquartier. »Alle«, so Wicker, »trainierten wie besessen, nur Franz und der Breitner lagen im Mittelkreis und beratschlagten. Franz war der Chef!«

Beckenbauer wollte den Erfolg. Unbedingt! Vielleicht war das seine letzte Weltmeisterschaft und wann sollte er Weltmeister werden, wenn nicht jetzt? Im eigenen Land! Im besten Alter! Nach zwei vergeblichen Anläufen in England und Mexiko! Also, beginnen wir diese verkorkste Weltmeisterschaft noch einmal von vorn, in der zweiten Finalrunde mit Spielen gegen Jugoslawien, Schweden und die Polen. Die Partie gegen Jugoslawien brachte die von allen erwartete Steigerung. Die auf vier Positionen veränderte DFB-Elf kämpfte sich, wie von Beckenbauer gefordert, in das Turnier zurück.

Nach Toren von Breitner und Müller stand es am Ende 2:0, und das Düsseldorfer Publikum hatte Beckenbauer in vielen Szenen mit Sonderbeifall bedacht. Schön zeigte sich in der Pressekonferenz entspannt und dankte seinem Kapitän, den manche nun für den eigentlichen Bundestrainer hielten: »Auf die Weltklassepartie von Franz Beckenbauer brauche ich wohl kaum besonders hinzuweisen, das wird jeder Zuschauer selbst gesehen haben.« Der Name Netzer wurde nicht mehr genannt, er hatte noch nicht einmal mehr auf der Ersatzbank gesessen. Vermisst wurde er auch im nächsten Spiel nicht, weil die »fast schon bankrott geglaubte Firma Beckenbauer & Co ihre Liquidität bewiesen« hatte. Schweden hieß der Gegner und schon vor dem Spiel machte der *Tagesspiegel* aus dem Turnier das Duell zweier Männer: »Vielleicht wird Johan Cruyff der Held dieser Weltmeisterschaft sein. Cruyff oder Beckenbauer. Und der Verlierer dieses Duells wird der große Traurige sein.«

Im Endspiel beginnt nun der Sturmlauf der Holländer. Aber es ist ein Sturm voller Wut, ein Sturm ohne das sehende Auge des Dirigenten. Cruyff wird von Vogts immer wieder bezwungen, und so bleiben dem holländischen Kapitän nur die Standardsituationen, um das Spiel zu lenken. Freistöße, Eckstöße. Immer wieder werden die Bälle hoch in den deutschen Strafraum geschlagen, doch da steht Beckenbauer und gewinnt jeden Luftkampf. Wie kopfballstark und robust dieser elegante Spieler sein konnte, ist häufig übersehen worden. Der Wille der Holländer in diesen Minuten ist stark, aber er ist ohne Überlegung. Viel Leerlauf, viel Hast, viel Ungestüm. Neeskens rennt Maier um, und der droht ihm Schläge an. Beckenbauers Arm dirigiert, Cruyffs Arm fuchtelt.

Beide Spielführer sind ausgeprägte Dirigenten und ihr Ausdrucksmittel sind Arme und Finger. Sie weisen, zeigen, fordern, lenken, schimpfen, schmähen und loben mit den Armen. Cruyffs Arme sind beinahe mehr in Bewegung als die Beine, aber er erreicht seine Mitspieler immer seltener. Beckenbauer dagegen kann seine volle Autorität unter Beweis stellen, er ist der nüchterne Souverän im Getümmel. Michel registriert, welche Kraft Beckenbauer im Abwehrkampf verströmt: »Nur an Beckenbauer kann sich die Mannschaft wieder aufrichten.« Zwei Großchancen von Rep, Michel bemerkt sachlich: »Jetzt können wir von Glück reden, dass es noch 2:1 steht.« Aber haben nicht auch die Holländer Glück? Beckenbauer wehrt wieder einmal per Kopf ab, dann springt der Ball zu ihm zurück und er schlägt, ohne den Ball erst anzunehmen, einen Pass über fünfzig Meter in den Lauf von Hölzenbein, der davonstürmt und an der Strafraumgrenze nur noch Jansen vor sich hat. Der Frankfurter geht mit einer Körpertäuschung vorbei, da trifft ihn Jansens Bein. Man kann den ersten ebenfalls von Jansen verursachten Elfmeter bezweifeln, diesen sicher nicht. Ein klares Foul, klarer Elfmeter.

Und was machte Familie von Franz Beckenbauer während des Turniers? Sie saß zu Hause in Grünwald vor dem Fernseher. Zu der allgegenwärtigen Terrorangst, die in diesen Wochen auf dem Land lag, hatte sich eine persönliche Morddrohung gegen Beckenbauer gesellt. Er dürfe nicht Weltmeister werden, wurde anonym gedroht, man werde ihn sonst umbringen! Ein gegnerischer Fan? Ein Erpresser? Ein Wahnsinniger? Beckenbauer nahm die Sache ernst und ließ seine Familie von einem privaten Wachschutz rund um die Uhr bewachen. Brigitte und die Kinder durften nicht ins Stadion und sahen sich die Spiele in Gesellschaft der schwerbewaffneten Beschützer an. Thomas, der Älteste, ließ sich zum Zeitvertreib zeigen, wie man einen Revolver auseinander nimmt, und stand ansonsten unerschütterlich zu seinem Vater und seiner Mannschaft: »Wir durften nicht raus und deshalb saßen wir im Trikot der Nationalmannschaft vor dem Fernseher. Manchmal war auch die Großmutter dabei. Wenn die Nationalhymne gespielt wurde, sind wir natürlich aufgestanden, das war ganz normal. Und eine große Fahne hatten wir auch.«

Die Fahne konnte auch nach dem nächsten Spiel geschwenkt werden. Nach der jugoslawischen Mannschaft wurden die starken Schweden bezwungen und das torreiche Spiel, das 4:2 für die deutsche Mannschaft endete, galt vielen Beobachtern als das bis dahin beste des Turniers. Jetzt musste die Elf von Helmut Schön nur noch einen Punkt gegen die Polen erringen, dann war das Finale in München erreicht. Doch das Spiel in Frankfurt wäre beinahe im Regen untergegangen, ein gewaltiger Wolkenbruch machte den Rasen zur Seenplatte. Dennoch wurde das Spiel mit erheblicher Verspätung angepfiffen. Eine irreguläre Partie, die Spieler rutschten immer wieder wie Bowlingkugeln über den Rasen, der Ball hingegen brauchte gar nicht gestoppt zu werden, er blieb im Wasser liegen. Die Deutschen siegten mit 1:0.

Die letzten fünf Minuten des Finales laufen. Kann die Mannschaft von Helmut Schön den Vorsprung über die Zeit bringen? Neeskens Schuss verfehlt das Tor von Sepp Maier um Zentimeter. Schöns Fingerknöchel werden immer weißer, von Rudi Michel hört man unartikuliertes, klagendes Stöhnen: »Oh, oh!« Ein Entlastungsangriff, Grabowski bricht auf dem rechten Flügel durch. Michel gibt die Rolle des kalten Zeugen auf: »Nach innen, jetzt geh doch nach innen,

Junge!« Die Holländer klären zur Ecke. Der Reporter hat sich wieder im Griff: »Entschuldigen Sie, dass ich einmal so persönlich geworden bin.« Jupp Derwall rudert mit den Armen, Schluss, Schluss, Schluss, Helmut Schön wagt ein Lächeln und zeigt an, nur noch eine Minute, aber Taylor lässt spielen. Ein letzter Blick zur Uhr, die Deutschen schlagen den Ball noch einmal nach vorne. Endlich pfeift Schiedsrichter Taylor ab, und Müller schlägt vor Glück die Hände vor dem Gesicht zusammen.

Was für komische Sieger! Die deutsche Mannschaft lief noch in der Nacht des Sieges auseinander, als hätte man nicht zwei Monate miteinander das Leben geteilt. 30 Jahre später trafen sie alle noch einmal zusammen, um sich ins goldene Buch der Stadt München einzutragen. Ältere Herren, gesetzt, seriös, gepflegt, die meisten mit Krawatte. Fast alle waren gekommen. Fülliger sind sie geworden, die Haare sind grau oder licht, und als die Helden im Olympiastadion einige Spielszenen für die Fotografen noch einmal nachstellen, schnaufen sie hörbar.

In jener Nacht hatten sie sich aus den Augen verloren. Zuerst war man noch beisammen. Champagner im Ermüdungsbecken, dicke Zigarren zwischen den Lippen, kehliger Gesang. So hätte es weiter gehen können. Doch beim Festbankett im Hotel Hilton kommt es zum Eklat. Die beiden Mannschaften feiern einträchtig zusammen, als einzige Spielerfrau sitzt Susanne Hoeneß mit am Tisch. Doch nach dem Willen der FIFA hat sie dort nichts zu suchen, und die DFB-Funktionäre setzen diese Anweisung barsch um; Susanne Hoeneß soll schnellstmöglich gehen, und doch, bitte schön, am Damenessen teilnehmen. Aus Protest verlassen die Mannschaften daraufhin den Bankettsaal. Im Foyer begegnet Beckenbauer dem DFB-Mann Hermann Joch, und der bekommt seinen ganzen Unmut zu spüren: »Ihr seid durch und durch Feierabend-Funktionäre. Bei uns, beim FC Bayern, hätten die Leute euch längst zum Teufel gejagt.« Die Mannschaft verteilte sich auf die Diskotheken der Stadt. Wie hatten sie im Tonstudio mit Jack White noch gesungen? »Und ist der Sieg dann unser, sind Freud' und Ehr' für uns alle bestellt.«

Einer wie er

»Wenn einer in sein dreißigstes Jahr geht, wird man nicht aufhören, ihn jung zu nennen. Denn bisher hat er einfach von einem Tag zum andern gelebt, hat jeden Tag etwas anderes versucht und ist ohne Arg gewesen.«

Ingeborg Bachmann: Das dreißigste Jahr

Fußballer leben schneller. Sie werfen ihre Memoiren in einem Alter auf den Markt, in dem andere erst anfangen, sich eine Biographie zu erwerben. Sie müssen ihr Fußballeben erzählen, solange der Ruhm noch frisch und der Körper noch nicht abgenutzt ist. Auf ihren Autobiographien liegt oft der Schatten des Abschieds, denn das Karriereende naht. Bänder und Muskeln schmerzen, die Motivation schwindet, die Disziplin, sich auf dem Trainingsplatz in Form zu bringen, lässt nach. Mit Glück können sie ihr Niveau noch ein paar Jahre halten, aber wer die Dreißig überschritten hat, muss sich nach Alternativen umsehen.

Am 11. September 1975 feierte Beckenbauer seinen dreißigsten Geburtstag. Es war ein Fest der gehobenen Gesellschaftsschicht. Mannschaftskameraden kamen nicht, dafür Manfred Köhnlechner, Joachim Fuchsberger oder auch der bayerische Finanzminister Ludwig Huber. Nur einen Monat später erschienen Beckenbauers Erinnerungen bei Bertelsmann. Es sollte ein Fußballbuch sein, wie es noch keines gab. Denn gab es jemals einen Fußballer wie ihn? Seine erste Autobiographie ist es jedenfalls nicht. Unmittelbar nach der Weltmeisterschaft 1966 erschien »Dirigent im Mittelfeld«, geschrieben von Rolf Gonther, das große Ohr unter den Sportjournalisten. Der Copress-Verlag verkaufte 60 000 Stück, und Beckenbauer bekam 50 000 DM Honorar. Es folgte 1969 »Gentleman am Ball« von Hans Schiefele, der seit 1928 Vereinsmitglied des FC Bayern München war und 1987 Vizepräsident wurde. Die dritte Autobiographie unter dem Titel »Halbzeit« ließ 1970 nach der Weltmeisterschaft in Mexiko der Fernsehjournalist Kurt Lavall folgen.

Es waren schmale Bücher, die mit der Not kämpften, dass der Held noch kaum gelebt hatte. Die Ghostwriter waren zwanzig bis dreißig Jahre älter als er und hätten seine Väter sein können. Ihr Blick und ihr Stil formten einen Mann, der schon mit zwanzig wie ein Alter sprach und dachte. Sie ließen ihn Sätze sagen, die in den dreißiger und vierziger Jahren hoch im Kurs gestanden haben mochten. Kurt Lavall soufflierte: »Dem Volkssport Fußball wünsche ich zuletzt Ordnung, Ehrlichkeit und Sauberkeit, Begriffe die eigentlich selbstverständlich scheinen und doch – leider – sich erst wieder bewähren müssen.« Das klang im Jahr 1970 so, als ob Beckenbauer noch unter dem ersten Reichstrainer Otto Nerz im Dritten Reich Karriere gemacht hätte. Es folgte 1974 das WM-Erinnerungsbuch der Kaffeerösterei Eduscho, ein praller Fotoband mit schmalen Texten von Jo Viellvoye, der 400 000-mal verkauft wurde und Beckenbauer 100 000 DM Honorar bescherte.

Neben den offiziellen Erinnerungen erschienen noch zwei weitere Biographien, die ohne ihn entstanden. Hans Jürgen Winkler veröffentlichte 1969 das Werk »Franz Beckenbauer – Das deutsche Fußballwunder«, eine Biographie, die im Stil eines Landserheftes gehalten ist und von »Freistoßbomben«, »Feldschlachten«, »Torpedos«, »knallharten Bomben«, »Granaten«, »gespreizten Krallen«, »Kurzstreckenraketen«, »Abschussrampen« und dergleichen mehr zu berichten weiß. Ebenfalls ohne die Beteiligung von Beckenbauer entstand 1974 das zweite Buch über ihn im Copress-Verlag mit dem lakonischen Titel »Franz Beckenbauer«. Diesmal wollte man sich die Tantiemen für den kostspieligen Star sparen, weshalb Ulfert Schröder einen distanzierten Blick auf Beckenbauer werfen konnte, ohne sich gefällig anschmiegen zu müssen: »Auf der einen Seite benahm er sich so, wie es jedem recht sein konnte und wie er jedem liebenswert war, aber auf der anderen war er der gefühllose Star, an dem jede Zuneigung wie lästige Annäherung abprallte. Und das Volk hasste und liebte ihn zu gleichen Teilen wie ein Spielzeug, das man einmal küsst und beim nächsten Mal an die Wand schmeißt.«

Im dreißigsten Jahr brauchte dieses schon so viel beschriebene und erfundene Leben einen neuen Anzug, eine frische Vermarktungsidee und ein Image »am Puls der Zeit«. Die Generation vor Beckenbauer ließ ihr Leben noch unter Titeln wie »Gib mir den Ball« (Karl-Heinz

18 Franz Beckenbauer und seine Frau Brigitte, 1972.

19 EM-Finale 1972 in Brüssel. Der Mannschaftskapitän führt die deutsche Wunderelf zu einem 3:0-Sieg über die UdSSR.

20 *Unten:* In vollendeter Lässigkeit gegen König Johan. Franz Beckenbauer vor dem Niederländer Johan Cruyff. Deutschland besiegt die Niederlande am 7. 7. 1974 im WM-Finale von München mit 2:1.

22 *Rechts:* Die Herrscher Europas. Der FC Bayern München gewinnt den Europapokal der Landesmeister zwischen 1974 und 1976 drei Mal in Folge, 1976.

21 Die Weltmeister Rainer Bonhof, Helmut Schön, Franz Beckenbauer und Paul Breitner auf der Ehrenrunde, 1974.

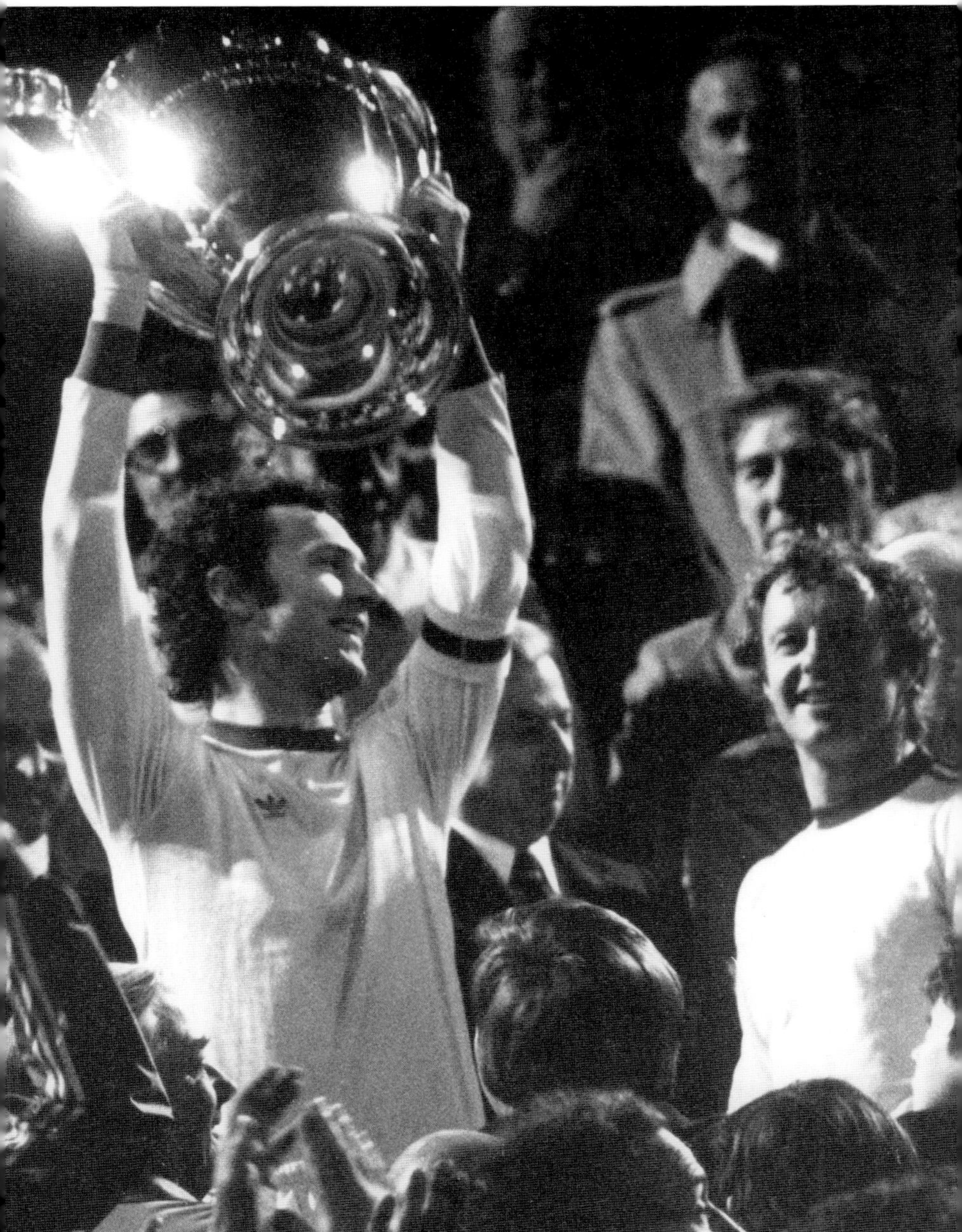

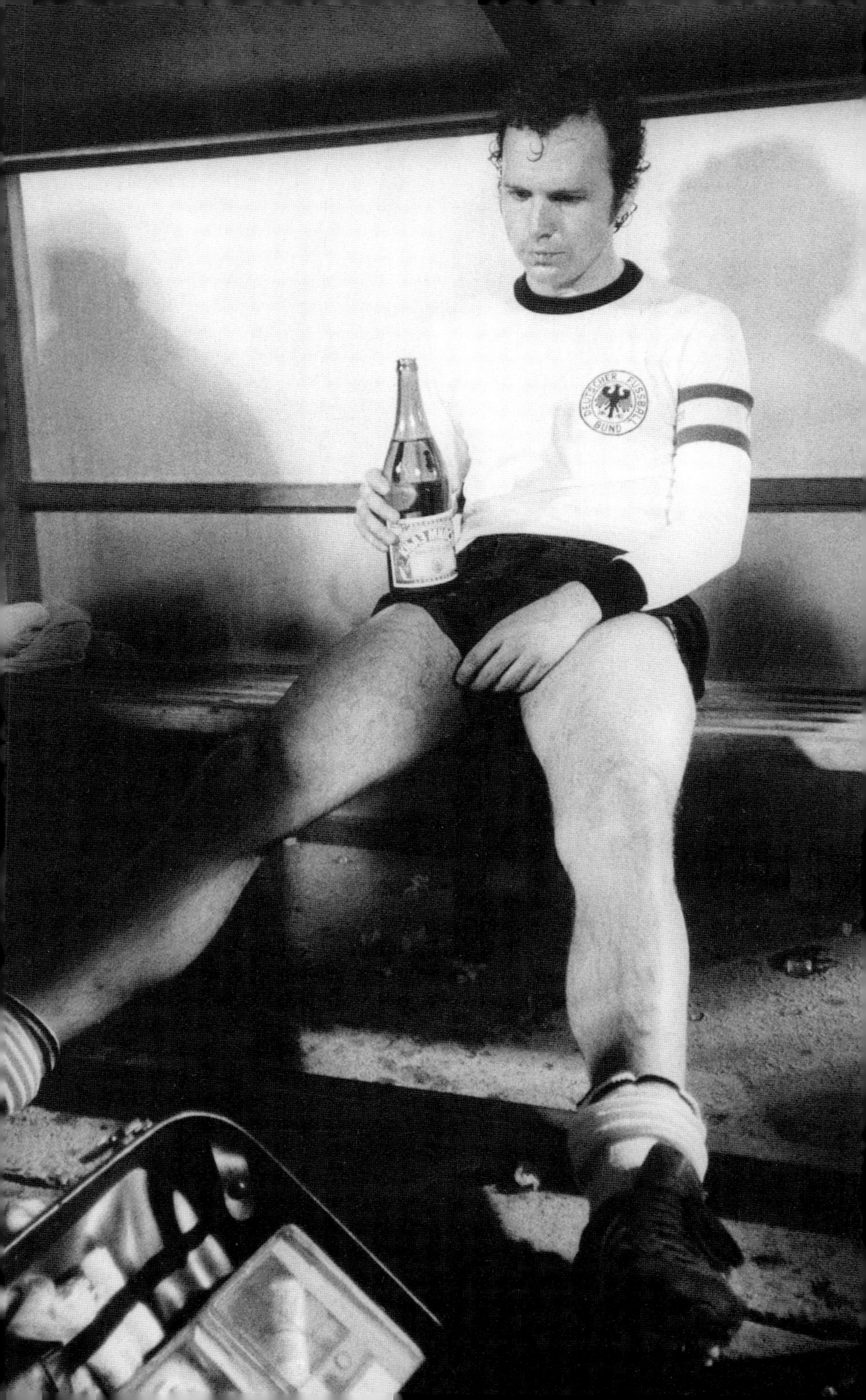
DEUTSCHER FUSSBALL BUND

25 Auftritt in Bayreuth. Brigitte und Franz Beckenbauer vor der Aufführung von »Tristan und Isolde«, 1974.

23 *Links:* Enttäuschung nach dem 100. Länderspiel. Deutschland unterliegt im Finale der Fußball-EM 1976 in Belgrad der CSSR (5:7 nach Elfmeterschießen).

24 *Oben:* Angespannte Mienen. Beckenbauer-Mentor Robert Schwan (li.) und Bayern-Präsident Wilhelm Neudecker (re.) bei einer Pressekonferenz, 1976.

26 Umjubelte Helden. Beckenbauer und sein Freund Pelé (re.) in New York, 1978.

28 *Rechts:* Fritz Walter (li.) und Uwe Seeler (re.) ehren Franz Beckenbauer bei dessen Abschiedsspiel 1982 in Hamburg.

27 Ein neues Kapitel. Franz Beckenbauer bei Cosmos New York, 1977.

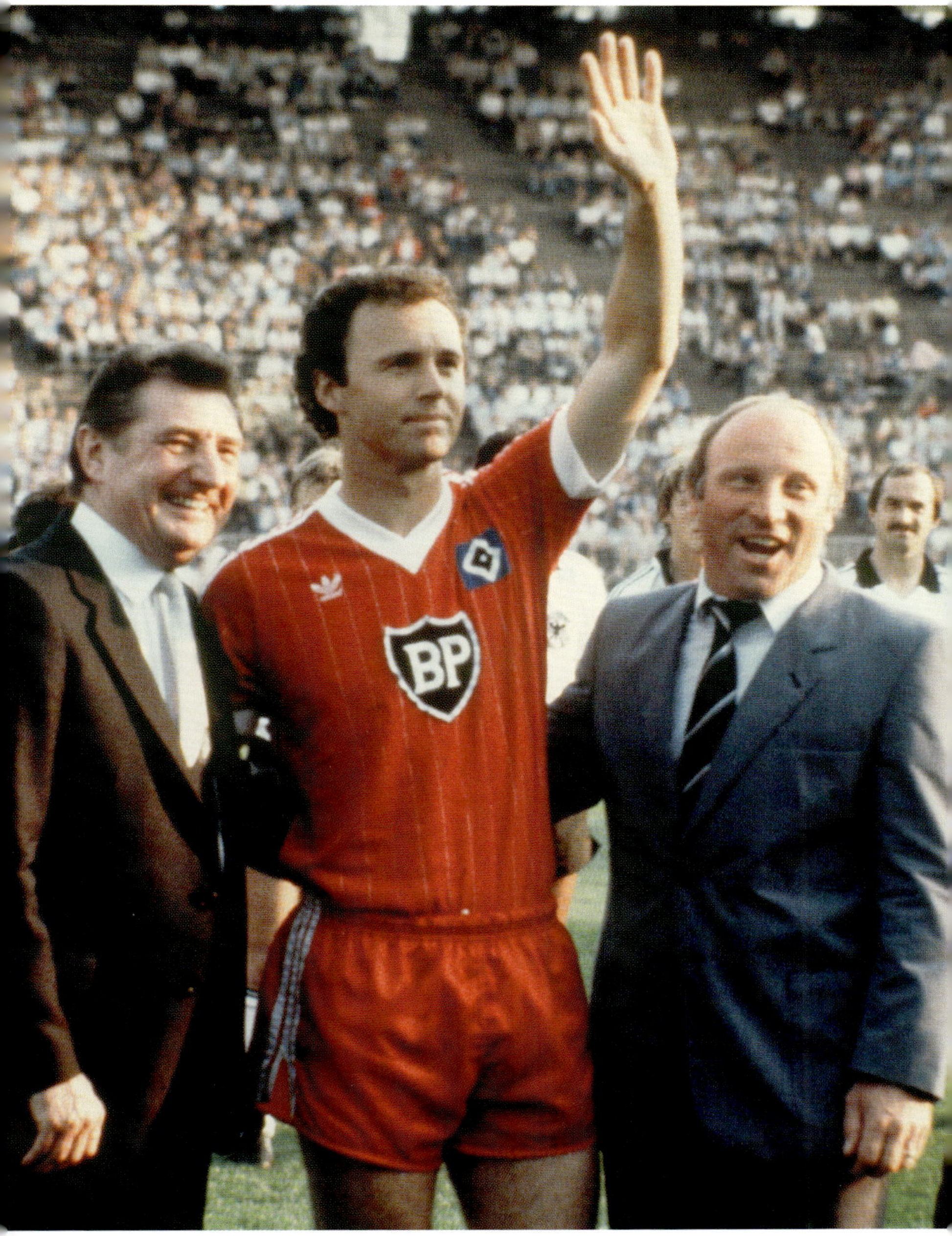
BP

29 Der Genussmensch Beckenbauer. Mit Diane Sandmann (li.) und Jupp Derwall, 1982.

30 Eine neue Herausforderung. DFB-Präsident Hermann Neuberger stellt Franz Beckenbauer als neuen Teamchef vor, 1984.

Schnellinger), »Tausend Spiele, Tausend Tore« (Hans Schäfer), »Keine Angst vor scharfen Schüssen« (Hans Tilkowski) oder »Tore entscheiden« (Gerd Müller) Revue passieren. Mit braven Spielberichten wie diesen sollte Schluss sein. Beckenbauers »Einer wie ich« sollten die ersten Fußballmemoiren sein, die den Fußball als ein Segment der harten Show- und Unterhaltungsbranche ernst nehmen. Schon der Titel, in dem kein Ball, kein Tor und kein Schuss mehr auftauchen, zeigt an, dass hier einer antritt, dessen Rolle nicht auf dem Fußballplatz endet. Kann Beckenbauer diese Erwartungen einlösen?

Eingefädelt wurde das Geschäft natürlich von Robert Schwan, aber auch von Manfred Köhnlechner, der in Grünwald zu Beckenbauers Nachbarn zählte. Köhnlechner, der bis 1970 Generalbevollmächtigter des Bertelsmann-Konzerns war und als bestverdienender Spitzenmanager Deutschlands galt, hatte einen ungewöhnlichen Berufswechsel vollzogen. Er hatte sich selbst zum Heilpraktiker ausgebildet, der seine Rezepte, Kuren, Medikamente und Bücher am liebsten werbewirksam und spektakulär in Kooperation mit der *Bild-Zeitung* verkaufte. Köhnlechner, den Beckenbauer lange Zeit als eloquenten und selbstgewissen Selfmademan verehrte, vermittelte nicht nur den Kontakt zu Bertelsmann. Er empfahl Beckenbauer auch Dieter Bochow, der als Ghostwriter für Köhnlechner bereits eine Reihe erfolgreicher Bücher über Naturheilkunde verfasst hatte.

Beim Treffen zwischen Beckenbauer und Bochow, standen sie sich zunächst einmal etwas verlegen in Grünwald gegenüber, ehe Beckenbauer die Initiative ergriff, um die Atmosphäre aufzulockern. »Lassen Sie uns doch Fußball spielen«, schlug er Bochow vor, der noch nie Fußball gespielt hatte. »Haben wir denn einen Ball?«, fragte Beckenbauer seine Söhne Thomas und Stefan. Nach langem Suchen wurde ein Exemplar gefunden, und dann hetzte Beckenbauer den Gast und seine Söhne durch den Garten, bis sie, es war ein warmer Sommertag, völlig erschöpft und chancenlos von ihm abließen.

Bochow traf sich mit Beckenbauer in den nächsten zwei Wochen regelmäßig und verfasste daraufhin ein Eingangskapitel, »eine romantisierende Darstellung des großen, berühmten Franz Beckenbauer«. Beckenbauer und seiner Frau gefiel der Text, doch Schwan, so Bochow, sei »zusammengebrochen« und habe gesagt: »Um Gottes Willen, das verkauft doch keine 10 000 Exemplare. Das geht nicht, das ist kein Fußball. Das muss aber Fußball sein und keine Geschichte von einem Mann, der mit Frau und Kindern bloß glücklich ist!« Bochow bilanziert trocken: »Damit war ich das Projekt los.«

Mehr Fußball sollte es sein und weniger Romantik. Deshalb landete der Auftrag bei Hans-Joachim Nesslinger, ein langjähriger Beobachter der Nationalmannschaft und Sportreporter beim *Spiegel*. Dass ausgerechnet ein *Spiegel*-Redakteur in Beckenbauers Haut schlüpfte, war nicht ohne Witz, denn gerade der *Spiegel* hatte stets eine besonders kritische Distanz zum »Kaiser« gepflegt. Schon allein deshalb, von arbeitsrechtlichen Gründen einmal ganz abgesehen, sollte niemand in der Branche etwas von diesem Arrangement erfahren. Es hätte Nesslinger wohl den Job gekostet, vermutet Lionel von dem Knesebeck, der damals Pressechef des Bertelsmann Verlags war.

Nesslinger war, so schildert es ein langjähriger Kollege, den »Pferden« verfallen, besaß selbst welche und wettete leidenschaftlich auf sie. Er konnte den Auftrag deshalb offenbar gut gebrauchen. Und auch weil die Sportjournalisten beim *Spiegel* lange Zeit als die »Fußabtreter der Redaktion« galten, hatte Nesslinger den lukrativen Auftrag vermutlich mit stillem Vergnügen angenommen. Allerdings stand er unter Zeitdruck, denn das Buch sollte Anfang Oktober erscheinen. Nesslinger blieben nur wenige Monate, und als er sein schnell geschriebenes Manuskript ablieferte, war man im Verlag über die Dürftigkeit der Lieferung nicht beglückt. Ein Lektor machte sich eilends an die Arbeit, traf sich mehrfach mit Beckenbauer, um ihm die ein oder andere unterhaltsame Anekdote zu entlocken. Schließlich wurde das Buch nach etlichen durcharbeiteten Nächten gerade noch rechtzeitig fertig.

Dass Beckenbauer ein sehr großzügiger Mensch ist, zeigte sich auch bei dieser Gelegenheit. Wie man denn dem arg gebeutelten Lektor nach all der Mühsal eine Freude machen könne, wollte Beckenbauer von Pressechef Knesebeck wissen. Meinst du, fragte er, unser Mann würde sich über ein VW-Cabriolet freuen? Knesebeck nickte und drei Tage später stand der Wagen vor der Tür des Lektors. Jetzt konnte die immense Werbekampagne, die mehr als 250 000 DM kosten und alles bisher Dagewesene übertreffen sollte, anlaufen. Um die gewaltige Startauflage von 200 000 Exemplaren zu verkaufen, warb Bertelsmann mit dem reißerischen Slogan: »Der erste Hintergrundbericht über das härteste Showgeschäft der Welt.«

Mit dem Vorabdruck wurde Ende August in der Fernsehillustrierten *Hörzu* begonnen, flankiert durch Werbespots in ARD und ZDF sowie Werbung in allen deutschen Rundfunkprogrammen. Es folgten Anzeigenkampagnen in der Fachpresse, in Tageszeitungen, im *Stern* und in *Buch aktuell*, sowie in allen Stadionzeitschriften der Bundesliga. Außerdem gab es Flugzeugwerbung über den Stadien, in denen Beckenbauer spielte, und Plakataktionen in allen 18 Bundesligastädten. Dass der Buchhandel zusätzlich mit Plakaten, Handzetteln, Beckenbauer-Aufstellern und Preisausschreiben beglückt wurde, muss man kaum erwähnen.

Beckenbauer selbst bewarb das Produkt bei zahlreichen Gelegenheiten, bei Empfängen, Signierstunden in Kaufhäusern und natürlich bei der Eröffnung der Frankfurter Buchmesse, wo sein Erscheinen großes Aufsehen erregte. Solche Auftritte und das dröhnende Werbegetrommel des Verlages bescherten dem Buch zwar hohe Verkaufszahlen, aber bei jenen Literaturkritikern, die sich als Fußballfans verstanden, auch Ablehnung und beißend-spöttische Rezensionen im Feuilleton. Immerhin – kein Fußballer vor ihm hatte es mit einem Buch in den Kulturteil geschafft. Walter Jens schloss seine Kritik, eine beinharte Blutgrätsche, in der *Frankfurter Allgemeinen Zeitung* so: »Wie hätte – konfrontiert mit so viel cleverer Bravheit, so viel Kitsch und Denunziation – der große Brecht gesagt? – ›Nachbar, euren Speikübel!‹«

Benjamin Henrichs, ebenfalls ein bekennender Fußballanhänger wie Jens, warf Beckenbauer in der *Zeit* vor, dass er »bei der Wahl seines unbekannten Helfers tief gegriffen hat«, und entdeckte in dem Buch zudem eine »uneingestandene Angst, daß es dies eigene Leben, ein Leben ohne Fußball, gar nicht gibt«. Über Beckenbauers zukünftiges Leben machte sich Henrichs deshalb Sorgen. Was aus ihm wohl würde nach dem Fußball? Ein »Fußballtrainer«? Einer, »der in irgendeinem bürgerlichen Beruf verschwindet, oder ob er dazu verurteilt sein wird, von seinem Vermögen zu leben« oder »ein Frührentner zu sein«? Und zum Schluss, so viel zumindest schien sicher: »Den vierzigjährigen Franz Beckenbauer wird wohl kein Verleger um seine Memoiren bitten.«

Schwer getäuscht, möchte man sagen, wenn man Beckenbauers weiteren Lebensweg betrachtet. Aber die – aus heutiger Sicht komisch anmutende – Fehleinschätzung von Henrichs zeugt weniger von der prognostischen Kraftlosigkeit des Kritikers als vielmehr von einer Karriere, die kein Vorbild kannte. Beckenbauer, Netzer und Hoeneß waren die ersten Spieler, denen es gelang, ihre Fußballkarriere bruchlos zu verlängern – sie blieben ohne Ball am Ball –, so dass sie das Spiel auf den Schlüsselpositionen der Fußballindustrie maßgeblicher als jemals zuvor mitbestimmten. Dass aus Beckenbauer später der erfolgreiche Teamchef, Vereinspräsident, DFB-Vizepräsident und WM-Organisator werden würde, der vom sozialdemokratischen Bundeskanzler ebenso hofiert wird wie vom bayerischen Ministerpräsidenten, hätte 1975 niemand geglaubt.

Ganz im Gegenteil – das Buch »Einer wie ich« bescherte Beckenbauer zunächst einmal die Verachtung der gebildeten Kreise, Unverständnis bei vielen Spielern und Trainern, den Zorn der DFB-Funktionäre und einen nicht unbeträchtlichen Imageverlust in der breiten Öffentlichkeit. Das Satiremagazin *Mad* verlieh Beckenbauer den »Alfred des Monats«, einen Hohn-und-Spott-Preis, Reinhart Hoffmeister drohte erfolgreich juristische Schritte gegen Beckenbauers Behauptung an, der ZDF-Journalist habe die negativen Äußerungen über Willy Brandt frei erfunden – entsprechende Behauptungen durfte Beckenbauer in nachfolgenden Auflagen nicht wiederholen – und auch in der Mannschaft regte sich Widerspruch. Uli Hoeneß gab der *Welt* zu Protokoll: »Was der Franz nun gesagt hat, geht einfach zu weit. Irgendwann muss Schluss sein mit dieser schmutzigen Wäsche. Im Gegensatz zu einigen Mannschaftskameraden habe ich den Mut, dies deutlich zu sagen.«

Meldungen, dass Beckenbauer ins Ausland wechseln oder seine Karriere wegen dauerhafter Achillessehnenprobleme beenden wolle, vervollständigten das trübe Bild, das Beckenbauer in diesen Monaten der Öffentlichkeit bot. Dazu passte auch die Talfahrt seiner Mannschaft in der Bundesliga. In der Saison 1974/75 belegten die Bayern als Titelverteidiger nur noch den zehnten Platz, das war die schlechteste Platzierung seit dem Bundesligaaufstieg 1965. Über die Hintergründe dieser verkorksten Saison, die mit einer 0:6-Pleite im Frankfurter Waldstadion gegen den Aufsteiger Kickers Offenbach begonnen wurde, es war übrigens das erste Bundesligaspiel eines jungen Talents namens Karl-Heinz Rummenigge, hat Beckenbauer ausführlich in seiner Autobiographie berichtet.

Nach dem Gewinn der Weltmeisterschaft waren die Bayern müde, satt und zerstritten. Sie hatten 1974, bis auf den DFB-Pokal, alles gewonnen, was es zu gewinnen gab. Sie waren zum dritten Mal hintereinander Deutscher Meister geworden, sie hatten erstmals in der Vereinsgeschichte den Europapokal der Landesmeister gewonnen, und es waren nicht zuletzt sechs Bayernspieler, die die Holländer in München besiegten. Die Weltmeisterschaft hatte aber auch anhaltende Kränkungen und Spannungen hinterlassen. Hoeneß hatte die Zurücksetzung durch Beckenbauer nicht vergessen und zusammen mit Lattek war er sich einig, dass Franz Beckenbauers Sonderstellung und Autorität zu ihren Lasten ging. Paul Breitner, der ihre Positionen wortmächtig unterstützt hatte, war schon vor der Saison nach Madrid gewechselt. Dieser Abgang kam Neudecker und Schwan sehr gelegen, weil Breitner die Hierarchie in der Mannschaft und Beckenbauers Unantastbarkeit nicht akzeptiert und mehr Mitsprache gefordert hatte. Außerdem stieß den »Rebellen« übel auf, dass Robert Schwan in Personalunion Franz Beckenbauer und den Verein managte, also im Grunde mit sich selbst verhandelte, wenn es darum ging, das Gehalt seines Schützlings festzusetzen. Beckenbauer hingegen konnte sich nicht nur auf den Rückhalt seines Managers Schwan, sondern auch voll und ganz auf seinen Präsidenten Neudecker verlassen, der sich stets eine straffe Ordnung wünschte.

Neudecker, der zunächst bei der Bayerischen Landespolizei Dienst tat und es schließlich bei der Wehrmacht zum Hauptfeldwebel brachte, hielt viel von Befehl und Gehorsam. Spieler, die alles mit ihm ausdiskutieren wollten und nicht bereit waren, sich unterzuordnen, hatten es schwer mit ihm. In seiner monumentalen Autobiographie »Ein Skorpion geht durchs Leben«, die Neudecker auf eigene Kosten drucken ließ und die ausschließlich für die Familie und enge Freunde bestimmt war, erzählt er folgende Anekdote: »In meiner Heimatstadt Straubing war ich zu einem Diskussionsabend eingeladen. Der Technische Direktor Robert Schwan und ›Kaiser Franz‹ begleiteten mich. Franz wurde gefragt, ob der FC Bayern ein demokratisch geführter Verein sei. Franz antwortete: ›Wir sind ein demokratischer Verein, bei uns wird das gemacht, was Herr Neudecker befiehlt!«

Seit jenem Diskussionsabend war einige Zeit vergangen, und auch Beckenbauers Rolle hatte sich gewandelt. Im Verein zählte nicht mehr nur, was Neudecker befahl, sondern auch das, was Beckenbauer wünschte. Beckenbauer hatte mit dem autoritären Führungsstil des Präsidenten überhaupt kein Problem. Er hatte seinem Vater gehorcht und er gehorchte Robert Schwan. In der Autobiographie »Einer wie ich« räumte er gegenüber dem Ghostwriter Nesslinger ein: »Vielleicht bin ich auch obrigkeitshörig, ich hatte ja meinem Vater auch nie widersprochen, ich hatte immer meine Ruhe geschätzt und bin Konflikten aus dem Weg gegangen.« Vielleicht war es diese Sehnsucht nach Ruhe und der Wunsch, Konfliktherde aus dem Weg zu räumen, die ihn in dieser Situation dazu brachten, aktiv in die Personalpolitik des Vereins einzugreifen. Lattek war zum FC Bayern gekommen, weil Beckenbauer ihn favorisierte, und er musste gehen, weil Beckenbauer ihn fallen ließ. Lattek, so lauteten Beckenbauers Vorwürfe, vernachlässige seine Arbeit, sei hochmütig, spiele lieber Tennis als Fußball, trinke zu viel, trainiere zu wenig, er sei voller Neid, intrigant und eigentlich nur ein Mitläufer. All das warf er seinem Trainer in der Autobiographie »Einer wie ich« noch einmal polternd hinterher.

Als das Buch im Oktober 1975 erschien, hatte Lattek den Verein längst verlassen und war zum alten Bayernrivalen Borussia Mönchengladbach gewechselt. Es fiel dem Präsidium damals leicht, auf Beckenbauers Wunsch nach einem Trainerwechsel einzugehen, denn eine Serie von Niederlagen hatte Latteks Position ohnehin geschwächt. Auch sein Nachfolger wurde maßgeblich von Beckenbauer bestimmt. Walter Fembeck, der von 1957 bis 1983 Geschäftsführer der Bayern war, bestätigte mir: »Der Franz hat uns auf den Cramer gebracht.«

Für die Öffentlichkeit wollte Beckenbauer aber weder Königsmörder noch Königsmacher sein. In seiner Autobiographie ließ er sich so vernehmen: »Ich hatte mir Cramer nicht gewünscht, aber ich freute mich natürlich darüber, dass er unser Trainer wurde.« Cramer, den Sepp Maier den »Laufenden Meter« getauft hatte, nahm im Januar 1975 seine Arbeit auf, ohne in der Bundesliga den Abwärtstrend zunächst stoppen zu können. Das erste Spiel der Rückrunde gegen Kickers Offenbach wurde verloren, und Beckenbauer, der wutentbrannt gegen eine zweifelhafte Elfmeter-Entscheidung protestierte, beschimpfte den Schiedsrichter Redelfs im Kabinengang als »du schwarzer Plattfußindianer!« Der Schiedsrichter hörte lieber weg, denn dem »Kaiser« zeigte in Fußballdeutschland niemand die Rote Karte, ein solcher Ungehorsam war kaum denkbar. Trotzdem verlangte der DFB einen schriftlichen Bericht von den Bayern über die verbalen Entgleisungen des Kapitäns.

Es folgten schwere Wochen für Beckenbauer, dem in dieser Phase zu allem Überfluss auch noch zwei Eigentore unterliefen. Seine Nerven lagen blank. Unter der Überschrift »Des Kaisers Krise« schrieb Hans Blickensdörfer in der *Süddeutschen Zeitung*: »Die Allmacht des Mannes, an dem alles hängt, droht sich in Ohnmacht zu verwandeln.« Und die Zeitschrift *Sport* ging in ihrer Krisendiagnostik sogar noch einen Schritt weiter und fragte: »Ist Beckenbauer am Ende?« Den Grund für Beckenbauers spektakulären Leistungseinbruch sah *Sport* in seiner Überbeanspruchung: »Er spielt alles, vom Libero zum Linksaußen, er war der Kaiser und der Kuli seiner Mannschaft. Bei diesem seit August andauernden Dauerlauf zwischen den Strafräumen verlor er seine Substanz. Physisch ist Beckenbauer auf dem Nullpunkt angekommen, psychisch ist er nicht weit davon entfernt.«

Beckenbauers individuelle Krise war ein Vorzeichen des kollektiven Zerfalls. Die Bayern besaßen in diesen Jahren noch immer eine großartige Mannschaft, aber mit jedem neuen Titel ging dieser Mannschaft ein Ziel verloren, dem hinterherzujagen es sich gelohnt hätte. Dettmar Cramer versuchte der Mannschaft neuen Lebensatem einzuhauchen, indem er feststellte: »Ihr seid eine sterbende Mannschaft!« Das stimmte, und es stimmte nicht. Während die Bayern in der Bundesliga nach 1974 und 1976 nicht an die drei Meistertitel in Folge anknüpfen konnten und sich im tristen Mittelmaß aufrieben, waren ihre Lebensgeister im Europapokal der Landesmeister hellwach. Dreimal hintereinander, von 1974 bis 1976, gewannen sie die wichtigste europäische Trophäe für Vereinsmannschaften.

Von diesen mythischen Jahren zehrt der FC Bayern München noch heute, denn das internationale Merchandising, das in den neunziger Jahren immer wichtiger wurde, wäre ohne diese Titel kaum denkbar. Doch mit den Erfolgen wandelte sich sowohl das Image des

Vereins als auch das Bild, das man sich vom Fußballer Beckenbauer machte. Die ökonomische Sachlichkeit, mit der die Bayern immer häufiger ihre Europapokalerfolge errangen, machte sie unbeliebt. Der FC Bayern wurde zum Ende der Ära Beckenbauer als kalte Erfolgsmaschine wahrgenommen, die ohne Enthusiasmus, aber mit äußerster Effizienz agierte. Das Bild einer arroganten und verwöhnten Mannschaft begann sich in den Köpfen der Fußballfans und der Medien festzusetzen.

Bestärkt wurde dieses Wahrnehmungsmuster auch durch die Vorfälle rund um die innerdeutschen Duelle gegen Dynamo Dresden und den 1. FC Magdeburg, gegen die man 1973 und 1974 im Europapokal der Landesmeister anzutreten hatte. In der Saison 1973/74 trafen die Bayern in der zweiten Runde auf den DDR-Meister Dynamo Dresden. Das erste Spiel gewannen die Bayern mit 4:3 auf heimischem Boden, das Rückspiel fand am 7. November im Dresdener Rudolf-Harbig-Stadion vor 36 000 Zuschauern statt. Aus Angst, das Essen in der DDR könnte von der Stasi mit leistungshemmenden Substanzen versetzt worden sein, übernachtete die Bayerndelegation nicht wie ursprünglich vorgesehen in Dresden, sondern machte bereits in Hof vor der Grenze Station.

Tausende von Bayernfans warteten unterdessen vergeblich vor dem gebuchten Hotel in Dresden. Präsident Neudecker rechtfertigte den Zwischenstopp mit dem kraftraubenden Höhenunterschied zwischen München und Sachsen und erregte mit dieser lächerlichen Erklärung sehr viel Empörung. Später sprach er von einer »Notlüge«, weil er nicht wagte, die »wahren Bedenken« öffentlich zu äußern. Beckenbauer-Intimus Rolf Gonther war jedoch wieder einmal bestens im Bilde und hatte bereits einen Artikel über Neudeckers Sorge vor »Giftanschlägen« verfasst. Neudecker erinnert sich an die Situation vor dem Spiel: »Ich führte dann Gespräche mit Oberst Gasch, der von Gonthers Artikel erfahren hatte. Er sagte, dass diese Anschuldigungen nicht erhoben werden dürften. Ich sprach von der Freiheit der Presse. Günter Gaus, der damalige Vertreter der Bundesrepublik in der DDR, zeigte nach oben, deutete mir an, dass Wanzen installiert sind. ›Mir egal‹, sagte ich. ›Ich rede auch hier, wie mir der Schnabel gewachsen ist.‹« Gonthers Artikel blieb ungedruckt und durch ein 3:3 erreichten die Bayern die nächste Runde.

Im nächsten Jahr spielten sich ähnliche Szenen in Magdeburg ab, als die Bayern, immer noch misstrauisch gegen die Gastronomie der DDR, mit einem eigenen Restaurantbus von Feinkost-Käfer anreisten und sich weigerten, im Hotel zu essen. Doch in diesem Fall zeigten sich die DDR-Behörden unnachgiebig. »Als wir nicht gleich nachgeben wollten«, schreibt Neudecker, »wurde uns eröffnet, dass wir Lebensmittel aus einem typhusverseuchten Gebiet unberechtigt in die DDR eingeführt hätten. Dieser Hinweis war an sich nicht zu widerlegen, denn zum damaligen Zeitpunkt waren in München zwei Typhusfälle aufgetreten. Wir mussten also damit rechnen, dass unsere Lebensmittel beschlagnahmt werden. Oder dass man Gerd Käfer, den Inhaber von Feinkost-Käfer, der uns auf unseren Reisen immer begleitete, wegen verbotener Einfuhr von Lebensmitteln sogar in Haft nehmen würde. Wir gaben also nach.«

Gerd Müller beendete diese deutsch-deutsche Farce. Schon das Hinspiel hatten die Münchner im Olympiastadion mit 3:2 gewonnen. Seine zwei Tore zum 2:1-Sieg gegen Magdeburg brachten die Bayern in die zweite Runde. Die Bayern hatten den Wettbewerb der Landesmeister erstmals 1974 im Finale gegen Atletico Madrid mit 4:0 im Wiederholungsspiel gewonnen. Sie verteidigten den Titel im darauffolgenden Jahr mit einem 2:0 gegen Leeds United, und sie brachten 1976, trotz der Talfahrt in der Bundesliga, das Kunststück fertig, den Pokal zum dritten Mal nach München zu holen. Das Echo in der europäischen Presse fiel kritisch aus. Die Pariser *L'Équipe* sprach vom »unbarmherzigen Realismus der Deutschen«, der Londoner *Daily Mirror* argwöhnte, für die Bayern sei der »Fußball eine Form von Schach geworden« und das holländische *Algemeen Dagblad* erklärte die Mannschaft um Beckenbauer zu »Meistern des Mittelmaßes«. Nach Auskunft der *Times* agierte Beckenbauer, »der hinten umherwanderte«, in diesem Finale »wie ein Boulevardflaneur, der auf seinen Morgenaperitif wartete. Er zeigte kaum Schweiß und war doch der Dreh- und Angelpunkt in seiner Mannschaft.«

Flaneure sind auf dem Fußballplatz weder in England noch in Deutschland wohlgelitten. Der Flaneur gilt gemeinhin als der leichtfüßig schwebende und unbeteiligte Beobachter, der Eindrücke sammelt wie andere Leute Schmetterlinge. Er macht sich nicht schmutzig, er wahrt Distanz, er wirft seine Seele nicht in das Spiel, er schwitzt nicht, gelassen sammelt er ein, was andere unter großen Mühen und Strömen von Schweiß erkämpfen. »Ich war ja nie einer«, hieß es in »Einer wie ich«, »nach dem sie geschrien haben. Ich war kein Uwe Seeler, dessen Vorname ganze Tausend-Mann-Chöre in Atem hielt. Ich habe immer vor einem Publikum gespielt, wie es im Museum zu finden ist . . . Mich haben sie immer für arrogant gehalten. Ich weiß nicht warum, ich habe mich immer angestrengt. Ich war auch verrückt, berauscht und verzweifelt, wie es gerade kam, aber ich habe nichts sichtbar machen können.«

Nachdem der Fußballstar Beckenbauer alles gewonnen hatte, was es zu gewinnen gab, schien er jetzt vieles zu verlieren. Die elf Spielzeiten, die Beckenbauer von 1965/66 bis 1975/76 mit dem FC Bayern München bestritten hatte, sind bis heute die erfolgreichsten in der Geschichte des Vereins. Innerhalb dieser elf Jahre gewann der FC Bayern 13 nationale und internationale Titel, und Beckenbauer, unbestritten der Kopf und das Herz der Mannschaft, wurde 1972 und 1976 zum »Europäischen Fußballer des Jahres« gewählt. Auch für Helmut Schön war Beckenbauer noch immer der Anführer, auf den er baute, der Kapitän, mit dem er die Weltmeisterschaft 1978 angehen wollte. Die Weltmeisterelf von 1974 war Vergangenheit und der Umbruch hatte begonnen. Im Finale der Europameisterschaft 1976 gegen die CSSR standen zwar noch sieben Spieler in der Anfangsformation, die auch in München dabei gewesen waren, doch Overath und Müller, die ihren Abschied genommen hatten, waren nicht gleichwertig zu ersetzen und auch das Fehlen von Breitner hinterließ eine schmerzhafte Lücke.

Das Endspiel, das am 20. Juni in Belgrad vor nur 35 000 Zuschauern angepfiffen wurde, war Beckenbauers 100. Länderspiel, und erstmals in seiner langen Karriere schien ihn das Glück in einer wichtigen Begegnung verlassen zu haben. Nach einem packenden Spiel stand es nach 120 Minuten 2:2, und es ging ins Elfmeterschießen. Erst kurz vor dem Spiel hatte sich der DFB für diesen Modus und gegen ein Wiederholungsspiel entschieden, denn die Funktionäre glaubten, die Spieler seien am Ende ihrer Kräfte. Doch Beckenbauer sah das anders. Er war aufgebracht, nachdem das DFB-Team das Elfmeterschießen verloren hatte – Hoeneß schoss unkonzentriert weit über das Tor –

denn für ihn stand fest, dass man die CSSR dank der besseren Kondition in einem zweiten Spiel bezwungen hätte.

Den möglichen Sieg, grollte Beckenbauer, hätten die Funktionäre am grünen Tisch verspielt. Funktionäre sind Männer, so hatte Beckenbauer sich schon in »Einer wie ich« abfällig geäußert, die »sich auf der Ehrentribüne produzieren und uns allenfalls nach der Kraft der Gelenke und Fesseln, der Beine und der Knochen beurteilen. Ebenso gut könnten sie auch Pferde um die Wette laufen lassen.« Das ohnehin kühle Verhältnis zwischen dem DFB und Beckenbauer war nach der Veröffentlichung von »Einer wie ich« und der Europameisterschaft nicht herzlicher geworden. Kein anderer deutscher Fußballer hatte die alten Männer in Frankfurt so herausgefordert und provoziert, kein anderer war ihnen so unabhängig und frei von ihrem Urteil gegenübergetreten. Hermann Neuberger, der 1975 zum Präsidenten des DFB gewählt worden war, beargwöhnte die Entwicklung Beckenbauers. Der Münchner war zwar inzwischen zum Rekordnationalspieler aufgestiegen und hatte maßgeblich zur erfolgreichsten Ära des deutschen Fußballs beigetragen, es sah aber nicht danach aus, als ob sich dieser Triumphator der bürokratischen und formalen Hierarchie des Deutschen Fußballbundes unterordnen würde. Neuberger ahnte zwar, dass ihm Beckenbauers Ungebundenheit noch Probleme bereiten würde, er war aber weit davon entfernt, sich Beckenbauer als zukünftigen Gegenspieler und Rivalen vorzustellen.

Beckenbauers Autobiographie Mitte der siebziger Jahre war kein intimes Dokument über sein Leben oder seine Persönlichkeit. Ich habe eine Reihe von Freunden und Familienmitgliedern Beckenbauers gefragt, ob sie ihn in diesen Büchern wiederfinden, seinen Charakter erkennen oder seine Stimme hören. »Eher nicht«, bekam ich häufig zur Antwort. Thomas Beckenbauer, ein freundlicher Mann, der auf keinen Fall etwas Schlechtes über die Bücher seines Vaters sagen will, erläutert sachlich: »Die sind ja wie Romane geschrieben, speziell das erste ›Einer wie ich‹, während die anderen sich mehr auf den Sportler konzentrieren.«

Das meiste von dem, was Nesslinger ihm damals in den Mund legte, hat Beckenbauer so nie gesagt oder gedacht. Aber vieles von dem, was der Ghostwriter ihm zuschrieb, entsprach dem veränderten Berufsbild des Profifußballs. Der *Spiegel*-Reporter betrachtete Beckenbauer als ersten Vertreter einer neuen Fußballergeneration. Ein noch nie dagewesenes Fußballbuch sollte es werden, weil der Star weder den alten Heldenbildern à la Fritz Walter oder Uwe Seeler entsprach noch den Werten und Mentalitäten, die sie verkörperten. Hier sollte bewusst mit den Traditionen gebrochen werden, um Beckenbauers Modernität herauszustellen. Dieser Fußballer sollte ein hartgesottener Profi sein, unsentimental, sachlich und cool. Er sollte aber auch – das verdankt sich nicht zuletzt der persönlichen Überzeugung des Sportjournalisten, der um ein besseres Ansehen für sich und seine Profession kämpfte –, eine Meinung haben zu Kunst und Kultur, zu Politik, Wirtschaft und Wissenschaft.

Beckenbauers Autobiographie ist deshalb vor allem ein Buch über eine gewandelte Fußballkultur. Die Gründung der Bundesliga 1963 mochte die strukturellen Voraussetzungen für die Entwicklung des Profifußball geschaffen haben, die öffentlichen Wahrnehmungs- und Beschreibungsmuster aber, das ganze imaginäre Reich des Fußballs, steckten überwiegend noch immer im Stadium eines romantischen Idealismus. Das Denken und Fühlen vieler Fans und Funktionäre sträubte sich gegen die Kommerzialisierung des Fußballs, weil man fürchtete, das Spiel könne seine Seele verlieren, auch weil man sich von den anheimelnden Fußballgeschichten der eigenen Kindheit und Jugend verabschieden musste. Nesslinger führte *seinen* Beckenbauer ganz bewusst gegen diese nostalgischen Verklärungen ins Feld, aus Überzeugung, geschäftlichem Kalkül und aus der Gewissheit, dass der »Kaiser« neue Kleider brauchte.

Viktoria war ein Engel. Aus Bronze. Hundert Zentimeter hoch. Zwischen 1903 und 1944 wurde diese Trophäe, zunächst ein Rugby-Pokal, dem jeweiligen Deutschen Fußballmeister verliehen. Auf dem Sockel der Viktoria konnte man den berühmten Spruch lesen: »Elf Freunde müsst ihr sein, wenn ihr Siege wollt erringen.« Populär wurde das geflügelte Wort aus dem Lehrbuch »Fußball« (1919) von Richard Girulatis, dem »Ahnherrn aller deutschen Fußballtrainer«, aber erst durch den Journalisten und Kabarettisten Sammy Drechsel, der 1955 den Fußballroman »Elf Freunde müsst ihr sein« veröffentlichte. Die wirkungsmächtige Geschichte vom genialen Stürmer Heini Kamke, der mit der Fußballmannschaft der Volksschule Berlin-Wilmersdorf auszieht, um »Berliner Meister der Volksschule« zu werden, erlebte unzählige Auflagen und konservierte ein Fußballidyll, das nie Wirklichkeit, aber immer Wunsch war. Zu dem Bild des Freundes hatte sich in den dreißiger und vierziger Jahren auch der »Kamerad« gesellt, ein Begriff, der für Herberger und seine kriegserfahrene Spielergeneration so wichtig war. Im Jahr 1965, als Uwe Seeler nach langer Verletzungspause auf die internationale Fußballbühne zurückkehrte, wurden vor dem wichtigen WM-Qualifikationsspiel gegen Schweden seine Memoiren »Alle meine Tore« veröffentlicht. Das Spiel gegen Schweden war Beckenbauers erstes Länderspiel. Einer der letzten Sätze des Seeler-Buches heißt: »Im Spiel gegen Schweden geht es um sehr viel. Nur elf gesunde, kampfstarke Kameraden können dort den gewünschten Erfolg bringen. Es wäre herrlich, einer dieser elf Kameraden sein zu können.«

Gegen die »elf Freunde« und die »elf Kameraden« führte Nesslinger nun den nüchternen Pragmatiker ins Feld, den er durch Beckenbauer glaubhaft verkörpert sah. »Der Satz, elf Freunde müsst ihr sein, um zu siegen, der noch in Herbergers Zeiten fast ein Lehr- und Leitsatz gewesen ist, stimmt längst nicht mehr. Eher trifft zu, elf Feinde müsst ihr sein, um zu siegen.«

In »Einer wie ich« finden sich eine Reihe solcher Passagen, die provozieren sollen. So macht sich Beckenbauer Gedanken über Fritz Walter, als dessen legitimer Nachfolger und Erbe er galt. Als sie sich 1965 vor dem Spiel gegen Schweden das erste Mal begegnen, und Fritz Walter dem Debütanten Mut machen will, soll Beckenbauer über das Idol vergangener Tage so gedacht haben: »Ich merkte, dass wir doch ziemlich verschiedene Charaktere sind. Er besaß noch etwas vom Mannschaftsgeist der Weltmeisterelf von 1954, deren Kapitän er gewesen ist. Er glaubte an Kameradschaft und Nationalehre. Für mich ist Fußball eine Interessengemeinschaft. Sie hatte sich gebildet, um gemeinsam Spaß an der Sache, und auch, um gemeinsam Erfolg zu haben. Titel sind dazu da, dass sie gewonnen werden. Das ist für mich nicht nur ein sportliches Ziel, sondern auch eine wirtschaftliche Notwendigkeit. Fritz Walter hat das immer etwas anders gemacht. Im Aufgehen für die Sache namens Fußball hat er seine Interessen oft vergessen. Er war im Fußball ein Weltstar, aber ein Geschäftsmann war er wohl nie.«

Das klang altklug, unsympathisch, kalt. Hatte es Beckenbauer, der

Sohn, nötig, so aggressiv aus dem Schatten des mächtigen *Vaters* Fritz Walter zu treten? Waren das wirklich die Gedanken, die sich ein Zwanzigjähriger macht, der wenige Stunden vor seinem ersten Länderspiel einen Mann trifft, der nicht nur 25 Jahre älter ist als er, sondern auch als bis zu diesem Zeitpunkt als Deutschlands erfolgreichster und bester Fußballer galt? Zumal Beckenbauer doch der pflegeleichte Sohn und Enkel schlechthin ist, einer, der Autorität anerkennt, keiner, der die Alten wegbeißt, um auf ihrem Thron Platz zu nehmen. Natürlich hatte Beckenbauer nicht so über Fritz Walter gedacht und er tut es heute auch noch nicht. Dennoch steckt in diesem inneren Monolog ein Stück Wahrheit. In Beckenbauers Kindheit war Fritz Walter, den Rudi Michel einmal als die »personifizierte Bescheidenheit« bezeichnete, für Franz Beckenbauer sicher ein Held, ein klangvoller Name. Später aber, als Robert Schwan ihm immer wieder eingetrichtert hatte, wie wichtig es sei, die Zukunft zu sichern, sein Talent zu pflegen, es finanziell maximal auszuschöpfen, konnte ihm Fritz Walters Karriere kein Ansporn mehr sein.

Die Männer, die er mit dreißig bewunderte, waren knorrige Selfmademen wie Rudi Houdek, Robert Schwan, Wilhelm Neudecker, Franz Josef Strauß, auch Dettmar Cramer oder Manfred Köhnlechner, die jede Bescheidenheit abgelegt hatten, um nach oben zu kommen. Fußball spielen konnte Beckenbauer selber, aber wie diese Männer redeten, wie sie Geschäfte machten und sich selbst möglichst clever verkauften, das imponierte ihm. Trotzdem eiferte er ihnen nicht verbissen nach, er wollte nicht um jeden Preis werden wie sie. Zwar übernahm er manche ihrer Ansichten, er machte natürlich mit ihnen Geschäfte, man tat einander den einen oder anderen Gefallen, das war leicht. Aber wirklich wichtig für Beckenbauer war die soziale Geborgenheit, die er bei diesen erfolgreichen Ich-Athleten fand. Sie waren Helden des Aufstiegs, die weder von einem schlechten Gewissen noch von Orientierungsproblemen in ihrem neuen Leben und ihrem veränderten gesellschaftlichen Status geplagt wurden. Sie lebten Beckenbauer vor, dass man sich seine eigenen Maßstäbe setzen muss, um voranzukommen und dass man dort weiter gehen muss, wo die meisten Menschen stehen bleiben. Bringt man diese Energie und Leistung auf, dann ist es nur recht und billig, dass man dafür belohnt und bezahlt wird.

Spitzengagen für Spitzenleistungen, das galt für Beckenbauer und sie, das war ihr Konsens. Nicht zuletzt aus dieser Haltung erwuchsen die steuerlichen Probleme, die der FC Bayern München und Franz Beckenbauer Ende der siebziger Jahre bekommen sollten. Die politischen Spitzen der Landesregierung und der Stadt waren stolz auf den Erfolg des Vereins, und nur zu gerne zeigte man sich an der Seite der strahlenden und zumeist siegreichen Imagebotschafter. Neudecker und Fembeck wurden deshalb von vielen Politiker beschworen, die auch im Ausland begehrten Stars des FC Bayern München mit allen Mitteln im Lande zu halten. »Dann müsst ihr uns aber helfen«, argumentierten die Vereinsbosse, »die Mittel zu besorgen.« Aus solchen Gesprächen entstanden im Verein und bei Beckenbauer die Überzeugung, man könne in der Auseinandersetzung mit den Steuerbehörden auf politische Hilfe hoffen. Ein beliebtes Mittel, Geld am Fiskus vorbeizuverdienen, waren die Auslandstourneen, die die Mannschaft in der Sommer- oder Winterpause unternahmen. Bei diesen mehrwöchigen Gastspielreisen nach Südamerika oder Asien kassierte Robert Schwan einen großen Teil der Antrittsgagen bar, gerne in der Plastiktüte, lediglich der kleinere Teil wurde in den Verträge festgeschrieben und später steuerlich erklärt. Hin und wieder, so Fembeck, sei es auch vorgekommen, dass man vollkommen vergessen habe, ein Spiel, das stattgefunden hatte, in die Bücher einzutragen.

Nachsicht und Unterstützung fand Beckenbauer bei seinen älteren Freunden auch, wenn es um seine außereheliche Affären ging. Männer wie Rudi Houdek oder Robert Schwan, für die der Seitensprung zur Ehe gehörte wie das weiße Brautkleid, bemühten sich, Beckenbauers Liebesfluchten vor der Öffentlichkeit und seiner Frau Brigitte geheimzuhalten. In Franz Beckenbauers Autobiographie »Ich«, die 1990 erschien und im Untertitel »Wie es wirklich war« heißt, räumte er ebenso freimütig wie ausweichend ein: »Es war kein Mangel an Abenteuern, und wir haben nicht anders gelebt als die anderen jungen Männer in diesen Jahren, in denen das Wort Aids und seine Schrecken noch weit entfernt waren.« Ganz ähnlich klingt die Bekenntnispassage, die sich in Sepp Maiers Memoiren »Wer mit dem Ball tanzt« findet: »Wie heutzutage die Musikstars und die Groupies, so konnten auch wir uns damals nicht über mangelndes Interesse vom anderen Geschlecht beklagen. Dann sind wir halt ausgebüchst, haben uns verdünnisiert und ein paar schöne Stunden erlebt.«

Allerdings, so räumt Franz Beckenbauer in seiner Autobiographie ein, »das ist es nicht, was dich irgendwie glücklich gemacht hätte oder besonders stolz. Diese flüchtigen Erlebnisse.« Einen weniger flüchtigen Lauf nahm seine Begegnung mit Diana Sandmann, die damals in der renommierten Münchner Fotoagentur Werek arbeitet, zunächst im Archiv, dann auch als Sportfotografin. Beckenbauer lernte die drei Jahre jüngere Frau, die aus großbürgerlichem Milieu stammte – ihr Vater war ein geschätzter Architekt im Münchner Villenviertel Bogenhausen – im Juli 1975 bei der dritten Hochzeit von Robert Schwan kennen. Offiziell sind Franz Beckenbauer und Diana Sandmann von 1977 bis 1988 ein Paar gewesen, vorher liebte man sich im Verborgenen.

Hier und da wurden Andeutungen gemacht, eine Illustrierte sprach von Scheidung, doch vorerst verteidigten die meisten Boulevardzeitungen, manchmal wider besseren Wissens, das Bild der intakten Familienwelt. Die Münchner Journalisten, vor allem die Sportjournalisten, wussten von dieser Beziehung, scheuten aber, aus Überzeugung, freundschaftlicher Loyalität, aber auch in Schach gehalten von Robert Schwan, davor zurück, die Geschichte an die Öffentlichkeit zu bringen. Das brachte die Boulevardjournalisten der *Bild-Zeitung* natürlich besonders in Bedrängnis, denn ihr Metier war nun einmal das Intime. Was tun? Warten bis ein anderer, nicht durch Münchner Bande gefesselter Journalist weniger Skrupel hatte und die Geschichte druckte? Da wäre die Blamage komplett gewesen. Dann sind wir, die wir mehr wissen als alle, wir, die tagein, tagaus am »Kaiser« kleben, die Gelackmeierten. Die Lösung: Man spielte über Bande. Das Verhältnis von Beckenbauer und Diana Sandmann wurde das erste Mal am 6. April 1977 in der *Welt* öffentlich, und es ist wohl kein Zufall, dass die Meldung über Franz Beckenbauers außereheliche Affäre zuerst in einer Zeitung des Springerkonzerns verkündet wurde. Es gibt jedoch auch die Ansicht, Robert Schwan habe diese Nachricht lanciert, um den Wechsel seines Schützling zu Cosmos New York zu forcieren. Unter der fürsorglich klingenden Überschrift »Sorgen um Franz Beckenbauer« wurde zunächst die Krise der Bayern erörtert, die gerade aus dem Europapokal ausgeschieden waren und eine blamable 0:5 Niederlage beim HSV hatten einstecken müssen. Dann wurden Beckenbauers Absicht, zu Cosmos New York zu wechseln, erörtert. Beckenbauer hatte diese Kontakte auch bestätigt, aber ebenso entschieden erklärt, erst nach der Weltmeisterschaft 1978 in Argentinien wechseln zu wollen, um zusammen mit Helmut Schön den Weltmeistertitel zu verteidigen. Nach dieser Passage folgten scheinbar einfühlsame Sätze: »Unglücklicherweise ist gerade zu diesem Zeitpunkt Beckenbauers Privatleben belastet. Der Münchner hat sich in eine Münchner Fotografin verliebt.«

Die *Welt* hatte die Kugel auf den Weg gebracht. Nun blieb es der *Bild-Zeitung* überlassen, das Spiel weiter zu spielen und die Geschichte ganz groß aufzumachen. Die folgenden Wochen, die »unerfreulichsten drei Wochen meines Lebens« gab Beckenbauer später zu Protokoll, zermürbten ihn, fraßen an seinen Nerven und ließen die Entscheidung reifen, früher als eigentlich geplant, nach New York zu gehen. Sein öffentliches Bild bekam Risse, die familiären Spannungen nahmen zu. Auch an Diana Sandmann, die in München als »Ehe-Zerstörerin« angefeindet wurde, ging diese Zeit nicht spurlos vorbei: »Ich habe da viel mitgemacht, die Fans haben mich am Fußballplatz mit Tomaten beworfen und im Gemüseladen bin ich als ›Hure‹ beschimpft worden; das habe ich natürlich vom Franz ferngehalten und ihm nicht gesagt. Ich war damals ja noch sehr jung, erst 28 und fühlte mich gejagt. Den privaten Menschen sieht die Öffentlichkeit nicht und auf das Image hatte ich überhaupt keinen Einfluss. Es war wirklich ein Gefühl des Ausgeliefertseins.«

Auch Beckenbauer, seit über einem Jahrzehnt erfahren im Umgang mit der Presse, ihren Schlagzeilen und Spekulationen, fühlte sich durch die explodierende Berichterstattung überrannt, zumal es ihn zwang, sich gegenüber seiner Frau zu bekennen und ihr das Verhältnis zu Diana Sandmann zu gestehen. Drei Wochen später, Beckenbauer hatte sich entschieden, zu Cosmos New York zu wechseln, erschien in der Illustrierten *Stern* bereits die Abrechnung des »Kaisers« mit seinen Kritikern: »Es reicht. Nachdem ich so viel eingesteckt habe, darf ich auch einmal kontern.« Für die Artikelserie »Jetzt rede ich« hatte Robert Schwan ein hohes Honorar aushandeln können, denn »noch nie hat eine Sportleraffäre das Land so aufgeregt wie die Absicht des Franz Beckenbauer, nach New York zu gehen«. Zuallererst wandte sich Beckenbauer gegen die *Bild-Zeitung* und ihre Kampagne gegen ihn: »Ich kenne die Leute, die da meist anonym über mich schreiben. Ich weiß auch einiges über ihr Privatleben. Ihre Scheinheiligkeit widert mich an. Es will mir bis heute nicht in den Kopf, daß es bei der *Bild-Zeitung* niemanden gab, der Anstand und Mut genug hatte, mit der Faust auf den Tisch zu schlagen und zu sagen: Das geht nicht mehr, das ist auch unter unserem Niveau! Dieses Blatt hat zehn Jahre mit dem ›Kaiser‹ Schlagzeilen gemacht. Nun scheint der ›Kaiser‹ zu gehen, da macht man Schlagzeilen, indem man Dreckkübel über ihm ausschüttet.« Dieses öffentliche Zerwürfnis wird Beckenbauer nicht daran hindern, fünf Jahre später zum Vertragspartner und geschätzten Kolumnisten der *Bild-Zeitung* zu werden, der er bis heute ist. Es war auch weniger Beckenbauer, der sich hier über die *Bild-Zeitung* echauffierte, sondern *Der Stern*, der die Chance nutzte, die Hamburger Kollegen im Namen des »Kaisers« abzustrafen und deren Form von Journalismus anzuprangern. Sicher waren die Schlagzeilen der *Bild-Zeitung* für Beckenbauer schmerzhaft, aber ausschlaggebend für seinen Wechsel waren sie nicht.

Der »Kaiser«, die öffentliche Figur Beckenbauer, war nicht zuletzt ein Produkt der Boulevardpresse und der intensive Kontakt zu ihr hatte sich noch stets ausgezahlt, zeitweilige Irritationen, Ärger, Falschmeldungen, Gerüchte, Klischees, Übertreibungen, all das gehörte in dieser symbiotischen Beziehung dazu. Beckenbauer wusste viel zu gut, wie diese Branche funktionierte, um wirklich überrascht zu sein. Den medialen Wirbel um seine Person hätte er ausgehalten, wenn er wirklich in Deutschland hätte bleiben wollen. Doch schon seit 1975 hatte es Kontakte zu Cosmos New York gegeben, ebenso zu anderen Spitzenvereinen wie dem FC Barcelona, die Beckenbauer sehr viel mehr Geld boten, als er beim FC Bayern verdiente. Jede dieser Offerten war bislang gescheitert, auch weil sich der DFB zusammen mit Beckenbauers Vertragspartner Adidas in besonderer Weise um das Bleiben des Stars bemüht hatten. Der DFB wollte Beckenbauer mit der Perspektive des Bundestraineramtes fesseln, Adidas verdoppelte das Honorar.

Im Frühjahr 1977, die Bayern waren im Europapokal gescheitert und die Qualifikation für einen internationalen Wettbewerb war äußerst ungewiss, konnte sich Beckenbauer ausrechnen, dass er sein

Jahresgehalt von 400 000 DM in der nächsten Saison nicht erreichen würde. Die Illustrierte *Sport* war überrascht, als Beckenbauer im Interview erstmals detaillierter über seine Einkünfte sprach. Beckenbauer, der sich immer geweigert hatte, in der Öffentlichkeit über seine Verdienste zu sprechen – darin folgte er ganz seinem Lehrmeister Schwan –, erregte sich über die ihm zugeschriebenen Summen: »Ich werde ständig falsch eingeschätzt. Ich habe noch nie beim FC Bayern eine halbe Millionen im Jahr verdient, noch nie. Und zwar alles in allem, brutto inklusive Prämien und allem.« Daraufhin *Sport* erstaunt: »Haben wir recht gehört? Weniger als eine halbe Million brutto im Jahr?« – Beckenbauer: »Ja, natürlich. Aber das glaubt mir ja keiner.« *Sport*: »Sie haben es ja auch noch sie so klar gesagt.« Beckenbauer: »Soll ich denn zu den Leuten hingehen und sagen: Ich bekomme nur 385 000? Die würden ja immer noch sagen: Was, so viel?« Es war in erster Linie die Aussicht, in New York sehr viel mehr Geld zu verdienen, die Beckenbauer lockte, und das zu einem Zeitpunkt, als sich die Erfolgsaussichten des FC Bayern verdüsterten, Beckenbauer den Scheitelpunkt seiner Karriere überschritten glaubte, und er in Deutschland alles gewonnen hatte, was es zu gewinnen gab: »In Amerika habe ich eigentlich zum ersten Mal großes Geld verdient. Gut, ich habe in der Bundesliga auch nicht schlecht kassiert, aber erst seitdem wir ins Olympiastadion gewechselt waren. Im Vergleich zu den Verdienstmöglichkeiten in Amerika war dies alles zu belächeln!« Neben dem Geld spielte Beckenbauers familiäre Situation die entscheidende Rolle. Als er am 24. Mai 1977 mit der Lufthansamaschine LH 408 von München nach New York flog, war Brigitte Beckenbauer zwar ebenso an Bord wie Robert Schwan. Doch das war wohl ein sehr halbherziger Versuch, den neuen Lebensweg gemeinsam zu beschreiten; innerlich hatte sich Beckenbauer bereits entschlossen, ein ganz neues Leben zu beginnen.

Auch Beckenbauers Steuerprobleme dürften ihm den Abschied aus Deutschland erleichtert haben. Schon 1970 hatte Robert Schwan in der Schweiz eine Firma gegründet, mit dem Ziel, Steuern zu sparen. Diese Firma rechnete alle Neben- und Werbeeinkünfte Beckenbauers ab, stellte Rechnungen, kassierte und überwies Beckenbauers Honorare nach Deutschland. Ein Teil des Geldes blieb jedoch »zur Altersversorgung« in der Schweiz. Dieses Steuersparmodell war von Anfang an fragwürdig und zweifelhaft, allerdings, so berichtete es Beckenbauer offenherzig in seiner Autobiographie »Ich. Wie es wirklich war«, soll der Tipp dafür direkt vom damaligen Finanzminister Huber und anderen Landespolitikern gekommen sein; deshalb hätten er und Schwan im guten Glauben gehandelt, das steuersenkende Geschäftsmodell sei rechtens.

Doch die bayerischen Finanzbeamten sahen das nach langwierigen Ermittlungen ganz anders. Im Januar 1977 stand frühmorgens die Steuerfahndung in Grünwald vor Beckenbauers Tür, um belastendes Material sicherzustellen. Zum gleichen Zeitpunkt meldeten sich die Fahnder bei einer Reihe von Beckenbauers Geschäftspartnern. Zwar wurden die Finanzbeamten nicht in der Weise fündig, wie sie vermutet hatten. Aber Robert Schwan gab später auch zu, man sei vorgewarnt gewesen. Dass Franz Beckenbauer 1,8 Millionen DM Steuerschulden nachzahlen musste, was er dann auch tat, stand allerdings schon vor der Hausdurchsuchung fest.

In der öffentlichen Debatte um Beckenbauers Wechsel, der überwiegend als »Flucht« wahrgenommen wurde, spielten die Steuerprobleme nur eine untergeordnete Rolle. Zumeist bemühten die Kommentatoren eine ganze Reihe von Gründen: Die Bayern seien eine sterbende Mannschaft, Beckenbauers Ehe sei am Ende, Beckenbauer habe sich endgültig mit dem Verein und dem DFB überworfen, Beckenbauer sei geldgierig, Beckenbauer wolle sich aus den Zwängen eines Prominentenlebens in Deutschland befreien, Beckenbauer suche eine neue Herausforderung, Beckenbauer sei auf dem Gipfelpunkt des Egoismus angekommen, Beckenbauer sei ausgebrannt und fürchte jetzt den Alltag in der Bundesliga, Beckenbauer sei das Opfer seines skrupellosen Managers geworden. Doch so ausgewogen und vielschichtig die Argumentationen auch sein mochten, so sehr sich die Beobachter in Beckenbauer auch einfühlten, das Resümee fiel fast immer eindeutig aus: »Wie kann er nur! Hat er den Verstand verloren? Was will er bloß in den USA?«

Die Presse bezog dabei überwiegend den Standpunkt besorgter, aber durchaus eigensüchtiger Eltern, die ihr geliebtes Kind nicht hergeben wollen. Und beinahe überall wurde die Nachricht, dass Beckenbauer nach Amerika gehe, wie eine nationale Katastrophe, wie ein kollektiver Schock und wie ein Trauerfall beschrieben »Demontage eines Idols« *(Rheinischer Merkur)*, »Der verlorene Sohn« *(Frankfurter Rundschau)*, »Wenn ein Libero zum Freiwild wird« *(Süddeutsche Zeitung)*, »Noch ein Nachruf« *(Vorwärts)*, »Vom nationalen Eigentum zum Fahnenflüchtigen« *(Neue Zürcher Zeitung)*, »Ein Publikumsliebling wird fallengelassen« *(Süddeutsche Zeitung)*, »Libero auf der Flucht« *(Spiegel)*. Die *Zeit* spießte das Phänomen satirisch auf. Unter der Überschrift »Beckenbauer-Krise« hieß es voller Ironie: »Was ist schon das Öl, das in die Nordsee ausströmt, gegen einen Fußballkaiser, den es nach Amerika zieht? Oder mal anders gefragt: Kommen wir denn aus den Krisen gar nicht mehr heraus? Brokdorf, die Arbeitslosen, die Terroristen und nun, als vorläufiger Höhepunkt: die Beckenbauer-Krise. Bleibt uns denn nichts erspart? (...) Genscher, der zu einer Stippvisite in Bonn weilte, führte dazu aus, an der Beckenbauer-Affäre werde die Koalition nicht zerbrechen. Er meinte unter dem Beifall des ganzen Hauses, dies sei die Stunde aller Demokraten, und rief die Parteien des Bundestages zur Gemeinsamkeit auf.« So viel Ironie war selten. Sehr viel weniger aufgeregt als die Medien bewerteten die Bundesbürger Beckenbauers Absichten. Das zumindest waren die Ergebnisse einer repräsentativen Umfrage, die die Illustrierte *Stern* beim Institut für Demoskopie Allensbach in Auftrag gegeben hatte. Danach meinten 49 Prozent der Befragten, Beckenbauer habe Recht, wenn er nach Amerika gehe, während 30 Prozent fanden, er solle besser in Deutschland bleiben. Überwältigend war Beckenbauers Bekanntsheitsgrad bei allen Befragten. Es gab niemanden, der Beckenbauer nicht kannte und 95 Prozent hatten schon davon gehört, dass er »ein US-Trikot anziehen will«.

Eine Szene, die Beckenbauer in der *Stern*-Serie »Jetzt rede ich« schildert, verrät unfreiwillig, wie sehr die Familie und die Ehe Beckenbauers in den letzten Jahren an den Rand seiner eigenen Aufmerksamkeit geraten waren. Sie verrät auch, welche Akzente er setzte und welchen Loyalitäten er sich verpflichtet fühlte. Ein Tag im Mai. Eine Woche vor Beckenbauers Abreise nach Amerika. Das Haus in Grünwald steht zum Verkauf bereit, die Familie sitzt zwischen Umzugskisten und aufgerollten Teppichen: »Ich kann am Abend dieses Tages die Entscheidung, was die Familie macht, wenn ich nach New York gehe, nicht länger aufschieben. Ich muss also ausführlich mit meiner Frau reden. Im Wintergarten sitzen die Leute vom *Stern* und wollen diese Folge des Berichts haben. Im Garten baut ein Fotograf Schirme, Scheinwerfer und ein gewaltiges Zelt auf, um mich für die *Zeit* zu fotografieren. Am liebsten würde ich die Beine ausstrecken und allen sagen: ›Leckts mich doch.‹ Doch meine Frau hat das Recht, mit mir zu reden, der *Stern* einen Vertrag gegen gutes Honorar und die *Zeit* ein Versprechen. So pendele ich dann zwischen drei Kampfstätten hin und her.«

Beckenbauer wollte die Aussprache mit seiner Ehefrau ebenso *abarbeiten* wie den Interview-Termin mit den Journalisten. Ganz offenkundig empfand er seine Ehe längst nur noch als eine von vielen »Kampfstätten«, auf denen er sein Image zu verteidigen oder gegen dessen Folgen und Eigenmächtigkeiten zu kämpfen hatte. Zusammen mit Robert Schwan war Brigitte in den letzten zehn Jahren seines Lebens die treibende Kraft geworden, wenn es darum ging, das Image Beckenbauers zu formen. Ihr Ziel war das eigentlich nicht, sie wollte sich und ihren Mann in erster Linie bilden und dem gesellschaftlichen Aufstieg einen persönlichen Reifungs- und Ausbildungsprozeß entgegensetzen. Denn der soziale und materielle Überfluss, den die Karriere ihres Mannes produzierte, weckte bei ihr Gefühle des Mangels und Ängste, dem äußeren Reichtum und Glanz keine innere Entwicklung folgen lassen zu können. Einerseits litt sie, sehr viel stärker als ihr Mann, der seinen Halt immer wieder im Fußball fand, an den Herausforderungen des gesellschaftlichen Aufstiegs und an den damit verbundenen Erwartungen, andererseits empfand sie auch sehr viel mehr Lust als er, sich auf verschiedenen Bühnen der Gesellschaft auszuprobieren. Ihm dagegen ging dieser Erkundungs- und Entwicklungsdrang ab, das Spielfeld, immer noch die Arena, in der er sich ausdrückte und auslebte, absorbierte seine Kräfte und verengte sein Blickfeld.

In einem Interview mit dem *Playboy*, das 1980 entstand, Beckenbauer hatte gerade drei Jahre in Amerika hinter sich, blickte Beckenbauer distanziert zurück auf den Ehemann und Vater, der er gewesen war: »Ich war durch den Fußball so gefordert und auch geschäftlich so oft unterwegs, daß ich gar nicht wußte, was eine Familie, ein Privatleben ist. Wenn ich vom Training kam, wollte ich meine Ruhe haben. Die Kinder sind neben mir groß geworden, ohne daß ich es gemerkt habe. Heute tut mir das leid, weil ich Kinder sehr gern habe.«

Durch sein Elternhaus und auch durch Robert Schwan war Beckenbauer eine starke Leistungsethik vermittelt worden, die ihm vorschrieb, Vertragspflichten verlässlich und pflichtbewusst abzuarbeiten. Dann war man sein Geld wert, dann durfte man Forderungen stellen. Und weil Beckenbauer diese Pflichten sehr ernst nahm, verkümmerte sein Familiensinn, sein Gespür für die ihm allernächsten Menschen, die keinen Vertrag mit ihm geschlossen hatten.

Doch auch wenn Beckenbauer in diesen Jahren die Fähigkeit verloren haben mochte, Prioritäten zu setzen, so verlor er trotz des Trubels um seine Person nicht den Realitätssinn und das Wissen um den eigenen Stellenwert. Bis heute ist Beckenbauer misstrauisch gegenüber Interpreten, die ihn und sein Image politisch oder national vereinnahmen wollen. Auf dem Höhepunkt der an Höhepunkten nicht eben armen »Beckenbauer-Affäre« wollte auch der Spiegel nicht abseits stehen und widmete dem »Kaiser« eine Titelgeschichte. Hellmuth Karasek griff tief in den Bilderschatz der deutschen Geschichte, um das Phänomen Beckenbauer angemessen zu analysieren: »Seit Heinrich IV. in Canossa sich seine bloßen Füße im Schnee wundstand, seit Ludwig II. im Starnberger See umnachtet baden ging und Wilhelm der Zwote im holländischen Exil Bäume zersägte, ist keine Majestät im Bewusstsein der Nation so tief gesunken wie ›Kaiser Franz‹.« Das klang nur sehr entfernt ironisch, eher klirrte es ernst und gewichtig.

Im gleichen Tonfall nationaler Strenge wurde das Interview zur Titelgeschichte geführt. *Spiegel*: »Gibt Ihnen die öffentliche Enttäuschung darüber zu denken, dass der beste deutsche Fußballspieler vaterlandsflüchtig wird? Sie sind ja nicht in der Nationalmannschaft, sondern Sie sind für viele *die* Nationalmannschaft.« – Beckenbauer: »Nein. Ich war nie *die* Nationalmannschaft.« – *Spiegel*: »Sie sind Chef der Nationalmannschaft und ihre Identifikationsfigur.« – Beckenbauer: »Ich bin ja nicht vaterlandsflüchtig. Das sind alles Ausdrücke, die hier vielleicht nicht ganz richtig sind. Ich möchte ja gern in der Nationalmannschaft bleiben.« Insgeheim wusste Beckenbauer, dass seine Karriere in der Nationalmannschaft nach 103 Länderspielen beendet war, wenn er fortan in einer Liga spielte, die der DFB-Präsident Neuberger als »Operettenliga« verspottet hatte. Das war es auch, was viele professionelle Beobachter und Funktionäre Beckenbauer so übel nahmen und nicht akzeptieren wollten. Dass einer seinen eigenen Weg über das »Schicksal« der Nationalmannschaft stellte, dass er keinen Ehrgeiz besaß, den Weltmeistertitel zu verteidigen, dass da offenbar einer die Verdienstmöglichkeiten über die Ehre stellte, dass da einer die Bundesliga, »die stärkste Liga der Welt«, mit Füßen trat, um in einer Tingeltangeltruppe zu spielen. Der Deutschen liebstes Kind, der personifizierte Fußball, stahl sich davon, wurde gestohlen, um in ein Land auszuwandern, das keine Fußballkultur besaß. Das war, aus dieser Perspektive, ein Stück Identitätsklau, Kulturraub, Volksseelenbeschädigung, Heimatverlust und Verrat am Vaterland.

Am 21. Mai 1977 nahm Beckenbauer Abschied, im Heimspiel gegen die Borussia aus Mönchengladbach, die als Deutscher Meister feststand. Es war ein frostiges Good-Bye. Die Zuschauer applaudierten artig, nicht herzlich oder gar überschwänglich. Vor dem Spiel überreichte Präsident Wilhelm Neudecker Beckenbauer eine Vereinsnadel mit Brillanten. In den Verhandlungen mit Cosmos hatte sich Neudecker stur gestellt, verbissen um jede DM gefeilscht und war von seiner Forderung, dass Cosmos eine Ablösesumme in Höhe von 1,75 Millionen DM zahlen müsse, nicht abgerückt. Da jedoch Präsident Clive Toye nicht mehr als 1,4 Millionen DM zu zahlen bereit war, übernahm Beckenbauer den Differenzbetrag aus eigener Tasche. Beckenbauer hatte nach 19 Jahren Vereinszugehörigkeit, nach all dem, was er in 13 Spielzeiten für den Verein geleistet hatte, mehr Entgegenkommen von seinem Präsidenten Neudecker erwartet.

Die beiden Männer lachten einander für die Kameras professionell an. Das war's. Nach dem Spiel war Beckenbauer schnell in der Kabine verschwunden, wurde aber noch einmal herausgerufen, weil es galt, den Deutschen Meister zu ehren. Da stand er dann, in der zweiten Reihe, und sah dem Triumph der Gladbacher zu. Beckenbauer ging ohne Abschiedsspiel und Ehrenrunde, er winkte nicht ins Publikum, er ging einfach davon. Keine Tränen, keine Romantik, keine Rührung. Ein Bankett zu seinen Ehren hatte er abgelehnt: »Wenn man schon 350 000 DM zahlen muss, um vom Verein freizukommen, dann kann man auch noch sein Abendessen finanzieren.« Auch Helmut Schön, der nach dem Spiel ein paar Worte an seinen langjährigen Kapitän richten wollte, kam nicht mehr dazu. Franz Beckenbauer wandte sich ab, sein Blick stur auf den Boden gerichtet, und er ging eilig am Bundestrainer vorbei.

Amerika

»›Ist denn das Ganze wirklich so groß?‹, fragte Karl.
›Es ist das größte Theater der Welt‹, sagte Fanny.«

Franz Kafka: Amerika.

Das Einlaufen in das phantastische Stadion von Tampa erlebte ich dann wie im Traum. Es war ein Uhr mittags. Die Sonne stand senkrecht über dem Spielfeld. Wie hinter einem Schleier sah ich zwischen den 45 000 Zuschauern ein paar schwarz-rot-goldene Fahnen. Schlachtenbummler in Lederhosen, die auf Transparenten Franz Beckenbauer willkommen hießen. Dass dieser ›Kaiser Fränz‹, der da über die Stadionlautsprecher gefeiert wurde, ich sein sollte, ging mir nicht in den Kopf. Pelé lief bei seiner Vorstellung mit ausgestreckten Armen auf die Ränge zu. Ich blieb wie versteinert an meinem Platz. Soldaten mit Gewehren paradierten, kurzberockte Mädchen warfen die Beine hoch, Luftballons stiegen auf, die amerikanische Nationalhymne wurde gespielt – das konnte doch alles nicht Wirklichkeit sein. Es wurde auch nach dem Anpfiff nicht wirklicher. Schon der erste Anpfiff der ›Rowdies‹ wurde durch aufpeitschende Akkorde aus einer elektronischen Orgel begleitet. Wann immer ich den Ball berührte, hörte ich meinen Namen aus dem Lautsprecher. Zwischendurch erklärte der Sprecher, dass der Torwart als einziger Spieler den Ball innerhalb des Strafraums mit der Hand berühren dürfe.«

Beckenbauer bestritt sein erstes Spiel mit Cosmos am 29. Mai 1977 gegen die Tampa Bay Rowdies in Florida auf einem Kunstrasenplatz bei rund vierzig Grad im Schatten. Die Namen der meisten Mitspieler waren Beckenbauer noch nicht geläufig, der Kader war aus elf Nationen bunt zusammengewürfelt. In »Einer wie ich« hatte Beckenbauer noch gespottet: »Amerika wäre nichts für mich. Die wissen doch nicht, wie ein Fußball aussieht.« Jetzt war er selbst zum Gegenstand des Spotts geworden. Kaum ein Lebensabschnitt in Beckenbauers Leben ist in den Archiven so gut dokumentiert wie seine Jahre in Amerika. Alle großen deutschen Tageszeitungen und Illustrierten schickten ihre besten Reporter und Fotografen nach New York, um das Leben des »Kaisers« zu beobachten. Man wollte ihn scheitern sehen, man wollte das Drama des verlorenen Sohns erzählen, der auszog, den fremden Dollar anzubeten. Über seinen Start schrieb die *Zeit* unter der Überschrift: »Mein Gott, Franz!« folgendes: »Ein Idol wankt, noch weint es nicht. Franz Beckenbauer beim Training und im Spiel wirkt so, als ob Gustaf Gründgens im Komödienstadl auftrete.« Nur vier Monate später, Beckenbauer hatte gerade seine erste Saison hinter sich gebracht, musste die *Zeit* ihr Urteil korrigieren. Nun lautete die Überschrift »Der gute Deutsche« und Beckenbauer wurde als Exportschlager und Kulturvermittler gepriesen, er mache als Deutscher im Ausland eine gute Figur: »Mal kein hässlicher Deutscher.« Und abermals neun Monate darauf hatte sich die *Zeit* vollends in einen anfeuernden Cheerleader verwandelt: »Go, Fraaanzi, go!«, denn der Soccerboom schien, dank Entwicklungshelfer »Kaiser Franz«, keine Grenzen mehr zu kennen.

Gerade für die Rolle des Missionars war Beckenbauer von Cosmos New York engagiert worden. Der hochverschuldete Club war 1971 für 25 Dollar von dem Medienunternehmen Warner Communications gekauft worden. Für den börsennotierten Unterhaltungskonzern, der 1977 knapp 1,2 Milliarden Dollar Jahresumsatz aufwies, war Beckenbauer ein Aktivum in den Bilanzen. Als die Warner-Aktien 1978 erstmals an der Frankfurter Börse gehandelt wurden, verwies das Unternehmen in seinem Geschäftsbericht ausdrücklich auf das Engagement von Beckenbauer. Der »Kaiser« galt, neben Johan Cruyff, als der einzige Fußballer weltweit, der die Nachfolge Pelés bei Cosmos antreten konnte.

Pelé, der 1975 von Cosmos verpflichtet worden war und für drei Jahre sieben Millionen Dollar erhielt, spielte 1977 seine letzte Saison. Seine enorme Popularität hatte geholfen, die 1966 gegründete North American Soccer League (NASL) bekannter zu machen und neue Publikumsschichten an den Club zu binden. Er war der erste Fußballer, der von Präsident Gerald Ford im Weißen Haus empfangen wurde, der erste Spitzensportler überhaupt, den sein Nachfolger Jimmy Carter empfing. Von Beckenbauer erwartete man, dass er in ähnlicher Weise das Image des Fußballs und des Clubs aufwertete, um auf dem Fernsehmarkt erfolgreich zu sein. Erst 1976 hatte die Fernsehgesellschaft CBS einen Dreijahresvertrag mit der NASL gekündigt, weil die geringen Einschaltquoten nicht genügend Werbeaufträge generierten.

Als Beckenbauer am 26. Mai 1977 im Plaza-Hotel in Manhattan seinen Vertrag unterzeichnete, beobachten fast 500 in- und ausländische Journalisten die Szene, und sogar die meisten amerikanischen Fernsehgesellschaften hatten ihre Teams geschickt. Beckenbauer ergriff mutig das Wort, sein Englisch war noch schlicht. Er sprach höflich von dem »schönen Land« und der »schönen Stadt« und hoffte, der Verein und die Mannschaftskameraden würden ihm bei den Umstellungsschwierigkeiten schon helfen. Cosmos-Präsident Clive Toye ließ die Gelegenheit nicht aus, einen sanften Scherz anzubringen, der die Erwartungshaltung der Amerikaner allerdings unmissverständlich formulierte: »Ich habe nicht ahnen können, dass Franz uns um Hilfe bitten würde, ich dachte, er würde uns helfen.«

Als Beckenbauer in der feinen »Baroque-Suite« des Plaza seine Unterschrift unter den Vertrag setzte, war Ehefrau Brigitte noch an seiner Seite. Sie kämpfte noch um ihn, wollte ihn nicht ziehen lassen, während er sich mit jedem Tag mehr von ihr entfernte. Er war dagegen, den schulpflichtigen Kindern den Umzug nach Amerika zuzumuten, zumal die amerikanische Saison nur sechs Monate dauerte und Beckenbauer sich den Rest des Jahres, auch aus steuerlichen Gründen, in Europa aufhalten würde. Wie sollte er als Nomade zwischen den Kontinenten und den amerikanischen Bundesstaaten seine Familie zusammenhalten? Beckenbauer glaubte nicht mehr an diese Chance, die seine Frau noch sah.

Dass Brigitte ihm in den ersten Wochen in Amerika zur Seite stand, hatte wohl auch andere Gründe. Das puritanische Land hätte einen eheflüchtigen »Kaiser« vermutlich sehr viel weniger herzlich willkommen geheißen. Robert Schwan wusste, dass sein Schützling die Antrittszeremonien und die erste Nachrichtenwelle besser und unproblematischer mit der legitimen Partnerin absolvierte. Als Beckenbauer und sein Manager sich unmittelbar nach der Vertragsunterzeichnung auf ihre Suite zurückzogen, duzte Beckenbauer Schwan das erste Mal. Der hatte ihn immer schon geduzt, so wie er alle Spieler geduzt hatte, aber für Beckenbauer war Schwan stets der »Herr Schwan« geblieben. Während der nächsten Wochen, Beckenbauer fasste zunehmend Fuß in der Stadt und seinem Alltag, begann er sich selbst zu hinterfragen. Er hatte sich die letzten zwölf Jahre fast ununterbrochen in der Nähe und Gesellschaft seiner Frau und Robert Schwans befunden. Auf Schritt und Tritt hatten sie ihn begleitet, ihn beraten, ihn gelenkt, ihn fürsorglich belagert, ihn gepflegt, abgeschirmt, ihn erzogen, ihn gemahnt und angespornt. Er war selbst noch ein Kind, als er schon für drei Kinder sorgen sollte.

Amerika bot Beckenbauer nun die Möglichkeit, etwas Neues zu beginnen und als Erwachsener eine zweite Jugend nachzuholen. Das Pathos des Aufbruchs und der neuen Chance, das die Amerikaner so sehr lieben, schien jeden seiner Tage zu beflügeln, und das Gefühl der unabgesteckten, ungewissen Zukunft und Weite reizte ihn sehr viel mehr als die erprobten und belasteten Bande und Wege. Er entschied sich gegen die Ehe mit seiner Frau. Brigitte Beckenbauer zog mit den Kindern nach Sarnen in die Schweiz, wo auch Beckenbauer ganz in ihrer Nähe seinen Wohnsitz nahm und seine Firma ansiedelte. Die Kinder besuchten ihn in Amerika regelmäßig in ihren Schulferien; während dieser Zeit – darauf hatte seine Frau bestanden – musste sich Diana Sandmann unsichtbar machen.

Wie er denn seinen Vater in Amerika erlebte habe, wollte ich von Thomas Beckenbauer wissen. »Fiel es Ihnen nicht schwer, ihn da zu besuchen? Ihn dort zu erleben? – Die Antwort überrascht mich: »Für mich war Amerika die schönste Zeit!« – Mein Blick drückt Erstaunen aus, Thomas Beckenbauer erklärt: »Die Trennung war die schwierigste Zeit. Zuerst sollten wir mit nach Amerika, wir hatten uns sogar schon darauf eingestellt, dass wir in Amerika zur Schule gehen. Dann sind wir aber doch in der Schweiz gelandet, keine Ahnung, warum ausgerechnet dort. Wir waren dann aber viel in den Ferien drüben und haben einen ganz anderen Menschen vorgefunden. Mein Vater war viel aufgeschlossener, viel ruhiger, ausgeglichener, viel relaxter.« Ich frage nach: »Woran, glauben Sie, lag das?« – »Schon die Mannschaft von Cosmos war ganz anders drauf. Wir sind mit zum Training, mit zu den Spielen, und für uns Kinder war das etwas ganz Neues und Ungewohntes, obwohl wir das in München auch durften. Aber in Amerika war alles sehr viel lockerer, wir durften sogar mit in die Kabine, und die Spiele insgesamt waren doch mit sehr viel Show verbunden, das war sensationell und das hat uns abgelenkt.«

Als Beckenbauer sein Engagement bei Cosmos begann, gab es kaum einen deutschen Beobachter, der daran glaubte, dass Beckenbauer die ihm zugedachte Rolle des Entwicklungshelfers würde meistern können. Er würde scheitern und untergehen in einer Show- und Glitzerwelt, seine Spielkunst würde auf den Kunstrasenplätzen alsbald untergehen, für die Weltmeisterschaft 1978 war der Rekordnationalspieler verloren. Die *Bild-Zeitung* war sich sicher: »Amerika macht Beckenbauer kaputt!« Dagegen meldete der *Stern*: »Heute, nur zwölf Wochen nach der Emigration, ist er wieder Kaiser Franz, der umschwärmte und von den Mädchen vergötterte Star.« Anlass für die Reportage unter dem Titel »Der Kaiser von Amerika« war das Viertelfinalspiel der US-Fußballmeisterschaft gegen die Fort Lauderdale Strikers. Cosmos gewann sensationell hoch mit 8:3, und Beckenbauer schoss das erste Tor des Abends.

Sehr viel bemerkenswerter als das Ergebnis war jedoch die Zuschauerzahl im Meadowlands-Stadion, das sich rund eine Autostunde entfernt von Manhattan in New Jersey befand. 77 691 Zuschauer wollten Pelé und Beckenbauer sehen, niemals zuvor hatte ein Fußballspiel in Amerika so viele Menschen angezogen. Der Durchbruch zum Massensport und zum attraktiven Fernsehprodukt schien jetzt über Nacht zu gelingen, und hatte dieser Aufschwung nicht mit der Ankunft von »Kaiser Franz« begonnen? Viele Journalisten, die Beckenbauer bereitwillig abgeschrieben hatten, waren jetzt ebenso schnell dabei, ihn wieder in den Himmel zu heben und seine Bedeutung für die amerikanische Öffentlichkeit zu übertreiben. Im ersten Jahr war Beckenbauer mit Cosmos US-Meister geworden und auch in der zweiten Saison spielte die Mannschaft erfolgreich und verteidigte ihren Titel.

Zu Beckenbauers einjährigem Jubiläum in New York veranstaltete der Club einen »Franz-Beckenbauer-Tag«, der beim Heimspiel gegen die Seattle Sounders begangen wurde. Die flugs importierten Fischer-Chöre brachten dem »Kaiser« ein Ständchen, der Gouverneur von New Jersey, war voller Lob und Schmeicheleien für den Geehrten. Auch der deutsche Botschafter in New York überreichte Beckenbauer eine Plakette für seine Verdienste um die deutsch-amerikanische Freundschaft. Beckenbauer stand dem Bombardement der Huldigungen etwas verlegen und hilflos gegenüber. Für solche Anlässe ist er schlecht gerüstet, denn pathetische Gesten und spontane Emotionalität sind ihm fremd. Er lässt sich nicht zu kalkulierten Liebesbeweisen bewegen. Er bleibt höflich, aufmerksam, aber im Innersten versteift und aufrecht, voller Furcht vor einem Kontrollverlust.

Diese Reserviertheit ließ die Verantwortlichen bei Warner Communications auch immer häufiger daran zweifeln, ob der Deutsche der geeignete Mann sei, um Pelé zu ersetzen und ihr Produkt Cosmos gewinnbringend zu vermarkten. Viele Aktionäre von Cosmos äußerten ihre Unzufriedenheit. Beckenbauer sei kein Herzerwärmer, er entzöge sich gesellschaftlichen Veranstaltungen, verlasse, aus Furcht vor den Fans, das Spielfeld zu schnell, ein netter Small Talk mit ihm sei kaum zu erreichen. Und – auch das ein schlimmer Makel im puritanischen Amerika – seine Liebesbeziehung zu Diana Sandmann sei nicht legalisiert.

Obschon Beckenbauers Engagement bei Cosmos also durchaus auch kritisch beurteilt wurde, gab es eine Reihe von positiven Erfahrungen mit ihm. Beckenbauer war elegant und sympathisch, das war vor allem für die Zielgruppe der Frauen wichtig. Da der Stadionbesuch in Amerika nie nur dem Spiel galt, sondern vor allem als soziale Begegnung und als Familiennachmittag erlebt wurde, war Beckenbauers attraktive und gepflegte Erscheinung höchst willkommen. Außerdem bemühte sich Beckenbauer eifrig um die Sprache und wusste sich schon bald besser auszudrücken als viele seiner Kollegen. Er kommentierte im Fernsehen, zeigte sich gegenüber Journalisten zugänglich, und er verkörperte glaubhaft den Erfolgsmenschen, den alle in ihm sehen wollten. Manch einer begann zu glauben, der liebe Gott habe Beckenbauer ein Erfolgsgen mit in die Wiege gelegt.

Nachdem die deutsche Nationalmannschaft im Frühjahr 1978 gegen Brasilien mit 0:1 verloren hatte, mehrten sich in der Bundesrepublik die Stimmen, die nach Beckenbauer riefen. Die *Bild-Zeitung* gab beim Wickert-Institut eine Umfrage in Auftrag. Gut 58 Prozent aller Befragten wünschten, dass Beckenbauer für die Weltmeisterschaft in Argentinien zurückkehre. Wohl eher im Scherz brachte der CSU-Bundestagsabgeordnete Dionys Jobst eine mündliche Anfrage im Bundestag ein, ob die Regierung bereit sei, sich in die Verhandlungen um Beckenbauer einzuschalten. Tags zuvor hatte die Nationalmannschaft 1:3 gegen Schweden verloren und Jobst fand, ohne

Beckenbauer gehe es nicht. Parlamentspräsident Karl Carstens jedoch ließ die Anfrage aus Sorge um die Würde des Hohen Hauses nicht zu. Immerhin appellierte Bundesverteidigungsminister Hans Apel an den DFB, Beckenbauer zurückzuholen.

Wenig ernsthaft waren dagegen die Bemühungen von Bundestrainer Helmut Schön, seinen verlorenen Kapitän zurückzugewinnen. Den Bundestrainer hatte Beckenbauers Abgang persönlich getroffen, denn zuvor hatten sich beide versprochen, den Titel miteinander verteidigen zu wollen. »Dann aber«, ließ sich Schön vernehmen, »brach der Franz ja zu seinen neuen Dollar-Ufern auf, ich konnte mich von ihm nicht einmal richtig verabschieden, so eilig hat er es gehabt.« Wenig geneigt, sich dem öffentlichen Druck zu beugen, zeigte sich auch DFB-Präsident Hermann Neuberger, der Beckenbauer für einen schwer erziehbaren Kindskopf hielt und Schön angewiesen hatte, ohne Beckenbauer zu planen: »Die *Bild-Zeitung* hat mir schon ein Ticket nach New York gebucht, aber ich habe keine Zeit, ich kann höchstens meinen Hut 'rüberschicken.« Bei so wenig Einsatzfreude konnte man es auch Beckenbauer nicht verdenken, dass er sich in der Öffentlichkeit nur halbherzig an seinem Einsatz in Argentinien interessiert zeigte. Mal wollte er, mal wollte er nicht. Cosmos hätte ihn vermutlich ziehen lassen, denn unter Marketinggesichtspunkten wäre die Teilnahme eines Cosmos-Angestellten am Turnier der weltbesten Mannschaften erstrebenswert gewesen. Doch so verlief die Angelegenheit im Sand, niemand wollte das Gesicht verlieren, niemand wollte zugeben, dass man die Hilfe des anderen benötige. Und so blamierte sich Deutschland in Argentinien ohne Beckenbauer. Berti Vogts, ein verbissener Kämpfer und ein wortkarger Mann, der als Kapitän seine Nachfolge antrat, erfuhr leidvoll, dass er die Autorität, die sein Vorgänger genossen hatte, zu keinem Zeitpunkt ausüben konnte. Kopf- und führungslos schied die deutsche Mannschaft im Viertelfinale gegen den klaren Außenseiter Österreich aus, und Beckenbauer wurde stärker vermisst denn je.

In Amerika begann Beckenbauer, seinen brennenden Ehrgeiz auf dem Spielfeld zu verlieren. Er kam seiner Arbeit immer noch pflichtbewusst nach, aber er ergab sich bisweilen beinahe heiter und nachsichtig kopfschüttelnd in die Durchschnittlichkeit. Er hatte rasch begriffen, dass der zusammengewürfelte, sich stets verändernde Kader,

der von zumeist schwachen Trainern wie Gordon Bradley oder Eddie Firmani nur unter großen Mühen zusammengehalten wurde, niemals ein Ensemble der Weltklasse sein würde. Dass er nicht mehr versuchte, seinen Herrschaftsanspruch durchzusetzen, ließ sich schon daran ablesen, wie er im Gefüge der Mannschaft hin- und hergeschoben wurde. Er selbst kommentierte das gelassen: »Erst war's die Rückennummer 4, dann die 5, dann die 6. Wenn ich die 11 habe, dann ist's nach draußen nimmer so weit.«

Beckenbauer, der in der Nationalmannschaft so lange darum gekämpft hatte, seine Wunschposition als Libero einzunehmen, gab sie bei Cosmos preis, ohne nennenswerten Widerstand zu leisten: »Ich lege keinen Wert auf den Libero-Posten«, gab er sich menschenfreundlich, »denn dann müsste ich den Carlos Alberto verdrängen. Und das ist doch so ein netter Kerl.« Hinter dem zur Schau getragenen Phlegma steckt aber etwas anderes: Die Clubführung wollte Beckenbauer nicht in der Defensive sehen, weil die europäische Kunst der Verteidigung für die heimische Öffentlichkeit nicht anziehend genug war. Das amerikanische Publikum wollte Tore sehen, und kein graues Ballgeschiebe im Nirgendwo des Feldes. In den Strafräumen sollte es brennen, und deshalb beorderte man Beckenbauer ins Mittelfeld. Die Warner-Leute wollten ihn als Weltfußballer Nummer eins aufbauen. Doch dazu fehlte Beckenbauer, zumindest auf dem amerikanischen Markt, die Fähigkeit, die Massen mitzureißen und ihnen das Gefühl zu geben, heute etwas Besonderes erlebt zu haben.

Pelé hatte diese Talent. Als er im Oktober 1977 sein Abschiedsspiel machte, rief er dem Publikum dreimal »love« zu und begann, am Mikrophon zu weinen, worauf das Publikum vor Entzücken von den Sitzen gerissen wurde. Beckenbauer dagegen schlich beim Abschiedsspiel im September 1980, das ihm gewidmet wurde, wie einer aus dem Stadion, der lieber unerkannt bleiben wollte. In der Halbzeitpause hatte er den Fans zugerufen: »Ich nehme Abschied von den besten Fans der Welt! Ich liebe Euch!« Dass das nicht von Herzen, sondern aus der guten Stube kam, spürten die Zuschauer aber deutlich. Sie applaudierten höflich, aber bemessen. Als er sich dann in der zweiten Hälfte auswechseln lief, weil er ein leichtes Ziehen im Oberschenkel verspürte, verschwand er ganz still, unbemerkt von den meisten im Stadion.

Dass man ihn nicht so liebte, wie man Fritz Walter, Uwe Seeler oder eben auch Pelé geliebt hatte, ließ Beckenbauer nicht leiden. Er reihte sich bereitwillig und neidlos hinter »größeren« Sportlern ein. Auf Wunsch der Clubführung ging er für den Fotografen mit einem Pelé-T-Shirt spazieren oder balgte sich werbewirksam mit Muhammad Ali, den er im Camp besuchte. Diese Bilder, die Beckenbauer »groß« machen sollten, machten ihn klein, denn sie suggerierten, dass er sich Ruhm bei anderen lieh. Beckenbauer lernte in New York entspannen. Er legte die Beine hoch, wann immer es ging, und widmete sich den wirklich wichtigen Dingen des Lebens. Glücklich sein, verliebt sein, tanzen, feiern, unterhaltsame Leute treffen. Er entdeckte die verlorengegangene Anonymität wieder. Es war schön, gewöhnlich zu sein: Mit der U-Bahn fahren, den Strand besuchen, Essen gehen, einkaufen, schlendern, bummeln, und dabei fast immer unerkannt bleiben. Es war besonders angenehm, gewöhnlich zu sein, wenn man sich das Ungewöhnliche jederzeit leisten konnte, wenn sich jede Tür auf Wunsch öffnete.

Zusammen mit Diana Sandmann besuchte Beckenbauer hin und wieder das legendäre »Studio 54«, wo Bianca Jagger, so Diana Sandmann »so unglaublich schön getanzt hat.« Für einen Unterhaltungsriesen wie die Warner Communications war es ein Leichtes, Beckenbauer mit Stars wie Robert Redford, Carly Simon, Luciano Pavarotti, Placido Domingo oder Rudolf Nurejew bekannt zu machen. Diana Sandmann schildert ihre gemeinsame Zeit in New York sehr lebhaft: »Er war sicher eine ganz neue Entdeckung für Franz, dass er Alltagsdinge machen konnte, ohne beobachtet zu werden. Er war dort schon anonym, obwohl ihn natürlich viele Taxifahrer, die aus Griechenland oder Italien kamen, erkannten, aber im Alltag war das meistens anders. Wir sind zu den Bee Gees, zu den Rolling Stones gegangen, Mick Jagger war auch oft im Stadion. Franz und Mick haben sich auch persönlich kennen gelernt. Wir haben uns aber auch für andere Sportarten wie Baseball, Basketball, American Football, Tennis oder Eishockey interessiert.«

Und was machte die Bundesliga inzwischen ohne Franz Beckenbauer? Was machte seine Mannschaft ohne ihren Kapitän? In der Saison 1977/78 führte Hennes Weisweiler, meist in einen olivgrünen Bundeswehrparka gewickelt, den 1. FC Köln zur Meisterschaft, die punktgleichen Gladbacher, die am letzten Spieltag verdächtig hoch mit 12:0 gegen Borussia Dortmund gewannen, landeten nur aufgrund der schlechteren Tordifferenz auf dem zweiten Platz. In Hamburg versuchte der Manager Dr. Peter Krohn, das Produkt Fußball besser zu verkaufen, indem er den Trainingsauftakt der Mannschaft wie ein Volksfest inszenierte, mit Musik, Gauklern, Luftballons und viel Getöse. Sein Statement dazu klang, als ob er bei Cosmos in die Lehre gegangen wäre: »Fußball ist mehr und mehr Showbusiness geworden, und Business bedeutet, dass man sich um seinen Kunden kümmern soll.« Während Mannschaften wie der Hamburger Sportverein, der VfB Stuttgart oder der 1. FC Köln zu neuen Ufern aufbrachen, versank der FC Bayern in der ersten Saison nach Beckenbauer im Chaos. Die Mannschaft landete abgeschlagen auf dem zwölften Tabellenplatz, nicht weit von den Abstiegsrängen entfernt. Hans Georg Schwarzenbeck, der allzeit treue Konrad des »Kaisers«, sein Ausputzer, sein Knappe und Knecht, bilanzierte die Situation noch Jahre später so, als hätte er sie gestern erlebt: »Es war das schlimmste Bundesligajahr der Bayern. Die Orientierungslosigkeit saß so tief, dass es mehr als ein Jahr dauerte, bis wir es halbwegs verdaut hatten. Während des Spiels suchte man ihn unterbewusst. Es wurde gesagt, dass mal einer einen Rückpass spielte und dabei nach Franz rief. Ob das wirklich passiert ist, weiß ich nicht, möglich wäre es jedenfalls.« Aber schon in der zweiten Saison fing sich die Mannschaft wieder, der zurückgekehrte Paul Breitner und der Jungstar Rummenigge begannen, den »FC Beckenbauer« zum »FC Breitnigge« umzubauen.

Die Stärke dieser neu formierten Mannschaft bekamen Beckenbauer und Cosmos New York im September 1978 zu spüren, als die Amerikaner sich auf einer Gastspieltournee in Europa befanden. Das Interesse des Münchners Publikums, *ihren* Beckenbauer wiederzusehen, war immens, zumal die Nachrichten über den amerikanischen Fußball und Cosmos New York immer wunderbarer klangen. Und so fanden sich im Olympiastadion mehr als 77 000 Besucher ein, um die Glamourtruppe aus Übersee zu bestaunen. Für die Amerikaner ein gutes Geschäft, denn sie erhielten sechzig Prozent der Nettoeinnahmen, was ungefähr eine halbe Million DM Gage bedeutete. Doch Cosmos war das Geld nicht wert, man verlor 1:7 und hätte leicht noch mehr Tore kassieren können. Die Enttäuschung über den disziplinlosen Haufen war bei den Münchnern ebenso groß wie das Mitleid für Beckenbauer, der im Mittelfeld keinerlei Unterstützung fand und nur noch wie ein Schatten einstiger Tage wirkte. Zu allem Überfluss klang das, was Trainer Firmani über seinen Star Beckenbauer zu sagen hatte, ziemlich despektierlich: »Er spielt bei uns im Mittelfeld, weil Carlos Alberto als Libero besser ist.« Nach der deprimierenden Vorstellung saß Beckenbauer wie so oft in der Wohnküche seiner Mutter, nicht weit entfernt vom Olympiastadion. Auch Beckenbauers drei Söhne und Brigitte waren anwesend und machten ein betrübtes Gesicht, weil das Gastspiel so furchtbar misslungen war. Alle Kritiker seines Wechsels schienen Recht zu behalten. Sein Vater hatte die blamable Heimkehr nicht mehr miterlebt, er war im Alter von 72 Jahren im November 1977 an Bauchspeicheldrüsenkrebs gestorben. Er war schon krank, als sein Sohn noch mit Cosmos verhandelte. Als Beckenbauer seinen Vater damals im Krankenhaus besuchte und der Senior hörte, um welche Summen es ging, riet er dem Sohn, den Sprung zu wagen: »So viel Geld musst du mitnehmen!« Sein Ratschlag habe, so Antonie Beckenbauer, den Ausschlag gegeben. Beckenbauer war in den letzten Tagen seines Vaters häufig an seinem Krankenbett, denn die Saison in Amerika war gerade zu Ende gegangen. Doch als der Vater starb, befand sich der berühmte Sohn auf einer Autogrammtournee. Als er die Nachricht vom Tod seines Vaters erhielt, reiste er sofort nach München. Im Krankenhaus wollte Beckenbauer dann allein sein mit dem toten Vater und Abschied nehmen. Was er in diesen Augenblicken fühlte, erzählte er 1996 Sandra Maischberger, der es damals gelang, ihm einen der intimsten Einblicke, die Beckenbauer jemals in einem Interview gewährt hat, abzuverlangen: »Das war 1977, ich war 32 Jahre alt. Die ganzen Jahre gehen dann noch mal an einem vorüber. Das war ein Moment, der zu den schönsten meines Lebens gehört. Ich war alleine mit mir selber, mit meinem Vater, der zwar nicht mehr lebte, aber doch irgendwie weiterlebt – seine Seele war noch im Raum. So traurig es für mich in diesem Moment war; es war doch schön. Es ist einer der ganz wenigen Augenblicke des Lebens, die mir immer in Erinnerung bleiben werden – die das Leben lebenswert machen.« – Maischberger: »Haben Sie Zwiesprache miteinander gehalten?« – Beckenbauer: »Ja.« –

Maischberger: »Haben Sie geweint?« – Beckenbauer: *(Pause)*: »... ja ....« Je älter Franz Beckenbauer selbst wird, desto milder blickt er auf seinen Vater zurück, desto weniger möchte er die Bilder seiner Kindheit verdunkelt wissen. In seiner Autobiographie »Ich – Wie es wirklich war« liest sich das Porträt des Vaters schon sehr viel aufgehellter als noch in »Einer wie ich«. Es bleibt jedoch eine kühle Annäherung. Tiefe, gelebte Zuneigung teilt sich mit anderen Worten mit: »Er war ein Mensch, der keine großen Worte machte. Wenn er stolz war auf mich, wenn er sich über etwas gefreut hat, konnte ich das mehr erahnen als hören oder sehen. Lob kam ihm nicht leicht über die Lippen, gerade deshalb war sein Urteil für mich immer das wichtigste. Er war die letzte Instanz.«

Hello and Goodbye

»Das Leben des Menschen schwindet vom Moment der Geburt an – aber rascher noch schwindet das eines Fußballers: bei den wenigen Jahren, in denen er auf dem Höhepunkt ist, und den vielen Jahren nachher – in der verbrauchten Luft eines Wirtshauses, in der Kabine, wo er dann Handlangerdienste leistet, in einer Fabrik, an einer Baustelle. Nein, dort wird Gerry sicher nicht enden! Sagte ich mir. Wo aber wird er enden?«

Brian Glanville: Der Profi

Im Juni 1980 veranstaltete das *Hamburger Abendblatt* einen Wettbewerb für Kinder und Jugendliche. Willkommen und erwünscht waren Zweizeiler, in denen sich alles um den Hamburger Sportverein drehen musste. »Franz Beckenbauer, der ist schlau, holt sich die Rente vom HSV.« Mit diesem Zweizeiler gewann Thomas Lembke, 14 Jahre alt, eine Tribünenkarte für das Spiel des HSV gegen Kevin Keegans neuen Klub FC Southampton. Rentner war Franz Beckenbauer beileibe noch nicht, doch sein überraschendes Engagement beim Hamburger Sportverein, das für die deutsche Fußballszene eine veritable Sensation bedeutete, betrachtete Beckenbauer durchaus als einen Schritt, um für das Leben nach dem Fußball vorzusorgen.

Romantische Motive spielten bei der Entscheidung, in die Bundesliga zurückzukehren, kaum eine Rolle. Einen gewissen Reiz übte dieser Versuch sicherlich aus. Kann ich mit 35 Jahren noch einmal in der Bundesliga Fuß fassen und mit meiner Erfahrung fehlende Kraft und Kondition kompensieren? Kann ich mit meiner Technik und Spielkultur die mittlerweile gewachsene Athletik und Dynamik in der Bundesliga wettmachen? Doch so interessant solche Gedankenspiele auch sein mochten, im Vordergrund stand die Sorge um die Zeit ohne Ball. Die Sportartikelfirma Adidas, der Beckenbauer seit langem vertraglich verbunden war, hatte ihm signalisiert, dass man seinen bis 1985 laufenden Vertrag kaum verlängern könne, wenn er in Amerika bliebe. Auch Robert Schwan glaubte, der Übergang seines Schützlings vom Fußball in andere Geschäftsfelder ließe sich besser in Deutschland arrangieren. Dafür verzichtete Beckenbauer sogar kurzfristig auf Geld, denn Cosmos hätte ihm für einen neuen Zweijahresvertrag sehr viel mehr Geld geboten als der HSV, doch mittel- und langfristig, so die Spekulation, sollten die Perspektiven in Deutschland sehr viel einträglicher sein. Um Beckenbauer überhaupt finanzieren zu können und das Gehaltsgefüge in der Mannschaft nicht durcheinander zu wirbeln, ging man beim HSV einfallsreiche Wege. Um das angestrebte Jahressalär von einer Millionen DM zu erreichen, erhielt Beckenbauer vom Verein etwa 200 000 DM, das war eher unterdurchschnittlich. Doch der Sponsor des Hamburger Sportvereins, der Ölriese British Petrol (BP), packte noch einmal 650 000 DM auf das Grundgehalt und auch Adidas beteiligte sich mit 250 000 DM, womit schließlich ein Gehalt von 1,1 Millionen erreicht wurde.

Damit war die finanzielle Seite des Transfers erledigt, aber würde auch die sportliche Bilanz gelingen? Wenn Beckenbauer nun Schiffbruch erlitte und sich nicht einmal einen Stammplatz erobern würde? Würden ihn die jungen Gegenspieler düpieren? Und was hatte ein Erzmünchner wie Beckenbauer, in der Hansestadt Hamburg verloren, wo man ohnehin traditionell auf das »Bayernpack« schimpfte, wo Beckenbauer einst beim Länderspiel gegen die DDR das Publikum durch eine obszöne Geste beleidigt hatte. »Beckenbauer – nein danke!« oder »Wir brauchen keinen Kaiser!« – solche Plakate hingen noch im Frühjahr im Volksparkstadion. Karl-Heinz Rummenigge, sein ehemaliger Lehrling und Kofferträger, war nur eine Stimme aus dem zahlreichen Chor der Skeptiker: »Ich weiß nicht, ob ich seinen Mut zum Risiko bewundern oder bedauern soll. Das Kaiser-Image ist weg. Ich glaube nicht, dass 18- oder 20-jährige Spieler heute noch großen Respekt vor ihm haben.«

Doch in Hamburg begann die Stimmung zu kippen, auch weil BP und die *Bild-Zeitung* unermüdlich die Werbetrommel rührten. Beckenbauers Empfang am Hamburger Flughafen sollte, nach dem Willen der Vereinsführung um Präsident Dr. Wolfgang Klein, eigentlich in hanseatischer Bescheidenheit vonstatten gehen, doch BP bestand darauf, das Ereignis öffentlichkeitswirksam ins Bild zu setzen. Daher wurde Beckenbauer schon am Hamburger Flughafen Fuhlsbüttel von Hunderten Fans und zahlreichen Medienvertretern empfangen. Die *Bild-Zeitung* assistierte und jubelte am 1. November 1980: »HSV Hurra, der Franz ist da!« Und bereits beim ersten Training Beckenbauers war der »Kaiser« wieder der »Kaiser«. Während die *Süddeutsche Zeitung* nur 1000 Schaulustige ausgemacht haben wollte, die Münchner *Abendzeitung* meldete 2000, offerierte die *Bild-Zeitung* ihren Lesern 5000 begeisterte Zaungäste.« »Kaiser Franz, hol die Bayern vom Thron« forderten handgemalte Plakate und »Kaiser-Franz«-Sprechchöre wurden vernommen.

Mit Beckenbauers Gastspiel beim HSV, das im Sommer 1982 endete, begann der systematische Aufbau und die ebenso konsequente Ausnutzung des »Kaiser«-Images durch den Springer-Konzern und diverse Unternehmen der deutschen Wirtschaft. Beckenbauer, von Haus aus zwar ein empfindlicher, aber kein nachtragender Mensch, hatte in Amerika schnell begriffen, dass man die Medien rechtzeitig aktiv nutzen muss, ehe man von ihnen, ohne eigene Zustimmung, benutzt wird. Den Groll über die Springer-Blätter hatte er schnell abgelegt, zumal ihm Robert Schwan die Vorteile einer strategischen, vertraglich abgesicherten Partnerschaft unmissverständlich deutlich gemacht hatte. Die Beziehung zwischen Beckenbauer und der *Bild-Zeitung* war seit den frühen Münchner Tagen organisch gewachsen und basierte auf freundschaftlicher, familiärer Intimität. Nun wurde sie durch eine geschäftliche Basis gefestigt und auf das Hamburger Stammhaus ausgeweitet. Am 18. Februar 1982 meldete die *Bild-Zeitung* stolz: »Herzlich willkommen, Kollege Beckenbauer«, unterschrieben hatte der neue »Journalist« den Vertrag schon drei Monate zuvor und beginnen sollte das Arbeitsverhältnis am 1. August 1982. Zu diesem Zeitpunkt stand schon fest, dass Beckenbauer am 1. Juni mit einem Spiel gegen die Nationalelf seinen Abschied vom aktiven Fußball nehmen würde. Immer häufiger hatte ihm sein Körper in den letzten Monaten signalisiert, dass er den Belastungen der Bundesliga nicht mehr gewachsen war. Manche Spieler des HSV begannen scherzhaft zu fragen: »Wo bleibt denn das Sauerstoffzelt für den Franz.«

Das HSV-Abenteuer begann indes hoffnungsvoll. Beckenbauer hatte 1979 an einem Spiel einer Weltauswahl gegen Borussia Dortmund teilgenommen und eine vorzügliche Partie geliefert. Trainer der Weltauswahl war Branco Zebec, jetzt HSV-Trainer, den Beckenbauer als früheren Bayerntrainer sehr schätzte. Nach dem Spiel hatten Zebec und Günter Netzer, der mittlerweile Manager beim HSV geworden war, zusammengesessen und Zebec lobte Beckenbauers Leistung: »Du könntest glatt noch bei uns mitspielen.« Beckenbauer machte ein erstauntes Gesicht, erwiderte jedoch nichts.

Netzer erkundete am nächsten Morgen bei Zebec den Ernst dieses Satzes, sondierte die Finanzlage, flog nach New York, machte Beckenbauer ein Angebot und erhielt eine Zusage. Sein Comeback feierte Beckenbauer im November 1980 beim Auswärtsspiel des HSV gegen den VfB Stuttgart. Geplant war das nicht, man wollte den »Kaiser« erst im Heimspiel gegen den Karlsruher SC präsentieren. Doch Zebec, der auf Vorschriften der Funktionäre stets allergisch reagierte, fragte Beckenbauer fünf Minuten vor dem Halbzeitpfiff: »Packen wir's?« – Worauf Beckenbauer nickte und zum Warmlaufen trabte. *Die Welt* hatte hinterher ganz genau gezählt: »Nach knapp vier Jahren, nach genau 1638 Tagen Pause, hat Franz Beckenbauer, 35 Jahre alt, 103-maliger Nationalspieler, wieder die Bundesligaszene betreten, es war sein 397. Spiel in dieser Klasse. Er kam um 16.28 Uhr, zur zweiten Halbzeit, aber 33 Sekunden später als seine Hamburger Kollegen, trat zwei Minuten später zum ersten Mal gegen den Ball, trug die Nummer 12 auf dem Trikot – und was sonst nicht noch alles.«

Die Kritiker bescheinigten Beckenbauer eine fehlerfreie Leistung und auch seine nächsten Einsätze verliefen verheißungsvoll. Doch eine gerechte Beurteilung seiner Leistung war kaum noch möglich, denn Beckenbauers Spiel hatte bereits etwas legendenhaft-entrücktes, es wirkte sagenhaft, der melancholische Glanz ruhmreicher Tage wie der Schatten kommender Abschiede lag gleichermaßen auf jedem Pass, auf jeder Ballannahme. Beckenbauer, der das romantische Spiel stets abgelehnt hatte, der wie kein anderer dem Leistungsgedanken gefolgt und die Traditionen abgelegt hatte, war plötzlich selbst eine romantische Figur geworden.

Ich erinnere mich gut an diese Saison 1980/81 und an den anwesend-abwesenden Beckenbauer. Ich war damals 15 Jahre alt und von der Weltmeisterschaft 1974 war mir nur ein einziges, allerdings unzerstörbares Bild geblieben: Unser Nachbar tränkte aus Freude über den Sieg seinen Schäferhund mit Bier. Und obwohl ich schon 1975 in die D-Jugend unseres Vereins eintrat, stammen die ersten Bundesliga-Bilder, die mein Gedächtnis hergibt, aus der Saison 1977/78, für mich noch eine schwarzweiße »Sportschau«-Saison. Mit Beckenbauer begann – und ich weiß nicht, ob da irgendein Zusammenhang besteht – zumindest in unserem Haus das Zeitalter des Farbfernsehens. Ich will nicht behaupten, dass dieser Beckenbauer mein Held gewesen wäre – das war Kevin Keegan –, aber ich nahm doch sehr intensiv Partei für ihn. Sein Spiel besaß eine sofort ins Auge springende Größe und Souveränität, die mich unmittelbar zu einem seiner ernsthaftesten Fürsprecher machte. Sogar bis in unser entlegenes Dorf, das in vielen Dingen der Zeit nachlief, schwappte die Diskussion, ob Beckenbauer spielen solle, ob er fit sei, ob er von seinen Kameraden nur mitgeschleppt würde, ob er eine Bereicherung darstelle oder zusätzliches Gepäck und ob er noch einmal in der Nationalelf spielen könne. Mir schien seine einsame Klasse damals so evident – so raumgreifende, genaue Pässe hatte ich nie zuvor gesehen, noch nie so eine Ballbeherrschung und eine aus dem Fuß geschüttelte Leichtigkeit –, dass ich dazu überging, seine gelungenen Aktionen auf einem Zettel zu notieren, um sie, bei passender Gelegenheit gegen seine Kritiker zu verwenden. »Ja, seht Ihr denn nicht, wie wertvoll dieses Ballgenie ist? Wie könnt Ihr nur an seiner Aufstellung zweifeln?« Ich hielt den Trainer der Hamburger für einen Mann mit sehr zweifelhaftem Fußballsachverstand. Doch – das muss ich heute zugeben – gerade Zebec stärkte Beckenbauer den Rücken, der Münchner war sein Wunschspieler, dem er den Posten des Liberos gegen alle Widerstände freihielt. Doch dann kam ein Auswärtsspiel in Dortmund und Zebec, über dessen schweren Alkoholismus man in der Branche lange hinweggesehen hatte, sackte auf der Bank volltrunken in sich zusammen und war damit sein Amt in Hamburg los. Beckenbauer, so hat es Günter Netzer erzählt, machte ihm schwere Vorhaltungen: »Du bist ja wohl nicht ganz dicht. Wegen Branko bin ich zu dir gekommen, und jetzt entlässt du mir den.« Netzer versuchte, den wutschnaubenden Beckenbauer zu besänftigen: »Franz, beruhige dich, wir kriegen einen noch Besseren.« – Beckenbauers Stirnadern schwollen, und er brüllte: »Es gibt keinen Besseren!« Aber schon bald zeigte sich Beckenbauer überzeugt von dem neuen Mann, den er in späteren Jahren immer wieder als den besten Trainer, den er je gehabt habe, bezeichnete und den er, als er selbst Teamchef geworden war, auch um fachlichen Rat bat.

Der Mann hieß Ernst Happel, und weil er mit Holland 1978 um ein Haar (oder besser einen Pfostenschuss) Weltmeister geworden war, lautete sein Spitzname »Weltmeister«. Der Österreicher, selbst ein herausragender Fußballer in den vierziger und fünfziger Jahren, war ein griesgrämiger Mensch, Pressekonferenzen betrachtete er als Zeitverschwendung, nur wenige Menschen zog er ins Vertrauen. Ebenso wie Zebec betrachtete Happel Beckenbauer als Führungsspieler, und da die Mannschaft den Grantler und Dialekt sprechenden Happel oft nicht verstand, dolmetschte Beckenbauer. Ernst Happel, der 1992 an Lungenkrebs starb, erinnerte sich in seinem letzten Interview kurz vor seinem Tod, an Beckenbauers Talent, sich charmant zu verkaufen. Der Interviewer Walter Hoyer fragte ihn: »Bedauern Sie irgendetwas, wenn Sie einen Blick zurückwerfen? – Happel: »Na ja, wenn Sie mich so fragen: Mein Verhalten in der Öffentlichkeit – dort steh' ich als der Mürrische, der Grantige da. Welcher Mensch von der Werbung will schon so einen Mürrischen wie mich. In dieser Hinsicht war und ist Franz Beckenbauer ein Weltmeister. Da wär' viel zu verdienen gewesen.« – Hoyer wirft ein: »Aber Franz Beckenbauer war und ist auch zu den Menschen freundlich, bei denen Sie den Rollbalken runterlassen . . .« – Happel: »Ja, das ist wahr. Wo er diplomatisch ist, fahre ich brutal ins Geschäft hinein.« – Hoyer: »Beneiden Sie Franz Beckenbauer um seine Gabe, mit Menschen umzugehen?« – »Ja, ich beneide ihn.« Beckenbauer hatte in Amerika seine Lektion gelernt. Man konnte locker, freundlich und zuvorkommend sein und dennoch unnachgiebig und hart, wenn es ums Verhandeln ging. Ein Lächeln half manchem Geschäft auf die Beine.

Aber weder Beckenbauers Vermarktungstalent noch Ernst Happels Fürsprache konnten es mit einem Gegner aufnehmen, der jetzt immer häufiger und heftiger zuschlug: dem alternden Körper. Beckenbauer, der in seiner langen Karriere von schweren Verletzungen immer verschont geblieben war, versank nun in ein tiefes Tal von Blessuren und Malaisen. Mal sprang ihm Horst Hrubesch, ein Trumm von Mann, beim Kopfball in den Rücken und drückte ihn so hart an den Pfosten, dass Beckenbauer eine Niere riss, mal riss er sich beim Anlauf zum Elfmeterschuss die Adduktoren ab, mal quälte ihn die seit Jahren gereizte Achillessehne. Er kämpfte mit Zerrungen, Dehnungen, Prellungen und schließlich handelte er sich auch noch eine Kieferhöhlenvereiterung ein. Durch so ein langes Jammertal war Beckenbauer noch nie geschritten, und die ganze Nation nahm teil an des »Kaisers« Körperdrama. Die *Zeit* sah in Beckenbauer bereits den biblischen Schmerzensmann Hiob wiederkehren (»Hiob im Hamburger Volkspark«), das *Hamburger Abendblatt* variierte mit »Die Leiden des Franz B.« einen Klassiker des Scheiterns und die *Sport-Illustrierte* verpasste dem Drama einen Titel, der einem Western oder einem Kriegsfilm gut zu Gesicht gestanden hätte: »Ein letztes Hurra auf dem Weg nach unten. Der Teufelsritt des Veteranen Franz B.« Endlich meldete die *Bild-Zeitung* am 5. März 1982 die Kapitulation: »Beckenbauer will nicht mehr.« Vorausgegangen war eine dunkle Stunde in der Karriere von Beckenbauer. Im Heimspiel gegen Neuchâtel hatte der Libero den Ball vor die Füße des Gegenspielers geköpft, der den Ball aufnahm, Beckenbauer ausspielte und zum Ausgleich einschoss. Die Fans in der Westkurve riefen: »Beckenbauer raus, Beckenbauer raus!«

Der »Kaiser«, der mit einer Rippenprellung in das Spiel gegangen war, zog die Konsequenzen. Einen Tag später bat er Happel, er möge ihn nicht mehr aufstellen, weil er der Mannschaft nicht mehr weiter helfen könne. Es war keine glückliche Zeit für den Fußballer Beckenbauer in Hamburg gewesen, er war 28-mal aufgelaufen, aber sehr viel häufiger verletzt gewesen. War die Hamburger Episode nicht ein einziges, in die Länge gezogenes, zwei Jahre dauerndes Abschiedsspiel? Und war Franz Beckenbauers Karriere in Deutschland nicht schon 1977 mit dem Wechsel zu Cosmos New York zu Ende gegangen? Kamen am 1. Juni 1982 deshalb nur 30 000 Zuschauer ins Hamburger Volksparkstadion, um ihm die letzte Reverenz zu erweisen? Zum Abschiedsspiel von Uwe Seeler 1972 waren über 60 000 Menschen gekommen, sie hatten »Uwe, Uwe« gesungen und ihrem Idol manche Träne nachgeweint.

Beckenbauer dagegen nötigte seinem Publikum eher Respekt als Rührung ab. Die Augen blieben trocken, gesungen wurde nicht. Dennoch bemühten sich alle nach Kräften: Hermann Neuberger würdigte Beckenbauer als »Ästheten«, dem zuzuschauen »ein Genuss« gewesen sei, und ernannte ihn prompt zum dritten Ehrenspielführer der deutschen Nationalmannschaft nach Fritz Walter und Uwe Seeler, das Publikum rief »Kaiser Franz«, was etwas holprig klang, und die Nationalspieler, gegen die der HSV antrat, ließen es großzügig zu, dass Beckenbauer sein Ehrentor schoss. Auch der Stadionsprecher verschwieg schamhaft, dass Beckenbauer ein Eigentor zum 3:0 für die Nationalmannschaft unterlaufen war. Allerdings gelang ihm auch ein Tor auf der anderen Seite. Etwa aus 18 Metern nahm er den Ball volley aus der Luft und schoss den Ball präzise unter die Latte. Ein komisches Tor. Uli Stielike trat höflich zur Seite, Toni Schumacher blieb wie angewurzelt stehen. Ein Geschenk? Franz Beckenbauer gefiel das nicht. Er jubelte nicht, sondern senkt den Kopf, als hätte er einen Fehler begangen.

So wurde es ein Abschied ohne Glanz. Immerhin, mit den Einnahmen aus dem Abschiedsspiel (knapp 900 000 DM, die er aus eigener Tasche auf eine Million aufrundete) gründete Beckenbauer die »Franz-Beckenbauer-Stiftung« für behinderte Kinder und bedürftige Menschen. Abends gab es ein Fest im Atlantik-Hotel, aber auch das blieb sachlich. Nur Helmut Schön wurden die Augen feucht, als er an die Erfolge und die Zeit mit Beckenbauer zurückdachte. »Franz, du warst einmalig«, sagte Schön immer wieder, »wirklich einmalig.« Schön war wirklich traurig, dass die Fußballgeschichte seinem Kapitän keinen leuchtenderen Abschied geschenkt hatte: »Sehr, sehr schade«, fand er das noch Tage später. »Beckenbauer und Hamburg«, schrieb Kurt Röttgen, der ihn noch aus Münchner Tagen gut kannte, in der *Welt*, »das ist bis zum letzten Tag ein Missverständnis geblieben.«

Er ist bereit

»Selten habe ich einen so glattgebügelten Menschen getroffen. Es ist nichts Widerspenstiges an ihm, nichts Eigenwilliges, keine Ecke und keine Kante. Man könnte ihn, denke ich, auf der nächsten Documenta in Kassel ausstellen. Er müsste in einem kleinen Raum auf dem zweisitzigen, geblümten Sofa sitzen, auf dem er mir gegenübersaß, und unentwegt Interviews geben. Kein Kunstwerk würde besser vermitteln, was der ständige Umgang mit den Medien bei einem Menschen anrichtet, der sich ihnen so willig überlässt.«

Ingrid Kolb

Beckenbauers Leben ist ein gelebter Widerspruch. Er war immer bereit, sich von Ideen, Ansichten oder Menschen zu trennen, die er noch tags zuvor für unentbehrlich gehalten hatte. Am liebsten tut er niemandem weh, aber urplötzlich macht er sich so frei, als hätte er sich mit einem scharfen Messer aus allen Banden und Beziehungen herausgeschnitten. Im Februar 1983 antwortete er in einem Interview auf die Frage, ob er Lust verspüre, Bundestrainer zu werden: »Nein, das ist nichts für mich!« – Es wird nachgehakt: »Und später?« – Beckenbauer: »Was weiß ich, was später ist. In fünf Jahren oder in acht«, sagt Franz, »ich lebe jetzt und hier. Ich bin kein Mensch, der die Zukunft plant. Ich lasse alles auf mich zukommen. Vielleicht hat mich in fünf Jahren schon der Teufel geholt.«

Mit dieser Rhetorik des Augenblicks wehrt sich Beckenbauer nun schon seit Jahrzehnten konsequent gegen Fragesteller, die ihn auf irgendetwas verpflichteten wollen. Er zerdeppert mit Vorliebe allerlei Porzellan, das andere ihm in die Anrichte stellen wollen. Aber über Nacht nimmt er sich der Scherben an, leimt sie kraft seiner Existenz und Erfolgsaura wieder zusammen und verkauft sie teurer als irgendein anderer es könnte. Am 27. Juni 1984 stöhnt die *Bild-Zeitung* erleichtert auf: »Derwall endgültig weg! Beckenbauer neuer Chef.« Trotz aller Dementis hatte Franz Beckenbauer jetzt die Rolle übernommen, gegen die er sich stets gesträubt, die er, als Hermann Neuberger sie ihm 1977 in Aussicht stellte, schon einmal abgelehnt hatte: Er war jetzt zum Retter der Nation bestellt, denn der Deutschen liebstes Kind, König Fußball, war in den Bach gefallen und im flachen Wasser jämmerlich abgesoffen.

Beckenbauer hatte nicht auf der faulen Haut gelegen, seit seinem Abschied in Hamburg. Er hatte das Golfspielen begonnen, weil seine Freundin Diana Sandmann das Golfspielen begonnen hatte. Aber schon bald spielte Beckenbauer nicht nur Golf, um sich die Zeit zu vertreiben, sondern er entdeckte die weiten Rasenflächen als neue Geschäfts- und Kommunikationsfelder. Im Milieu der smarten Schlüsselspieler aus Industrie, Wirtschaft und Medien und wohlhabenden Müßiggänger machte Beckenbauer eine gute Figur; nicht nur weil er die Schläger bald mit einiger Finesse zu handhaben verstand. Beckenbauer war als prominenter Spielpartner begehrt und manche Organisatoren ließen sich seine Präsenz bei ihren Turnieren einiges kosten. Beckenbauer begann, solche Termine systematisch als Engagement für seine Stiftung abzuschöpfen, und er knüpfte nützliche Geschäftskontakte. Er war der erste Fußballer, der nach dem Ende seiner Karriere häufiger in der Zeitung stand als zuvor. Hatte er überhaupt seine Karriere beendet? Hatte er nicht nur das Spielfeld und die Kleidung gewechselt?

Beckenbauer machte keine Geschichten, die Geschichten rannten ihm hinterher, sie verfolgten ihn. Als Repräsentant für Adidas jettete er um die Welt, als Kolumnist der *Bild-Zeitung* machte er Meinung, für die Warner Comunications bewarb er – ausgestattet mit einem langfristigen Vertrag – Unterhaltungsprodukte, mal gab es da ein Länderspiel zu kommentieren, oder er musste dort an einem Prominentenspiel teilnehmen. Billig war er jedoch nicht zu haben. Wenn Beckenbauer mit der Weltmeistermannschaft von 1974 Gastspiele in der Provinz absolvierte, kosteten diese Showauftritte 30 000 DM. War er nicht dabei, zahlten die Veranstalter 12 000 DM weniger. Beckenbauer war immer in Bewegung, und doch schien er die Ruhe selbst zu sein. Zwischen der Eröffnung eines Fußballcamps in Japan (»Die sind noch begeisterter als die Boys in Amerika«), einem Jubiläums-Spiel der Bundesliga in Hannover und einem Kongress in Paris kommt er nicht außer Atem und bleibt gleichmäßig freundlich. Am 1. Mai 1983 findet er sogar noch mal Zeit, ein halbes Jahr für

Cosmos New York die Stiefel zu schnüren, weil die Fußballbegeisterung in Amerika schon wieder zu ersticken droht.

Alle Welt braucht den Kaiser, aber was braucht er? Geld? Hat er genug, man schreibt, er habe 23 Millionen DM eingenommen. Eine Frau? Diana Sandmann ist nach wie vor seine Begleiterin. Einen Freund? Robert Schwan weicht noch immer nicht von seiner Seite. Seitdem Beckenbauer sein Gastspiel in Hamburg beendet hat, wohnen die beiden sogar Tür an Tür zusammen in einem Haus. Im österreichischen Kitzbühel, der noblen Naturkulisse für Prominente und Reiche, hat er eine neue Heimat gefunden. Familie? Hat er auch, meistens am Telefon, mit den Söhnen telefoniert er regelmäßig. Herzenswärme? Findet er zuverlässig bei seiner Mutter, von der er sich immer noch gerne bei jeder sich bietenden Gelegenheit bekochen lässt. Und einen Glauben? Er besitzt Gottvertrauen, eine Kirche braucht er nicht. Also fehlt noch was? Vielleicht ein Ball? Seine Selbstverwirklichungswiese? Der Rasen, der ihm die Welt bedeutet? Beckenbauer hatte als Spieler abgedankt, aber mit dem Fußball war er noch lange nicht fertig und der Fußball nicht mit ihm.

Es stand schlecht um den deutschen Fußball im Sommer 1984. Blicken wir auf die letzten Jahre seiner Entwicklung zurück. Die Helden von München waren einer nach dem anderen abgetreten, und mit ihnen hatte sich eine Spielkultur verabschiedet, die durch eine technisch veredelte Gemächlichkeit, weite Räume, lange Pässe, lang angekündigte Grätschen, verschnörkelte Dribblings auf den Flügeln, sehr viel Stillstand im Mittelfeld und tief im Raum einsetzende Deckungsarbeit gekennzeichnet war. Das frühzeitige Zerstören und Aufbauen war kaum bekannt, die Dauerläufer im Mittelfeld waren seltener, durchtrainierte Athleten waren rar, den flexiblen Abwehrverbund namens Viererkette gab es noch nicht, und erst langsam begann sich die Raumdeckung durchzusetzen. Beckenbauer hat sich immer gegen jene Stimmen gewehrt, die die Vergangenheit in den Himmel hoben und den deutschen Fußball seit 1972 als Verfallsgeschichte betrachteten. Er war auch da realistisch. Der Fußball begann jetzt nachzuholen, was die modernen Industriestaaten in ihren Arbeitswelten schon weitgehend durchgesetzt hatten: Beschleunigung, Erhöhung der Leistungsdichte, Optimierung der Leistungsfähigkeit, Rationalisierung der Teams, Professionalisierung der Geschäftsstrukturen und Abbau von leistungsschwachen Angestellten. Jupp Derwall, der 1978 Helmut Schön als Bundestrainer beerbt hatte, war 1980 mit seiner Mannschaft Europameister geworden. Tragende Säulen der Mannschaft waren der kompromisslose Manndecker Karlheinz Förster, der leidenschaftliche Kämpfer Bernard Dietz oder das »Kopfballungeheuer« Horst Hrubesch. Den Stilwandel dieser Jahre repräsentierte aber niemand besser als Hans-Peter Briegel, der zur »Symbolfigur des deutschen Kraftfußballs« wurde. Der ehemalige Leichtathlet, der zuvor respektable Ergebnisse im Zehnkampf erzielt hatte, walzte seine Gegner nieder, übersprang sie wie Hürden und lief alles in Grund und Boden. Aber es gab auch hervorragende Techniker wie Hansi Müller, Felix Magath oder den aufstrebenden Bernd Schuster.

Zwar gewann Derwall mit dieser Mannschaft die Europameisterschaft und blieb durch den 2:1-Sieg im Finale gegen Belgien zum 19. Mal in Folge unbesiegt, doch er verlor mit dieser neuen Generation von Fußballathleten, die auf dem Spielfeld zu arbeiten begannen, Sympathien und Ansehen. Wo andere Länder ihre Sieger gefeiert hätten, begann man sich in Deutschland seiner ungelenken Helden zu schämen. Die öffentlich artikulierte Unzufriedenheit wuchs, und viele professionelle Beobachter der Szene sprachen Derwall die Fähigkeit ab, den deutschen Fußball zu neuen Ufern zu führen. Diese Kluft zwischen objektiv errungenem Erfolg und kollektiv gefühlter Schmach verschärfte sich mit der Weltmeisterschaft 1982 in Spanien. Obwohl die Deutschen Vizeweltmeister wurden, nahm man sie, auch im eigenen Land, als unsympathische und niederträchtige Mannschaft wahr. Die Deutschen, schon vorab siegesgewiss und selbstgefällig, verloren das Auftaktspiel gegen Algerien mit 1:2. Um nicht auszuscheiden, mussten sie nun die Spiele gegen Chile und Österreich gewinnen. Chile wurde mit 4:1 geschlagen, doch auf den Arbeitssieg folgte, so Franz Beckenbauer, »das schäbigste Stück Fußball, das je bei einer Weltmeisterschaft geboten wurde«. Die Rede ist natürlich vom Spiel Deutschland gegen Österreich, das die Deutschen unbedingt gewinnen mussten, während sich die Österreicher durchaus eine knappe Niederlage wie ein 0:1 leisten konnten. So kam es zum Skandalspiel von Gijon, bei dem sich die beiden Mannschaften, nachdem die Führung für Deutschland gefallen war, stillschweigend auf dieses optimale Ergebnis einigten und damit die Algerier betrogen.

Besonders unangenehm fiel auf, wie zynisch sich die Akteure und auch der Bundestrainer nach dem Spiel gegen jede Kritik verteidigten. Derwalls Truppe kämpfte und rackerte sich weiter durch das Turnier und traf im Halbfinale auf Frankreich, wo es zu einem weiteren Desaster kam. Torhüter Schumacher streckte den Franzosen Battiston nieder, als ob er sich im Schützengraben einem Angriff mit dem Bajonett zu erwehren gehabt hätte. Obwohl der Franzose mit einer schweren Gehirnerschütterung und ausgeschlagenen Zähnen bewusstlos auf dem Rasen lag, lümmelte Schumacher, der für diese unfassbare Tätlichkeit noch nicht einmal mit einer gelben Karte bestraft wurde, an seinem Torpfosten herum und ließ sich nicht zu einer Entschuldigung oder fürsorglicher Teilnahme herab.

Der »hässliche Deutsche« war wieder auferstanden und niemals zuvor war eine Mannschaft, die in ein Weltmeisterschaftsendspiel vorgedrungen war, international so sehr verachtet worden wie diese deutsche Mannschaft. Besonders empört wurde in der deutschen Öffentlichkeit das Verhalten der Spieler registriert, die gegen ihre Fans gepöbelt, im Trainingslager hohe Summen verzockt und gesoffen hatten, untereinander heillos zerstritten waren, vereint nur dann, wenn es darum ging, den Bundestrainer und die Presse zu schmähen oder höhere Gagen zu erstreiten. Diese Generation, so sah es zumindest aus, besaß statt Werte nur Wertpapiere, sie sagte »Ich« und das ganz besonders laut. Zu den Widersprüchen in Franz Beckenbauers Leben gehört es, dass gerade er diese Generation durch seine beispielgebende Geschäftstüchtigkeit und Professionalität mit aus der Taufe gehoben hatte. Er, der sich als Erster einen Manager nahm und mit den DFB-Funktionären in Malente um die Gage stritt, legitimierte damit völlig zu Recht das Eigeninteresse des Profis gegenüber dem nationalen Anspruch. Franz Beckenbauer war das Leitbild einer Generation, gegen deren Taten man ihn schließlich zu Hilfe rief.

Mit schönen Bildern lassen sich schlechte Ergebnisse kaschieren. In der Ära Derwall war alles anders: Hässliche Bilder verdeckten gute sportliche Ergebnisse. Als dann bei der Europameisterschaft 1984 in Frankreich die Erfolge ausblieben, war Derwall, der von seinem Präsidenten Hermann Neuberger demontiert worden war, nicht mehr zu halten. Nachdem die deutsche Mannschaft bereits in der Vorrunde ausgeschieden war, kläglich, ohne Spielwitz, Ideen und Engagement, musste ein Mann her, der gleichermaßen für schöne Bilder und vorzeigbare Ergebnisse stand. In diesem Augenblick wurde Franz Beckenbauer für eine Rolle entdeckt, die er in der deutschen Öffentlichkeit seither mit immer größerer Wirksamkeit auszufüllen weiß: der allgegenwärtige, hoch konzentrierte, absolut verlässliche Fleckentferner. Anwendbar in allen wichtigen Problemzonen des öffentlichen Lebens: Politik, Wirtschaft, Sport. Beckenbauer beschränkte sich nicht bloß darauf, die hässlichen Flecken zu entfernen, er verlieh allen spiegelnden Oberflächen auch jenen wünschenswerten Glanz, den andere nicht zu erzeugen verstanden, so sehr sie sich auch mühten.

Es wäre übertrieben, wenn man behauptete, die *Bild-Zeitung* habe ihn für diese Rolle entdeckt und sie ihm überhaupt erst auf den Leib geschrieben, aber die *Bild-Zeitung* hat in ihm konsequenter als andere den Heilsbringer des deutschen Fußballs gesehen. Spricht man mit maßgeblichen Sportjournalisten der *Bild-Zeitung*, spürt man das Selbstbild, das sie, nun bereits über mehrere Journalistengenerationen hinweg, verinnerlicht haben: Die *Bild-Zeitung* sieht sich als gutes Gewissen und Über-Ich des deutschen Fußballs, als seinen letzten Rettungsanker, als das fühlende und fordernde Herz der Fans. Die *Bild-Zeitung* konnte Beckenbauer nur rufen, weil sie sich dazu berufen fühlte, weitab von Kalkül und Zynismus. In diesem Sinne verstehen sich Alfred Draxler, der Sportchef der Bild-Zeitung, Walter M. Straten, der aktuelle Ghostwriter des »Kaisers«, Raimund Hinko, Chefreporter der *Sport-Bild* und lange Jahre Stimme des »Kaisers«, oder Herbert Jung, intimstes Hörrohr der *Bild-Zeitung* an der privaten Brust Franz Beckenbauers, ebenso als Missionare wie als Manager des deutschen Fußballlebens.

Deshalb sah sich die *Bild*-Equipe auch zum Handeln herausgefordert, als die deutsche Mannschaft bei der Europameisterschaft in Frankreich so desaströs scheiterte, dass darüber sogar in der ausländischen Sportpresse frohlockt wurde. Beckenbauer hatte als Kolumnist für die *Bild-Zeitung* die Spiele der deutschen Mannschaft kommentiert. Er war vor Ort, und so kam es, dass er nach dem Ausscheiden in der Vorrunde abends lange mit den *Bild*-Redakteuren beisammen saß und überlegte, was zu tun sei. In dieser Situation ging es wohl in etwa zu wie in der satirischen Erzählung von Heinrich Böll, in der ein vor Tatendrang strotzender Industrieller seinen Angestellten jeden Morgen energisch zuruft: »Es muss etwas geschehen!« Und es ihm frohen Mutes entgegenschallt: »Es wird etwas geschehen!« Da saßen also Jörg Hüls, der damalige Sportchef der *Bild-Zeitung*, Alfred Draxler, auch Max Merkel, Franz Beckenbauer und einige andere im Hotel Henri IV. in Saint-Germain-en-Laye und hielten gewissermaßen das Schicksal des deutschen Fußballs in ihren Händen. Derwall musste gehen, so viel war klar, aber wer sollte kommen? Namen schwirrten durch den Raum, das Für und Wider wurde jedes Mal mit ernsthafter Miene abgewogen, bis endlich Jörg Hüls Franz Beckenbauer ansah: »Mach du es, Franz!« Beckenbauer lehnte ab: »Seid's ihr narrisch geworden?« Aber es war bereits zu spät zum Entkommen, und die anderen redeten so lange auf Beckenbauer ein, bis er, leicht ermüdet, eine sehr verhaltene und vorsichtig formulierte Bereitschaft erkennen ließ. Ja, wenn denn mal Not am Mann sei, könne man ja darüber reden, wand sich Beckenbauer und sprach vom »technischen Direktor« oder »Manager«.

Sicherlich hat Beckenbauer den Job nicht angestrebt. Neuberger hatte ihm diese Perspektive mehrfach eröffnet, doch Franz Beckenbauer lehnte immer wieder ab, zuletzt in einem Interview mit dem *Playboy* 1980, als er Hermann Neuberger einen »Pharisäer und Denunzianten« nannte. So klang wahrlich kein Bewerbungsgesuch. Aber jetzt hatte sich die Situation verändert, auch für Neuberger, der seine Position bedroht sah. Der DFB-Präsident, der zu Alleingängen neigte, war bereit, seine Ärger über Beckenbauer professionell herunterzuschlucken, wenn es ihm und dem deutschen Fußball denn nützen würde. Franz Beckenbauer war nach dem Abend in Saint-Germain nach Hause geflogen und fand sich tags darauf durch die *Bild-Zeitung* zum Retter bestellt. Er war aufrichtig überrascht. »Derwall vorbei – Franz: Bin bereit«, so lautete die Schlagzeile am 22. Juni auf Seite eins, und der Resonanz dieser Kampagne konnte sich auch Hermann Neuberger kaum entziehen. Der Präsident und sein Heilsbringer trafen sich am Tage des Endspiels in Paris. Die *Bild-Zeitung* hat die Szene so überliefert, als gelte es die Heldensaga des deutschen Fußballs um ein weiteres Legendenbild zu bereichern. »Am Dienstag um 19.15 Uhr im Pariser Hilton-Hotel reichte DFB-Präsident Hermann Neuberger seinem Rekord-Nationalspieler Franz Beckenbauer die Hand und sagte: ›Gut, Franz. Dann arbeiten wir miteinander.‹ Zuvor hatte Neuberger gefragt: ›Sind Sie bereit, dem deutschen Fußball zu helfen?‹ Beckenbauer: ›Ja, ich will Verantwortung übernehmen.‹«

Der Fußball ist auch deshalb so beliebt, weil er, eine unaufhörliche Erzählmaschine, immer neue Geschichten produziert. War das nicht eine runde Sache: Ausgerechnet hier in Paris hatte Beckenbauer im Prinzenpark am 23. Februar 1977 sein letztes Länderspiel absolviert. Und nun sah es so aus, als ob er in Paris am 26. Juni 1984 seine neue Karriere beginnen würde. Aber da gab es noch einige Hürden zu überwinden. Denn Neuberger war nicht der DFB allein, er stand einem Präsidium vor, und die kritischen Stimmen zu Beckenbauer mehrten sich. Der Mann hat doch keinen Trainerschein! Er hat ja noch nicht einmal Erfahrung als Trainer! Außerdem gibt es da doch Erich Ribbeck, den verdienten Assistenten von Jupp Derwall. Seit sechzig Jahren waren es immer die lang gedienten Assistenten gewesen, die ihre Chefs beerbt hatten. Sepp Herberger hatte das Amt 1936 vom ersten Reichstrainer Otto Nerz übernommen, dann war 1964 Herbergers Assistent Helmut Schön an der Reihe gewesen, und schließlich folgt 1978 Jupp Derwall, der sich diesen Platz neben Schön redlich ersessen hatte. Und auf einmal sollte diese Tradition urplötzlich aufgegeben werden? Und der Mann, der den DFB auf das Wüsteste beschimpft hatte, lebte ja noch nicht einmal in Deutschland! Wie alt waren die Bundestrainer, als sie ins Amt kamen? Herberger war 41, Schön 48 und Derwall gar 51 Jahre alt, gestandene Männer, Vaterfiguren; Beckenbauer dagegen war 38. Der Widerstand gegen Hermann Neubergers einsame Entscheidung begann sich zu formieren. Am 13. Juli 1984 sollte bei einer Vorstandssitzung die Entscheidung für oder wider Beckenbauer fallen, und es war auch ein Votum, das über Neubergers Kopf entschied. Die Landesverbände hatten im Vorstand Sitz und Stimme, und manch ehrgeiziger, unzufriedener Landesfürst sann darauf, dem machtbewussten DFB-Präsidenten ein Bein zu stellen.

Von heute aus betrachtet scheint Franz Beckenbauers Weg ungefährdet, eine Karriere ohne Brüche. Doch dieses Bild ist nur zum Teil richtig. Wäre Neuberger gestürzt, hätte er Beckenbauer mitgerissen. Zumindest wäre er dann nicht 1984 Teamchef geworden und 1990 wohl kaum Weltmeister. Und selbst als der sechzehnköpfige DFB-

Vorstand Beckenbauer offiziell benannte, hatte er noch nichts gewonnen. Gut, sein Gehalt war im Vergleich zu Derwalls Gage etwa verdreifacht worden, dafür hatte sein Vertrag vorerst nur eine Laufzeit von zwei Jahren, und Bundestrainer durfte sich Beckenbauer wegen der fehlenden Lizenz nicht nennen. Also taufte man ihn Teamchef, so hießen bei der *Bild-Zeitung* auch die Chefs der Reporterteams, die sich um die Nationalmannschaft zu kümmern hatten.

Kein Mangel herrschte an Zweiflern und Pessimisten. Udo Lattek, der ihm in herzlicher Abneigung verbunden war, unkte: »Der Franz hatte einen Namen, der durch nichts kaputt zu machen war. Aber durch diese Geschichte kann er alles kaputtmachen, sogar seine Glaubwürdigkeit als großer Fußballer verlieren.« Und sein Sohn Stefan, damals 15 Jahre alt, fragte beinahe entrüstet: »Papa, warum tust du das?« Ermutigender war da schon ein Blick in die Presse, die überwiegend positiv und zuversichtlich auf die jüngste Entwicklung blickte, auch wenn sich jeder Kommentar eine Hintertür Skepsis vorbehielt. Überschriften wie »Vielleicht die Dummheit seines Lebens« wie in der *Bunten* waren eher selten zu finden, und bei genauerer Betrachtung war auch dieser Artikel zustimmend. Edgar Fuchs, der später bei »Ich. Wie es wirklich war« als Ghostwriter für Beckenbauer arbeiten würde und den »Kaiser« seit Jahren gut kannte, beobachtete einen gewandelten Franz Beckenbauer: »Vor acht Jahren wollte Franz Beckenbauer vom Fußball nur noch zwei Dinge: möglichst viel Spaß und möglichst viel Geld. Und nun hat er genau das Gegenteil. Es ist ernst, ernster als je zuvor. Und Geld? Natürlich ist er der bestverdienende aller bisherigen Bundestrainer. Aber: Am Morgen noch New York, mittags Kopenhagen, Koffer im Hotel abstellen, duschen, auf die Fähre nach Schweden, abends Malmö, ein Länderspiel beobachten. Das war der Mittwoch. Donnerstag mittags Besprechung in Frankfurt, abends Treffen mit seinem Berater Robert Schwan in München. Das war der Donnerstag. Freitag abend Bundesliga Werder Bremen–Bayer Uerdingen. Samstag Bundesliga 1. FC Kaiserslautern–VfB Stuttgart. Franz Beckenbauer könnte sein Geld auch leichter verdienen. Aber Franz Beckenbauer ist dem Fußball verfallen. Bis zur Unvernunft.«

Die Beobachtungen von Edgar Fuchs waren überwiegend zutreffend: Franz Beckenbauer machte es sich nicht leicht, er war pflichtbewusst, und er war eine Sache angegangen, von der sich viele resignierend abgewandt hatten. Aber war Beckenbauer deshalb dem Fußball verfallen? Bis zur Unvernunft? Beckenbauer wusste sehr genau, dass es für ihn keine Alternative zum Fußball gab, wenn er weiterhin Spitzenleistungen bringen und Spitzengagen erzielen wollte. Er war dem Fußball nicht rauschhaft verfallen. Vielmehr fesselten ihn Pflichtgefühl und Geschäftstüchtigkeit geradezu an den Ball. Er hielt es tatsächlich für seine Pflicht, dem Fußball etwas zurückzugeben, nicht immer nur selbst als Nörgler abseits zu stehen. Mit diesem Gedanken hatte er sich die Aufgabe, nachdem er nun einmal in sie hineingedrängt worden war, selbst schmackhaft gemacht. Und es funktionierte, weil er sich gar nicht betrügen musste. Beckenbauer besitzt beruflich ein hohes Verantwortungsbewusstsein und der Fußball war nun einmal sein Beruf.

Sicher, das Risiko, sich zu blamieren, war groß, denn Beckenbauer, der als Spieler schon jeden Gipfel erklommen hatte, wäre bei Misserfolgen tiefer gefallen als jeder andere Bundestrainer vor ihm. Aber umgekehrt war ihm auch die Chance gegeben, höher zu steigen als jeder andere zuvor, denn kein deutscher Trainer hatte eine derartige Erfolgsbiographie schon zu Beginn seiner Amtszeit einbringen können. Beckenbauer besaß eben nicht nur die Chance, grandios zu scheitern, er konnte seinem Lebensroman auch ein weiteres triumphales Erfolgskapitel hinzufügen. Und dann, das wusste Robert Schwan nur allzu gut, waren Franz Beckenbauer weder im Heldenolymp noch im Portemonnaie Grenzen gesetzt. Und zu guter Letzt war seiner Entscheidung auch ein Schuss Opportunismus beigemischt, denn Franz Beckenbauer wollte es möglichst vielen Recht machen, vielen gefallen und dienen. Sollte er weglaufen? Die *Bild-Zeitung* drängte, der DFB-Präsident Hermann Neuberger rief, Robert Schwan wünschte und das ganze Land hoffte es. Da steht ein Beckenbauer seinen Mann.

Ina Deter hatte schon 1982 gesungen »Ich sprüh's auf jede Wand, neue Männer braucht das Land« und Dieter Thomas Heck war in seiner Hitparade von der Neuen Deutschen Welle und einer Gruppe namens Geier Sturzflug aufgeschreckt worden, die munter drauflos bolzte: »Ja, ja, ja jetzt wird wieder in die Hände gespuckt, wir steigern das Bruttosozialprodukt.« Das war der spaßige Sound zur »geistig-moralischen Wende«, die Helmut Kohl gefordert hatte, als er 1982 zum neuen Bundeskanzler gewählt wurde, und es war der bitterböse Refrain zur Tristesse des Arbeitsmarktes 1983, der 2,5 Millionen (10,2 Prozent) Menschen ohne Arbeit auswies. Auf die Suche nach neuen Männern, die in die Hände spucken konnten, hatte sich auch der neue Teamchef begeben. Manche waren überrascht, wie fleißig er die Sache anging. Herbert Jung ist heute wie damals überzeugt: »Im Grunde seines Herzens ist der Franz ja faul. Er liebt es, gemütlich zu Hause zu sitzen, und was nicht sein muss, muss nicht sein.« Und deshalb wandte sich der Journalist nach Ernennung seines Freundes zum Teamchef besorgt an Robert Schwan: »Ja, Schwani, wie soll das nun werden mit ihm als Teamchef, der faule Hund.« Daraufhin erwiderte Robert Schwan sehr bestimmt und gelassen: »Du wirst dich noch sehr wundern.«

Franz Beckenbauer ging seinen neuen Job nicht besessen an, aber doch ungemein beflissen und zuweilen auch beseelt. Er war kein Angestellter des DFB, sondern, wie sich Hermann Neuberger ausdrückte, ein »freischaffender Künstler«, der sich an der ihm zugedachten Rolle erst erproben und sich in ihr ebenso erfinden musste. An Vorbildern fehlte es ihm, denn die Zeiten hatten sich verändert und mit ihnen die Spieler und das Gewerbe, durch das sie geprägt wurden. Otto Nerz war ein pedantischer Spieß, der seine folgsamen Spieler trietzte und drillte wie auf dem Kasernenhof. Herberger dagegen war ein charismatischer Chef und zugleich eine große Glucke, die die Spieler zärtlich bemutterte und streng beaufsichtigte. Für das liberalere Zeitalter stand dann Helmut Schön, der als väterlicher Freund um seine mündigen Spieler warb und an ihre Eigenverantwortung appellierte. Und in ganz frischer Erinnerung war dem neuen Teamchef, wie der Kumpeltyp Derwall an einer Spielergeneration scheiterte, deren aggressivem Egoismus und Individualismus er nicht gewachsen war.

Beckenbauer bekam es nun nicht nur mit dieser Generation von »Wohlstandsjünglingen« zu tun, er traf auch auf einen rasant ansteigenden Zuspruch der Medien. Denn nicht nur Beckenbauer nahm 1984 die Arbeit auf, auch RTL, ein Sender des Bertelsmann-Konzerns, begann seinen Betrieb, und ein Jahr später startete SAT.1, ein Sender der in der Folgezeit zunehmend von Kirch und Springer dominiert wurde. Die Zulassung kommerzieller Programme, die Anfang der achtziger Jahre von CDU/CSU und FDP politisch forciert und durch die Verkabelungspolitik der neuen Bundesregierung technisch flankiert worden war, begründete das duale System, in dem private und öffentlich-rechtliche Anbieter nun im Wettbewerb um die Zuschauer und die Quote standen. In diesem Wettkampf wurde der Fußball zur umworbenen, kostbaren Ware, mit der man die größten Werbeeinnahmen und den besten Zuschauerzuspruch erzielen konnte. Dem Fußball begannen jetzt Summen zuzufließen, die für manche zum Traum, für andere zum Alptraum wurden. Diese mediale Entwicklung, die den Fußball vollends kommerzialisierte, schuf die Voraussetzung für Franz Beckenbauers Karriere in den neunziger Jahren, in denen er zum wichtigsten Repräsentanten und attraktivsten Werbeträger des deutschen Fußballs wurde.

Und wie sahen die Wiederbelebungsversuche des »Wunderheilers« *(Quick)* und »Messias« (Uli Hoeneß) am Patienten Nationalmannschaft aus? Das erste Länderspiel stand am 12. September in Düsseldorf auf dem Plan, eine freundschaftliche Begegnung mit Argentinien. Robert Schwan war sich sicher: »Die haut ihr weg – 3:1!« Tatsächlich stand es am Ende 3:1, aber für Argentinien. Mit dabei waren Felix Magath, den Beckenbauer überzeugen konnte, von seinem Rücktritt zurückzutreten, und die Debütanten Michael Frontzeck und Ralf Falkenmayer. Trotz der Niederlage war und blieb die Stimmung freundlich, im Stadion waren sogar Transparente zu finden, mit denen »Franz Beckenbauer, der Retter der Nation« begrüßt wurde. Wichtiger als dieses Auftaktspiel war die nächste Partie, die am 17. Oktober in Köln gegen Schweden stattfinden sollte, das erste Qualifikationsspiel für die Weltmeisterschaft 1986 in Mexiko. Die Gruppe war schwer genug: Schweden, Portugal, CSSR und Malta hießen die Konkurrenten, die beiden ersten Teams waren qualifiziert.

Franz Beckenbauer hatte sich ein klares Ziel gesetzt: sollte er die Qualifikation verfehlen, würde er sofort sein Amt niederlegen. Das war eine sehr deutsche Auffassung; seit 1954 hatten sich die deutschen Nationalmannschaften immer für die Weltmeisterschaften qualifiziert und auch, bis auf die Ausnahme 1968, an allen Endrunden der Europameisterschaft teilgenommen. Andere große Fußballnationen nahmen es dagegen eher in Kauf, bei einem Turnier zu fehlen, um das Team konsequent zu erneuern. Italien, Holland, England, Frankreich oder Spanien leisteten sich lange Umbaupausen, in denen ihre Nationalmannschaften bei den großen Turnieren fehlten. In Deutschland jedoch soll der Umbau möglichst bei laufendem Betrieb erfolgen, was zur Folge hatte, dass die deutsche Fußballgeschichte keine radikalen Umschwünge und Kurswechsel kennt. Auch Beckenbauer machte da keine Ausnahme. Notgedrungen stützte er sich weitgehend auf Spieler, die schon unter Derwall gespielt hatten. Eine Wende sollte trotzdem her.

Beckenbauer legte sich gleich mit dem DFB und der Bundesliga an, denn er wollte mehr Zeit für Lehrgänge und Trainingslager. Er forderte außerdem eine bessere medizinische Betreuung und bekam sie. Er schottete die Mannschaft gegen jeden öffentlichen Rummel ab. Funktionäre, Edelfans und Journalisten, die noch vor kurzem in den Quartieren der Nationalmannschaft ungehindert ein- und ausgehen konnten, bekamen nur noch in Ausnahmefällen Zutritt. Um die wilden Kommunikationsflüsse zu regulieren, zog Beckenbauer bei Heimspielen lieber in die guten alten, kargen Sportschulen wie Hennef, feine Hotels ließ er links liegen. Er selbst hängte sich ans Telefon, noch gab es keine Handys, um mit »Gott und der Welt zu reden, reden, reden«. Und er war fleißig, ließ sich alles über den nächsten Gegner Schweden herbeischaffen und sichtete nächtelang Videomaterial. Nachdem die Bundesligasaison im August begonnen hatte, sagte man ihm schon bald nach, dass sich noch kein Bundestrainer so häufig wie er in den Stadien habe blicken lassen. Ohne Zweifel, er war fleißig und engagiert und erwartete von seinen Spielern mindestens denselben Einsatz: »Eine verschworene Gemeinschaft müssen wir wieder werden, in der jeder für den anderen läuft. Ohne das geht gar nichts.« War das nicht Herberger-Pathos? Ordnung, Disziplin und Leistungsbereitschaft, so lautete das Programm des neuen Chefs, der kein sanfter Leisetreter sein wollte: »Früher wollte ich keinem wehtun, jetzt stehe ich selbst in der Verantwortung. Die Wischi-Waschi-Zeiten sind vorbei.« Und als sich Bernd Schuster, der eine zentrale Rolle in Franz Beckenbauers Plänen spielen sollte, zum wiederholten Mal zierte, Begeisterung für die deutschen Farben zu zeigen, beendete der Teamchef das leidige Kapitel, bevor seine Glaubwürdigkeit Schaden nahm: »Wer es ablehnt, mit mir zu sprechen, wird auch nicht eingeladen. Die Nationalmannschaft ist kein Kasperltheater – vergessen wir das Ganze!«

Beckenbauer war lange genug selbst aktiv gewesen, um zu wissen, dass seine Spieler, vor allem die arrivierten, unter dem neuen Trainer jetzt erkunden und erproben wollten, bis wohin sie konfliktfrei gehen konnten. Toni Schumacher, der Kölner Torwart, hatte Franz Beckenbauers Beginn öffentlich als »Weiterwursteln« bezeichnet, woraufhin er vom Teamchef geharnischte Kritik einstecken musste und klein beigab. Einen Rüffel holte sich auch Karl-Heinz Rummenigge ab, der unter Franz Beckenbauer weiterhin Kapitän blieb, obwohl er auf diesem Posten äußerst umstritten war. Beim Länderspiel gegen die Schweden war Rummenigge zu spät zum Frühstück gekommen und gleich dem Teamchef in die Arm gelaufen. Franz Beckenbauer, als Spieler selbst ein Langschläfer und Experte für morgendliche Verspätungen, mahnte: »Du bist mein Kapitän und bester Spieler, du wirst in Zukunft also bitte der Erste beim Frühstück sein.« Lothar Matthäus bekam ebenfalls die Leviten gelesen. Als er in legerem Freizeitdress bei der Nationalmannschaft eintraf, reichte ein scharfer Blick von Franz Beckenbauer und die Frage:»Wie siehst du denn aus?« und schon trollte sich der Gescholtene zum Umziehen.

Ein großer Theoretiker war Beckenbauer als Trainer nicht, eher ein akribischer Arbeiter, der sich in Details des gegnerischen Spiels verbeißen konnte und seine eigene Truppe auf jede Überraschung, und jeden Trick und vorbereiten wollte. Was soll denn das Gerede von Systemen, sagte er ärgerlich, wenn ihn Reporter darauf ansprachen, wenn du die richtigen Leute nicht hast. Die richtigen Leute auf dem richtigen Posten, das war Beckenbauers Philosophie. Als Trainer war er ein pragmatischer Eklektiker, der sich zusammensuchte, was er für brauchbar hielt. Er war immer aufgeschlossen für etwas Neues, aber nicht, nur um der Neuerung willen. Ob etwas alt, neu, modern oder überholt war, erschien ihm ziemlich gleichgültig, wenn es half, erfolgreich zu spielen. Er wollte mehr Tempo, mehr Einsatz- und Laufbereitschaft, ein schnelleres Überbrücken des Mittelfelds und einen zügigeren Abschluss. Aber welcher Trainer wollte das nicht? Ebenso zerfranst wie seine Fußballehre war die Rolle, die Beckenbauer als Teamchef seinen Spielern gegenüber einnahm. Ältere Spieler wie Karl-Heinz Rummenigge oder Felix Magath, mit denen er selbst noch zusammengespielt hatte, duzten ihn, aber meistens nicht im Mannschaftskreis. Junge Spieler oder Debütanten dagegen sprachen ihn als »Herr Beckenbauer« an, für die meisten war er der »Trainer« oder auch der »Chef«. Auffallend oft aber wurde die direkte Anrede vermieden und umschifft.

In einem Interview mit dem *Kicker* wurde er gefragt: »Was sind sie der Mannschaft, Franz? Chef, Boss, Kumpel, Partner, Spielmacher, 12. Mann?« Franz Beckenbauer, der nie dazu geneigt hatte, eigene Rollenbilder zu entwerfen, sie zu planen und ihnen nachzustreben, antwortete freimütig: »Ich weiß es nicht, ich kann es nicht beschreiben. Ich mache alles intuitiv, so nach Eingebung.« Andreas Brehme, der durch seine rasche Spielauffassung und seine perfekte Beidfüßigkeit zu einem der wertvollsten Nationalspieler für Franz Beckenbauer werden sollte, sagte einem Journalisten, der die Stimmung innerhalb der Mannschaft erkunden wollte: »In der Nationalelf wird unter Beckenbauer viel gelacht – aber nie über ihn.« Im Zweifelsfall hatte der Mann, der das Lachen in die Mannschaft zurückgebracht hatte, sein Herz stets auf der Zunge getragen und seinen heißen Zorn herausgelassen, statt sich an ihm zu verschlucken. Manchem war darüber wohl das Lachen vergangen, aber Franz Beckenbauer beherrschte auch die Kunst, charmant zurückzurudern, Worte des Bedauerns in alle Himmelsrichtungen zu schicken. Für Irritationen sorgte ein Interview, das ausgerechnet wenige Tage vor dem wichtigen Qualifikationsspiel gegen Schweden erschien. Max Merkel, für seinen aggressiven Stil berüchtigt, hatte es für den *Playboy* geführt, und angeblich hatte der Teamchef über seine Spieler gesagt: »So viel kann sich an der Mannschaft im Augenblick gar nicht ändern, das Wichtigste ist, den Burschen ein Ziel einzuimpfen. Das frustrierende Ball-Hinundhergeschiebe von Profis, die 400 000-DM-Jahresverträge in der Tasche haben, ein Cartier-Kettchen am Hals, die Sonnenbrille im Seidenhemdausschnitt und den Porsche auf dem Stadionparkplatz, das alles muss ein Ende haben.« Das klang wenig motivierend, aber Franz Beckenbauer bestritt vehement, sich so geäußert zu haben: »Ich bin gelinkt worden, zum ersten Mal in meinem Leben überlege ich mir ernsthaft, Klage zu erheben.« Er beeilte sich, seine Nationalspieler zu beruhigen und sie auf das Spiel gegen Schweden einzustimmen. Am 17. Oktober 1984 ließ er folgende Mannschaft vor 61 000 Zuschauern in Köln auflaufen: Schumacher, Jakobs, Herget, Karlheinz Förster, Briegel, Brehme, Matthäus, Falkenmayer, Magath, Rummenigge, Völler. Auf Transparenten wurde wieder der »Retter Franz« gefeiert oder in religiösem Gestus gepriesen: »Franz, Du unsere Zuversicht.« Dass die Begegnung mit 2:0 gewonnen wurde, war für den Start ungemein wichtig, in Erinnerung blieb das durchschnittliche Spiel kaum. Allenfalls, dass der Debütant Uwe Rahn mit der ersten Ballberührung nach seiner Einwechslung in der 75. Minute das späte Führungstor erzielte. Franz Beckenbauer, dem Glückskind, schien auch hier das Glück nachzulaufen.

Dagegen prägte sich ein anderes Bild hartnäckiger ein: Zaghaft singende Männer (Magath), furchtsam flüsternde Männer (Brehme), wild entschlossen singende Männer (Schumacher, Briegel). Der patriotisch entflammte Torwart hatte es sich auch nicht nehmen lassen, schwarzrotgoldene Handschuhe zu tragen. Franz Beckenbauer hatte es sich gewünscht, dass die Nationalmannschaft vor dem Spiel die Nationalhymne sang, er betrachtete das als positives Signal und als Image-Werbung für die Mannschaft. Auch das war ein Widerspruch in Beckenbauers Leben, denn schließlich war er es gewesen, der als Kapitän den »Rütli-Schwur« abgeschafft hatte, den die Spieler seit Fritz Walters Tagen vor jedem Spiel geleistet hatten. Dem jungen Franz Beckenbauer war dieses Ritual sehr fremd vorgekommen, erwachsene Männer fassen sich an den Händen, stehen im Kreis und deklamieren aus der Zeit gefallene Formeln und Worte. Jetzt wollte er die Zeitläufte umkehren und mit verloren geglaubten Gefühlen seine Männer auf eine gemeinsame Aufgabe einschwören. Das gefiel vor allem konservativen Interpreten wie Hans-Hermann Tiedje, der in der *Bunten* Franz Beckenbauer als »deutsches Symbol« feierte: »Die Wende, von der Helmut Kohl immer noch spricht – Franz Beckenbauer hat sie voll in die Tat umgesetzt. Mit ihm kam nicht nur der berühmte frische Wind in das deutsche Fußballteam, mit ihm kam auch eine prinzipiell neue Haltung: Es macht wieder Spaß, für Deutschland zu spielen.«

Der Teamchef ließ sich in diesem Zusammenhang so zitieren: »Es gibt überhaupt keinen Grund, dass wir nationale Gefühle oder Symbole verbergen. Ich selbst zähle zur ersten Nachkriegsgeneration. Da hatten schon manche Schuldgefühle. Aber die heutigen Nationalspieler sind doch schon wieder eine Generation weiter. Die haben mit den alten Geschichten nun wirklich nichts mehr am Hut.« Franz Beckenbauer hatte mit den »alten Geschichten« ebenso wenig am Hut wie seine jungen Spieler, aber sein Bekenntnis zu nationalen Symbolen war weniger einem neuen Patriotismus geschuldet, sondern stand ganz im Dienst der leistungsfördernden und gemeinschaftsstiftenden Motivation und der Pflege des Erscheinungsbildes. Er wollte seine Mannschaft gut verkaufen und das bisschen Vaterlandsgefühl, das er ihr verordnete, gehörte zu einem tadellosen Äußeren ebenso dazu wie der Mannschaftsanzug und die vorbildlich gebundene Krawatte. In Amerika hatte es ihm gefallen, wie der inszenierte Patriotismus den Ereignischarakter und die Intensität der Atmosphäre steigerte und dabei die Verbundenheit zwischen Mannschaft und Publikum stärkte. Deshalb konnte er sich gut vorstellen, dass der Tenor Peter Hofmann vor jedem Spiel die Deutschlandhymne vortrage und »das Publikum singt mit – das wäre doch toll«. Franz Beckenbauer selbst hat seine Heimat und die Gefühle für seine Herkunft fast immer regional bestimmt. Journalisten, die ihn nach seiner nationalen Identität fragten, bekamen häufig zu hören, dass er sich eher als Münchner und Bayer fühle, das Deutsche stünde hintenan. Als Teamchef machte Franz Beckenbauer das erste Mal die Erfahrung, dass es sich lohnt, sein Land attraktiv zu verkaufen, dass der schöne Schein, den man durch Rituale und Symbole schaffen konnte, half, störende und unliebsame Aspekte unscheinbar zu machen. Als er Jahre darauf als Werbereisender und Botschafter des deutschen Fußballs auf Weltreise ging, um das Weltmeisterschaftsturnier 2006 nach Deutschland zu holen, sollte ihm dieses Wissen hilfreich sein.

Das erste Jahr seiner Regentschaft sah den »Kaiser« meistens im Glück. Schönes Wetter, schöner Schein, die Mannschaft siegte, der Star war ohne Zweifel der Trainer. Der Wunsch, so zu sein wie er oder zumindest von seiner Aura umrankt spielen zu dürfen, schien den Spielern flinke Beine zu machen. In der WM-Qualifikation wurde erwartungsgemäß zweimal gegen Malta gewonnen, die Deutschen siegten auswärts in Portugal, und sie gewannen, das war der Höhepunkt der Serie, am 30. April 1985 in Prag mit 5:1 gegen die Tschechoslowakei. »Weltklasse« wollten der *Kicker* und Berti Vogts gesehen haben, dem »Kaiser« lag das Fußballvolk zu Füßen. Doch binnen weniger Monate verdüsterte sich das Bild, der Magier hatte plötzlich seine Zauberkraft eingebüßt. Die deutsche Mannschaft verlor Freundschaftsspiele in England, in Mexiko und in der Sowjetunion. Zwar gelang am 25. September mit einem 2:2 in Stockholm gegen Schweden die frühzeitige Qualifikation für die Weltmeisterschaft 1986, aber auch im nächsten Heimspiel am 16. Oktober in Stuttgart gegen Portugal blieb man ohne Sieg, die Mannschaft verlor mit 0:1. Der Tiefpunkt sollte jedoch noch folgen. Am 17. November spielte die deutsche Mannschaft in München nur 2:2 gegen die Tschechoslowakei, und weitaus ärgerlicher als das Ergebnis war das jämmerliche Auftreten des Gastgebers. Ausgerechnet in Beckenbauers Heimat präsentierte sich die Nationalmannschaft so grau und leidenschaftslos, so langweilig und stümperhaft, als wolle sie die Erfolgsaura des Teamchefs mit Vorsatz demontieren.

Franz Beckenbauer war erregbar in diesen Tagen, überall schienen Neider zu sitzen, Zyniker und Pessimisten, die ihm die Arbeit schwer machen wollten, die den Fußball schwarz und faulig quasselten. Sollten jetzt diejenigen Recht behalten, die ihm prophezeit hatten, dass er als Teamchef seinen Ruf ruinieren würde? Schließlich war er dafür verantwortlich, dass eine deutsche Mannschaft das erste Mal seit 1934 ein WM-Qualifikationsspiel (0:1 gegen Portugal) verloren hatte. Und in seine Amtszeit fiel noch ein anderer hässlicher Fleck. Nur 22 000 Zuschauer besuchten das Heimspiel gegen die Tschechoslowakei, niemals zuvor waren in der Nachkriegsgeschichte weniger Zuschauer zu einem Länderspiel gekommen.

Dieser Negativrekord hatte unmittelbar mit einem jungen Mann namens Boris Becker zu tun, dessen Stern am selben Abend aufging. Wuchs da ein nationales Sportidol heran, das ihn, Franz Beckenbauer, den legitimen Nachfolger von Max Schmeling und Uwe Seeler bald ablösen würde auf dem Gipfel der Popularität? Da konnte es schon mal passieren, dass ihm der Kragen platzte. Seinen Spielern bescheinigte er »anfängerhafte Fehler«, und nach einem Interview mit Doris Papperitz vom »Sportstudio« sprach er von »laienhaften Fragen«. Dass Beckenbauer mit Drucksituationen anders umging als seine Vorgänger, konnte man schon in den Wochen vor dem Länderspiel gegen die Tschechoslowakei beobachten. Herberger konterte Kritik mit einem kalten Schweigen, Helmut Schön schmollte beleidigt, und Jupp Derwall zuckte mit den Schultern. Ganz anders Beckenbauer. Angriff, Offensive, Nachlegen, Lächeln. Auf einem Lehrgang in Herzogenaurach teilt er den erstaunten Journalisten mit, beim »Sportstudio« seien eine Reihe von »geistigen Nichtschwimmern« am Werk, die ein viel zu negatives Bild vom Fußball zeichneten, gemeint hatte er damit vor allem Michael Palme, Marcel Reif und Günter-Peter Ploog. Dieter Kürten, der Redaktionsleiter des »Sportstudios«, lud ihn daraufhin zum Schlagabtausch in die Sendung, und der Gebetene zierte sich nicht lange. Am 2. November 1985 war Franz Beckenbauer im »Sportstudio« zu Gast, um sich den kritischen Nachfragen von Harry Valérien zu stellen. Der Vergleich mit seinem allerersten Besuch im »Sportstudio« am 11. September 1965, seinem 20. Geburtstag drängt sich auf. Damals präsentierte sich Franz Beckenbauer als netter, schüchterner Bub, der sich ins Fernsehstudio verirrt hatte und von seinem Trainer wie von einer Gouvernante begleitet wurde. Die Aufregung machte seine Stimme ganz dünn, dem »Herrn Valérien« begegnete er mit eingezogenen Schultern.

Zwanzig Jahre später sehen wir ein anderes Bild, einen anderen Franz Beckenbauer. Beide Männer sitzen betont lässig in den weißen Bürostühlen von Charles Eames, Harry Valérien hat ein Bein angewinkelt, Franz Beckenbauer hat die Beine ausgestreckt und über den Knöcheln gekreuzt. Er ist zu Beginn des Gesprächs kurzatmig. Doch obwohl man ihm eine gewisse Anspannung anmerkt, ist jede Unterwürfigkeit aus dem Körper gewichen. Valérien hält ihm Dünnhäutigkeit vor: »So empfindlich waren Sie noch nie!« Beckenbauer schüttelt den Kopf: »Nein, das stimmt nicht, Harry. Ich bin vielleicht engagierter, was den Fußball allgemein anbelangt.« Valérien möchte Beckenbauer unbedingt eine Entschuldigung für die »geistigen Nichtschwimmer« abringen, doch der zeigt sich bockbeinig, zunehmend fröhlicher und ruft: »Seid doch nicht so empfindlich!« Er greift an, er ist schnell, forsch, er verlässt seinen Standpunkt nicht. »Wir alle machen den Fehler, zu sagen, der Fußball ist früher besser gewesen.«

Das ist sein Thema an diesem Abend. Er will sich den deutschen Fußball nicht schlecht reden lassen. Nicht von Zynikern wie Michael Palme oder Marcel Reif, die lieber bei politischen Kommentaren bleiben sollen. »Das lass ich mir nicht länger gefallen« oder »dagegen wehre ich mich« oder »das gesamte Bild passt mir nicht«. Diesen »Schwachsinn«, das Wort benutzt er gleich zweimal, will er nicht mehr hören und sehen. Die Lacher des Studiopublikums hat er fast immer auf seiner Seite, er ist beweglicher als Harry Valérien, der verschnörkelt und bildungsbeflissen spricht. Franz Beckenbauer ist kein Kind mehr, er ist ein Mann, der es mit den anderen Männer aufnimmt, wenn es um die Deutungshoheit geht. Michael Palme oder Marcel Reif stehen für eine neue Generation von Sportjournalisten, die haben studiert, die betrachten den Fußball mit ihren psychologischen oder soziologischen Kategorien und sezieren das Geschäft, mal ironisch, mal pathetisch. Im Grunde ihres Herzens sind sie Romantiker, die die Gegenwart des Fußballs bespötteln, weil sie die fernen Mythen höher schätzen. Sie sprechen wie harte Männer und fühlen doch wie Kinder. Von denen, diesen Intellektuellen, die an Mythen kleben, will sich Beckenbauer nicht vors Schienbein treten lassen. Er ist einen anderen, vielleicht den umgekehrten Weg gegangen. Er, der Fleisch gewordene Mythos, verteidigt die Gegenwart gegen die Apostel des Vergangenen. »Ich bin doch dabei gewesen«, sagt er über das »Jahrhundertspiel« gegen Italien 1970, »da schläft man doch nach zehn Minuten ein, wenn man sich das heute ansieht.«

Drei Wochen nach seinem Auftritt im »Sportstudio« erscheint im *Spiegel* ein Porträt von Jürgen Leinemann über Franz Beckenbauer unter dem Titel: »Die Kindheit zum Beruf gemacht.« Jürgen Leinemann schreibt: »Seine Entwicklung verlief bruchlos, ohne Krisen. Nur als sein Vater starb, sagt er, ist er so verzweifelt gewesen, dass er am liebsten mit ihm getauscht hätte: ›Da wusste ich, dass meine Kindheit zu Ende war.‹ Hier irrt der Franz. Seine Kindheit dauert an, er hat sie zum Beruf gemacht.« Verlief dieses Leben wirklich ohne Bruch? Das frühe, uneheliche Kind? Die aufgelöste Verlobung? Das problembeladene Verhältnis zum Vater? Die gescheiterte Ehe? Die Flucht nach Amerika? Das verunglückte Gastspiel beim Hamburger Sportverein? Wer Brüche sehen wollte, konnte sie finden. Und hat Franz Beckenbauer die Kindheit wirklich zum Beruf gemacht? Er blieb dem Fußball, seiner Identitätsbühne, verbunden, aber hatte sich der Fußball nicht verändert, und er mit ihm? Das Kicken auf der Straße in der »Bowazu«-Elf war ein anderes Spiel als beim SC München 1906. Das erste Jahr in Herrenmannschaft des FC Bayern München war eine andere Welt als das Ausbildungs- und Erziehungslager bei Rudi Weiß in der Jugendmannschaft des Vereins. Die erste Saison in der Bundesliga unterschied sich fundamental von der provinziellen Oberliga, und mit dem Einzug ins Münchner Olympiastadion und dem Auszug aus dem Grünwalder Stadion hatte der Giesinger Bub wieder eine alte Haut abgestreift. Mit jeder Weltmeisterschaft hatte er sich weiter von seiner Kindheit entfernt, und als er 1974 in Malente die Gagen aushandelte, war er kein Lausbub mehr, sondern ein harter Lobbyist. In den letzten Jahren beim FC Bayern war er zum Geschäftsmann geworden, ein umsichtiger Profi, der Rasen und Rendite zusammen dachte. Und schließlich hatte er in Amerika die höheren Weihen des Showbizz erlebt und erlernt. Jetzt war er Teamchef, und nur auf den ersten Blick hatte dieser Beruf etwas mit seiner Kindheit zu tun. Den Franzi gab es schon lange nicht mehr. Franz Beckenbauer war auf dem Weg nach Mexiko.

Im Duell mit Harry Valérien blieb Beckenbauer Punktsieger. Valérien bekam von der Regie schon ein Zeichen, zum Ende zu kommen. Franz Beckenbauer auf Touren: »Nix da, wir machen weiter!« Gegen Ende, als er alle Nervosität abgelegt hatte, wurde er generös und schenkte dem beinahe kleinlaut gewordenen Gastgeber einen leichten Punkt: »Ich sag ja nicht der Michael Palme ist schuld. Ich bin auch viel zu kritisch und red manchmal einen Blödsinn daher, dass ich am nächsten Tag sag: ›Mensch, halt dich doch mal besser im Zaum.‹«

Harry Valérien: »Das wird nicht gelingen.«

Franz Beckenbauer schenkt allen ein charmantes Lachen. Er kann es sich leisten.

Von Schrott, Suppenkaspern und Totengräbern

»Und wie treibt es Franz mit dem Leben überhaupt! Er phantasiert, was ist. Jeder Vorgang, von ihm gesehen, wird ein wenig magisch, jede Schlechtigkeit verzauberte Güte, aller Hass überkompensierte Liebe, und schon Klang wie Tonfall seiner Stimme lügen von den Dingen, sie ganz verfälschend, das Hässliche und Gemeine herunter. Gegenwärtiges wird bei Franz aller Rührung und Nachsicht teilhaftig, die dem längst Vergangenen zukommt, wenn er vom Heute redet, klingt es, als redete er von uralter Zeit.«

Alfred Polgar: Ein unmöglicher Mensch

Warum 7 Abwehr-Männer? Lass stürmen, Franz!«
»Franz droht mit Rücktritt«
»Franz warnt: Unser Fußball geht kaputt«
»Sauer auf Franz: Stimmung im Keller«
»Es gab schon wieder Krach mit Franz«
»Franz, wann findest du dein Lächeln wieder?«
»Franz freut's: Herget fit«
»Franz: Wir spielen auf Sieg. Mehr Mut, Franz!«
»Franz: Mir ist nicht bange«
»Kaiser Franz befiehlt: Angriff total«
»Franz will Tore sehen«
»Franz zu schwach? Zerbricht unsere Elf?«
»Franz, du hast den Kalle hängen lassen«
»Franz hart: Darum bleibt Rummenigge draußen«
»Franz sagt das Richtige – leider oft zur falschen Zeit«
»Doppelpass mit Franz – Kalle spielt sofort«
»Franz betete in einer weißen Kapelle«
»Stein: Gurkentruppe. Schick ihn nach Hause, Franz!«
»Franz verspricht: Heute wird alles besser«
»Kaiser: Jetzt können wir nur noch gewinnen!«
»Franz gibt Diego den richtigen Sheriff«
»Franz fing sein Glück wieder ein«

»Nur in *Bild*: Beckenbauer erzählt«
»Magath: Franz hat mich gekränkt«
»Beckenbauer exklusiv: ›Als alle feierten, bot ich meinen Rücktritt an!‹«
Das war die Weltmeisterschaft 1986 in Mexiko. Ein Heldenlied in 25 Schlagzeilen, erschienen in der *Bild-Zeitung* vom 18. Mai bis zum 4. Juli 1986. Eines machen diese Schlagzeilen sehr augenfällig: Niemals zuvor stand ein Bundestrainer so sehr im Blickpunkt wie Franz Beckenbauer, und niemals zuvor zeigte ein Bundestrainer so viele Bilder und Gesichter wie er. Wo andere von Widersprüchen gelähmt wurden, schienen sie ihn zu beflügeln. Oder besser, die Widersprüche, die er lebte und kommunizierte, machten sein öffentliches Bild vielseitig und vielgestaltig und dadurch attraktiv. Man konnte ihn auf viele Rollen verpflichten, die als unvereinbar galten, und dennoch zerbrach er nicht daran und verlor nicht seine Glaubwürdigkeit. Betrachtet man die Rollenzuschreibungen, die in den 25 Schlagzeilen zum Ausdruck kommen, wird die vitale Widersprüchlichkeit greifbar: Er ist Anwalt, dann Angeklagter, er ist Heiliger, dann Sünder, mal ist er wackliges Fragezeichen, dann wieder hartes Ausrufezeichen, er ist Freund und Feind, er ist Herr und Knecht, Kumpel und Kaiser, er ist Genie und Depp, mal ist er Chef, dann wieder Angestellter, aber er ist immer der Franz. Und verlässlich bleiben Glück und Erfolg an seiner Seite, um all die unvereinbaren Rollen zusammenzuhalten.

Der stete biographische Höhenflug, der unaufhaltsame Aufstieg auf der Leiter der Erfolge –, so eindeutig verlief Franz Beckenbauers Lebensweg nicht. Wieder einmal hatte er in Mexiko einen Punkt erreicht, von dem aus sein Leben einen sehr viel schattenreicheren Weg hätte nehmen können, wenn es ihm nicht gelungen wäre, seinem befleckten Bild wieder jenen Glanz zu verleihen, ohne den man ihn sich schon gar nicht vorstellen wollte. Es soll hier gar nicht einmal davon die Rede sein, dass sich Franz Beckenbauers Engagement für die USA als Austragungsort der Weltmeisterschaft 1986 nicht ausgezahlt hatte. Denn eigentlich hätte das Turnier in Kolumbien stattfinden sollen, doch als das krisengeschüttelte Entwicklungsland die Ausrichtung an die FIFA zurückgab, waren Mexiko, die USA und Brasilien bereit gewesen, kurzfristig einzuspringen. Zusammen mit Pelé und Henry Kissinger unterstütze Franz Beckenbauer die Bewerbung der

USA, allerdings ohne nennenswerten Erfolg. Sein missglücktes Engagement für die USA wurde in Deutschland jedoch kaum wahrgenommen.

In Mexiko galt es vielmehr, das Bild des deutschen Fußballs aufzuhellen, denn die Weltmeisterschaft 1982 war eine Katastrophe gewesen. »1982 darf es nicht noch einmal geben. Auf keinen Fall. Diesmal wollen wir es besser machen.« Das hatten DFB-Präsident Hermann Neuberger und auch der Delegationsleiter Egidius Braun immer wieder betont. Gerade deshalb hatte man Franz Beckenbauer trotz vieler Vorbehalte engagiert, denn das symbolische Kapital, das er einbrachte, war unbezahlbar. Und ausgerechnet jetzt, wenige Tage vor Beginn der Endrunde, wurde der Retter zum Problemfall, schuf der Fachmann für funkelnde Flächen im Handstreich höchst selbst die Katastrophen. Was war passiert?

Franz Beckenbauer war alarmiert. Die deutsche Mannschaft war gerade in ihrem WM-Quartier in Morelia eingetroffen, als die Meldung eintraf, dass der Stuttgarter Karlheinz Förster in der nächsten Saison zu Olympique Marseille wechsle. Über die Abwanderung einer seiner wichtigsten Spieler redete sich der Teamchef in Rage: »Weltmeister werden wir sowieso nicht«, entfuhr es ihm, und er legte nach: »In der Bundesliga spielt zuviel Schrott, 14 Vereine wären das Beste, 16 das Maximum.« In diesem Ton ging es weiter. Er sehe keinen rettenden Nachwuchs, Olaf Thon und Thomas Berthold seien in ihrer Entwicklung stehen geblieben, und die meisten Bundesligavereine dächten egoistisch, weil sie ihre Spieler nicht früher für die Nationalmannschaft abstellten. Der Teamchef war sauer, er nahm kein Blatt vor den Mund. Seine Spieler waren verunsichert. Er ließ sie spüren, für wie unbedarft er sie hielt.

Wenige Tage später ein neuer Fauxpas: Franz Beckenbauer fuhr dem DFB-Pressechef Rainer Holzschuh in aller Öffentlichkeit über den Mund, weil er einen PR-Termin der Mannschaft, dem er selbst einige Tage zuvor zugestimmt hatte, plötzlich für unsinnig hielt. Man spürte, dieser Mann ist nervös, er fürchtet um seinen Ruf, er ist nicht mit sich im Reinen. Er fuhr in diesen Tagen so oft aus der Haut, dass man schon beinahe vergaß, nach der Aufstellung zu fragen, der Taktik, den Chancen. Da erschien in der mexikanischen Zeitung *Excelsior* ein Artikel über das deutsche Quartier in Queretaro. In dem Artikel des mexikanischen Journalisten Miguel Hirsch war angeblich von »nächtlichen Eskapaden der deutschen Spieler« die Rede. Der Teamchef wollte wie im Reflex seine Mannschaft schützen und griff deshalb den Angreifer frontal an. Bei einer Pressekonferenz attackiert er den vermeintlichen Rufmörder: »Sie tragen Ihren Namen zu Recht, Sie sind ein Oberhirsch.« Er sprach von »Münchhausen-Geschichten«, er sagte wieder einmal »Blödsinn« und »lächerlicher Käse«. Als ihn dann Dieter Kürten in einer Liveschaltung des »Aktuellen Sportstudios« fragte, was denn vorgefallen sei, war der Teamchef noch immer erzürnt: »Dieser kleine Mexikaner hat eine ganze Mannschaft beleidigt.« Und warum, Kürten, suche er denn nicht das Gespräch mit dem Kollegen? Franz Beckenbauer wollte lustig sein, ironisch, humorvoll. Es misslang: »Ja, dann wäre er schon tot. Wenn man kurz zudrückt, dann gibt es ihn nicht mehr.« Es kam aber doch noch zum Gespräch zwischen den Kontrahenten, nachdem sich herausgestellt hatte, dass der Artikel falsch übersetzt und von der *Bild-Zeitung* unter der Überschrift »Sex im deutschen Lager?« zudem aufgebauscht worden war. Daraufhin hatten einige besorgte Spielerfrauen im Trainingslager angerufen, um sich nach ihren Männern zu erkundigen. Die Geschichte war erst dann aus der Welt, als Egidius Braun ein Gespräch zwischen Franz Beckenbauer und Miguel Hirsch moderierte und sich der Teamchef für seine Wutausbrüche entschuldigte. Und in einem versöhnlichen Artikel für *Excelsior* versuchte er, den Mexikanern sein bayerisches Naturell zu erklären: »Wir in Bayern sprechen einen Dialekt, in dem sich so manches härter anhört.«

Alle waren froh, als endlich der Ball rollte. Im Estadio La Corregidora traten die Deutschen am 4. Juni gegen Uruguay an. Die Gruppe E, in der sich die Deutschen befanden, war keineswegs leicht. Neben den Südamerikanern befanden sich in dieser Gruppe noch die spielstarke dänische Mannschaft und das sehr kompakte und lauffreudige schottische Team. Das Auftaktspiel gegen Uruguay geriet zur Geduldsprobe für den nervösen Teamchef. Bereits in der vierten Minute ging Uruguay in Führung und in der Gluthitze gelang Klaus Allofs erst sechs Minuten vor Ende der umjubelte Ausgleich. Der Teamchef hatte wieder einmal Glück gehabt. Er ließ defensiv beginnen und erst, als die Not groß war, setzte er auf Sturm. Mit Pierre Littbarski und Karl-Heinz Rummenigge, der wegen einer Verletzung nicht von Beginn an gespielt hatte, kamen nach der Pause zwei weitere Spitzen aufs Feld, die die Stürmer Rudi Völler und Klaus Allofs unterstützen sollten. Nach der Anspannung und dem Theater der Vorbereitung war die Erleichterung über den Punktgewinn im deutschen Lager so groß, dass bei Egidius Braun, dem der Trubel um den Teamchef arg zugesetzt hatte, die Tränen flossen. Auch Franz Beckenbauer war gelöst und nicht mehr so mürrisch wie die Wochen zuvor.

Die Lockerung seines Gemüts hielt jedoch nicht lange an, das nächste Vorrundenspiel gegen Schottland brachte neuen Ärger. Obwohl sich seine Mannschaft, die wieder defensiv aufgestellt war, geschlossener zeigte, konnte alle Welt sehen, wie verdrossen und missmutig der Teamchef war. Er trabte unruhig an der Seitenlinie entlang und quittierte die Darbietungen seiner Kicker mit abfälligen Gesten und Rufen: »Ja, seid ihr denn wahnsinnig?« Schon während des Spiels platzte deshalb Klaus Allofs der Kragen, er setzte sich lautstark gegen den wandelnden Unruheherd zur Wehr. Die schlechte Stimmung wollte auch nach dem Spiel nicht weichen, dabei hatte man die Schotten mit 2:1 besiegt und stand so gut wie im Achtelfinale. Toni Schumacher hielt sich mit Kritik auch gegenüber der Presse nicht zurück: »Beim 1. FC Köln ist die Laune in der Kabine nach einer knappen Niederlage besser als diesmal bei uns nach dem wichtigen Sieg.« Auch Felix Magath murrte: »Ich kann seine Äußerungen nicht verstehen, ich weiß nicht, was das soll.«

Zwischen dieser Mannschaft und ihrem Teamchef blieb eine Kluft, eine unüberbrückbare Distanz bis zum Ende des Turniers. In der offiziellen Geschichte des Deutschen Fußballbundes, die zum 100-jährigen Bestehen des Verbandes erschien, heißt es über diese Tage und Wochen: »Es gab heftige betriebsinterne Störungen, es gab Grüppchen- und Klübchenbildungen. Es gab die brisante Konfrontation zwischen dem Anspruchsgehabe der Stars des FC Bayern und des 1. FC Köln. Es gab den Aufstand des Torwarts Uli Stein, der sich ungerecht behandelt fühlte, der gegen seinen Konkurrenten Toni Schumacher und gegen den Teamchef aufbegehrte und deshalb vorzeitig nach Hause geschickt wurde.« Uli Stein, der den Teamchef einen »Suppenkasper« genannt hatte und gegenüber Mannschaftskameraden nur noch vom »SK« sprach, war der erste deutsche Spieler in der

Geschichte der Nationalmannschaft, der wegen disziplinarischer Vorfälle von einem Turnier nach Hause geschickt wurde.

Allerdings war der »Suppenkasper« keine Erfindung von Uli Stein; es waren vielmehr die Bremer Fans, die sich an den Werbespot für Knorr-Suppen erinnerten und Beckenbauer stets verhöhnt hatten, wenn er als Spieler im Norden zu Gast war. Franz Beckenbauer hatte handeln müssen, sonst wäre ein Autoritätsverfall unweigerlich gewesen. Schon zu diesem Zeitpunkt war er nicht mehr der »Souverän«, als der er noch angetreten war. Die Spieler hatte mittlerweile seine Ungeduld zu spüren bekommen, auch seinen aufbrausenden Zorn, seine harte Sprache einerseits und seine mitunter fehlende Entschlussfreudigkeit andererseits. Und auch Wankelmut war ihm nicht unbekannt. Funktionierende, erfolgreich spielende Mannschaften basieren zumeist auf einem stabilen Gefüge von Ordnung und Orientierung. Das fängt schon bei dem Verhältnis zwischen dem Trainer und seinem Kapitän an. In diesem Fall war Karl-Heinz Rummenigge als Partner des Teamchefs ein Partner ohne Autorität. Er brachte eine Verletzung mit, wurde nicht richtig fit. Dennoch sicherte ihm Franz Beckenbauer zunächst einen Stammplatz zu. Das rief bei manchen Spielern Kopfschütteln hervor, bei anderen Missgunst. Als der Teamchef dann von seiner Zusage abrückte, war wiederum der umstrittene Star Rummenigge gekränkt.

Franz Beckenbauer hatte sich noch nicht richtig eingefunden in seine Rolle als Teamchef. War er nicht selbst noch ein Spieler? Er war nicht viel älter als sie, hatte noch mit einigen von ihnen zusammengespielt, und er hatte sich um das Amt nicht gerissen. Worum ging es ihm dann eigentlich? Mancher Spieler vermutete, er wolle mit diesem Job nur seine Werbeverträge optimieren. Das war zwar in Ordnung, fand diese Generation, aber reichte es aus, um eine Mannschaft zu motivieren? Um Autorität auszubilden? Nach der Weltmeisterschaft schrieb Toni Schumacher: »Trotz seiner sportlichen, technischen und menschlichen Tugenden ist uns Franz Beckenbauer zur Zeit eher ein großer Bruder als eine Autoritätsfigur.« Tatsächlich hatte sich Franz Beckenbauer etwas verirrt. War er Teamchef, großer Bruder oder ein zu klein geratener Vater? Kindergärtner? Herbergsvater? Kumpel? Psychologe? Schlitzohr? Schleifer? Das Bild des effizienten und kühlen Managers hätte Franz Beckenbauers in diesem Amt wohl am liebsten gezeigt, doch fehlte ihm in Mexiko dazu noch der klare Kopf und die Distanz zum Geschehen. Er selbst war noch auf der Suche nach Halt, wie sollte er da haltlose Spieler in den Griff bekommen? Robert Schwan eilte eigens herbei, um ihn zu unterstützen und die Probleme im Hintergrund zu minimieren.

Rückhalt fand der Teamchef auch bei seiner Lebensgefährtin Diana Sandmann, die ihn nach Mexiko begleitet hatte. Sie denkt an die unruhigen Wochen so zurück: »Er war zornig bei dieser Weltmeisterschaft, ins Private hat er das aber nicht hineingetragen. Das ganze Turnier war äußerst ungewöhnlich, er war ja kein Bundestrainer, sondern der Teamchef. Auch beim DFB war man sich irgendwie nicht sicher, ob man den richtigen Schritt gemacht hat. Ich hatte schon das Gefühl, dass der Franz ganz gerne hingeschmissen hätte, aber das ging dann wieder vorbei. Er ist einer, der sich schnell wieder fängt, der geht seinen Weg, und Fußball ist sein Weg.« Das Schimpfen hatte zu seinem Weg und schon immer zum Fußball gehört, und deshalb verwechselte der Teamchef bei Pressekonferenzen die Journalisten schon mal mit gegnerischen Spielern. Er sprach von »Schweine-Journalismus«, »Spanferkeln« oder sagte, es sei ihm schnurz, was die Journalisten schrieben: »Das ist so unwichtig, wie wenn in Peking ein Radl umfällt.« Für Franz Beckenbauer wurde die Weltmeisterschaft zum schmerzhaften Lernprozess.

Nach dem Gewinn der Weltmeisterschaft 1990 war er gereift genug, um seine Fehler im Umgang mit den Medien einzugestehen: »Das Verhältnis zwischen Journalisten und mir entwickelte sich hin zur Feindseligkeit, dazu habe ich entscheidend beigetragen. Ich war irgendwann auf einen falschen Weg geraten, der wurde zur Einbahnstraße, Umkehr unmöglich.« Dass er das Quartier in Queretaro für die Medien freigegeben hatte, bezeichnete Franz Beckenbauer in Interviews als die »größte Fehlentscheidung meines Lebens«. Das war natürlich übertrieben, weil er einfach gerne übertreibt, aber die Formulierung zeigt, wie sehr ihm diese Wochen zugesetzt hatten. Auch der weitere Verlauf des Turniers machte den Teamchef nicht glücklich. Gegen die hoch motivierte dänische Mannschaft, die von dem früheren deutschen Nationalspieler Sepp Piontek trainiert wurde, gab es eine 0:2-Niederlage. Die Folge davon war, dass man das Quartier wechseln und in Monterrey spielen musste, wo es im Juni unerträglich heiß war. Mit diesen Bedingungen kam Marokko, der nächste Gegner, besser zurecht. Das Spiel geriet zum schwächsten Auftritt der Beckenbauer-Truppe, erst ein Tor von Lothar Matthäus in der 88. Minute ebnete den Weg ins Viertelfinale, wo mit Gastgeber Mexiko ein schwerer Gegner wartete. Nur vier Tore in vier Spielen, so mager war die Bilanz noch für keine deutsche Mannschaft bei einer Weltmeisterschaft nach dem Krieg ausgefallen. Mit Pfiffen und Buhrufen verabschiedeten die Zuschauer die deutsche Elf und tags darauf kommentierte *El País* aus Spanien: »Das war das schlechteste der 42 Spiele, die bisher während der WM stattfanden. Die Deutschen zeigten sich völlig machtlos. Nicht eine einzige Torchance, nichts Sehenswertes, nichts Unterhaltsames, reine Ohnmacht.«

Nach der desolaten Vorstellung glaubten laut einer Umfrage der Wickert-Institute nur noch 14,5 Prozent der ansonsten in Sachen Fußball sehr optimistischen Bundesbürger an einen deutschen Titelgewinn. Den Prognosen zum Trotz setzte sich die deutsche Mannschaft gegen Mexiko durch. Nach 120 kraftraubenden, allenfalls kämpferisch überzeugenden Minuten stand die Partie noch torlos 0:0. Im fälligen Elfmeterschießen konnte sich die Mannschaft aber auf ihren Torhüter verlassen, der zwei Elfmeter der Mexikaner parierte. In der *Bild-Zeitung* lasen sich die Ereignisse im Telegrammstil so: »4:1. Wahnsinns-Nacht. 17 Millionen feierten. Super-Toni: 3 Elfer, 2 gehalten. Jetzt Frankreich. Endspiel drin.«

Tatsächlich lag das Endspiel plötzlich in greifbarer Nähe. Gegen den amtierenden Europameister Frankreich, der Mitfavoriten wie Italien und Brasilien ausgeschaltet hatte und mit Platini, Tigana und Giresse ein Mittelfeld besaß, das jede Abwehr schwindelig spielen konnte, wurde der deutschen Mannschaft wieder die Rolle des Außenseiters zugewiesen. Dagegen setzte Franz Beckenbauer auf eine ungemein defensive Formation. Im Tor Schumacher. Davor Jakobs, Brehme, Förster, Eder, das waren fleißige, kämpferisch robuste Leute. Im Mittelfeld war mit Matthäus, Rolff, Magath und Briegel viel Disziplin, Kraft und Dynamik vorhanden und im Sturm brachten Rummenigge und Allofs mehr Erfahrung als Explosivität ein. Dennoch – es reichte. Die deutsche Mannschaft rang die Franzosen nieder. Der Berliner *Tagesspiegel*: »Kampfkraft schlug Klasse, so könnte man es ausdrücken, als die bislang bei den Weltmeisterkämpfen wahrlich nicht überzeugende deutsche Mannschaft über sich hinauswuchs.«

Franz Beckenbauer, der als Spieler so wenig einen deutschen Stil gepflegt und verkörpert hatte und der deshalb nie zum volkstümlichen Helden wurde, Franz Beckenbauer, dem man nie glauben wollte, dass er sich bis zum Äußersten verausgabte, auch wenn er beherzter und härter kämpfte als alle anderen, ausgerechnet er hatte ein Team geformt, das all die typischen deutschen Tugenden zeigte und ohne Eleganz agierte. Es war der schiere Wille zum Erfolg, den diese Mannschaft auszeichnete, und das war eine Energie, die auch der Teamchef ausstrahlte. In einem Interview mit dem *Spiegel*, das in den Tagen vor dem Finale erschien, äußerte er sich dementsprechend. *Spiegel*: »Sie argumentieren nicht wie ein Künstler, sondern wie ein Kaufmann, bei dem am Ende die Kasse stimmen muss.« – Beckenbauer: »Es tut mir doch auch leid, wenn ich nicht zulassen kann, dass der Platini oder der Maradona zaubern. Als Zuschauer finde ich deren Spielweise herrlich, als Trainer muss ich alles tun, ihr Spiel zu zerstören.« – *Spiegel*: »Die bekannten Sachzwänge, die den Mangel an Risikobereitschaft und Kreativität überdecken sollen.« – Beckenbauer: »Nichts ist erfolgreicher als der Erfolg. Ich hätte das Geschrei daheim mal hören wollen, wenn wir bereits nach der Vorrunde ausgeschieden wären. Schön gespielt? So an Schmarrn, der Deutsche will den Erfolg sehen.«

Insgeheim war er wenig angetan von dieser Mannschaft, auch wenn er nach dem Halbfinalsieg gegen Frankreich den öffentlichen Anstand wahrte: »Man kann dieser Mannschaft nur gratulieren. Fußballdeutschland kann stolz auf diese Elf sein.« Befreundeten Journalisten gab er jedoch unverhohlen zu verstehen, dass es einem Witz gleichkäme, wenn er mit dieser Mannschaft Weltmeister würde. Ja, er konnte lachen über diese Elf, mit der er sich nicht identifizierte, die er bloß übernommen und verwaltet hatte, weil die Zeit zu kurz war, um etwas Neues aufzubauen und weil ihm die Spieler zu einer Wunschelf fehlten. Als er das volle Ausmaß der trostlosen Realität erkannt hatte, als Leistungsträger wie Littbarski, Rummenigge und Völler angeschlagen waren und deshalb nicht in Form kamen, als sein Verhältnis zu den Medien mit jedem Tag eisiger wurde und die Spieler untereinander wie die Kinder stritten, stand er kurz davor, von diesem Amt zurückzutreten. Jürgen Leinemann, der ihn damals für den *Spiegel* beobachtete, wähnte ihn unmittelbar vor dem Rücktritt: »Als er 1986 in Mexiko als Nationaltrainer auftrat, da haben wir geglaubt, er würde es jeden Augenblick hinschmeißen. Wir waren schon dabei, eine Titelgeschichte vorzubereiten, weil er wirklich am Rande stand. Das war ein so abenteuerlicher Auftritt, da funktionierte überhaupt nichts.«

Der Erfolg, ins Endspiel gekommen zu sein und dort nur knapp verloren zu haben, überdeckte vieles. Gegen Argentinien waren den Deutschen ohnehin nur Außenseiterchancen eingeräumt worden, zumal sich Diego Maradona in der Form seines Lebens befand. Die Art und Weise, wie diese Niederlage ausfiel, trug zumindest in der deutschen Öffentlichkeit weiter dazu bei, die dürftigen Auftritte zu verdrängen. Franz Beckenbauer hatte die folgende Mannschaft aufgestellt: Schumacher, Jakobs, Brehme, Karlheinz Förster, Briegel, Berthold, Matthäus, Eder, Magath (Dieter Hoeneß), Karlheinz Rummenigge, Klaus Allofs (Völler). Vor 115 000 Zuschauern im Azteken-Stadion startete die deutsche Elf sehr bemüht und fleißig, geriet aber in der 23. Minute nach einem schweren Patzer von Torhüter Schumacher, der eine Flanke unterlief, in Rückstand. Als die Deutschen in der zweiten Halbzeit den nächsten Treffer hinnehmen mussten, schien das Spiel entschieden. Doch damit hatten die Argentinier den *Furor teutonicus* provoziert, jenen deutschen Angriffsgeist, der stets dann besonders lebendig wird, wenn die Deutschen am Boden liegen. Und 1954 lagen wir schließlich auch mit 0:2 hinten. Totgesagte leben länger. In der 73. Minute gelang Karl-Heinz Rummenigge nach einer Ecke von Brehme der Anschlusstreffer. Die Argentinier, denen nun zunehmend die Kräfte schwanden, waren wie gelähmt von der Aussicht, bereits Weltmeister zu sein. Die Deutschen dagegen, das war mittlerweile ein Topos in der internationalen Fußballmythologie, waren ein Gegner, dem man noch so viele Köpfe abschlagen konnte, es wuchsen immer wieder welche nach. Und erst wenn der Schusspfiff ertönte, sank diese Bestie wirklich tot zu Boden.

Dieses Bild tat offenbar seine Wirkung. In der 82. Minute war, wiederum nach einer Ecke von Brehme, Rudi Völler zur Stelle und erzielte den Ausgleich. Franz Beckenbauer und Horst Köppel fielen einander um den Hals, und in Deutschland kehrten selbst diejenigen, die nach dem trostlosen Rückstand abgeschaltet und zur Trauerzigarette in den Garten gegangen waren, durch den Jubel alarmiert, wieder vor den Bildschirm zurück. Es blieben drei Minuten, in denen die Deutschen vom dritten Weltmeistertitel träumen durften. Wäre es geglückt, Franz Beckenbauer hätte keinen besseren Zeitpunkt erwischen können, um aufzuhören. Es wäre das perfekte Ende eines verkorksten Turniers gewesen, das glänzende Ende einer Lebensphase, die abenteuerlicher geriet, als Franz Beckenbauer sie sich vorgestellt hatte. Zwei Jahre als Teamchef, es hätte ihm gereicht.

Aber die Geschichte nahm einen anderen Lauf. Der Ausgleich hatte die Argentinier ernüchtert. All ihre Wunschträume und Angstbilder waren plötzlich verschwunden, geblieben war nur eine realistische Chance. Jetzt oder nie! Die Deutschen dagegen fingen in diesem Moment an zu träumen und verloren damit den Blick für das Spiel. Volltrunken vor Glück setzten sie alles auf eine Karte und stürmten mit Mann und Maus nach vorne. Franz Beckenbauer sah das Unheil kommen, er wedelte und schwenkte seine Arme so heftig, als könne er selbst damit alle Löcher im Mittelfeld stopfen. Jetzt war der Augenblick gekommen, in dem sich Maradona dafür rächte, dass er zuvor von Matthäus und Förster so unerbittlich hart und effektiv bekämpft worden war, jetzt durfte das Genie den Arbeitern zeigen, wie man den Ball behandelt. Er spielte einen Blitzpass auf Burruchaga, der völlig unbeaufsichtigt an der Mittellinie gelauert hatte und nun mustergültig in den freien Raum geschickt wurde. Seinen Sturmlauf hielt niemand mehr auf, auch nicht Toni Schumacher. Burruchaga ließ sich die Chance nicht entgehen und schoss zum 3:2 für die Südamerikaner ein. Damit hatte er nicht nur Argentinien zum Weltmeister gemacht, sondern auch die Amtszeit des deutschen Teamchefs um vier Jahre verlängert. Franz Beckenbauer bot noch am selben Abend dem DFB-Präsidenten seinen Rücktritt an, doch der wollte davon gar nichts hören. Im Gegenteil, er ermutigte den Teamchef weiter zu machen, versprach ihm, in der Auseinandersetzung mit den Vereinen jede Unterstützung, gerade in Hinblick auf die Europameisterschaft, die 1988 im eigenen Land stattfinden sollte.

Ein anderer Mutmacher hatte es sich ebenfalls nicht nehmen lassen, den Teamchef zum Weitermachen zu bewegen. Helmut Kohl, der Bundeskanzler, flog nach dem Finaleinzug nach Mexiko. Im Tross des Kanzlers befanden sich fußballbegeisterte Mitglieder seines Kabinetts wie Norbert Blüm und Theo Waigel sowie einige der glorreichen Weltmeisterhelden von 1954 und 1974, die vom Kanzleramt zum Mitflug in der Bundeswehrmaschine eingeladen worden waren.

Der Publizist Norbert Seitz schreibt über den Kanzler und seinen Auftritt in Mexiko: »Als Maradona, der argentinische Superstar, den güldenen Weltpokal zu küssen begann und die gierigen Fotografen zum Schnappschuss auf den fußballhistorischen Augenblick ansetzten, drängte sich der Pfälzer Partyschnorrerriese grinsend ins Bild. Ein frisches Foto mit Wojtyla schon in der Tasche, wollte er nunmehr auch in die Fußballannalen eingehen. In einer Fotogalerie mit dem Brasilianer Bellini und dem schwedischen König Gustav Adolf (1958), der Queen und Bobby Moore (1966), Scheel, Prinz Bernhard und Beckenbauer (1974), Passarella und dem schnauzbärtigen General Videla (1978). Und nun anno 86: Maradona und Kohl; der Artist und der Tölpel, der Unsagbare und der Unsägliche, der Stilist und der Stillose.« Kohl und Maradona, das ist zwar ein amüsantes Paar der Gegensätze, doch der Kanzler war nicht erpicht auf ein Bild mit dem kleinen Argentinier, denn das wäre ja eine symbolische Verbrüderung mit dem Gegner gewesen. Er suchte vielmehr den Schulterschluss mit den tapferen deutschen Finalhelden, die sich allen Unkenrufen und hämischen Spottgeistern zum Trotz bis ins Finale gebissen hatten. Und er suchte und fand vor allem Franz Beckenbauer, den er auf der Ehrentribüne handfest an den Schultern packte und ihn ganz ungeniert den Kameras zudrehte, wie ein Modell, in dessen Aura und Glanz man gerne eintaucht.

Der Teamchef hätte sich aber weder von Hermann Neuberger noch von Helmut Kohl zum Weitermachen bewegen lassen, wenn er nicht selbst den Wunsch gespürt hätte, sein Selbstbild als Bundestrainer zu verbessern. In den Tagen und Wochen nach dem Turnier ließ ihn der Erfolg der Vizeweltmeisterschaft, auch der herzliche Empfang der ihm und der Mannschaft in Frankfurt zuteil geworden war, wieder daran glauben, dass das Unternehmen Nationalmannschaft für ihn noch nicht beendet war. Er hatte, durchaus selbstkritisch, den vorher kaum erwarteten Erfolg in Mexiko als »Schminke« bezeichnet, »Schminke«, die die Schwächen und Entwicklungsdefizite des deutschen Fußballs bloß überdeckte. Verbesserungswürdig, auch das gab er zu, war nicht zuletzt sein eigener Auftritt, das Bild, das er der Weltöffentlichkeit geboten hatte. Aus der Angst, etwas könne schief gehen, hatte sich der Teamchef selbst um jedes Detail kümmern wollen, was bald über seine Kräfte ging und ihn anfällig für Stress gemacht hatte. Je länger er jedoch das Amt ausübte, desto mehr verließ er sich auf die Strukturen und das Personal des DFB, er lernte, dass er bestimmte Aufgaben anderen überantworten musste – nicht nur um sich zu entlasten, sondern auch, um jenes Gemeinschaftsgefühl zu formen, dass er selbst immer wieder eingefordert hatte.

Im Dezember 1989 gab er der Zeitschrift *Sports* ein Interview, das die Verfassung des Teamchefs während der WM 1986 noch einmal beleuchtete. *Sports*: »Damals waren Sie noch gar nicht so souverän. Aus dieser Zeit stammt eine Charakterisierung, die so lautet: Franz Beckenbauer schwankt zwischen Größenwahn und kindlichem Trotz.« Beckenbauer: »Das war ein von Ihrem *Spiegel*-Kollegen Jürgen Leinemann verfasstes Psychogramm, und – rein auf die Weltmeisterschaft bezogen muss ich ihm heute Recht geben.« Zu diesem Zeitpunkt konnte sich der Teamchef solche souveränen Zugeständnisse leisten, denn er hatte einige Querelen und schwere Stürme überstanden und wichtige Ziele erreicht. Im November 1989 hatte sich die Nationalmannschaft für die Weltmeisterschaft 1990 qualifiziert. Zugleich war bekannt geworden, dass Franz Beckenbauer nach der Weltmeisterschaft sein Amt niederlegen würde, und der Nachfolger stand mit Berti Vogts auch schon bereit. Die Nationalmannschaft und Franz Beckenbauer waren nun in ruhigeres Fahrwasser geraten, auch wenn es zwischenzeitlich ganz und gar nicht danach ausgesehen hatte.

Nach der Weltmeisterschaft waren eine Reihe von älteren Spielern wie Jakobs, Briegel, Magath, Eder, Allgöwer, Dieter Hoeneß oder Karl-Heinz Rummenigge abgetreten. Da sich die Bundesrepublik als Gastgeber der Europameisterschaft 1988 nicht qualifizieren musste, blieben Franz Beckenbauer zwei Jahre, um eine konkurrenzfähige Mannschaft aufzubauen und ihr eine neue Struktur zu geben. Dafür standen dem Teamchef insgesamt 16 Testspiele und einige Kurzlehrgänge zur Verfügung. Viel Zeit, kaum Konfliktpotenzial und wenig Spannung sollte man meinen, doch der Schein trügte. Trotz einer 1:4 Niederlage gegen Österreich am 29. Oktober 1986 in Wien ging das

Jahr für den Teamchef ruhig zu Ende. Er saß fest im Sattel, die große Zeit des Trainers Beckenbauer, so die verbreitete Meinung, komme noch. Doch gerade die nächsten zwei Jahre sollten zeigen, dass sich das Amt des Bundestrainers und die damit verbundenen Anforderungen rasant geändert hatten. Seit dem Amtsantritt von Franz Beckenbauer sind die jeweiligen Bundestrainer und Teamchefs nicht nur damit beschäftigt, die Gegner auf dem Platz zu besiegen, sie müssen verstärkt die Öffentlichkeit für sich gewinnen, das eigene und das Image der Mannschaft kontrollieren und den Medien ungemein freundliche Aufmerksamkeit schenken.

Mit Franz Beckenbauers Ernennung zum Teamchef hatte der DFB das Prinzip der Erbfolge gebrochen, das Amt wechselte nun nicht mehr automatisch zu den jeweiligen Assistenten. Das konnte man durchaus als vernünftigen Modernisierungsschritt begreifen, und wohl mit keinem anderen Mann als Franz Beckenbauer hätte der DFB diesen überfälligen, gleichwohl mutigen Schritt gewagt. Doch gerade an der Person Franz Beckenbauers trat auch das Problematische der Entscheidung zu Tage. Mit dem Medienliebling Franz Beckenbauer hatte auch der Faktor der medialen Zustimmung in die Personalpolitik des DFB Einzug gehalten, der nun nicht mehr souverän entschied, sondern zu einem guten Teil abhängig war von öffentlichen Meinungen. Dass sich die *Bild-Zeitung* so erfolgreich als Königsmacher in Szene gesetzt hatte, bedeutete nicht nur, dass das Boulevardblatt fortan eine noch gewichtigere Rolle im deutschen Fußball beanspruchte und sich selbst eine Wiederholung des Kunststücks zutraute. Es bedeutete auch, dass die Medien insgesamt nicht mehr bereit waren, eine Entscheidung, die sie selbst betraf und die für das Ansehen des Produkts Fußball ungemein wichtig war, nur den Funktionären in Frankfurt zu überlassen. In diesem Spannungsfeld war ziemlich schnell deutlich geworden, dass Franz Beckenbauer nicht nur auf dem Rasen ein einzigartiges Talent besaß. Denn als Teamchef und öffentliche Figur ist er für den deutschen Fußball gleichermaßen ein Glücks- und ein Problemfall. In der Öffentlichkeit zeigt er ein Janusgesicht: er ist ein Charmeur, aber auch ein Choleriker, er kann bezaubernd lächeln, aber auch giftige Pfeile schießen, er kann ein Spiel trefflich analysieren, er kann aber auch kryptisch murmeln. Er ist süchtig nach Harmonie, provoziert aber bisweilen umfangreiche Dissonanzen, er liebt den schönen, bevorzugt aber als Verantwortlicher immer den pragmatischen, effizienten Fußball, er ist ein Vorbild für seine Spieler und zugleich unerreichbar, man muss ihn einfach mögen und kann doch an ihm verzagen.

Für den ersten Ärger im Jahr 1987 sorgte Toni Schumacher mit der Publikation seines Buches »Anpfiff«, in dem er das Tabuthema »Doping im Fußball« ebenso reißerisch wie diffus anpackte und von Nationalspielern erzählte, die »im Umgang mit der ›Stärkungschemie‹ regelrechte Weltmeister« waren. Sich selbst nahm er von den Vorwürfen keineswegs aus, die reine »Neugier« habe ihn im Training verschiedene Mittel ausprobieren lassen. In der Bundesliga war daraufhin die Aufregung groß, Konsequenzen wurden allenthalben gefordert. In Abstimmung mit DFB-Präsident Hermann Neuberger entschied sich der Teamchef, seinem Torwart für 1987 eine »Denkpause und Bewährungsfrist« zu verordnen und ihn von seinem Kapitänsamt zu entbinden. In einem Interview mit der *Abendzeitung* nahm der Teamchef folgendermaßen Stellung: »Der Toni hat in einem Anflug von Wahn das Buch geschrieben. Wir wollen beim DFB einmal diskutieren, ob es rechtlich möglich und sinnvoll ist, generell aktiven Nationalspielern publizistische Veröffentlichungen zu verbieten. Als ich dem Toni seine Ausladung für den Lehrgang mitteilte, verstand er die Welt nicht mehr. Er hat doch nur die Wahrheit geschrieben, hat er gesagt.«

Dass ausgerechnet Franz Beckenbauer, der als Nationalspieler eine ganze Reihe von Büchern und eine unüberschaubare Flut von Artikeln veröffentlicht hatte, über ein Publikationsverbot für aktive Nationalspieler nachdachte, war in höchstem Maße widersprüchlich. Vorhalten mochte ihm das kaum einer. Als das Fachmagazin *Kicker* im März 1987 eine Befragung unter allen 353 Bundesligaprofis durchführte, ob Franz Beckenbauer noch der richtige Mann auf dem Posten sei, antworteten 163 mit »Ja«, vierzig kreuzten ein »Nein« an, 20 enthielten sich der Stimme und der Rest schickte die Fragebögen nicht zurück. Die Schumacheraffäre war schnell verweht, zumal der Kölner zunächst von Eike Immel, später von Bodo Illgner bestens ersetzt wurde. Nachdem sich die Aufregung um Schumacher gelegt hatte und sich die Länderspielbilanz 1987 erfreulich positiv gestaltete, es gab vier Siege, vier Unentschieden, darunter immerhin ein

1:1 gegen Brasilien in Brasilia und nur eine Niederlage gegen Argentinien, hätte sich der Teamchef ruhig zurücklehnen können. Aber er war schon zu lange ruhig gewesen, hatte auch gegenüber der Presse zuviel hinuntergeschluckt, weil er aus Fehlern lernen, weil er besonnener auftreten wollte.

Doch dieses Sich-Bezähmen und -Zügeln oder die andere von ihm gewählte Alternative, die Flucht in Ironie oder Zynismus, es bekam ihm nicht. Von Zeit zu Zeit musste der aufgestaute Unmut raus, und fast wirkte es so, als brauche er einfach Gegenwind, damit er vorwärts kam. Und wenn kein Gegenwind blies, dann schaffte er ihn sich eben selber. Vor dem Länderspiel gegen Argentinien hatte er gegrantelt: »Ob wir hier gewinnen oder verlieren, ist mir völlig wurscht.« Das hätte wohl kaum ein Bundestrainer vor ihm zu sagen gewagt. Dann bekamen wieder einmal die Bundesligavereine ihr Fett ab: »Die Vereine verhätscheln die Spieler.« Im Besonderen traf die Schelte des »Kaisers« den alten Weggefährten Uli Hoeneß, dem er schon so manches Mal die Leviten gelesen hatte, wie der Vater dem Sohn: »Wenn der Hoeneß nach Prag fliegt, um den Hughes abzuholen, ist das für mich Kasperltheater. Ein reiner Showeffekt, für drei Leute, die in der Südkurve applaudieren. Wir müssen wieder etwas einfacher und bescheidener werden.« Franz Beckenbauer mag ein konfliktscheuer Mensch sein, ein Leisetreter und Duckmäuser war er deshalb nie.

Die Aufregung um die Äußerungen des Teamchefs legte sich naturgemäß wieder, denn seine Tiraden fingen an, zum Ritual zu werden. Manche nervte es, andere fanden seine Weckrufe konstruktiv, viele schätzen sie als unterhaltsame Einwürfe und unentbehrliche Nebengeräusche im Fußballshowgeschäft. Mit sehr viel heftigerem Gegenwind als den selbst entfachten Böen musste der Teamchef allerdings im Frühjahr 1988 fertig werden. Bei einem Vierländerturnier, das Anfang April in Berlin stattfand, gab die Nationalmannschaft ein klägliches Bild ab. Nur 25 000 Zuschauer im Olympiastadion sahen das vielleicht schlechteste Länderspiel der Beckenbauer-Ära, das gegen die Schweden mit 3:5 nach Elfmeterschießen verloren ging. In der anschließenden Mannschaftssitzung verlor der Teamchef die bis dahin mühsam bewahrte Beherrschung. Thomas Berthold, der die schwächste Figur abgegeben hatte, bekam zu hören: »Wenn du nicht rennst, kannst du gleich in Verona bleiben.«

Der Auftritt in Berlin lockte die Beckenbauergegner aus der Deckung. Paul Breitner, der inzwischen auch als Kolumnist für die *Bild-Zeitung* tätig war, ging den Teamchef frontal an. Er sei ein »Totengräber« des deutschen Fußballs, seine Mannschaft sei ein »Chaos- und Panikorchester«, und der Trainer verfolge eine »Horror-Taktik mit fünf bis sieben Verteidigern«. An dieser Defensivausrichtung nehme der deutsche Fußball schweren Schaden, und auch der Zuschauerschwund sei darauf zurückzuführen. Der Teamchef setzte sich zu Wehr: »Ich lasse mir nicht vorwerfen, den guten Fußball aufzuhalten. Wenn das so weitergeht, schmeiße ich die Brocken hin.« Dass Breitners Geschützdonner ausgerechnet von der *Bild-Zeitung* abgefeuert wurde und dazu noch von Ghostwriter Raimund Hinko stammte, verblüffte den in dieser Hinsicht hartgesottenen Teamchef dann doch. In einem Interview mit der *Quick* sagte er: »Das hätte ich nie geglaubt. Wo wir doch jahrelang so gut zusammengearbeitet haben.«

Diese Erkenntnis hinderte ihn aber nicht, es seinem Kritiker durch die *Bild-Zeitung* heimzuzahlen. Darüber frohlockte wiederum das Boulevardblatt: »Duell in Bild. Beckenbauer gegen Breitner. Jetzt fliegen die Fetzen.« Das kann man sagen. Breitner sei ein »Gestörter« und ein »Grundübel des deutschen Fußballs« schimpfte der »Kaiser«, woraufhin Paul Breitner gleich ganz große historische Parallelen zog: »Mundtot will er mich machen, der Franz. Da vergisst er wohl, dass er nicht Teamchef anno 1938 ist. Da war das gang und gäbe.« So wogte die Schlacht hin und her, und mit Udo Lattek, dem erfolgreichsten deutschen Vereinstrainer, zog noch ein weiterer Feldherr des Fußballs seinen Hügel herab. Für viele Beobachter war er die Schlüsselfigur in dem sich zuspitzenden Meinungsstreit. Springer hatte 1988 die Sportillustrierte *Sport-Bild* gegründet und dafür Udo Lattek als Starkolumnisten und Zugpferd verpflichtet. Branchengerüchten zufolge ließ sich Springer das Engagement 300 000 bis 500 000 DM kosten. Die weiteren Hintergründe hat Martin Hägele in einer Reportage für den *Stern* sehr kenntnisreich beschrieben: »Im Springer-Hochhaus in Hamburg will man den Coup wiederholen, den man nach Jupp Derwall mit Beckenbauer gedreht hat. *Bild*-Kolumnist Udo Lattek soll auf den wichtigsten Trainerstuhl des Landes. Dieses Ziel verfolgen *Bild*-Sportchef Werner Köster und *Sport-Bild*-Chefredakteur Jörg F. Hüls. Den Königsmachern ist Berti Vogts zu farblos für diesen Job. Udo Lattek aber könne eine Mannschaft heißmachen. Und einen solchen Mann brauche man jetzt. Ein Team auf dessen Art zu reizen, aufzustacheln bis zum Letzten, das kann Beckenbauer nicht. ›Wahrscheinlich ist er sich dafür zu vornehm‹, sagt ein Nationalspieler, ›aber dafür verwendet er halt die Zeitungen.‹ So wie *Bild* ihn verwendet hat, vier Jahre lang.«

Durch die lancierten Kritiken von Breitner und Lattek wollte die *Bild-Zeitung* den Teamchef keineswegs sofort demontieren. Sie wollte sich aber schon einmal positionieren, wenn es darum ging, die Nachfolge zu regeln. Zudem konnte es nicht schaden, die Belastungsfähigkeit des Teamchefs zu erproben. Ganz abgesehen davon bot der inszenierte Theaterdonner beste Unterhaltung, und nachdem sich Breitner und der »Kaiser« in *Bild* duelliert hatten, durfte sich auch Lattek für die *Sport-Bild* mit Beckenbauer zum »großen Streitgespräch« treffen. Dass dieses Streitgespräch selbstredend auch gleich zum großen Versöhnungsgespräch umfunktioniert wurde, war der Dramaturgie des Boulevard geschuldet, der am liebsten die Probleme löst, die er selbst in die Welt gebracht hat. Franz Beckenbauer blickte schon bald mit der ihm eigenen bayerischen Selbstironie auf das bizarre Getümmel zurück. Er sorgte sich um ein angemessenes Schmerzensgeld für den Ghostwriter Raimund Hinko: »Der, der ›uns schreibt‹, alle drei, den Breitner, Lattek und mich, der kann nur mit Millionen bezahlt werden, bei dem geistigen Durchfall, den der aufnehmen und weiterverarbeiten muss.«

Nach all dem inszenierten Aufruhr über den deutschen Fußball im Allgemeinen und die Person Franz Beckenbauer im Besonderen, verschwand die Europameisterschaft 1988 fast unauffällig und ruhig in den Archiven. Die deutsche Mannschaft überstand die Vorrunde, ja, man kann sagen, sie meisterte diese Aufgabe mit zwei Siegen und einem Unentschieden gegen starke Gegner wie Italien, Dänemark und Spanien sogar souverän, aber im Halbfinale gegen den späteren Europameister Holland war der Weg ins Finale beendet. Die 1:2-Niederlage gegen die Holländer war zwar unglücklich, aber verdient, denn die Mannschaft von Trainer Rinus Michels war ohne Zweifel das spielerisch bessere und reifere Team. Das gab auch der Teamchef zu, auch wenn er meinte, »die unglücklichste Niederlage der letzten Jahrzehnte« gesehen zu haben.

Weder in Franz Beckenbauers Biographie noch in der Geschichte des deutschen Fußballs hat dieses Turnier tiefe Spuren hinterlassen. Sicher, man war enttäuscht über das Ausscheiden, aber langsam und zögerlich begann sich die Erkenntnis durchzusetzen, dass der deutsche Fußball keine Erbpacht auf jedwedes Finale besaß, dass es Mannschaften gab, die besser waren als die eigene und dass die Welt sich trotzdem weiter dreht, wenn man als Verlierer vom Platz ging.

Franz Beckenbauer war in dieser Zeit auch deshalb der richtige Mann am richtigen Ort, weil er wie kein anderer einen authentischen Erfolgswillen verkörperte. Der Zeitschrift *Sports* antwortete er auf die Frage, ob die deutsche Mannschaft denn nicht auch einmal in Schönheit sterben könne, so wie die Brasilianer: »Der Erfolg bleibt das Maß aller Dinge. Der Amerikaner sagt: Winning isn't everything – it's the only thing.«

Damit nährte er die Hoffnung, dass bald alles besser würde, und er linderte die enttäuschende Einsicht, dass man sich vorerst noch gedulden und einstweilen im grauen Durchschnitt ausharren müsse. Durch seine eigene Erfolgsbiographie war Franz Beckenbauer wie kein anderer gewappnet, die Enttäuschung über diesen kollektiven Entzauberungsprozess zu überstehen. Die Erfolge mochten ausbleiben, der Wille zum Erfolg wuchs ständig nach. Und bot Franz Beckenbauer nicht dem Fußballfreund, und nicht nur dem, ein Ersatzschauspiel an, das Spiel seines Lebens nämlich, dass immer wundersamer und wunderlicher wurde? Sein Spruch »Schau'n mer mal«, den er in diesen Jahren prägte und der schon bald in den allgemeinen Sprachgebrauch übergegangen war, kam nicht zufällig in einer Zeit auf, in der man ihn unablässig nach der Zukunft des deutschen Fußballs befragte, so als sei er das Orakel von Delphi. Dieses charmante Ausweichen ins Vage und Unverbindliche, das stets mit einem lausbübischen Lächeln verbunden war, wurde schon bald zur stehenden Redewendung und wohl auch zum Symbol für Franz Beckenbauers Leben. Denn was bedeutete dieses »Schau'n mer mal« anderes als der Griff in die pralle Wundertüte des Lebens, aus der man alles hervorzaubern konnte? Die Wundertüte, das Lächeln, und die Flucht in die kecke Floskel, war das nicht alles reichlich jungenhaft? Fast alle männlichen Lieblinge der Deutschen bringen in ihre Beziehung zum Publikum dieses Jungenhafte mit ein, das ewig Unreife. Die Deutschen lieben die verschmitzten Lausbuben, die sich weigern, erwachsen und sterblich zu werden. Von Heinz Rühmann, Hans Rosenthal, Peter Alexander, Thomas Gottschalk, Günther Jauch, Johannes B. Kerner bis hin zu Boris Becker, sie alle sind große Jungen, denen man fast alles nachsieht, weil sie das Kindliche retten, während wir alle älter werden.

Zu diesem Zeitpunkt war aus Franz Beckenbauers Leben längst eine Art Schelmenroman geworden, mit immer neuen Krisen, Wendungen, Dramen, Wünschen, Siegen und Glück in Hülle und Fülle. Vom Glück indessen wollte das Glückskind nichts wissen. In Interviews versicherte er: »Mit dem Glück kann ich nichts anfangen. Das ist mir zu scheinheilig.« Und wenn man ihn fragte, warum er denn im Leben so viel Erfolg habe, zuckte er mit den Schultern und wirkte aufrichtig ratlos: »Ja mei, ich weiß auch net.« Und so eilte der große Junge seinem nächsten Ziel und Abenteuer entgegen, der Weltmeisterschaft 1990 in Italien.

Elf Fränze müsst ihr sein

»›Nun‹, fragte der Lehrer, ›gibt es noch etwas?‹
›Ja‹, sagte Heini und griff nach einer kleinen Bronzestatue, die Werner Plötz soeben herangebracht hatte. Es war eine Nachbildung der ›Viktoria‹. Das Team hatte die bedeutsame Summe von 30 Mark dafür geopfert. Heini strich behutsam über die Konturen der Statue: ›Das ist für Sie, Herr Peters‹, sagte er, ›weil Sie uns doch beigebracht haben, was der Spruch auf dem Sockel bedeutet.‹ Peters nahm herzlich dankend die kleine Nachbildung der großen Viktoria aus Heinis Hand.
›Willst du uns das Geheimnis eures Erfolges einmal vorlesen, Heini?‹ fragte er und deutete auf die Inschrift. Heinis klare Stimme drang durch den großen Raum:

> ›Elf Freunde müsst ihr sein,
> Wenn ihr Siege wollt erringen!‹«
>
> Sammy Drechsel: Elf Freunde müsst ihr sein

Der Mann hat die Hände lässig in die Hosentaschen gewühlt. Er schlendert traumwandlerisch durch den Mittelkreis, obwohl er weiß, dass die Kameras an jedem seiner Schritte kleben. Knapp zwei Milliarden Menschen sehen ihm dabei zu. Sein Gesicht zeigt eine merkwürdige Mischung aus ernster Leere und heiterer Fülle, der Ausdruck pendelt zwischen Nachdenklichkeit und Gedankenferne. Der Mann ist müde, und er genießt es. Er schaut zum Himmel, wo die Silhouette eines Flugzeugs den Vollmond durchschneidet, dann blickt er wieder zu Boden. Um seinen Hals hängt eine Goldmedaille, ein Sieger also, aber er ist so allein, als ob er alles verloren hätte. Später wird man ihn tausendmal fragen, was er in diesen Minuten gedacht habe und er wird tausendmal sagen, dass er das selbst nicht wisse. Dass er nichts gedacht habe, dass er einfach in diese Leere hineingegangen sei, in diesen freien Raum.

Es ist der 8. Juli 1990 im Olympiastadion zu Rom. Abpfiff erfolgt um 21.50 Uhr. Die Bundesrepublik Deutschland hat den Weltmeister Argentinien durch ein 1:0 entthront. Die Mannschaft um Kapitän Matthäus läuft ihre Ehrenrunde, die Spieler weinen vor Freude, auf der Ehrentribüne schlägt Helmut Kohl seinem ungeliebten Bundespräsidenten Richard von Weizsäcker freudig auf die Schulter. Diego Maradona, der Kapitän der Argentinier, schluchzt hemmungslos wie ein Kind, während Lothar Matthäus den Weltpokal aus den Händen des italienischen Staatspräsidenten Francesco Cossiga entgegennimmt. Überall im weiten Rund werden deutsche Fahnen geschwenkt, nur die trotzigen »Italia, Italia«-Rufe, die an das Ausscheiden der Gastgeber erinnern, wollen den Triumph der Deutschen stören. All das registriert Franz Beckenbauer kaum, er zieht minutenlang seine einsamen Runden im Mittelkreis und für die Kameras des Fernsehens, die sich gar nicht losreißen können von ihm, dauert dieser Alleingang eine kleine Ewigkeit. Ohne es zu wollen, stiehlt Franz Beckenbauer allen die Show, auch seinen Spielern. Jubelnde Weltmeister kennt man, weinende Verlierer auch, aber einen derart losgelösten, entrückten Trainer inmitten des medialen Orkans hatte man noch nie gesehen. In der Bundesrepublik erzielte die Übertragung des Endspiels eine Rekordquote: In der zweiten Halbzeit schalteten 65 Prozent aller Haushalte ein, es sahen 28,8 Millionen Zuschauer zu.

Aus diesen Bildern ließ sich auch die Entwicklungsgeschichte eines Mannes ablesen, der gelernt hatte, auf der Hut zu sein, Distanz zu den Menschen und ihren Problemen zu halten. In den langen Jahren seines öffentlichen Lebens war Franz Beckenbauer zu einem Meister der Halbdistanz geworden: einer, der die Herandrängenden lächelnd empfing und ihnen Nähe suggerierte, sie aber auch lächelnd wieder von sich wegschieben konnte, wenn sie anfingen, diese Nähe mit Intimität zu verwechseln. Das war Selbstschutz, eine intuitive Überlebensstrategie. Weil alle Menschen immer nur ihn kennen lernen wollten, war es ihm schwer gefallen, die Menschen kennen zu lernen. Weil alle immer nur etwas von ihm wollten, fiel es ihm schwer, etwas von anderen zu wollen. Und weil alle ihm stets und ständig erklären wollten, wer sie sind, verzichtete er lieber darauf, sich zu erklären, sich zu öffnen.

Diese Distanz behielt der Teamchef auch zu seinen Spielern, obwohl er sich in der Vorbereitung auf das Turnier in Malente und Kaltern und während der Weltmeisterschaft sehr bemüht hatte, eine familiäre Atmosphäre herzustellen und so etwas wie Gemeinschaftsgeist aufleben zu lassen. Er sprach auffallend oft von »seinen Jungs«, er lobte die Mannschaft über den grünen Klee, akzeptierte die Rolle des Mitfavoriten mit Selbstbewusstsein und schwärmte von der Harmonie, die er so noch bei keiner Elf erlebt habe. Dennoch war er weit davon entfernt, pathetisch Ideale zu beschwören, die längst überholt waren. Dass diese Spielergeneration in erster Linie an sich selbst dachte, sah er, nahm es aber nicht übel, denn seine Karriere war ihnen Vorbild. Nicht alle wollten sein wie er, aber alle wollten erfolgreich sein wie die Marke Beckenbauer.

Sie hatten gelernt, dass man Egoismus nicht so rüpelhaft ausleben durfte, wie die deutschen WM-Mannschaften 1982 und 1986. Die hatten sich selbst zerfleischt und ihr Image ruiniert. Das war den Spielern um Matthäus, Klinsmann, Häßler oder Littbarski Warnung und Schreckbild genug. Sie hingegen ordneten sich sachlich der Führung ihres Teamchefs unter, der sie mit seinem Willen zum Erfolg infiziert hatte. Die Werbeeinnahmen von Franz Beckenbauer wurden allein im Weltmeisterjahr 1990 auf fünf Millionen DM geschätzt, eine Summe, die seine Spieler bei all ihren Werbeauftritten kaum zusammen einnahmen. So stehen sie auch im Werbespot von »Müller-Milch« wie eifrige Lehrlinge des freien Marktes um ihren Chef herum, der dem Litti sagt: »Geh in die Spitze und mach dein Tor.« Und der Litti nickt brav und piepst kaum hörbar: »Ok.« Dass sie seit kurzem unter dem Stern von Mercedes-Benz spielten, hatten sie ebenfalls ihrem Chef zu verdanken, der längst nicht mehr nur Teamchef war. Als Fußballrepräsentant und alerter Geschäftsmann, der am liebsten bei einer Partie Golf seine Geschäfte anbahnt, hatte er den Vertrag des DFB mit dem Automobilkonzern in die Wege geleitet.

Obwohl der Spaziergänger mit den Händen in der Tasche seine Rolle als Teamchef in Italien zum Teil mit fast erschreckender Leidenschaft ausgefüllt hatte, hatte er dennoch schon losgelassen und ein zukünftiges Selbstbild entworfen. Nachdem die Mannschaft für das Finale qualifiziert war, verriet ein sichtlich gelöster Teamchef einem Reporter der *Bunten*: »Als Trainer der Nationalelf bist du doch gar nichts. Du hängst von den Spielern ab. Matthäus, Völler, Klinsmann. Weltfußball machen nur Männer in den Ehrenlogen. Ich bin total unwichtig. Wichtig sind die Leute, die an den Drähten ziehen. Als Trainer kannst du nicht ziehen, du wirst nur gezogen. Deshalb höre ich auf nach der WM. Ob wir nun siegen oder verlieren.« Ein Strippenzieher wollte er also sein, ein Spielmacher hinter den Kulissen, der die Fäden in der Hand hielt. Dass ein Abgang als Weltmeister diesen Plan beflügeln und ihm nicht nur symbolisches Kapital eintragen würde, war Franz Beckenbauer klar. Deshalb musste man auch nicht unbedingt ernst nehmen, was er vor der Weltmeisterschaft erklärt hatte: »Für mich persönlich würde der WM-Titel überhaupt nichts bedeuten. Ich selbst muss ihn nicht haben, um sagen zu können, nach dem Erfolg von 1974 als Spieler nun auch als Bundestrainer Weltmeister geworden zu sein.«

Wie wichtig ihm dieser Erfolg tatsächlich war, zeigte sich etwa beim Spiel im Viertelfinale gegen die Tschechoslowakei, als der Teamchef wie ein rasender Wüterich an der Seitenlinie auf und ab tanzte und von Schiedsrichter Helmut Kohl aus Österreich nur mühsam gebändigt werden konnte. Nach dem denkbar knappen 1:0-Sieg war er in die Kabine gestürmt, hatte scheppernd einen Eiskübel durch den Raum getreten und seine Mannschaft wütend zusammengebrüllt: »Ihr seid doch die Allerletzten. Ihr wollt Weltmeister werden? Seid ihr denn noch zu retten? Bei dieser Hitze hetzt ihr den Platz rauf und runter wie die Irren, statt dass ihr die anderen laufen lasst. Glaubt ihr, dass man so dumm spielen und Weltmeister werden kann?« Und auch Jürgen Klinsmann, der im Achtelfinale gegen Holland ein überragendes Spiel gemacht hatte, bekam einen gewaltigen Dämpfer: »Klinsmann, was glaubst du, wer du bist? Du bist nicht Pelé, du bist Klinsmann und wirst immer Klinsmann bleiben.« Es gab keine bessere Mannschaft bei diesem Turnier, nicht die Brasilianer, nicht die Italiener, die Franzosen oder die Holländer, die in einem dramatischen Spiel mit 2:1 bezwungen worden waren. Und weil Franz Beckenbauer dass wusste, fuhr er so cholerisch aus der Haut. Der Erfolg, die Krönung seiner Laufbahn als Teamchef, sollte ihm nicht durch pure Dummheit kaputtgemacht werden.

Wie wichtig ihm diese Weltmeisterschaft war, hatte sich schon Monate zuvor gezeigt. Im letzten Qualifikationsspiel traf man auf Wales und dieser Gegner musste unbedingt bezwungen werden, sonst fand die Weltmeisterschaft ohne die Bundesrepublik statt. Diese Konstellation barg Druck genug, doch Franz Beckenbauer erhöhte die Anspannung, indem er das Spiel als das »wichtigste Spiel in der deutschen Fußballgeschichte« bezeichnete und erklärte, er werde sofort zurücktreten, wenn ihm die Qualifikation für Italien nicht gelänge, denn das sei eine »Blamage für den deutschen Fußball« und »auch für mich persönlich«. Dem Stuttgarter Hans Blickensdörfer, der zu den wenigen Journalisten gehörte, denen er vertraute, gestand er: »Ich bin mir vorgekommen wie ein Verrückter, meine ganze Reputation an ein einziges Spiel zu hängen.« Die Partie wurde zum Zitterspiel. Man besiegte die Waliser am 15. November 1989 im Müngersdorfer Stadion in Köln nur knapp mit 2:1, ein Volley-Schuss von Thomas Häßler in der 48. Minute brachte die Entscheidung, keinesfalls jedoch die Erlösung. Littbarski verschoss einen Elfmeter, und die Waliser verpassten den Ausgleich in der zweiten Halbzeit mehrfach nur knapp.

In den Tagen vor dem wichtigen Spiel hatte die Konzentration im Trainingslager in Hennef durch die historischen Ereignisse stark gelitten. Erich Honecker war im Oktober als Staats- und Parteichef entmachtet worden, Millionen DDR-Bürger hatten gegen das Regime demonstriert, und schließlich war am 9. November die Mauer gefallen. Die deutschen Spieler saßen stundenlang vor dem Fernseher, und vor allem die gebürtigen Berliner Littbarski und Häßler waren durch die Bilder der grenzstürmenden DDR-Bürger gefesselt. Selbstverständlich wurde auch Franz Beckenbauer, der längst zum symbolischen Hausschatz der Deutschen gehörte, befragt, was er zu den Vorgängen sagte. Schon ein Jahr zuvor hatte er gemeint: »Ich bin ein Fan von Gorbatschow geworden, der es tatsächlich geschafft hat, den Osten nach dem Westen zu öffnen.« Und auch mit seinen Gedanken zur Maueröffnung befand sich Franz Beckenbauer, der politisch jetzt gerne als ein »Mann der Mitte« wahrgenommen werden wollte, bestimmt im Einklang mit den meisten Deutschen: Die Öffnung der DDR-Grenze bezeichnete er als einen »Sieg für die Menschheit«. Er fügte hinzu: »Ich freue mich natürlich wie jeder andere auch über diese Entwicklung, wenn ihre Geschwindigkeit in den letzten Wochen auch schon ein wenig beängstigend war, daran hätten wir alle noch vor kurzer Zeit nicht glauben können, vor allem auch, wenn von der Wiedervereinigung gesprochen wurde. Nun ist dieser Weg aber sichtbarer geworden.«

Sichtbar war nach der gelungenen WM-Qualifikation auch die Mannschaft geworden, mit der der Teamchef Weltmeister werden wollte. Dass diese Mannschaft den Titel würde holen können, darüber bestanden kaum Zweifel, weder bei Franz Beckenbauer, den deutschen Fans noch den internationalen Fachleuten. Den stärksten Mannschaftsteil bildete sicherlich das Mittelfeld, das mit Matthäus, Häßler, Brehme, Littbarski und Uwe Bein Spieler besaß, die jeder für sich ein Spiel entscheiden konnten und die kaum auszurechnen waren. Dazu kamen noch junge Ausnahmetalente wie Olaf Thon oder Andreas Möller, die ihnen kaum nachstanden.

Im Vorfeld galt die Abwehr um den Routinier Augenthaler zwar als Schwachpunkt, aber im Verlauf des Turniers war gerade auf Leute wie Guido Buchwald, Jürgen Kohler und auch Stefan Reuter Verlass. Im Angriff agierten mit Rudi Völler und Jürgen Klinsmann zwei Stürmer, die zusammen eine schwer zu beschreibende Mischung aus Schlitzohrigkeit, Dynamik, Einsatzfreude, Akrobatik und Explosivität darstellten. Diese hervorragend besetzte Mannschaft hätte sicher auch ein anderer Trainer zum Weltmeistertitel führen können, aber Franz Beckenbauers öffentliche Wirkungsmacht war mittlerweile so groß, dass man diese Mannschaft ohne ihn gar nicht mehr zu denken vermochte. Verlieh nicht er ihr Gestalt, Gesicht und das Gewinner-Gen? Selbst im *Spiegel*, einer Zeitschrift, die Franz Beckenbauers Wirken und Wesen stets skeptisch gegenüberstand, las man unter der Überschrift »Die Elf als Gesamtbeckenbauer« ein Porträt, das den Teamchef zu einem gottgleichen Menschenbildner stilisierte: »Ansonsten wirkt die Mannschaft, als habe der Teamchef jeden einzelnen Zug seiner Persönlichkeit mit einem Spieler besetzt. Matthäus redet seine flapsige Sprache und schlägt seine präzisen 40-Meter-Pässe. Klinsmann verkörpert den jugendlichen, leicht stacheligen Charme, Augenthaler die bajuwarische Dickschädeligkeit Beckenbauers. Thomas Häßler jongliert mit dem Ball, wie einst nur der Franz, der Beau Thomas Berthold trägt seine mürrische Arroganz wie des Kaisers abgelegte Kleider.«

Das war der totale Beckenbauer, die Mannschaft, ein Abbild seines Charakters und seines Stils. Ihr sollt nicht elf Freunde sein, diese altmodische Parole mochte für Herberger gegolten haben, ihr müsst jetzt vielmehr elf Fränze sein, eben der »Gesamtbeckenbauer«. Und die *Bild-Zeitung* variierte einen alten Werbeslogan: »Beckenbauer 90: Nie war er so wertvoll wie heute.« Was Beckenbauer in diesem Augenblick so wertvoll machte, war sein vorgelebter Wille zum Sieg, der der Mannschaft Vertrauen gab. Wie kaum ein Bundestrainer zuvor, konnte er sich in die Vorbereitung auf die Spiele verbeißen, ohne dabei verbissen zu wirken. Wütend, das ja, aber nie wankelmütig, zornig, das ja, aber nie zaghaft. Beckenbauer hatte alles getan, um erfolgreich zu sein, und diese Energie, diesen Anspruch übertrug er auf das Team. Er hatte jeden Gegner genau studiert, nächtelang langweilige Spiele auf Video gesichtet oder entlegene Stadien besucht, um sich ein Bild der kommenden Aufgaben zu machen. Er hatte, wie so oft vor wichtigen Entscheidungen, Sterndeuter um sein Horoskop gebeten, er hatte aber auch den Statistiker Roland Loy beauftragt, die Gegner durch systematische Spielauswertungen und Computeranalysen zu durchleuchten und auf Stärken und Schwächen abzuklopfen. Was die deutsche Mannschaft während der WM in Italien vor allen anderen auszeichnete, war die ungemein ernsthafte Konzentration auf das Ziel, das Weiterkommen, das Finale, den Titel.

Dass die Mannschaft diese Konzentrationsstufe erreichte und vier Wochen halten konnte, war Beckenbauers größte Leistung. In den Vorrundenspielen gegen Jugoslawien (4:1) und die Vereinigten Arabischen Emirate (5:1) wurde dieser auf den Punkt gesammelte Erfolgswille ebenso spürbar wie im Achtelfinale gegen die Holländer, als das deutsche Kollektiv die individuelle Klasse des Gegners zunächst in Schach hielt und dann überbot. Nach dem knappen 1:0 Sieg gegen die Tschechoslowakei kam es im Habfinale gegen die Engländer zu einer Nervenschlacht, die nach 120 Minuten (1:1) durch das Elfmeterschießen entschieden werden musste. Die Engländer scheiterten. Woran? An ihren Nerven? Der fehlenden Konzentration? Hatten sie kein Glück? Oder bloß keinen Trainer wie Franz Beckenbauer? Elfmeterschießen ist Meditation. Sammlung, Bündelung. Den Blick nach innen lenken, einatmen, anlaufen, anvisieren, schießen. Wenn die Welt in diesem Augenblick für den Schützen nur aus dem Schuss besteht, wenn er selbst ganz Schuss geworden ist, versunken in einer kontrollierten und zielgerichteten Bewegung, dann ist es gut. Die Engländer verloren 4:3.

Im vergleichenden Rückblick auf die deutschen Weltmeister von 1954, 1974 und 1990 fällt auf, dass das Team von Rom am stärksten im Schatten seines Trainers steht. Die »Helden von Bern« wussten an ihrer Seite Sepp Herberger, er war ihr »Chef«, ein listiger Alter, ein weiser Vater, der in dem Ruf stand, alles im Griff zu haben. Seine Autorität gegenüber den Spielern war eine ganz andere als die, die Franz Beckenbauer seine Spieler spüren ließ. Herbergers Autorität war medial unvermittelt, er übte sie durch seine Person und Persönlichkeit leibhaftig aus, er befahl, und die Spieler gehorchten. Dagegen stützte sich Franz Beckenbauers Autorität sehr viel stärker auf die medialen Resonanzen seines Erfolgsimages und auf seine frühere Kompetenz als Spieler. Wenn Herberger vor seine Spieler trat, dann stand da der lebenserfahrene Alte. Trat hingegen Franz Beckenbauer vor seine Spieler, dann stand da ein vielgestaltiger Mythos, ein Fürst der Bilder und Rollen. Er war der Rekordnationalspieler, der Weltmeister von 1974, der »Kaiser«, der einflussreiche Kolumnist, der charmante Talkshowplauderer, der cholerische Berserker an der Seitenlinie oder das leibhaftige deutsche Erfolgssymbol, dem auch Bundeskanzler gern auf die Schulter klopften.

Gegen so viele Bilder mussten die »Helden von Bern« nicht ankämpfen, sie bildeten zusammen mit ihrem Trainer eine Truppe, an der sich das Selbstbewusstein der Nation wieder aufrichten konnte. Die Namen der Spieler sind bis heute unvergessen, vom »Fußballgott« Toni Turek, dem »Boss« Helmut Rahn bis zu Fritz Walter. Die Nachfolger der »Helden«, die 74er-Weltmeister, waren bereits Stars, sie beanspruchten das Rampenlicht und hohe Gagen. Helmut Schön, der die Öffentlichkeit scheute, stand im Schatten dieser selbstbewussten Individualisten. Seine Autorität basierte nicht zuletzt auf der Einsicht der Führungsspieler, die seine Appelle und Entscheidungen umzusetzen hatten. Weil diese Mannschaft von keinem Gründungsmythos zusammengehalten wurde und weil die Spieler so hart um die Gage gefeilscht hatten, zerfällt diese Mannschaft in der kollektiven Erinnerung zu einer Ansammlung selbstbewusster und geschäftstüchtiger Egos. Sie waren Profis und Spezialisten, deren Triumph von der Republik, auf die Dauer betrachtet, sachlich vermerkt wurde, so als hätten leitende Angestellte einen wichtigen und lukrativen Auftrag für ihr Unternehmen an Land gezogen.

Dagegen wurden die Weltmeister von 1990 wie die Comeback-Kids des deutschen Fußballs wahrgenommen, sie waren Zöglinge des »Kaisers«, die er auserwählt hatte, um die erlittene Schmach der Derwall-Ära aus der Welt zu schaffen. Dieser Aufgabe entledigten sich die Musterschüler vorbildlich, es gab keine Skandale, keinen Streit, keinen Krieg um Schuhe, Prämien, Frauen, Alkohol, keine Fanverachtung, keine blamablen Spiele, brutalen Fouls und keinen Teamchef, der die Fettnäpfe suchte und fand; all die negativen Begleitumstände der letzten Turniere waren fortgewischt. Er selbst, sagte Franz Beckenbauer, sei 1986 das Problem gewesen, nicht so sehr die Mannschaft. Er sagte aber auch, dass er sich mit der Mannschaft von damals nicht identifizieren konnte. Ganz anders verhielt es sich mit den Italia-Musterschülern. Nach dem Sieg gegen Argentinien sagte er, dass er diese Mannschaft, »seine Jungs«, liebe. Vielleicht liebte er sie auch deshalb, weil sie ihm nichts wegnahmen, weil ihr Erfolg ein Teil seines Erfolges wurde und ihm half, seinen Weg fortzusetzen. Dass der Weltmeistertitel 1990 im Rückblick eher mit dem Trainer als der Mannschaft verbunden wird, hat auch mit dem überaus schlechten Endspiel zu tun, das keine denkwürdige Aktionen und Bilder lieferte. Die Argentinier spielten destruktiv, fast nur auf Torsicherung bedacht, nur darauf aus, die überlegene deutsche Mannschaft zu stören. Und das Tor? Ein Elfmetergeschenk, ein Schuss von Brehme, mustergültig, ein Schuss für das Lehrbuch, genau und hart, aber kein Schuss für die Ewigkeit.

Das Bild dieses Abends lieferte Franz Beckenbauer, ein Bild, das kein Bildregisseur besser hätte erfinden können. Der einsame Flaneur inmitten des tobenden Stadions. Das Medium Fernsehen liebt solche extremen Gegensätze, und es liebte in diesem Augenblick den Mann mit den Händen in den Taschen, weil er das Publikum durch seine Unergründlichkeit an die Bildschirme fesselte und weil er für die Dramaturgie des vierwöchigen Fernsehereignisses das perfekte Schlussbild abgab. Nach so vielen Toren, Zeitlupen, Interviews, nach Tränen und zerstörten Träumen folgte nun Nachdenklichkeit, ein melancholischer Ausklang, ein Blick nach innen. Dass er für sich selbst keine Antwort darauf hat, was in diesen Momenten in ihm vorging, darf man Franz Beckenbauer glauben. Aber was er spürte, verriet er zwei Jahre später, als seine Autobiographie »Ich. Wie es wirklich war« erschien: »Heute weiß ich, was in diesen Momenten des 8. Juli 1990 im Olympiastadion von Rom in mir, zunächst unbewusst, geschah: Ich habe mich vom Fußball gelöst. Es war ein Abschied ohne Wiederkehr. Es ist kein Feuer mehr in mir, keine Leidenschaft.«

Es kann sein, dass Franz Beckenbauer sich seither vom Fußball gelöst hat, zumindest vom aktiven Fußball. Aber der Fußball hatte sich keineswegs von ihm gelöst, und dass er dem Fußball verbunden bleiben wollte, ob als Lobbyist, Strippenzieher oder Manager, hatte er selbst angekündigt. Davonlaufen konnte einer wie er dem Fußball überhaupt nicht, die Geschäfte rund um den Ball liefen ihm nach. Und noch etwas verfolgte ihn: Auf seiner letzten Pressekonferenz als Teamchef rutschten ihm zwei Sätze heraus, die man ihm ebenso vorwurfsvoll nachtrug wie dem Bundeskanzler Kohl sein Versprechen von den »blühenden Landschaften«. Der Teamchef war aufgekratzt, enthusiastisch, einen Scherz wollte er machen, verstanden wurde es als nationalistischer Hochmut: »Wir sind jetzt die Nummer eins in der Welt, und ich glaube, dass der deutsche Fußball mit einer noch kompakteren Auswahl durch die Spieler aus der DDR über die Jahre hinweg nicht zu besiegen sein wird. So Leid mir das für den Rest der Welt tut.« Es ist wahr, manchmal verfertigt Franz Beckenbauer seine Gedanken erst nach dem Reden, weil er einen Teil seiner öffentlichen Rede und Reden gleichsam automatisiert hat. Dass er diese Prognose jedoch ernst gemeint hätte, hieße seinen Fußballsachverstand zu unterschätzen. Über die politischen Echos und den bitteren Ernst mancher Kommentare war er aufrichtig verblüfft. Vor allem die DDR-Zeitungen reagierten scharf, zumal rechtsradikale Ausschreitungen am Alexanderplatz in dieser Nacht viele Ostberliner geschockt hatten. Die *Berliner Zeitung* sah Franz Beckenbauer als »germanischen Großkotz« und die *Junge Welt* fand seine Töne »bedauerlich« und mahnte mehr »Sensibilität« an.

Niemand wollte dem Teamchef ernsthaft eine Mitschuld an den nationalistischen Krawallen geben, die sich in vielen deutschen Städten in der Nacht des 8. Juli abspielten. Es gab zahlreiche Verletzte, vier Tote bei Verkehrsunfällen mit Fans, nationalistische Parolen waren zu hören und ausländische Mitbürger wurden angegriffen. Im Kontext der sich stürmisch anbahnenden Wiedervereinigung der beiden deutschen Staaten kritisierten viele Franz Beckenbauer wegen seiner »Hybris«, die von »dünnhäutigen Nachbarn« missverstanden werden könne. Diese Kritik übersah aber, dass hier ein Sportler gesprochen hatte, der von seiner Leidenschaft für den Fußball ergriffen wurde. Die »Spieler aus der DDR« mussten Beckenbauer in diesem hochgestimmten Augenblick wie eine Gottesgabe erscheinen. Das war keine Allmachtsphantasie, schon gar keine politische oder national gestimmte, es war die Aussicht, die beste aller möglichen Mannschaften aufs Feld schicken zu können, damit sie den perfekten Fußball spielt. Ein Mann wie Beckenbauer weiß nur zu gut, dass man dieser geträumten Mannschaft sein Leben lang vergeblich hinterherlaufen wird und dass man es dennoch immer wieder versuchen muss.

Im Grunde genommen hatte sich Beckenbauer in diesem Moment wieder in den Jungen verwandelt, der einst in der »Bowazu«-Straßenmannschaft gespielt und fieberhaft darüber nachgedacht hatte, wie und mit wem man am nächsten Tag das nächste wichtige Spiel gewinnen würde. Franz Beckenbauer hatte es sich erlaubt, in aller Öffentlichkeit zu träumen. Seltsam, dass niemand sehen wollte, wie nackt und ungeschützt er sich gezeigt hatte, seltsam, dass man von ihm, wenige Stunden nach dem Spiel, schon totale Ernüchterung, Bedachtsamkeit, Vernunft und diplomatische Kälte verlangte.

Für eine kurze Zeit nach der Weltmeisterschaft hatte es so ausgesehen, als könne der WM-Sieg 1990 zu einem gesamtdeutschen Symbol für die gelungene Wiedervereinigung werden. Viele DDR-Bürger, einige waren sogar zum Finale nach Rom gefahren, empfanden die westdeutsche Mannschaft erstmals ungezwungen als »die unsere«, während zu den letzten Länderspielen der DDR nur noch wenige Hundert Zuschauer gekommen waren. Doch die darauf folgenden wirtschaftlichen und politischen Umwälzungen, die viele DDR-Bürger als Degradierung erlebten, verhinderten, dass die Erinnerungen an diesen Sieg zu einem gemeinschaftsstiftenden Symbol wurden. Die Mannschaft von Rom steht deshalb nicht so sehr für einen Aufbruch, sondern für einen Abschied, den Abschied von der westdeutschen Geschichte des Fußballs, die geprägt war von den Erfolgen der Bundesliga und der Nationalmannschaft. An beiden Erfolgsgeschich-

31 *Oben:* Der Teamchef und sein Kapitän. Beckenbauer und Lothar Matthäus, 1988.

32 Jubel bei der WM 1986 in Mexiko. Deutschland wird Vize-Weltmeister, hier nach dem Sieg gegen den Gastgeber nach Elfmeterschießen (4:1). Co-Trainer H. Köppel, Beckenbauer, W. Rolff, K.-H. Rummenigge (v. li.).

33 Franz Beckenbauer
und der junge Jürgen
Klinsmann, 1990.

34 Müßiggang am Rande der WM
in Italien. Franz Beckenbauer und
Frau Sybille, 1990.

35 *Rechts:* Der Teamchef als
Vorbild. Beckenbauer beim Training
während der WM, 1990.

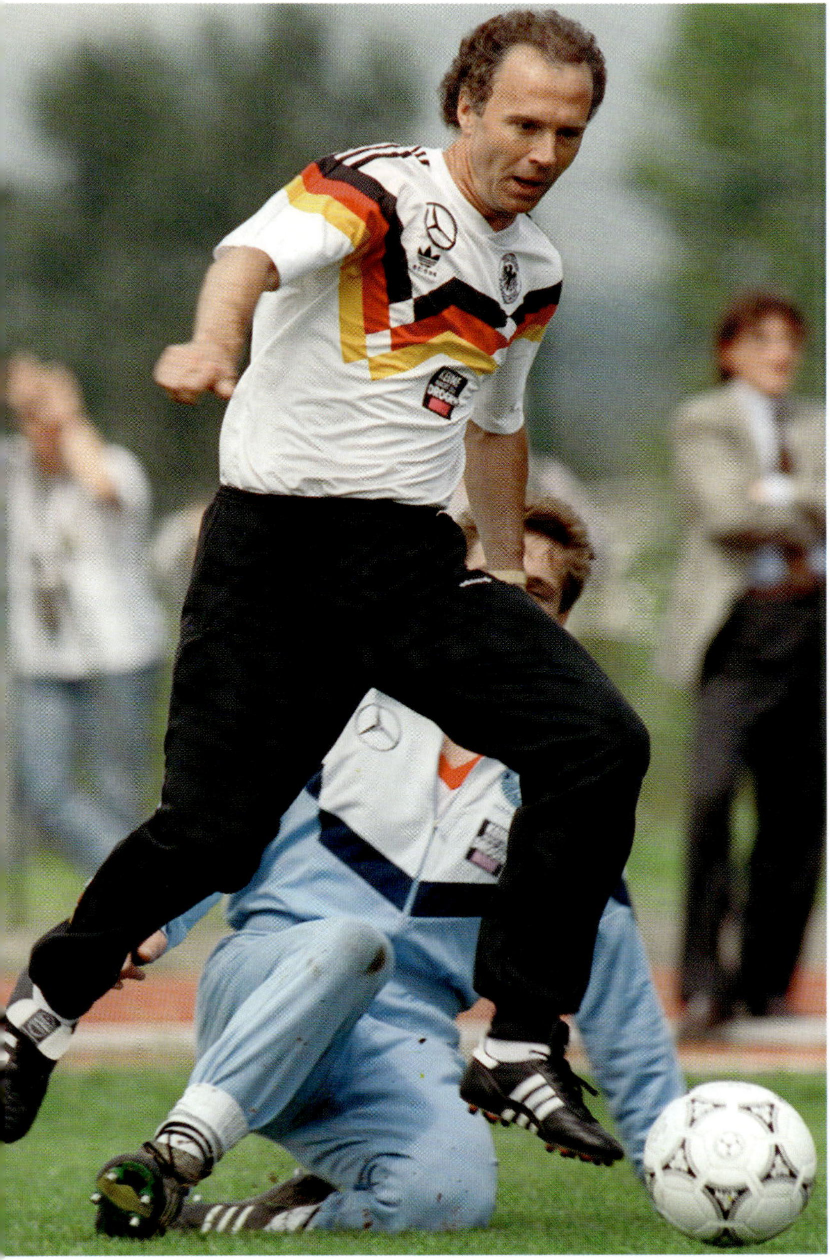

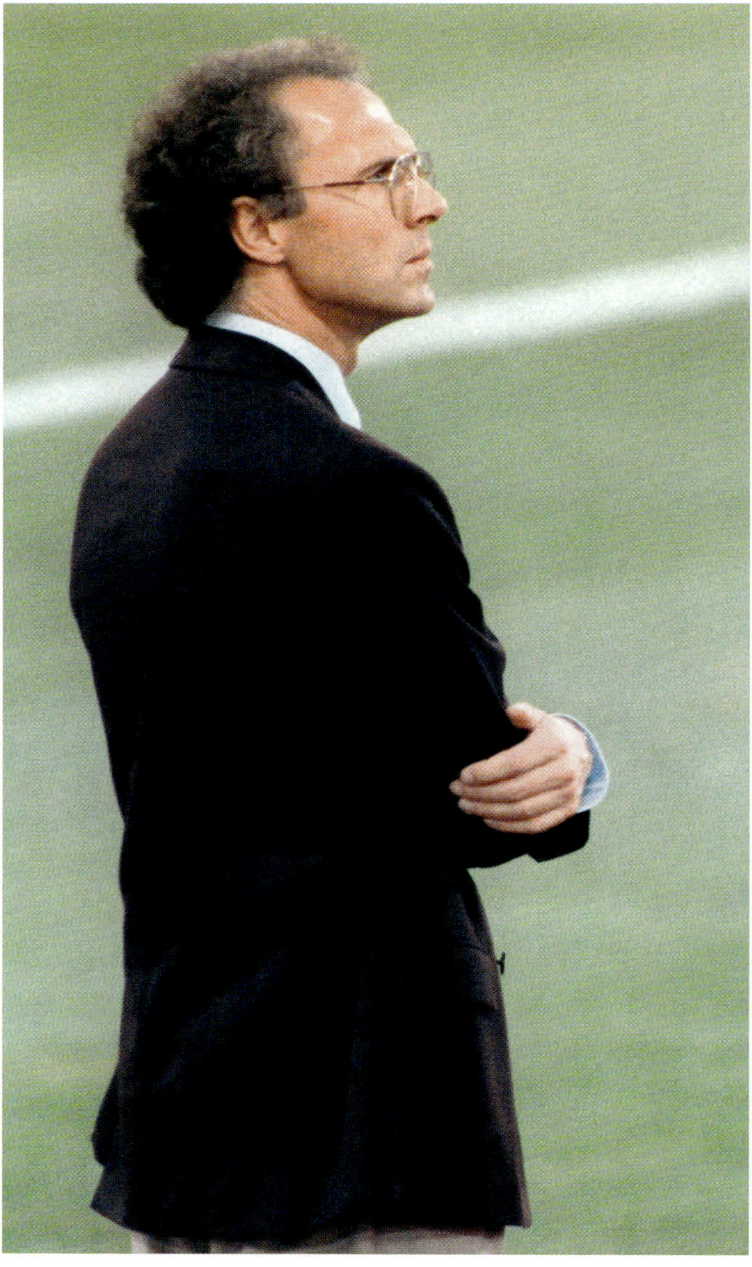

36 *Links:*
Stiller Triumph.
Franz Beckenbauer
nach dem siegreichen
WM-Finale gegen
Argentinien (1:0), 1990.

37 Rückkehr auf den
Trainerstuhl.
Beckenbauer trainiert
den FC Bayern
München, 1990.

38 Auch in der Freizeit
viel beschäftigt.
Franz Beckenbauer
beim Golfen, 1999.

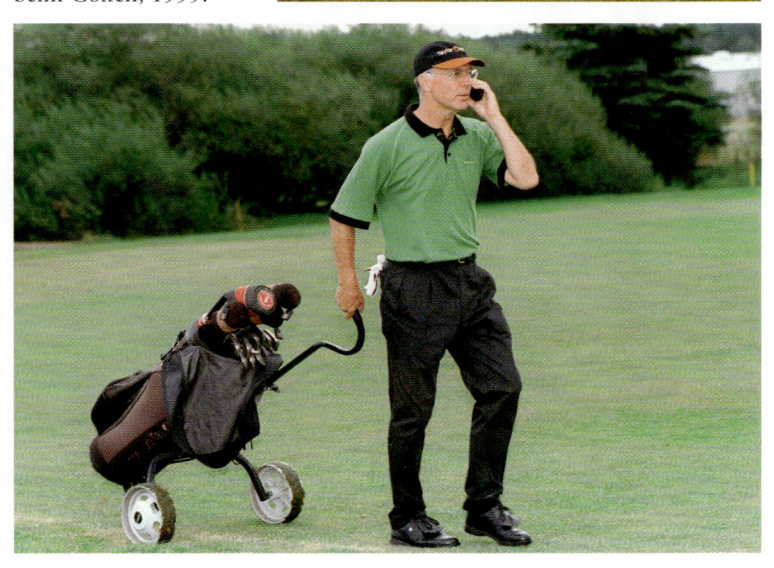

39 *Oben:* Der Kaiser und der Kanzler, 2000.

40 Günter Netzer, Boris Becker, Gerhard Schröder und Claudia Schiffer beim Daumendrücken für die deutsche WM-Bewerbung, 2000.

41 *Oben:* Der Präsident Beckenbauer, 2001.

42 Ausgelassene Freude der Bayern-Spitze. Manager Uli Hoeneß, Präsident Beckenbauer und Vize-Präsident Karl-Heinz Rummenigge nach dem Sieg im Champions-League-Finale über CF Valencia (5:4 im Elfmeterschießen), 2001.

43 Die Werbe-Ikone Beckenbauer: Mit Anke Engelke und Dieter Bohlen, 2003.

44 Franz Beckenbauer und Heidi Burmester, 2003.

ten war Franz Beckenbauer maßgeblich beteiligt. Er war deshalb auch sichtlich gerührt, als er sich am Abend des 8. Juli von seinen Spielern als Teamchef verabschiedete. Für ihn schloss sich der Kreis. Er hat sein Amt als Teamchef mit einer Niederlage gegen Argentinien begonnen, jetzt beendete er diese Phase seines Lebens mit einem Sieg gegen denselben Gegner. In seiner Abschiedsrede bot er jedem seiner Spieler das »Du« an. Und zuletzt versprach er: »Immer, wenn etwas ist, bin ich für euch da.«

Der Guru

»Wer aber sein Schicksal liebt und sich mit ihm eins weiß –
was fragt der nach langem Leben, nach Ruhm, nach Rang, nach
Reichtum?!«

Hermann Hesse: Die Einheit hinter den Gegensätzen

Der Junge steht am Fenster. Der schmale Hinterhof sieht von hier oben aus wie ein gähnendes, schwarzes Loch. Wenn er den Oberkörper weit über das Fenstersims streckt und nach unten biegt, erfasst ihn ein leichtes Schwindelgefühl. Er kann dann den Nachbarn auf den Küchentisch schauen und manchmal, wenn Badetag ist und die Zinkwanne gefüllt wird, leuchtet durch die beschlagenen Scheiben ein weißer Rücken. Er beugt sich jetzt noch ein Stück weiter nach unten, und der Schwindel in seinem Kopf wächst, packt ihn an den Ohren und zieht ihn aus dem Fenster. Er stürzt, er fällt vier Stockwerke tief, und als er aufschlägt, erwacht er mit leichtem Kopfschmerz. Franz Beckenbauer hat diesen Traum oft geträumt, vor der Weltmeisterschaft in Italien und auch noch in den Wochen und Monaten danach. Der Hof, in den er da im Traum wieder und wieder hinabstürzt, ist der Hinterhof seiner Kindheit. In Giesing stand er oft am Fenster und hatte voller Neugier seinen Oberkörper nach unten gebogen, auf der Suche nach den kleinen Sensationen des Alltags. Dieses Kindheitsbild blieb an ihm kleben, es verfolgt ihn. Ein Angstbild wohl, das von einer Furcht lebt, die ihn noch nicht ganz verlassen hat, die nicht weichen will. Je höher er steigt, je erfolgreicher er ist, desto zuverlässiger stellt es sich ein. Aber kann einer wie er überhaupt noch stürzen? Liegen für ihn nicht alle Fangnetze und Fallschirme bereit? Franz Beckenbauer hat den Traum vom Sturz aus dem Fenster zwei Journalisten erzählt. Arno Luik und Harry Valérien trafen im Spätsommer 1990 auf einen Mann, der es sich leisten konnte, Verwundbarkeiten und Ängste einzugestehen. War er nicht unverwundbarer denn je? War er jemals erfolgreicher? Glücklicher? Und trotzdem fiel den beiden Journalisten auf, dass in den Augen ihres Gesprächspartners so etwas wie Angst und Getriebensein lag: »Da ist die Angst in Ihren Augen, angesprochen, belästigt und berührt zu werden.« Darauf antwortet Beckenbauer: »Ich denke, dass sind noch die Nachwirkungen von der Weltmeisterschaft. Ich habe mich zwei Monate lang sehr konzentriert, Tag für Tag. Da ist in mir noch eine innere Unruhe, die aber nach und nach abklingt.« Er las viel in diesen Monaten, er wollte lesen, in sich hineinhorchen. Er fand, es sei an der Zeit, über das eigene Leben hinauszudenken, um das eigene Leben beurteilen zu können. Manchmal war es ihm unangenehm, wenn fremde Menschen so viel Bedeutung in sein Leben hineinstopften, um seine Biographie für ihre Zwecke plündern zu können. Er war zwar nie besonders wählerisch gewesen, wenn seine Ghostwriter sich daran gemacht hatten, sein Leben oder seine Meinung aufzuschreiben. Vieles von dem, was unter seinem Namen veröffentlicht wurde, hatte er nie gelesen. Aber waren das nicht nur Geschäfte, all die Kolumnen, Biographien, Broschüren und Bildbände? Steckte darin wirklich sein Leben? Muss ein Mensch nicht eine Idee von seinem Leben haben? Einen Plan? Ein Ziel? Beckenbauer las Hermann Hesse, danach griff er zu Konfuzius und Laotse.

Es war kein Zufall, dass er zu diesen Meistern der spirituellen Sinnsuche griff. Ihre Gedanken, die um den harmonischen Ausgleich zwischen Mensch, Natur und Kosmos kreisen und die das verloren gegangene Idealbild der menschlichen Existenz wieder aufrichten wollen, zogen ihn mächtig an. Auch der Ton und die Sprache dieser Bücher reizte ihn, weil sie ihn der würgenden Aktualität und den schrillen Tönen seines Lebensabenteuers entzogen. Denn kaum war er zum zweiten Mal Weltmeister geworden, bestürmte man ihn mit Angeboten. Soll er Vereinstrainer in Italien, Spanien oder Japan werden, hilft er den USA bei der Organisation der Weltmeisterschaft 1994? Er war jetzt 45, gab es die Chance, noch einmal etwas ganz anderes zu wagen? Eine Zeit lang, gestand er Luik und Valérien, habe er darunter gelitten, das Abitur nicht gemacht zu haben. Ja, er hatte sich in den siebziger Jahren noch einmal Unterlagen schicken lassen, wie die Hochschulreife nachzuholen sei, denn Medizin hätte er wirklich gerne studiert. Doch der aufreibende Profialltag hatte ihn bald kapitulieren lassen. Und jetzt?

Er war alt genug, schon mal einen Gedanken an den Tod zu verschwenden. Jahrelang hatte er sich gescheut, eine Brille aufzusetzen. Auch der Haarausfall, gegen den er alle möglichen und unmöglichen Mittel eingesetzt hatte, erinnerte ihn schmerzlich daran, dass er kein junger Mann mehr war, der über unbegrenzt viele Lebensentwürfe verfügen konnte. Nein, er hatte schon einiges hinter sich gebracht und hinter sich gelassen. Seine Söhne, Thomas, Michael und Stefan, waren erwachsen, und er bedauerte es jetzt, ihre Kindheit und ihr Heranwachsen kaum wahrgenommen zu haben. Manches Mal hatte er mit ihnen Fußball gespielt, als sei das Fußballspielen seine einzige Ausdrucksform, als könne er ihnen spielerisch und en passant ins Leben helfen, aber den mühseligen Alltag der Erziehung hatte seine Frau übernommen. Alle drei hatten gerne Fußball gespielt, aber nur Stefan zeigte ein überdurchschnittliches Talent. Dass sein jüngster Sohn ausgerechnet Fußballer werden wollte, betrachtete er mit Sorge, denn er wusste nur zu gut, welche Erwartungen man dem Jungen in die Schuhe schieben würde. Langsam und zögerlich begannen seine Söhne und er aufeinander zuzugehen, denn in all den Jahren war ihnen Großmutter Antonie mit ihrer Wärme und Fürsorglichkeit näher gewesen als der Vater. Aber das waren vorsichtige Annäherungen, lockere Bande, nichts, was ihn ausfüllen hätte können.

Das vermochte selbst seine neue Liebe nicht, die neue Frau an seiner Seite, mit der er glücklicher schien als jemals zuvor: »Die letzten zwei Jahre mit Sybille«, schwärmte er im Interview, »waren ein Traum.« Sie hatten sich in Frankfurt kennen gelernt, wo Sybille Weimer als Sekretärin für den DFB arbeitete und Beckenbauers Auslandsreisen organisierte. Er hatte lange um sie geworben, vier Jahre lang: »Ich habe mich bemüht wie ein Primaner um seine erste Liebe, die Wirkung war gleich Null.« Sybille Weimer war verheiratet und sie war nicht sicher, ob dieser ihr so fremde, so bekannte Mann es wirklich ernst meinte. Die Illustrierte *Bunte* brachte die neue Liebesbeziehung des »Kaisers« als Erste an die Öffentlichkeit und erhielt von Robert Schwan bald darauf auch den Zuschlag für die ersten exklusiven Bilder vom neuen Traumpaar des Boulevard. Für Diana Sandmann war die Trennung schmerzhaft, auch weil Schwan die neue Liebesgeschichte schon tatkräftig an die *Bunte* verkauft hatte, bevor es überhaupt zum klärenden Gespräch zwischen ihr und Beckenbauer hatte kommen können.

Am 21. Juli 1988 erschien die Geschichte unter dem Titel: »Franz Beckenbauer: das Wunder einer neuen Liebe.« Dazu sah man Fotos von einem augenscheinlich verliebten Paar, das die Einsamkeit einer abgelegenen Tiroler Berghütte gesucht hatte, ohne elektrisches Licht und fließendes Wasser, wie der Reporter gewissenhaft berichtete: »Franz hackt jeden Tag Holz, damit es abends schön warm ist. Was sie zum Essen brauchen, holen sie aus dem Nachbarort im Tal. Verkleidet. Mit Brille und Mütze. Keiner weiß, wer die beiden in der Hütte sind.« Nach der Trennung von Diana Sandmann fand Franz Beckenbauer, es sei an der Zeit, sein Leben zu ordnen. Da er immer noch mit seiner ersten Frau Brigitte verheiratet war, bat er sie um die Scheidung. Im Januar 1990 wurde die Ehe nach 23 Jahren geschieden, und am Ostersonntag 1990 heiratete Beckenbauer ein zweites Mal. Die Trauung fand im engsten Familienkreis in Kitzbühel statt. Zum Trauzeugen hatte Franz Beckenbauer seinen Bruder Walter bestimmt, für die 42-jährige Braut Sybille Weimer, die inzwischen ebenfalls geschieden war, übernahm das Amt ihr Bruder.

Die »neue Kaiserin«, wie sie schon bald von den Boulevardzeitungen und bunten Illustrierten getauft wurde, war keine Frau, die in den Vordergrund drängte. Bei Fernsehinterviews nahm sie, im Gegensatz zu ihrer Vorgängerin, zwar durchaus den Platz an seiner Seite ein. Aber sie hielt sich zurück, machte allenfalls knappe Einwürfe und war ansonsten vollauf damit beschäftigt, den Rummel, den man um ihren Mann machte, zu beobachten. Sie selbst musste ihre Rolle im Umgang mit den Medien erst finden. Sie war schon 1990 in Italien oft an seiner Seite gewesen, hatte sich aber dezent zurückgehalten.

Nun gingen sie auch das nächste Abenteuer zusammen an. Von einem Tag auf den anderen entschied sich der vielfach umworbene Fußballheld für einen neuen Job, für ein neues Kapitel, das wieder einmal, fanden alle Beobachter übereinstimmend, riskant genug war. Anfang September wurde gemeldet, dass Beckenbauer einen Zweijahresvertrag als Technischer Direktor bei Olympique Marseille unterschrieben habe. Warum tat er das? War es das Geld? Von zwei bis zehn Millionen DM für zwei Jahre war die Rede. Die für gewöhnlich gut informierte *Bild-Zeitung* meldete sechs Millionen netto, die ebenfalls stets vorzüglich unterrichtete *Frankfurter Allge-*

meine Zeitung meldete eine 10 Millionen-Gage, während der meistens sehr verlässliche *Sportinformationsdienst* von einem Fixgehalt von 800 000 DM pro Saison sprach, ein Honorar, das sich im Erfolgsfall verdoppeln sollte. Wie auch immer, es ging um viel Geld, aber war das wirklich das Motiv? Oder hatte er die Phase der inneren Selbsteinkehr, angestiftet von Konfuzius und Hermann Hesse, einfach satt? War ihm langweilig? Vielleicht hatte ihn der charismatische Glücksritter Bernard Tapie angelockt? Der französische Multimillionär, der es zum Mehrheitseigner (80 Prozent) von Adidas gebracht hatte und Olympique Marseille als Präsident wie ein feudaler Fürst führte, selbstherrlich und selbstverliebt, hatte sich gleich nach der Weltmeisterschaft auf Beckenbauer gestürzt und ihn so lange umworben, bis der »Kaiser« seinem Drängen nachgab.

»Gegen den Mann kannst du dich ja nicht wehren«, sagte Beckenbauer ebenso resignativ wie fasziniert, und diese Erklärung klang nicht so heruntergeleiert wie andere Erklärungsmuster, die er den Journalisten in die Blöcke diktiert hatte. Er sei neugierig, sagte er, und es klang, als wüsste er schon alles. Er wolle herausfinden, ob er für die alltägliche Trainingsarbeit überhaupt tauge, sagte er, und es klang, als ob er bekannt gegeben hätte, fortan Rosen zu züchten. Also war er vielleicht doch der schillernden Persönlichkeit des französischen Selfmademan erlegen? Immerhin, die Saga des Bernard Tapie suchte ihresgleichen. Seine Lebensdevise »Rêve, Risque et Rire« (Träumen, Risiko und Lachen) gefiel auch Beckenbauer. Der Arbeitersohn aus Paris hatte durch die Sanierung maroder Firmen, die er anschließend gewinnbringend verkaufte, ein Vermögen gemacht. Er war aber auch als Schlagersänger, Buchautor und Besitzer eines Rennstalls bei der Tour de France in der Öffentlichkeit bekannt geworden. Schon damals ließ er es nicht dabei bewenden, Stars wie Greg Lemond oder Bernard Hinault zu bezahlen, er mischte sich auch in die Renntaktik ein. Anfang der neunziger Jahre stieg der wendige Medienstar, dem manche Ambitionen auf das Präsidentenamt nachsagten, in die Politik ein. Im Kampf gegen den rechtsextremen Front National des Demagogen Le Pen, der in der Provence besonders stark war, wurde er von François Mitterrand protegiert. Auf dem Höhepunkt seiner politischen Karriere wurde Bernard Tapie, der seit 1989 für die Sozialistische Partei Abgeordneter in der Nationalversammlung war, 1991 zum Städtebauminister in die Regierung Bérégovoy berufen.

Dann fiel der Mann tief. Er hatte bestochen, betrogen und landete dafür im Gefängnis. Für Beckenbauer, der wenig über Tapie, Marseille und die dortige Fußballkultur wusste, war dessen tiefer Sturz nicht abzusehen. Er sah zunächst nur einen unglaublich potenten Fußballvisionär, der seinen Verein mit immensen Investitionen zur Nummer eins in Europa machen wollte. Er sah einen Erfolgsmenschen mit großen Gesten, herrischer Eroberungslust und hartnäckigem Charme. Und ähnelte der Aufstieg des Franzosen nicht seiner eigenen Karriere? Sie beide waren Aufsteiger in Nachkriegsgesellschaften, die sozial durchlässiger geworden waren, etwa für Medien- und Sporthelden. War der Aufsteiger erfolgreich genug, wurde er nicht wie einst als Emporkömmling denunziert, sondern für die gezeigte Flexibilität und Energie bewundert.

Doch damit endeten auch schon die Gemeinsamkeiten zwischen ihnen. Tapie hatte niemals auf etwas gewartet, wie Beckenbauer, er war vielmehr sofort auf ein Ziel losgegangen und hatte sich geholt, was er wollte. Beckenbauer dagegen wurde immer geholt und bekam dann etwas, was er gar nicht gewollt hatte. Der Franzose hatte sich selbst geformt, Beckenbauer war von anderen geformt worden. Tapie fürchtete den tiefen Sturz nicht und lehnte sich weit aus dem Fenster, Beckenbauer dagegen träumte seine Stürze allenfalls. Während Tapie bereit war, seine gesamte Existenz aufs Spiel zu setzen und dafür sogar ins Gefängnis zu gehen, riskierte Beckenbauer lediglich sein Image, seine Aura. Auffallen um jeden Preis, das wollte Tapie, Beckenbauer hätte manchen Preis gezahlt, um nicht aufzufallen. Beckenbauer lächelte, Tapie lachte laut. Tapie stürzte und stand wieder auf. Beckenbauer stürzte nicht, er stolperte allenfalls. Und so wurde sein Abenteuer in Marseille bloß als leichtes Stolpern vermerkt, schnell vergessen, verdrängt.

Schon der Einstand verlief denkbar unglücklich. Der Trainer von Olympique Marseille, Gérard Gili, war äußerst beliebt bei den Fans. Er hatte die Mannschaft in den vergangenen Jahren zweimal zur Meisterschaft geführt, und auch als Beckenbauer verpflichtet wurde, führte die Mannschaft die Tabelle wieder an. Der 38-jährige Gili hatte zunächst zugesagt, mit dem neuen Technischen Direktor zusammenzuarbeiten, doch tatsächlich empfand er dessen Verpflichtung als Degradierung und verließ den Verein. Prompt verlor Marseille das erste Spiel der Saison gegen den AS Cannes, ausgerechnet ein Heimspiel. Die Zuschauer riefen in Sprechchören nach Gili und pfiffen den ungeliebten deutschen Störenfried, der über Nacht gegen seinen Willen zum Cheftrainer avanciert war, fortan bei jedem Heimspiel aus. Was, so dachten viele, versteht er schon vom französischen Fußball? Er spricht ja noch nicht einmal unsere Sprache? Angefeindet wurde der »Kaiser« auch von der Vereinigung der französischen Fußballtrainer: Präsident Guy Roux kritisierte, dass Beckenbauer keine gültige Trainerlizenz besitze, wie es in Frankreich Vorschrift sei. Auch die lokale Presse schoss sich auf den deutschen Erfolgsmacher ein. So druckte die Tageszeitung *Le Méridional* einen offenen Brief an Beckenbauer ab, der in deutscher Sprache abgefasst war und ihm empfahl, schnellstens einen Französischkurs zu belegen. Zwar hatte Beckenbauer seinen Assistenten Holger Osieck mitgebracht, der Französisch sprach, doch ein Dolmetscher reichte nicht aus, um die vielen politischen Spannungsfelder und Konfliktherde in Marseille, die lokale Fußballkultur und die Rivalitäten in der französischen Liga zu verstehen.

Was nutzte ein Übersetzer, wenn man die hiesigen Gepflogenheiten und Gesichter nicht kannte? Wenn sich die französischen Journalisten nicht mit englischen Allerweltsfloskeln wie »That's football« oder »We made mistakes« zufrieden geben wollten? Weil ihm Land und Leute fremd waren, stolperte Beckenbauer in manchen Fettnapf. In Frankreich war es noch üblich, dass die Reporter nach dem Spiel in die Kabine drängten. Beckenbauer schaffte diesen Brauch in Marseille ab, sehr zum Ärger der einheimischen Presse. Die lachte dann schadenfroh, als Beckenbauer beim Auswärtsspiel in Auxerre einen vermeintlichen Journalisten barsch aus der Kabine wies. Woher sollte Beckenbauer auch wissen, dass es sich dabei um Jean-Pierre Soisson gehandelt hatte, der nicht nur Bürgermeister von Auxerre, sondern auch der Arbeitsminister Frankreichs war?

So machte Beckenbauer die ernüchternde Erfahrung, dass sich seine Erfolgsaura nicht umstandslos exportieren ließ. Doch all die kleinen Malheurs hätte er leicht verschmerzen können, zumal die Mannschaft sowohl in der Meisterschaft als auch im Europapokal alle Chancen wahrte. Doch was ihn schneller als gedacht in Marseille aufgeben ließ, war der egomane Präsident, der sich in Beckenbauers Aufgabenbereich einmischte und ihm die Mannschaftsaufstellung diktieren wollte. Schon im Dezember gestand Beckenbauer ein: »Ich habe mich von der Überzeugungskraft Bernard Tapies verführen lassen. Als ich den Trainerjob in Marseille akzeptierte, habe ich nicht alle Konsequenzen bedacht. Ich habe vielleicht zu schnell zugesagt. Ich würde es heute nicht mehr tun.«

Er wehrte sich gegen den polternden Präsidenten, gegen den jetzt auch die ersten Bestechungsvorwürfe laut wurden. Beckenbauer forderte ein Gespräch mit seinem Präsidenten und setzte ihm bereits öffentlich die Pistole auf die Brust: »Wenn Tapie auf die Dinge eingeht, die ich fordere, werden wir unseren Weg gemeinsam gehen; wenn nicht, ist die Sache in fünf Minuten für mich erledigt. Dann freue ich mich darauf, in Kitzbühel endlich mal wieder Ski zu laufen.« Und was sagte Tapie? »Ich kann«, sagte er in Hinblick auf Beckenbauers Glorienschein, »keine Rücksicht auf ein persönliches Image nehmen.« Und dann: »Wenn Beckenbauer unglücklich ist, kann er nicht bei Olympique bleiben. Sein eventueller Abgang wäre kein Beinbruch. Wenn wir die Spieler Waddle und Papin verlieren würden, wäre es einer.«

Das klang nicht so, als ob er seinen Trainer unbedingt halten wollte. Allerdings war Tapie auch nicht daran gelegen, Beckenbauer in der Öffentlichkeit zu sehr zu beschädigen. Er brauchte ihn als Galionsfigur für Adidas, und er wollte ihn als einflussreichen Verbindungsmann zum Europäischen Fußballverband UEFA behalten. Außerdem hätte ihm ein konfliktreicher Abgang Beckenbauers einen neuen Ansehensverlust beschert, und den konnte Tapie weder als Politiker noch als Präsident gebrauchen. Deshalb ließ er sich auf Beckenbauers Bedingungen ein, der zumindest in der deutschen Presse als Sieger aus dem Krisengipfel hervorging. Beckenbauer wurde von der täglichen Trainingsarbeit entbunden und fungierte, wie am Anfang geplant, wieder als Technischer Direktor. Mit dem belgischen Trainer Raymond Goethals wurde ein neuer Trainer verpflichtet, der zusammen mit Osieck die Mannschaft führte. Tapie ließ sich auch weiterhin nicht davon abhalten, direkt auf sein Team einzuwirken, aber Beckenbauer schwebte jetzt so frei über dem Alltag in Marseille, dass es zu keinen weiteren Reibereien kam. Er hielt sich nun wieder überwiegend in Kitzbühel auf, und die vorzeitige Trennung zum 30. Juni 1991 war beschlossene Sache.

In einem Interview mit dem *Kölner Stadtanzeiger* sagte Holger Osieck im April 1991: »Ich allein trainiere die Mannschaft. Die sportlichen Erfolge sind auf meinem Mist gewachsen, und Franz hat mit der Mannschaft überhaupt nichts mehr zu tun.« Bernard Tapie hatte den »Kaiser« vor allem als Glücksfigur und Erfolgssymbol verpflichtet, er sollte ihm helfen, Olympique Marseille endlich auch zur besten Mannschaft in Europas zu machen. Doch dass das Glück nicht immer käuflich ist, zeigte sich im Endspiel der Champions League, das Marseille mit 3:5 gegen Roter Stern Belgrad verlor. Beckenbauer saß zum letzten Mal auf der Bank. Brav eingereiht, ohne sichtbare Beteiligung. Er sah die Fehler und schwieg. Das war nicht sein Team.

Wer jedoch gedacht hatte, das Abenteuer in Marseille hätte den Glauben an das Allheilmittel Beckenbauer zerstört, sah sich in der Folgezeit getäuscht. Mit einem seiner inzwischen berühmten Nie-wieder-Sätze hatte er Marseille verlassen: »Ich werde nie wieder auf Vereinsebene arbeiten.« Es kam alles ganz anders. Zunächst war es wieder einmal die *Bild-Zeitung*, die um Hilfe rief. Nachdem die nunmehr gesamtdeutsche Auswahl am 6. Juni 1991 im EM-Qualifikationsspiel gegen Wales mit 0:1 verloren hatte, rief das mächtige Boulevardblatt nach dem Nothelfer: »Franz, komm, rette uns!« Das war eine Schlagzeile, die Vogts düpieren und verletzen musste, denn von Anfang an hatte die *Bild-Zeitung* keinen Zweifel daran gelassen, dass sie ihn nicht für einen würdigen Nachfolger des »Kaisers« hielt. Beckenbauer hatte Vogts geraten, mit der Zeitung zu kooperieren, sich ihr als Kolumnist zur Verfügung zu stellen, doch Vogts wollte einen anderen Weg gehen. Keine Zeitung sollte bevorzugt von ihm beliefert werden und schon gar nicht die *Bild-Zeitung*, deshalb schlug er die Angebote aus. Man zahlte es ihm gewissenhaft heim. Als er am 7. September 1998 zurücktrat, wich er nicht nur dem sportlichen Misserfolg, sondern vor allem der schlechten öffentlichen Stimmung, die von der *Bild-Zeitung* immer wieder stimuliert und gezielt auf seine Person konzentriert worden war.

Bereits nach dem frühzeitigen Ausscheiden der Nationalmannschaft bei der Weltmeisterschaft in den USA 1994 hatte sie ein fiktives Rücktrittsschreiben abgedruckt, das der Bundestrainer nur noch zu unterschreiben brauchte. In seiner Rücktrittserklärung 1998 schrieb Vogts: »Die gegenwärtige Situation ist deshalb so schwierig, weil sich sehr viel Kritik an meiner Person festmacht. Deshalb will ich einer guten Entwicklung nicht im Wege stehen. Außerdem bin ich es mir selbst schuldig, den letzten Rest Menschenwürde zu verteidigen, welcher mir noch gelassen worden ist.« Alle Bundestrainer nach Beckenbauer hatten mit seinem riesigen Schatten zu kämpfen. Im Mai 1994 hatte der *Playboy* bei den Tübinger Wickert-Instituten eine repräsentative Umfrage in Auftrag gegeben. Die Frage nach dem besten Bundestrainer aller Zeiten hatten 45 Prozent mit Franz Beckenbauer beantwortet, es folgte Sepp Herberger mit 36 Prozent, mit deutlichem Abstand Helmut Schön (elf Prozent), auf dem vorletzten Platz fand sich Jupp Derwall mit sechs Prozent wieder, und das abgeschlagene Schlusslicht bildete Berti Vogts, der nur traurige zwei Prozent aller Stimmen einstrich.

Beckenbauer war der einzige Bundestrainer, der sein Amt in der Stunde des größten Erfolges abgab, er war der einzige, der nicht an seinem Stuhl klebte, er war der einzige, dem man jederzeit eine Rückkehr zugetraut hätte. Alle Nachfolger mussten damit kämpfen, dass dieser Idealfall eines Bundestrainers keinesfalls daran dachte, sich in eine Vitrine stellen zu lassen, bewundert und von Zeit zu Zeit abgestaubt zu werden. Als Beckenbauer 1990 den Platz für Vogts frei machte, war er erst 44 Jahre alt war. Herberger war 67 Jahre alt, als er abtrat, Helmut Schön 62 und Jupp Derwall 57, allesamt reife Herren. Dagegen war Beckenbauer ein junger Mann, der noch einen weiten Weg vor sich hatte. In einem Interview mit dem *Neuen Deutschland* sinnierte er 1992 über seine Möglichkeiten in der zweiten Lebenshälfte: »Wenn man so ganz oben ist wie ich, bringt die Leichtigkeit im Leben auch immer die Gefahr der Langeweile. Eigentlich habe ich doch nur eine Chance, und die ist ziemlich kurios: Auch in der zweiten Hälfte meines Lebens alles dafür zu tun, dass ich das Image meines ersten Lebens bewahre: Ein recht passabler Fußballer gewesen zu sein, der für einen bestimmten Stil steht.« Beckenbauer hat wieder Zeit, über sich nachzudenken. Er befragt die Sterne, lässt regelmäßig Horoskope erstellen, denn so ganz ohne fremde Hilfe will er das Nachdenken über sein Leben nicht angehen. Er glaubt an das

Schicksal, an das, wie er es auch nennt, »Packerl«, das jeder zu tragen habe; er weiß aber auch, dass ihn der liebe Gott reichlich beschenkt hat.

Beckenbauer hat in seinem Leben schon Tausende von Interviews gegeben und wahrscheinlich ist er, über die Jahrzehnte betrachtet, einer der begehrtesten Interviewpartner Deutschlands. Die vielleicht nachdenklichsten Interviews finden sich Anfang bis Mitte der neunziger Jahre. Man spürt, der Mann sucht einen frischen Ton, neue Themen, er will sein Image variieren, nicht immer nur dem Fußball hinterherlaufen. Er bekennt sich zu seinen esoterischen Interessen, man kann ihn nun zum Tod, zum Sterben, zu Krieg und Frieden, aber auch zu Themen wie Wiedergeburt, Seelenwanderung oder Umweltzerstörung befragen. In einem Interview mit *Penthouse* sinniert er: »Wenn du mal als Mensch auf der Welt warst, hast du die Stufen Pflanze und Tier überschritten. Vielleicht komme ich auch noch mal als Frau zur Welt, dann kann ich Kinder kriegen.«

Manche finden das amüsant, manche schütteln den Kopf. Die *Frankfurter Allgemeine Zeitung* gibt sich satirisch: »Franz Beckenbauer ganz privat: Früherer Teamchef plant Comeback als Frau«, ebenso die *Welt*, die nun von »Frau Kaiser« spricht. Die *Bild-Zeitung* titelt: »Die sensationelle Wandlung des Fußball-Kaisers: Guru Franz.« Und am nächsten Tag, wieder auf dem Titel: »Guru Franz. Meine Botschaft: 1. Kehrt um, liebt euch, 2. Wir sind unsterblich, 3. Lebt wie Brüder und Schwestern.« Auf die Frage des Journalisten Hans-Dieter Schütt, ob denn öffentliche Gedanken über den eigenen Tod helfen können, ein neues Image zu entwerfen, antwortete Beckenbauer ganz freimütig: »Wenn sie unterhaltsam und anregend sind, warum nicht! Ich wollte doch nur sagen: Der Mensch sollte sich auch zu dem bekennen, was sich in seinem Unbewussten abspielt, was er träumt. Solche Gedanken werden nur von Menschen verdrängt, die verklemmt sind, die an sich selber leiden, die unheilbar an Rationalismus erkrankt sind. Ich muss zugeben, daß Fußballspielen nun nicht unbedingt eine philosophische Schule ist, und ich will auch nicht den Eindruck erwecken, als hätte ich im Mannschaftsbus seit jeher Konfuzius gelesen – aber ich habe schon Spaß daran, in dieser Art über Alltägliches hinauszudenken.« Beckenbauer hatte nicht nur »Spaß« daran, seine gewohnten Pfade zu verlassen, er hatte auch die Spaß- und Unterhaltungsgesellschaft im Blick, die sich in den neunziger Jahren formierte. Beckenbauer gab dem Markt intuitiv das, was der Markt wollte, gute Unterhaltung. Durch sein eigenes Leben, das zunehmend einem bunten, fröhlichen Flickenteppich glich, ein Leben zwischen Golf- und Fußballplätzen, ein Hin- und Her zwischen Werbeauftritten und Studiobesuchen, Interviews und Talkshows, ein Pendeln zwischen Kitzbühler Naturkulisse und den Metropolen dieser Welt, lernte Beckenbauer den größten Feind der Spaßgesellschaft sehr genau kennen: die Langeweile. Und weil Beckenbauer auch nichts dagegen hatte, diesen Gegner bei den Ohren zu packen, schließlich hatte er Lust und Zeit, sich die Zeit zu vertreiben, fielen sich das Fernsehen und er wie zwei vom Schicksal bestimmte Liebende in die Arme, um sich für immer aneinander zu erfreuen.

»Herzlich willkommen zu ›Anpfiff‹! Beginnt jetzt eine neue Fußballepoche? Ich weiß es nicht!« Mit diesen Sätzen eröffnete der Moderator Ulli Potofski am 29. Juli 1988 die neue Fußballshow bei RTL. Die Sendung war eine Katastrophe. Sie dauerte quälende drei Stunden, und Günter Netzer stand als Experte verloren und ungelenk im Studio herum. Potofski sah mit seiner immensen Brille, dem runden Gesicht und dem Haarberg auf dem Kopf aus wie ein Azubi im Eisenwarenhandel. Er hatte dennoch Recht, eine neue Fußballepoche nahm ihren Lauf. Seit dem Bestehen der Bundesliga hatte der DFB die Fernsehrechte zentral vermarktet. Aber erst im dritten Jahr nach Einführung der Bundesliga erzielte der DFB aus dem Verkauf der Fernsehrechte erstmals Einnahmen. ARD und ZDF bezahlten für die Übertragungsrechte der Saison 1965/66 lediglich 650 000 DM. Es war die Saison, in der Franz Beckenbauer mit dem FC Bayern München in die Bundesliga aufstieg.

In den folgenden Jahren wuchsen die Einnahmen aus dem Verkauf der Fernsehrechte so langsam, dass man fast von einer Stagnation sprechen kann. In der Saison 1987/88, also 22 Jahre später, betrugen die Einnahmen gerade einmal 18 Millionen DM. Zu einem rasanten Anstieg kam es erst nach der Einführung des Privatfernsehens, das den Wettbewerb zwischen den Sendern eröffnete und den Fußball als lukrative Ware entdeckte. Zunächst hatten die öffentlich-rechtlichen Sender die private Konkurrenz nicht sonderlich ernst genommen, deshalb fielen deren Programmverantwortliche aus allen Wolken, als die UFA in der Saison 1988/89 die Rechte an der Bundesliga für drei Jahre erwarb und dafür insgesamt 135 Millionen DM auf den Tisch legte. Die UFA war am 1. Juli 1984 von Bertelsmann und Gruner & Jahr gegründet worden. Sie hatte den Auftrag, die Entwicklung des Privatfernsehens voranzutreiben. Der damalige Gründungsgeschäftsführer Bernd Schiphorst, heute Präsident von Hertha BSC, über die Verhandlungen: »Wir sind schon 1985/86 und 1987 zum DFB gefahren und haben denen signalisiert, wir sind auch noch da. Und als der DFB uns schließlich 1988 vorschlug, ein Angebot zu machen, haben wir gesagt, wir zahlen einfach das Doppelte von ARD und ZDF. 135 Millionen für drei Jahre plus Optionsjahr, das war 1988 ein ungeheures Geld. Deshalb war die Aufregung zunächst riesengroß.«

Schiphorst merkte jedoch schnell, dass es keineswegs genügte, das Produkt zu besitzen, es musste auch ansprechend vermarktet werden. Er gab deshalb eine umfangreiche Werbestudie bei der Unternehmensberatung Roland Berger in Auftrag: »Wir wurden darauf aufmerksam gemacht, mit großen Heroen des Sports in Kontakt zu treten. Deshalb habe ich dann lange mit Robert Schwan gesprochen und ihm gesagt, wir würden gerne Herrn Beckenbauer zu uns holen und ihn vermarkten. Nach langen Gesprächen sind wir uns handelseinig geworden. Wir haben Franz Beckenbauer unter Vertrag genommen und alles, was bei ihm an medialer Präsenz zu vermarkten war, vermarktet. Dafür hat er von uns ein stattliches Fixum bekommen, das wir refinanzieren mussten. Er war für uns aber auch ein Stück Image, deshalb wäre es uns sogar egal gewesen, wenn wir das nicht geschafft hätten. Aber wir haben es refinanziert, es war perfekt, es war eine Win-Win-Situation.« Infolge dieses Generalvertrages mit der UFA wurde Beckenbauer als Fußballexperte für die Fernsehsender von Bertelsmann eingesetzt. Er begann zuerst beim Bezahlsender Premiere, wo es ab 1991 zunächst die Live-Übertragung eines Bundesligaspiels zu sehen gab. Beckenbauer setzte sein Engagement als Experte dann bei RTL fort, als dort am 14. September 1994 die Übertragungen der Champions League begannen.

Die wirkliche Revolution fand allerdings erst 1992 statt, als die Kirch-Springer-Agentur ISPR die Erstverwertungsrechte an der Bundesliga erwarb. Die Kaufsumme belief sich auf 700 Millionen DM für fünf Spielzeiten. Und weil die ISPR-Agentur die Erstverwertungsrechte an den Kirch-Springer-Sender SAT.1 weiterverkaufte, waren die glorreichen Tage der »Sportschau«, die immer noch deutlich mehr Zuschauer angelockte hatte als »Anpfiff« (RTL), von einem Tag auf den anderen beendet. Der Journalist Dieter Anschlag notierte dazu in der Medienzeitschrift *Funk-Korrespondenz*: »Ein Ritual ist zu Ende. Nach 31 Jahren müssen sich die Fußball-Fans nun umgewöhnen, wenn am 14./15. August die neue Bundesligasaison beginnt. Dann gibt's samstags, am Hauptspieltag der Profikicker, nicht mehr – wie mehr als drei Jahrzehnte üblich – in der ARD-›Sportschau‹ die ersten ausführlichen Bilder, sondern exklusiv bei ›ran‹-SAT.1-Fußball.« Infolge der gewaltigen Investitionen, die nun in den Fußball flossen, stieg sein Wert. Insbesondere Spitzenvereine wie der FC Bayern München profitieren von ihrer steigenden TV-Präsenz. Ab der Saison 1992/93 erhielten die Bayern von ihrem Trikotsponsor Opel 5,5 Millionen DM jährlich und setzten damit neue Maßstäbe

Und nicht nur das Sponsoring boomte, auch die Umsätze aus dem Bereich Merchandising wurden immer wichtiger. Gerade Vereine wie Bayern München, die eine lange Erfolgsgeschichte vorzuweisen hatten, begannen jetzt sehr viel Geld zu verdienen. Und auch Franz Beckenbauer war begehrter denn je, da er an allen großen Siegen und Titeln, an allen wichtigen deutschen Fußballerzählungen beteiligt und somit ein Großaktionär medialer Fußballvergangenheiten, ein Mitinhaber goldener Mythen war. Schon allein deshalb war er für das junge Privatfernsehen auf der Suche nach eigenen Konturen unbezahlbar, denn er repräsentierte gelebte Fußballhistorie.

Für die schöne neue Fußballwelt war Beckenbauers Leben und Persönlichkeit wie maßgeschneidert. Schon bei seinen zahlreichen Werbeauftritten und dem Film »Libero« hatte er bewiesen, dass er den Medien unbefangen, fast kindlich staunend und frei gegenüberstand. Mikrofone und Kameras waren ihm inzwischen so vertraut wie die eigenen Arme und Beine. Er, der früher dazu neigte, die Sätze, halb angefangen, in der Luft hängen zu lassen, sie wie einen Gummi in die Länge zu ziehen oder sie unübersichtlich zu verschachteln, hatte sehr schnell gelernt, kürzer und klarer zu sprechen. Harry Valérien gab ihm den einen oder anderen Hinweis, auch Ernst Huberty oder Günther Jauch, aber das geschah alles sehr beiläufig, eine wirkliche Schulung brauchte er nicht. In all den Jahren hatte er sich selbst geschult, und eigentlich wollte ihn das Fernsehen so wie er war: Er formulierte ein bisschen sprunghaft, er plauderte, und was schwierig war, klang aus seinem Mund einfach. Der Chef der »Sportschau« Heribert Faßbender, stellte fest: »Der Junge kann Dinge so einleuchtend darstellen, dass immer etwas hängen bleibt.«

Außerdem war Beckenbauer telegen, er lächelte nett, selbst Frauen fingen an, sich für Fußball zu interessieren. Neben allem Charme, den er entfalten konnte, blieb ihm aber eine gewisse Unberechenbarkeit erhalten, dann brach es jäh aus ihm heraus, ein etwas derberer Spruch, ein verunglückter Scherz, ein mildes Schimpfwort, ein herrlicher Unsinn, mit dem Potenzial zum geflügelten Wort. Auch nach solchen Ausbrüchen und vulkanischen Momenten sehnte sich das Fernsehen. In diesen Jahren, als Beckenbauers Leben regelrecht vom Glück verfolgt schien, kam auch die Rede von der »Lichtgestalt« des deutschen Fußballs auf. Und sein Sohn Stefan Beckenbauer, der als Fußballer nie den Durchbruch schaffte und vielfach unter den Anfeindungen von Zuschauern und auch Schiedsrichtern zu leiden hatte, meinte gar: »Manchmal kommt mir mein Vater vor, als hätte der liebe Gott ihm persönlich die Hand gegeben.«

Unter all den Scheinwerfern, unter denen Beckenbauer sich bewegte, schien sein Leben in den neunziger Jahren immer theatralischer zu werden. Von heute aus betrachtet, nimmt es sich fast wie der Vorläufer einer Doku-Soap aus. Dennoch vermochte Beckenbauer, sich aufrichtig über den Rummel um seine Person zu wundern. Seid ihr narrisch? Wahnsinnig? Was soll das? Da Franz Beckenbauer ein geselliger, geduldiger und ein geschäftstüchtiger Mensch ist, ließ er sich auf vieles ein, aber innerlich betrachtete er sich selbst in diesem Treiben mit einem Gefühl der Distanz. Zwischen all den leichthin absolvierten Terminen, die flüchtig waren und ihm wie die stets wechselnden Menschen, denen er dabei begegnete, bald austauschbar vorkamen, empfand er einen wachsenden Verdruss an dem rasenden Stillstand seines Lebens. Hatte er nicht innehalten wollen? Möglicherweise war es gerade dieses Gefühl, das ihn letztendlich dazu bewog, noch einmal auf den Rasen zurückzukehren. Dass dieser Schritt das Theater um ihn nur noch bis zur Hysterie steigern würde, war unvermeidlich. War ihm das bewusst? Oder egal?

Am 27. Dezember 1993 warf Erich Ribbeck als Trainer des FC

Bayern München das Handtuch. Beckenbauer stand bereit, die Show nahm ihren Lauf, und die Saison 1993/94 hatte ihre Sensation. Am 7. Januar 1994 meldete sich der »Kaiser« zurück in der Bundesliga, zurück bei seinem Verein. Als er zum ersten Training antrat, erwarteten ihn bereits 4000 Beckenbauer-Pilger und 17 Kamerateams aus aller Welt. Auch der *Bayerische Hörfunk* ist live beim Training dabei, das hat es noch nie gegeben, und der Reporter lässt seine Hörer wissen: »Und jetzt betritt der Kaiser den Mittelkreis.«

Da stand er, plauderte mit Gerd Müller, auch er ein Held der glorreichen Zeit, und beobachtete, wie die Bayernstars die Kommandos des Co-Trainers Augenthaler befolgten. Natürlich hatte er sich mit seiner Frau besprochen, ob er zurückkehren solle in den Bundesligaalltag, aber die Entscheidung hatte er ganz allein getroffen. Dazu bemerkte seine Frau: »Vom Fußball bringt man den Mann eh nicht weg. Ich würd's auch gar nicht versuchen. Das ist sein Leben – wie auch der FC Bayern zu seinem Leben gehört. Deswegen, weil sein Herz spricht, macht er es.« Klang das nicht so, als hätte Franz Beckenbauer dem Club durch seine Rückkehr eine Liebeserklärung machen wollen? Konnte er ohne den Verein, mit dem er Geschichte geschrieben hatte, nicht leben? Oder war es der Verein, der nicht ohne ihn auskam? Wie kam es, dass er Ribbeck, mit dem er doch befreundet war, von seinem Stuhl verdrängte?

Schon im November 1991 hatte man Franz Beckenbauer gerufen und zum Vizepräsidenten gemacht. Schlechte Zeiten waren es gewesen. In der Saison 1991/92 gerieten die Bayern zwischenzeitlich sogar in Abstiegsnöte und beschäftigten in einer Saison drei Trainer, ein solches Chaos hatte es im Verein noch nicht einmal gegeben, nachdem sich Beckenbauer nach Amerika verabschiedet hatte. Zuerst wurde Jupp Heynckes entlassen, dann durfte sich der ehemalige Bayernspieler Sören Lerby versuchen, ehe der Däne im März 1992 vom graumelierten Gentleman Erich Ribbeck abgelöst wurde. Für Ribbeck, der sich 1984 als legitimen Nachfolger des Bundestrainers Derwall gesehen hatte, dann aber keine Chance besaß, weil der Ruf an den »Kaiser« erging, hatte sich vor allem Franz Beckenbauer stark gemacht.

Eine verzwickte Personalie, denn 1984 hatte der neue Teamchef Ribbeck keinesfalls als seinen Assistenten akzeptieren wollen. Traute

Beckenbauer »Sir Erich«, wie Ribbeck auch spöttisch genannt wurde, wirklich den ganz großen Erfolg zu? Ribbeck konnte lediglich den Gewinn des UEFA-Cups mit Bayer Leverkusen vorweisen. Beckenbauers Aufgabe als Vizepräsident hatte zunächst darin bestanden, dem zögerlich-sparsamen Schatzmeister Karl Hegerich Mut zu machen, wenn neue Investitionen in die Mannschaft anstanden. Beckenbauer war ungeduldig, auch als Vizepräsident. Wir müssen jetzt investieren, fertige Stars kaufen, wir dürfen nicht im Mittelmaß stecken bleiben, wir gehören an die Spitze, alles andere würde unser verwöhntes Publikum nicht akzeptieren. Das war seine Botschaft und Argumentationslinie. Daraufhin wurden in der Saison 1992/93 23,5 Millionen DM in Neuverpflichtungen investiert, das war absoluter Bundesligarekord. Zu den spektakulären Neuerwerbungen gehörte auch Lothar Matthäus, der Beckenbauers besonderes Wohlwollen genoss, seitdem er ihm geholfen hatte, den Weltmeistertitel zu erringen. Schon lange hatte Beckenbauer mit der Idee geliebäugelt, seinen Kapitän aus Italien zurückzuholen, denn ihm traute er zu, die Mannschaft durch seinen ausgeprägten Erfolgswillen an die Spitze zu führen. Und irgendwie hing er auch an dem jungen Kerl, der oft so ungestüm, unbedacht und ungeformt daherkam. Doch trotz der vielen neuen Stars landete der FC Bayern München am Ende der Saison nur auf dem undankbaren zweiten Platz. Besonders bitter: 32 Spieltage hatten die Bayern die Tabelle angeführt und waren erst im allerletzten Moment von Werder Bremen abgefangen worden. Das war ein gewaltiger Schock, eine geradezu traumatische Niederlage. In diesem Augenblick machte Ribbeck einen schweren Fehler: Er, der selbst bitter enttäuscht war, ließ sich öffentlich zu dem Satz hinreißen: »Mit dem zweiten Platz kann ich gut leben.« Diese Aussage, die überhaupt nicht zu der vor der Saison ausgegebenen Erfolgsphilosophie passte, nährte nicht nur bei Beckenbauer die Zweifel an dessen Eignung für den FC Bayern München.

Mochten die Vizepräsidenten Beckenbauer und Rummenigge und der Manager Hoeneß auch sonst nicht allzu oft einer Meinung sein und sich hinter den Kulissen ihre Gefechte liefern, was sie bis heute verlässlich eint, ist das Ziel, den Verein zur ersten Adresse in Europa zu machen. Diesem Traum jagen sie verbissen nach, bis an die Grenze der Besessenheit. Die Liebe zu ihrem Verein ist die Liebe zu sich selbst, denn die Geschichte des FC Bayern München ist zum großen Teil auch ihre Geschichte. Beckenbauer hatte sich weit vom FC Bayern entfernt, aber der Faden war nie ganz gerissen. Was ihm nach dem Abschied als Teamchef fehlte, war eine Aufgabe, die ihm Rückhalt verlieh und erdete zwischen all den hastig abgespulten Terminen. Es war ihm nicht gelungen, sich vom Fußball zu lösen. Aber war das nicht auch eine absurde Vorstellung? Beckenbauer ohne Fußball? Einer wie er, der den Fußball in Deutschland personifizierte wie kein anderer, hätte der in eine bürgerliche Karriere abtauchen sollen?

Selbst wenn er es gewollt hätte, hätte er keine Chance gehabt, seinem Volk zu entgehen. »Kaiser« Franz war längst ein Stück Allgemeinbesitz geworden, eine Ikone, die nicht einfach in die Anonymität verschwinden und gegen den erklärten Willen der ganzen Nation etwas ganz anderes aus sich machen konnte. Es mag sein, dass Beckenbauer sich nie als ein Stück Volkseigentum betrachtet hat, aber wie sollte er sich allein dem Drängen all der Freunde und Berater widersetzen, wenn deren Wünsche in ihm etwas weckten, was er selbst zwischen Werbeauftritten für Babykost und Baumärkte immer häufiger spürte: Ich brauche den Fußball, meinen Verein, die Bundesliga. Das war seine Struktur, das verlieh ihm Stabilität, da konnte er noch so oft behaupten, da sei kein Feuer mehr und er habe sich vom Fußball gelöst. Nein, einer wie Beckenbauer entkommt dem Fußball nicht und er leidet, wenn *sein* Verein verliert oder eine schlechte Figur macht.

In der laufenden Saison 1993/94 war der FC Bayern bereits aus dem DFB- und dem Europapokal ausgeschieden, und in der Meisterschaft lag man zwar auf dem aussichtsreichen zweiten Platz, aber die Mannschaft war heillos zerstritten und ohne Führung. Ribbecks Autorität war zerstört, auch weil Beckenbauer es sich nicht nehmen ließ, auf die Taktik und die Aufstellung Einfluss zu nehmen. Warum sollte er es eigentlich nicht selber machen? Sein Manager Robert Schwan hatte ihm zugeraten, auch der väterliche Freund und Mäzen Rudi Houdek hatte ihn gedrängt und selbst Landesvater Edmund Stoiber, der seit 1965 Mitglied des FC Bayern München ist und seit 1985 im Verwaltungsbeirat des Vereins sitzt, griff zum Telefon und beschwor ihn, sich stärker als bisher um den Verein zu kümmern. Das hieß nichts anderes, als Ribbeck den Marsch zu blasen oder besser noch, ihn gleich ganz abzulösen. Und da sollte es einem wie Beckenbauer nicht in den Fingern jucken?

»Wenn eine Notlage vorliegen würde, dann würde ich den FC Bayern übernehmen und mich vielleicht überreden lassen«, erklärte er am 13. Dezember im *Kicker*, und damit waren die Tage von Männerfreund Erich Ribbeck bei Bayern auch schon gezählt. Ribbeck wurde in den folgenden Wochen nach allen Regeln der Kunst demontiert. Man legte ihm nahe, zum Wohle des Vereins, aus freien Stücken abzutreten. Und als Ribbeck dann endlich »freiwillig« ging, (man nannte ihn schon »Sir Pattex«, weil er so hartnäckig an seinem Stuhl klebte), erklärte Beckenbauer auf der Pressekonferenz: »Ich bin der Letzte, der diesen Job wollte. Ich wollte ihm nichts wegnehmen.« Und Präsident Fritz Scherer half: »Er war nur bereit zu kommen, falls Ribbeck freiwillig ging. Eine Kündigung durch uns für Ribbeck hätte er nicht akzeptiert.« Es war eine Posse. Ribbeck ging, tief gekränkt, aber er hielt still. Die Abfindung von 500 000 DM half, die Lippen zu versiegeln.

Muss man erzählen, wie die Geschichte ausging? Schnell vergessen waren die wenigen kritischen Einwürfe. Von einem »bitteren Beigeschmack« in Hinblick auf den Umgang mit Erich Ribbeck hatte Uwe Seeler gesprochen, aber im Grunde genommen waren alle froh, dass mit Beckenbauers Rückkehr der Bundesligaalltag veredelt wurde. Die *Bild-Zeitung* rief das »Kaiser-Fieber« aus und selbst die sonst zurückhaltende *Frankfurter Allgemeine Zeitung* konstatierte: »Der Beckenbauer-Boom eskaliert. Wallfahrt per Bus zu Kaiser Franz.« Und am Ende jubelten wieder die Bayern. Nach vier langen Jahren Pause errangen sie endlich ihre 13. Meisterschaft. Beckenbauer hatte sich in die Arbeit gestürzt, er hatte getobt, geflucht und seine Mannschaft zur Meisterschaft getrieben. Bei den Spielen hatte er stets gestanden, als würde das Sitzen auf der Bank nachlassende Energie verraten. Die »elf Mörder«, die in ihm die »Messer wetzen«, wie er sein Innenleben einmal beschrieb, schienen nur auf eine Gelegenheit zu warten, die elf Angestellten auf dem Rasen zu massakrieren, wenn sie nicht spurten, liefen, kämpften. Manchmal tobte er, wenn seine Mannschaft gewann, aber wenn sie verlor und jeder eine Schimpfkanonade erwartete, zeigte er sich zurückhaltend und einfühlsam. Dann nahm er sich der jungen Spieler an, redete sie stark und machte ihre Zweifel klein. Blutiger Ernst und blumiger Humor lagen bei ihm dicht beieinander, den Medien bot er bestes Theater bis zum letzten Tag. Die Krönung lieferte Beckenbauer bei der Meisterschaftsfeier im »Sportstudio« an der ZDF-Torwand. Lothar Matthäus hatte das Leder auf ein gefülltes Weizenbierglas gelegt und Beckenbauer brauchte den Ball nur kurz mit der Fußspitze anzustoßen und schon hoppelte er selig ins rechte untere Loch. Das war wieder ein Bild, das niemand vergisst, schon allein deshalb weil es wieder und wieder in den kommenden Jahren gezeigt werden würde: als Symbol des nie versiegenden Genies und Glücks. Ach, war es nicht herrlich mit dem Mann? Als alle ihn feierten, knurrte er trocken: »Ich brauche jetzt kein Denkmal, da pinkeln sowieso nur die Hunde ran.«

Jetzt, nach seinem Abschied, prophezeite Ludger Schulze in der *Süddeutschen Zeitung* bedauernd, werden wieder »die Männlein mit den bunten Trainingsanzügen in den Mittelpunkt rücken, deren hervorstechendstes Merkmal die Fähigkeit ist, auf einem Finger laut zu pfeifen«. Und über das öffentliche Erscheinungsbild des »Kaisers« hieß es dann weiter: »Beckenbauer hat sich in vier Monaten zum besten deutschen Entertainer emporgewerkelt und ist dennoch kein Volksheld geworden.« Das lag auch daran, dass Beckenbauer zum Publikum stets Distanz hielt. Zum Volkshelden in einem altmodischen Sinne fehlte ihm das Brave, das Biedere, vielleicht auch das Gemütliche, das ein Held wie Uwe Seeler verkörperte. Die Volkshelden vom alten Schlag versöhnen das Publikum mit sich selbst, weil sie ihm zu verstehen gaben, dass ihr Leben, so wie es ist, auch dessen Leben sei. Beckenbauer dagegen fing immer wieder etwas Neues an, ließ sich auf friedliche Idyllen nicht ein, und wenn doch mal Ruhe herrschte, sorgte er selbst dafür, dass es mit der Ruhe bald vorbei war.

Im Endspurt um die Meisterschaft hatte er gar einen »Fußballkrieg«, wie es die *Bild-Zeitung* genüsslich nannte, entfesselt. Weil das Punktspiel gegen den 1. FC Nürnberg, das die Bayern gewonnen hatten, wegen eines irregulären Tores von Helmer annulliert und neu angesetzt worden war, kam es zwischen Beckenbauer und Bundestrainer Berti Vogts zum Eklat. Vogts hatte Beckenbauer versichert, die Nationalspieler Matthäus und Helmer würden, im Falle einer Neuansetzung von der Länderspielreise nach Abu Dhabi vorzeitig nach Hause geschickt, um sie nicht zu sehr zu belasten. Vogts jedoch wich von dieser Verabredung ab, als er einige Verletzte zu beklagen hatte. Sein Versuch, Beckenbauer die Situation zu erklären, scheiterte nicht nur, weil die Telefonverbindung schlecht war, sondern auch wegen Beckenbauers heftigem Wutausbruch. Tags darauf durfte man in der *Bild-Zeitung* lesen: »Franz: ›Vogts ist für mich erledigt.‹«

Beckenbauer verstand es inzwischen, die *Bild-Zeitung* als sein ganz persönliches Sturmgeschütz einzusetzen. Der Bundestrainer hielt aus der Ferne dagegen: »Ich habe eigentlich überhaupt kein Verständnis, dass der Franz jetzt so viel Theater macht. Als er selbst noch Teamchef war und auf der anderen Seite stand, hat er seine Interessen doch auch immer durchgesetzt.« Der Streit eskalierte, weil sich auch der DFB angegriffen fühlte, da Beckenbauer von den »hirnlosen Juristen« des DFB-Sportgerichts gesprochen hatte, die zwar das Spiel gegen Nürnberg annulliert hatten, nicht aber die Gelben Karten dieser Partie. Nach dieser beleidigenden Äußerung zog es der DFB-Präsident Egidius Braun vor, die Meisterschale den Bayern nicht persönlich zu übergeben. Er ließ sich vertreten. Alle waren beleidigt, alle warteten. Aber da die Weltmeisterschaft vor der Tür stand, musste man sich mühsam wieder aufeinander zu bewegen.

Inzwischen hatten sich einige Trainer beim DFB gemeldet und angedroht, »nie mehr eine Mark zu bezahlen«, wenn Beckenbauer straffrei ausginge. Zwar hatte Beckenbauer mittlerweile einen Brief geschrieben, in dem er sich für seine Entgleisung entschuldigte. Doch der DFB musste, um die eigene Glaubwürdigkeit zu wahren, auf einer formalen Bestrafung bestehen. Nach einem langen Telefonat mit Beckenbauer entwickelte Egidius Braun, der stets auf den Ausgleich bedacht war, zwar Verständnis für Beckenbauer, er blieb aber bei seiner Kritik an ihm: »Ich weiß, dass er bei seinem Engagement erheblich unter Druck stand. Dennoch hätten die Auseinandersetzungen mit dem Bundestrainer nicht in aller Öffentlichkeit ausgetragen werden müssen.« Das war die eindeutige Aufforderung an Beckenbauer, die *Bild-Zeitung* fortan nicht als Podium zu nutzen, wenn es um Entscheidungsprozesse ging, die nicht an die Öffentlichkeit gehörten. Die Affäre war endgültig beigelegt, als Beckenbauer eine 10 000-DM-Strafe akzeptierte.

Kaum jemand wollte angesichts der Erfolge Beckenbauers und seiner weitreichenden Verbindungen öffentlich noch zu seinen Gegnern gezählt werden, denn sein Image ließ ihn als unverletzbare Persönlichkeit erscheinen. Sechs Wochen nach diesem Konflikt saß der Unantastbare seinem Nachfolger Vogts schon wieder im Nacken. Als Moderator seiner eigenen Fußballshow »Schaun mer mal«, die der Privatsender Premiere täglich um 20.00 Uhr sendete, kommentierte er bei der Fußballweltmeisterschaft in den USA die Darbietungen der Nationalmannschaft. Da flog eines Tages unvermittelt die Studiotür auf, die Sendung war gerade erst zu Ende gegangen, und ein junger Mann im Nationaltrikot mit der Nummer 0 stürmte herein. Es war Stefan Raab, der für VIVA den närrischen Springinsfeld gab. »Kaiser, habt Gnade mit mir«, fleht er, »lasst mich Euer Knecht sein!« Und Beckenbauer nahm den Ball auf: »Putz er mir die Schuhe.«

Raab zeigte ironisch, wie weit die öffentliche Lust zur Unterwerfung dem »Kaiser« gegenüber mittlerweile gediehen war. Der hatte das nicht verlangt oder darauf hingearbeitet, dennoch betrachtete man ihn wie einen Guru des Gelingens. »So albern es klingen mag«, schrieb Jürgen Leinemann im *Spiegel*, »ganz von ungefähr pflegen die Fotoreporter Franz Beckenbauer im Flutlicht der Stadien nicht so zu postieren, daß ihn eine Art Heiligenschein umgleißt.«

Bin nur ein Mensch

»Mir gefällt seine Unachtsamkeit, seine Selbstmaßstäblichkeit, seine öffentliche Schlamperei, die wahrscheinlich keine Schlamperei ist, sondern Heftigkeit und Ichbezogenheit und Weltvergessenheit.«
Wilhelm Genazino: Der Fleck, die Jacke, die Zimmer, der Schmerz.

Als Franz Beckenbauer 50 Jahre alt wurde, fragte ihn ein Journalist, wen er in seinem Leben gerne noch kennen lernen würde. Er antwortete: »Mich selbst. Ich möchte wissen, wer ich wirklich bin.« Das war eine unterhaltsame Antwort, aber auch ein Eingeständnis: Beckenbauer kam sich mitunter selbst abhanden, er begann sich zu verlieren, musste sich suchen zwischen all den Worten und Bildern, die man ihm zuschrieb, zwischen all den Rollen, die er sich aufhalste und aufhalsen ließ. In seiner Autobiographie »Ich. Wie es wirklich war« heißt es: »Wenn ich all diese Geschichten nachlese über das, was ich einmal vor langer Zeit getan und gesagt habe, komme ich mir oft vor, als würde ich in einen Spiegel blicken. Aber dieser Spiegel ist beschlagen, es sind nur undeutliche Konturen zu sehen, das genaue Bild ist nur noch zu erahnen.« Als Luciano Pavarotti 1978 in New York huldigend vor ihm auf die Knie fiel, wehrte Beckenbauer peinlich berührt ab: »Ich bin doch nicht Jesus!« Aber wer war er dann? Auch sein ältester Sohn Thomas schien es nicht zu wissen, als er dem *SZ-Magazin* sagte: »Ich fühle mich wohl in Franz Beckenbauers Nähe und habe trotzdem immer das Gefühl, es bleibt alles so an der Oberfläche. Er ist nett und doch unnahbar.«

Selbst Lennart Johannson, der Präsident der Europäischen Fußballunion, vermochte dem *Spiegel* 1996 nicht genau zu sagen, wer hinter dem Mann denn eigentlich steckt: »Ich kenne Beckenbauer kaum. Früher habe ich ihn als einen Plauderer eingeschätzt, der bei Sonnenschein behauptet, es würde regnen, und umgekehrt. Und der seine Meinung täglich ändert. Zuletzt haben wir uns getroffen und über das Bosman-Urteil diskutiert. Ich sehe ihn heute nuancierter. Er ist nicht nur einer der größten Fußballer, er hat auch die Fähigkeiten eines Diplomaten und Staatsmannes.« Der Journalist Horst Vetten, der Franz Beckenbauer stets mit aufmerksamer Nachdenklichkeit beschrieben hat, besitzt ein anderes Bild von ihm: »Ich bin diesem Franz Beckenbauer in den 30 Jahren seines öffentlichen Lebens immer wieder begegnet. Ich kenne ihn als einen im Grunde einfachen Menschen, der seinen beißenden Spott verwendet, um drohende Umarmungen abzuwenden.« Ist Beckenbauer also einer, der sich hart macht, um nicht weich zu werden? Einer, der einfach ist, aber schwierig scheint? Und fürchtet er wirklich die Umarmungen der Öffentlichkeit? Will er viel lieber allein sein? In Kitzbühel auf dem Sofa liegen? Golf spielen oder beim Stanglwirt dem Hansi Hinterseer, den er schon lange zu seinen Freunden zählt, zuhören, wenn der seine zünftige Volksmusik macht?

Je älter Franz Beckenbauer wurde, desto öffentlicher wurde sein Leben. Kaum ein Schritt, den er tat, blieb unbeobachtet. Ähnelte er nicht jenem fabelhaften Kinohelden Truman, den Jim Carrey in THE TRUMAN SHOW spielte? Wir erinnern uns. Truman, ein netter Kerl, lebte in dem kleinen Küstenstädtchen Seahaven und sein ganzes Leben war eine Lüge. Alles inszeniert. Im Himmel über ihm saß seit dreißig Jahren ein allwissender Regisseur und registrierte jeden seiner Schritte mit 5000 Kameras. Die Menschen, die Truman liebte, selbst die Mutter, allesamt Schauspieler, die ihre Gefühl nur spielten. Und da draußen, dort in der wirklichen Welt, saß ein Publikum rund um den Erdball und fieberte mit seinem Helden, dem einzigen »true man« in dieser Show. Zum glücklichen Ende gelang Truman der Ausbruch aus dem totalen Schein. Konnte Beckenbauer fliehen? »Wenn einer sehr lange und hartnäckig etwas scheinen will«, hatte Nietzsche einst in »Menschliches, Allzumenschliches« diagnostiziert, »so wird es ihm zuletzt schwer, etwas Anderes zu sein.« War Beckenbauer der »true man« in der Show oder war auch er nur ein Schauspieler? Zunächst einmal lief die Show weiter und die Einschaltquoten stiegen.

Nie, niemals oder nie wieder, das hatte Beckenbauer oft gesagt. Dann – oft nur wenige Monate später tat er doch, was er nie, niemals oder nie wieder hatte tun wollen. So ging es auch im Herbst 1994. Als Präsident des FC Bayern amtierte damals Fritz Scherer, ein Professor für Betriebswirtschaftslehre, der sein Amt redlich, mit großem Einsatz und profunder Finanzkenntnis versah. Er hatte dem Beckenbauer-Freund und Bayern-Förderer Rudi Houdek lange als Geschäftsleiter gedient und war von dem Fleischfabrikanten für den Posten des Präsidenten empfohlen worden. Doch seine Amtsführung schien manchem nicht mehr in die Zeit zu passen, denn Scherer jonglierte zwar prächtig mit Zahlen, aber er bot keinen Glanz. Er besaß keine Image-Idee für den Club, und auch an seiner eigenen Person ließ sich für die Öffentlichkeit keine unverwechselbare Bayern-Identität ausmachen. Seine Versuche, dem Verein durch zupackende Reden Leben einzuhauchen, wirkten immer etwas bieder.

Ablösen wollten ihn einige, aber vor allem der ehrgeizige Karl-Heinz Rummenigge, der sich als Vizepräsident unterbeschäftigt fühlte, hegte Ambitionen auf den Posten. Die Rivalität zwischen diesen beiden Männern drang an die Öffentlichkeit, Unruhe begann sich breit zu machen auf den Fluren der Geschäftsstelle an der Säbener Straße. Auch Robert Schwan grübelte, während er, um Fitness bemüht, in den Steilwänden hing und sich kletternd nach oben zog. Schwan, der mittlerweile auch Stars wie den Doppelolympiasieger Jens Weißflog oder die Bergsteigerlegende Reinhold Messner zu vermarkten half, hatte das Bergsteigen für sich entdeckt und wollte sich noch als Siebzigjähriger mit strapaziösen Gewalttouren beweisen, dass für ihn nichts unmöglich ist. Der Bergführer Peter Mayerhofer, der mit ihm in Südfrankreich, Griechenland und Südtirol kletterte, war von der Energie des sehnigen Mannes beeindruckt: »Ich kenne niemand in seinem Alter, der solche Strapazen auf sich nimmt.« Schwans alter Aufstiegswille gab keine Ruhe. Das war sein Motto: Nach oben. Nach oben hatte der Ich-Athlet immer gewollt, und er hatte seinen Schüler Beckenbauer stets beschworen, nur den Gipfel anzuvisieren. Da sei sein Platz, nur da sei er sicher vor jedem Angriff.

Ähnlich wie Schwan dachte wohl auch Edmund Stoiber, der wie alle bayerischen Ministerpräsidenten den FC Bayern als Aushängeschild des Freistaates ansah. Allerdings hatte kein Ministerpräsident zuvor derart intensiv den Kontakt zum Fußball gesucht wie er. Er war in seiner Jugend, wie die Biographin Ursula Sabathil schreibt, zwar »kein hervorragender, eher ein mittelmäßiger, immer aber ein begeisterter Spieler« und nahm schon deshalb Anteil am Fußballgeschehen. Doch nicht nur die privaten Motive hatten Edmund Stoiber schließlich an die Spitze des Verwaltungsbeirats des FC Bayern geführt. In der medialen Erlebnisgesellschaft, die in den neunziger Jahren auch immer stärker das Politische formte, wurde es für Politiker zunehmend wichtig, sich selbst ins öffentliche Bild zu bringen, um die politischen Aussagen aussichtsreich verkaufen zu können. Auch deshalb war Stoiber, der seither kaum ein Heimspiel der Bayern verpasst und mit seiner Gattin Karin zuverlässig an der Seite des »Kaisers« sitzt, daran interessiert, eine charismatische Figur zum Präsidenten zu machen. Deshalb bat er Beckenbauer in die Staatskanzlei, schmeichelte ihm, sprach im geübten Dringlichkeitstonfall und machte ihm unmissverständlich klar, dass nur er, der »Kaiser«, großen Schaden vom Verein abwenden könne, indem er, durch seine Kandidatur einer drohenden Schlammschlacht zwischen Scherer und Rummenigge vorbeuge. Auch im Verwaltungsbeirat, dem Männer wie Houdek, *Focus*-Chefredakteur Helmut Markwort, Unternehmensberater Roland Berger oder Opelvorstand Georg Hehner angehörten, machte sich Stoiber für Beckenbauer stark. Er hatte leichtes Spiel, denn die Mehrheit schloss sich seiner Auffassung an, dass Beckenbauer der optimale Präsident sei.

Manchmal bergen »drohende Umarmungen« genau das, was man braucht. Was Beckenbauer suchte, war die reale Gegenwart einer Aufgabe, die ihn stärker an den Fußball band. Das Traineramt konnte das zwar auch leisten, aber nur für kurze Zeit, denn niemand litt an der Seitenlinie so sehr wie Beckenbauer. Eine ganze Saison als Vereinstrainer zu arbeiten, ohne gesundheitlichen Schaden zu nehmen, hätte er nicht überstanden. Der Posten auf der Bank ist für einen wie ihn grauenvoll. Machtlos sitzt er da, zu alt um noch mitzuspielen, aber noch so jung, dass er doch am liebsten auf den Platz rennen möchte um es dieser »Schülerelf« einmal zu zeigen. Als Teamchef der Nationalmannschaft hatte er selbst immer betont, er sei ein »freischaffender Künstler«, und das traf die Sache ganz gut, denn als Teamchef wechselten sich für ihn sehr intensive Arbeitsphasen mit gemächlichen Ruheräumen ab. Außerdem war jedes Länderspiel ein Ausnahmezustand, kaum vergleichbar mit einer langgezogenen Saison in der Bundesliga.

Beckenbauer kehrte, nachdem er sich bei Olympique Marseille verabschiedet hatte, noch zweimal als Trainer zurück: Er löste in der laufenden Saison 1993/94 Erich Ribbeck ab, das Gleiche passierte zwei Jahre später mit Otto Rehhagel. Beide Male haftete dieser Rückkehr etwas Wunderbares und Sensationelles an, und nur so war der Job für Beckenbauer überhaupt auszuhalten. Mirakulös und streng befristet. Er suchte den Fußball als Lebenselixier, fand ihn auch kurzfristig, aber er fand auch die Leiden des Genies, das sich an Spieler ausliefert, die sich seiner vergangenen Größe nicht gewachsen zeigten. Eine zermürbende Bundesligasaison als Trainer hätte zudem seinem Image geschadet, weil es ihn dem Rhythmus und den Ritualen der Bundesliga unterworfen hätte, weil die »Männlein mit den bunten Trainingsanzügen« alles dafür getan hätten, ihn zu besiegen, weil das Profane dieses Jobs seinem Nimbus als »Wundermann« beschädigt hätte, weil er seinen Verpflichtungen als Werbeträger nicht hätte nachkommen können, weil, weil, weil. Es gab tausend gute Gründe, die Finger davon zu lassen.

Aber als Präsident? Schloss sich da nicht ein Lebenskreis? Bot sich da nicht die Chance, dem Fußball nah, aber doch eben auch fern genug zu sein? Wurde so nicht auch, das war ein Punkt, der Robert Schwan wichtig war, der Aktionsradius von Karl-Heinz Rummenigge gebremst, dessen Aufstieg einen Schatten auf das Leuchten seines Schützlings hätte werfen könnte? Und worauf verstand sich Beckenbauer ähnlich gut wie auf Fußball? In einem Interview mit der *Frankfurter Allgemeinen Zeitung* hatte er, erstaunt über sich selbst, eingestanden: »Ich bin heute mit dem Fußball, was das Herz angeht, narrischer als früher.« Beckenbauers Fußballvielgestaltigkeit – ist sie nicht auch ein Ausdruck seiner Fußballbesessenheit? Seiner Sucht nach diesem Spiel, seiner Liebe zum Fußball? Muss er das Spiel seines Lebens nicht spielen, bis er vom größten aller Trainer vom Feld gerufen wird?

Besteigt ein Mensch einen Thron, ist es aufschlussreich, die Gesichter derjenigen zu betrachten, die Platz machen müssen für ihn oder selbst auf diesen Thron spekulierten. Dass sie gestürzt oder vor dem großen Ziel gestrauchelt sind, soll zwar im Verborgenen bleiben, doch selten genug gelingt es den Gekränkten, die Kluft zwischen den Worten und ihrer Physiognomie zu schließen. Als Franz Beckenbauer auf der Mitgliederversammlung des FC Bayern am 14. November 1994 mit überwältigender Mehrheit zum Präsident gewählt wurde, wollte niemand als Verlierer ertappt werden. Der Ex-Präsident Scherer wird von einem Fernsehteam um eine Stellungnahme gebeten. Die Frage: »Unterstützen Sie ihn?« – Scherer versucht ein Lächeln, heraus kommt eine Maske nervöser Kümmernis. Seine Antwort: »Das ist keine Frage, das ist eine Selbstverständlichkeit, weil ich habe ja für ihn Platz gemacht, ich bin für ihn nicht mehr angetreten, weil er einfach eine derartige Lichtgestalt, eine solche Persönlichkeit des deutschen, des europäischen, des Weltfußballs ist, dass es für den FC Bayern ein Glücksfall ist, dass er es übernimmt.« Die Superlative sollen helfen, den Getriebenen in einen Treibenden, den Verhandelten in einen Handelnden zu verwandeln. Wer für *ihn* Platz machen und für *ihn* nicht mehr antreten darf, darf sich glücklich schätzen, das zu dürfen. Soweit Scherer. Noch verschlungener, aber nicht weniger eindeutig fällt die Stellungnahme von Uli Hoeneß aus. Seine Gedanken und Sätze schieben sich ineinander wie treibende Eisschollen. Er sagt: »Franz ist natürlich ein Mann, der unheimlich viel geleistet hat in seinem Leben und der auch ganz gerne mal seine Freizeit genießt, und der ist sich natürlich darüber im Klaren, dass jetzt mit diesem Amt die Freizeit weniger wird und dass er jetzt mit mehr Sorgen Golf spielen muss. Er wird vielleicht beim siebten Abschlag mehr Gedanken an Fußballprobleme haben als in der Vergangenheit, und da hat er sich vielleicht überlegt, muss ich das haben oder nicht? Und jetzt hat er es!« Der letzte Satz klingt beinahe wie ein Hieb. Und jetzt hat er es! Freizeit, das ist für Hoeneß, der sich in den letzten 25 Jahren wie kein anderer für diesen Verein aufgerieben hat, ein Reizwort. Deshalb umkreist er die Freizeit seines neuen Präsidenten so auffällig, vielleicht fürchtet er, dass sie auf seine Kosten zunehmen könnte. Zuzutrauen ist diesem Bohemien ja alles. Der lässt sich feiern, wir dürfen arbeiten. »Der ist sich darüber im Klaren« heißt dann so viel wie: *Hoffentlich ist er sich darüber im Klaren*. Hoeneß, der Gerüchten zufolge, lieber den braven Scherer als Präsidenten behalten hätte, ist skeptisch und gespannt zugleich. Wie wird sich Franz in dieser neuen Rolle schlagen? Wird er Schiffbruch erleiden? Wird er schnell kapitulieren? Wird sein Image als Glückskind erstmals bleibende Kratzspuren erhalten?

Die Vereinsmitglieder hatte der frisch ernannte Präsident in der Münchner Olympiahalle vor sich gewarnt: »Sie werden vielleicht enttäuscht sein, wenn ich jetzt keine große Antrittsrede halte und nichts Großartiges verspreche. Ich bin kein Gaukler, ich verspreche nichts. Wir werden nicht viel reden, sondern arbeiten.« Tosender Beifall. Und für die gute Unterhaltung müsse man sich auch jemand anderen suchen: »Ich bin ja nicht der Thomas Gottschalk.« Gelächter. Aber eines, so endete die Antrittsrede, die keine sein wollte, sei ganz klar: »Ich persönlich bin stolz, dem FC Bayern dienen zu können.« Rührung, gesteigerter Beifall. Als Präsident wollte Beckenbauer das, was er immer gewollt hatte, wenn es um Fußball ging: Erfolg und Wachstum. Der ruhmreiche FC Bayern, der zuletzt 1977 einen internationalen Titel gewonnen hatte, sollte in die europäische Spitzengruppe zurückgeführt werden.

Um mit den führenden Clubs wie Real Madrid, FC Barcelona, Manchester United oder Juventus Turin mithalten zu können, musste eingekauft und in die Mannschaft investiert werden. Das »Spielermaterial«, so eine weit verbreitete Rede – nicht nur bei Beckenbauer und den Bayern – müsse stimmen. Auch Uli Hoeneß hatte stets für eine offensive Einkaufspolitik gestanden, doch mit Franz Beckenbauer trat ein Mann an die Spitze, der bereits laufende Prozesse beschleunigte. Nicht weil er sie konzeptionell forcierte oder durch unternehmerisch weitsichtige Entscheidungen anstieß. Nein, allein seine Präsenz bürgte dafür, dass der Markenartikel Bayern eine Wertsteigerung erfuhr. Außerdem brachte er seine persönliche Ungeduld ein, die zwar manches Problem erst schuf, aber andere auch schnell aus der Welt schaffte. Die Vertreter von Wirtschaft, Politik und Medien, die im Verwaltungsbeirat des FC Bayern saßen, hatten Beckenbauer nicht zuletzt deshalb zum Präsidenten auserkoren, weil er helfen sollte, ihre Interessen durchzusetzen.

Wilhelm Neudecker war am Heiligabend 1993 im Alter von 81 verstorben. Der langjährige Präsident des FC Bayern war einer der ersten, der die Bedeutung der Fernsehgelder erkannt und um sie gekämpft hatte; doch so lange es keinen Wettbewerb gab, waren die Einnahmen aus diesem Bereich schmal geblieben. Darüber hinaus war der ehemalige Bauunternehmer ein Geschäftsmann geblieben, der das Risiko gescheut und beim Einkauf neuer Stars eher defensiv gedacht hatte. Ein Grund für Beckenbauers Abschied vom FC Bayern 1977 war auch Neudeckers fehlende Bereitschaft gewesen, die

Mannschaft substanziell zu verstärken. Beckenbauer indes besaß einen anderen Charakter und fand eine völlig andere Situation vor als der Patriarch Neudecker. Die stetig steigenden Fernsehgelder und die neuartige Inszenierung des Fußballs durch das Privatfernsehen, lösten in den neunziger Jahren einen Fußballboom aus, an dem Wirtschaft und Politik teilhaben wollten. Der Fußball stellte in einer pluralistischen Gesellschaft eine der letzten großen Erzählungen dar, an der sich fast alle beteiligen wollten. Jeder, ob nun ein Politiker wie Stoiber, ein Journalist wie Markwort oder ein Unternehmen wie Adidas, wollte seine eigene kleine Erzählung in diesen gewaltigen Bestseller Fußball einschmuggeln. Und Beckenbauer, dessen Manager Robert Schwan einer der größten Einschmuggler überhaupt war, knüpfte die Verbindungen zwischen dem Fußball, den Medien, der Wirtschaft und der Politik.

Jede Saison schlägt ein neues Kapitel auf, und besitzt viele Autoren und viele Formen. Beckenbauer wird von vielen aufs Feld geschickt, von Trainern oder Geschäftsleuten, Journalisten, Politikern oder dem Publikum. Und seine Biographie trägt die Züge vieler Romane in sich: Vom Schelmen-, Ehe-, Problem-, Trivial-, Großstadt-, Dorf-, Liebes-, Gesellschafts-, Entwicklungs- oder Familienroman finden sich Spuren und dennoch, das ist vielleicht das Rätsel in Beckenbauers Leben, zerreißt die Kollision dieser Formen ihn nicht. Ganz im Gegenteil, Beckenbauer bleibt bei aller Fremdbestimmung, doch ein Held, der einen eigenen Willen hat, ein eigenes Ziel, auch wenn er es manchmal auf gewundenen, höchst widersprüchlichen Wegen verfolgt. Dieses vielgestaltige, manchmal an eine bunte Patchworkdecke erinnernde Leben, brachte Beckenbauer in seine neue Rolle als Präsident des FC Bayern ein. Dass das zu Turbulenzen innerhalb des Vereins führen würde, musste jedem aufmerksamen Beobachter klar sein. Denn die, die ihn schrieben, benutzten oder sich seiner bedienten, versuchten natürlich auch, die Geschicke des Vereins zu bestimmen. Die Frage war, ob sich Beckenbauer heillos zwischen seinen Aufgaben bei RTL, Premiere, der UFA und der *Bild-Zeitung* verwirren würde und ob diese Verwirrungen das Amt des Präsidenten beschädigen würden. Manchmal gab sich Beckenbauer in Bezug auf dieses Gewirr von Allianzen selbstkritisch. Dann räumte er ein: »Ich weiß auch, dass diese Situation mit meinen Verträgen nicht glücklich ist. Hundertprozentig wohl fühle ich mich damit nicht, aber die Verträge wurden zuvor abgeschlossen.«

Manchmal gab er sich aber auch störrisch. Als ihn der *Spiegel* im Frühjahr 1995 auf die mediale Verfilzung ansprach und ihn als den kommenden »Berlusconi des deutschen Fußballs« bezeichnete, reagierte er zunächst uneinsichtig: »Ich kann trennen, wann ich als Franz Beckenbauer kommentiere und wann als Bayernpräsident. Wenn andere da nicht trennen wollen, ist das nicht mein Problem.« Doch die *Spiegel*-Redakteure setzten nach: »Sie können eine öffentliche Meinung haben und eine private, die sie für sich behalten. Zwei öffentliche Meinungen zu vertreten ist schizophren.« Da resignierte der »Kaiser« und gestand: »Ich gebe ja alles zu. Aber ich kann nichts daran ändern.« Doch dieses Eingeständnis änderte nichts, Beckenbauer kündigte keinen Vertrag, und er erlaubt es sich weiterhin, mit verschiedenen öffentlichen Meinungen zu jonglieren, Meinungen, die zudem noch beeinflusst wurden durch die Interessen seiner Medienpartner. Trotz alledem – Beckenbauer wurde nicht als der große Schizophrene wahrgenommen, sondern er blieb der über allem schwebende Souverän.

Die Ausnahmestellung, die Franz Beckenbauer unter Deutschlands Prominenten inzwischen genoss, wurde anlässlich seines 50. Geburtstages noch einmal sehr deutlich. Von ARTE bis Premiere, von der *Bild-Zeitung* bis zur *Zeit*, überall war der Lebensfilm Beckenbauers zu sehen oder sein Lebensroman zu lesen. Dabei zeigte sich auch, dass nicht nur Beckenbauer in der Öffentlichkeit mitunter »schizophren« agierte, nein, auch diejenigen, die ihm ein solches Verhalten ankreideten, verhielten sich nicht weniger widerspruchsvoll. Zeitungen wie die *Süddeutsche* oder die *Zeit* brachten sehr lange Porträts, in denen Leben und Leistung wohlwollend gewürdigt wurden. Mit etwas Abstand folgten dann aber auch Texte, als *Streiflicht* in der *Süddeutschen* oder im *Zeit-Magazin*, in denen das Phänomen Beckenbauer ironisch, spöttisch oder satirisch behandelt wurde, so als ob man Angst gehabt hätte, den Helden zuvor zu innig an die Brust gedrückt zu haben.

Von Beckenbauer selber jedenfalls war zu hören, dass ihm der »Zirkus« ziemlich »wurscht« sei und dass er nicht verstehe, warum man um seine Person so einen »Personenkult« veranstalte. Er hätte lieber im kleinen Kreis gefeiert, aber, das ist ein altbekanntes Lebensmuster, das Gegenteil trat ein. Premiere hatte ihn dazu überredet; es sollte nun ein großes Event daraus gemacht werden: »Sie garantierten mir, dass am Ende eine Million DM für die Beckenbauer-Stiftung übrig bliebe. So hab' ich's eben gemacht.« Die Schützen-Festhalle auf der Münchner Wies'n war mit 1400 Festgästen aus aller Welt rappelvoll. Eingerahmt wurde der Jubilar von seiner Mutter Antonie und seiner Frau Sybille, nicht weit davon fanden sich Edmund Stoiber und Theo Waigel, die sich ebenso freuten, an des »Kaisers« Tisch sitzen zu dürfen. Als klugen Schachzug wertete man, dass Beckenbauer auch seine Ex-Frau Brigitte und seine frühere Lebensgefährtin Diana Sandmann eingeladen hatte, »selbst knifflige Fragen löste er wie von selbst«, hieß es etwa in der *Frankfurter Allgemeinen Zeitung*.

Es war zumindest erstaunlich, wie wenig dieses Fest den »Kaiser« unter Druck zu setzen schien. Lächeln, Schulterklopfen, Herzen und Busseln, all das gelang ihm in den Augen der Betrachter mühelos, und inmitten des allergrößten Trubels fand der Hauptdarsteller offenbar noch die Muße für eine vertrauliche Unterhaltung. Großzügig seinen Gästen gegenüber zeigte er sich auch, er verschenkte exklusive Cartier-Uhren an Freunde, Bekannte und an alle Spieler, die an dem großen Showduell im Olympiastadion teilgenommen hatten. Das launige Altherrenspiel zwischen einer deutschen Jahrhundertelf und einer Weltauswahl wollten zwar nur 20 000 Zuschauer im Olympiastadion sehen, aber sie kamen beim 12:10 auf ihre Kosten. Premiere übertrug diese Fußballshow unverschlüsselt, ebenso ein 90-minütiges Porträt über den »Kaiser«, das der Sender mit einigem Aufwand hergestellt hatte. Das allerdings stieß bei den Fernsehkritikern auf wenig Gegenliebe. Michael Skasa schrieb im Medienteil der *Süddeutschen Zeitung*: »Stolz berichtete der Pressechef von Premiere, ein ›zehnköpfiges Team‹ habe mit Beckenbauer monatelang sieben Stationen seiner Weltkarriere besucht. Herrschaften, so leichtfertig sollte man mit dem Begriff ›Kopf‹ nicht umgehen. Und wieso überhaupt fuhren diese zehn Figuren nach Mexiko, Rom, New York oder sonst wohin? Weil's schön ist dort. Wir aber sahen immer bloß einen drögen Herrn in einem Stadion sitzen, neben ihm Beckenbauer, der uns sagte, Mexiko sei sehr aufregend gewesen, oder London sei wichtig gewesen, oder Rom sei ganz spannend gewesen.«

Der 50. Geburtstag Beckenbauers zeigte noch einmal die Vielfalt der Images, die er auf sich gezogen hatte. Er sei, »der genialste Spieler der Welt« (Pelé), »mal Halunke, mal Held« *(Das Sonntagsblatt)*, »der Souverän« *(Die Zeit)*, »Kaiser mit elf Teufelchen« *(Die Woche)*, »Günstling und Götter-Spezi« *(taz)*, »Meisterfranz und Suppenfranz« *(taz)*, »Gockel von Giesing«, »Lichtgestalt« (Horst Vetten), »eine Legende« *(Abendzeitung)*, »Göfranz« *(Spiegel)*, »Firle-Franz« *(Spiegel)* »Maskottchen unserer Kultur« *(Frankfurter Allgemeine Zeitung)*, »Symbol des Wiederaufbaus« *(Wochenpost)*, »Meister der Anpassung« *(Süddeutsche Zeitung)*, »der Gelegenheitsarbeiter« *(Neue Zürcher Zeitung)*, »der Vulkan« *(Sport-Bild)*, »der Gott aller Fußball-Verrückten« *(Bunte)*, »Poltergeist« *(Bild am Sonntag)*, »der golfende Überpapa« *(Süddeutsche Zeitung)*, »der Unberührbare« *(Süddeutsche Zeitung)*, »der wilde Kaiser« *(Stern)*, »Kaiser Franz I. von Deutschland« *(Sport-Bild)*, »Liebling des Schicksals« *(Die Woche)*, »Häuptling gespaltene Zunge« *(Süddeutsche Zeitung)* und so weiter und so fort. Eigens zum 50. Geburtstag hatte sich auch der Kabarettist Ottfried Fischer eine Charakterisierung einfallen lassen: »Franz ist der einzige, der für die PDS in Bayern ein Direktmandat holen würde.« Und auch Otto Rehhagel, den die Bayern für die Saison 1995/96 als Trainer geholt hatten, war zu Beckenbauer ein flotter Spruch eingefallen: »Wenn der Franz aus einem Hochhaus stürzt, steht unten immer einer, der ihn auffängt.« Wie recht Rehhagel damit haben sollte und wie wenig diese Weisheit auf ihn selbst zutraf, sollte der Meistertrainer aus Bremen bald leidvoll erfahren, denn das Bayern-Präsidium, allen voran Franz Beckenbauer, hatte es sich in den Kopf gesetzt, den Mann, »der uns 14 Jahre langt an der Nase herumgeführt hat« (Uli Hoeneß), nach München zu holen. Beckenbauer frohlockte, man habe den »besten und erfolgreichsten Trainer« des Landes engagiert und setzte sich, das war ein Bild für die PR, eine Schirmmütze auf mit der humorvollen Werbebotschaft: »Otto find ich gut.«

Otto Rehhagel war ein Bundesligaspieler der aller ersten Stunde, aber auch einer, an dessen Namen sich heute keiner mehr erinnern würde, wenn es den Trainer Rehhagel nicht gegeben hätte. Geboren und aufgewachsen in Essen, arbeitete der junge Mann zunächst als Maler und Anstreicher auf der Zeche Helene und spielte am Wochenende bei TuS Helene. Den ersten Bundesligaspieltag, den 24. August

1963, erlebte Rehhagel im Trikot von Hertha BSC, dann wechselte er 1966 zum 1. FC Kaiserslautern, und dort blieb er. Ein harter, manchmal überharter Zerstörer, den die technisch beschlagenen Angreifer als »Klopper« fürchteten. Da er bereits 1970 sein Trainerdiplom in Köln erworben hatte, konnte er nach dem Ende seiner Spielerlaufbahn, nach 201 Bundesligaspielen und 22 Toren, seine Arbeit als Trainer beginnen.

Nach einigen Stationen begann er 1981 bei Werder Bremen und blieb dort 14 Jahre. In dieser Zeit gewann er mit Bremen zweimal den DFB-Pokal, einmal den Europapokal der Pokalsieger und zweimal die Deutsche Meisterschaft. Als in der Saison 1994/95 sein Wechsel zu Bayern München bekannt wurde, war das Erstaunen in der Öffentlichkeit groß. Ausgerechnet nach München? Ausgerechnet zum Dauerrivalen, zum Lieblingsfeind des SV Werder Bremen? Rehhagel trat die Saison in München als Gedemütigter an. Ausgerechnet seine zukünftige Mannschaft hatte ihm am letzten Spieltag der alten Saison eine bittere Niederlage beigebracht. Die Bremer verloren im Olympiastadion mit 1:3 gegen eine Münchner Mannschaft, die kämpfte und arbeitete, spielte und rannte wie nie zuvor in der abgelaufenen Spielzeit. Rehhagel hatte kaum erwartet, dass ihm die Bayern den Titel schenken würden, aber dass sie sich so ins Zeug legten, um ihm die Früchte einer langen Saison zu entreißen, überraschte ihn doch, zumal die Münchner unverrückbar auf dem sechsten Platz lagen und weder nach oben steigen noch nach unten fallen konnten. Durch Bremens Niederlage in München konnten die Dortmunder in letzter Minute die Meisterschaft erringen, und Rehhagel litt wie ein verprügelter Hund.

Fußball wie noch nie wollten sie in München nun spielen, das hatte vor allem der Präsident Beckenbauer gefordert, der endlich »schönen Fußball« sehen, der endlich Kontinuität auf dem Trainerposten erleben wollte. Deshalb wurde massiv investiert, auch das eine Forderung des Präsidenten. Es kamen: Jürgen Klinsmann, Thomas Strunz, Ciriaco Sforza, und aus Bremen hatte Otto Rehhagel zudem noch seinen Star und Regisseur Andreas Herzog mitgebracht. Bald wurde das hochkarätige Ensemble »Dreamteam« getauft, und anfangs schien es seinem Namen auch alle Ehre zu machen. Die Bayern begannen die Saison 1995/96, in der erstmals die neue Drei-Punkte-

Regel galt, mit sieben Siegen in Folge. Doch dann kamen die Dämpfer, und spätestens jetzt dämmerte allen Beteiligten, dass Rehhagel ebenso wenig zu München passte wie zu Franz Beckenbauer und dessen Führungsstil. Anfänglich hatte Rehhagel noch von »meinem Freund Franz« gesprochen, bald nannte er seinen Vorgesetzten in der Öffentlichkeit nur noch »Herr Beckenbauer«.

Rehhagel, der in Bremen wie ein Feudalfürst residiert hatte, »König Otto« war sein Kosename, war es nicht gewohnt, dass jemand in seine Geschäfte hineinregierte. Diese Freiheit nahm sich der »Kaiser« aber. Vor dem Bundesligaspiel gegen Borussia Mönchengladbach hatte er sich im VIP-Bereich gegenüber Vertrauten empört: »Wisst's ihr, was der Wahnsinnige wollte? Der wollte den Scholl auf die Tribüne setzen. Das habe ich verhindert.« Rehhagel, der solche Geschichten der Presse entnehmen konnte, war nicht amüsiert. Noch schockierter war er, als sein Präsident als Kommentator bei »Premiere« die Mannschaft heftig attackierte. Das Spiel gegen den FC St. Pauli sei ein »Katastrophenspiel«, das »Dreamteam« lediglich eine »Schülermannschaft« und drohend fügte er hinzu: »Die sollen froh sein, dass ich nicht mehr der Trainer bin.« Die Wutausbrüche des »Kaisers« waren mittlerweile legendär, aber sie entstanden nicht so unbedacht, wie Beckenbauer mitunter selbst gern glauben machen wollte. Er hatte gelernt, dass seine Kommentare von den Medien genutzt wurden, das war Teil des Spiels. Zwar betonte er auch immer wieder, man solle nicht alles, was er sage, auf die Goldwaage legen, da er ohnehin viel »Blödsinn« rede, dennoch war es ihm ganz recht, wenn die Blitze, die er schleuderte, auch ein vernehmliches Donnergrollen hervorriefen. Er fühlte sich frei und stark genug, um sich solche Ausbrüche leisten zu können, nicht zuletzt der eigenen Gesundheit zuliebe. Außerdem missfiel ihm jeglicher Stillstand und wenn er aufbrauste, dann kamen die Dinge zuverlässig in Bewegung.

Dahinter steckte vielleicht nicht immer eine langfristige Strategie, aber immer der Wunsch, dass sich etwas verändern möge. Auch Marcel Reif, den Beckenbauer im »Aktuellen Sportstudio« einst einen »Zauberer« genannt hatte, den man bitte schön »vom Fußball weglassen« solle, glaubt heute nicht, dass Beckenbauer nur die Sicherungen durchbrennen: »Ich glaube, dass ist bei ihm Kalkül. Ich glaube nicht, dass er einfach nur ins Plappern gerät, weil er heute mal schlecht drauf ist oder weil ihm der Kamm schwillt. Viele halten ihn ja für einen Bauchmenschen, der dann eben aus dem Bauch heraus poltert. Ich habe da doch eine andere Wahrnehmung: Wenn er poltert, dann weiß er ganz genau, dass er poltert und wann er poltert.« Im Falle Otto Rehhagels brachte Beckenbauers Poltern eine lang angestaute Unzufriedenheit zum Ausdruck, und er setzte wohl auch das Signal, dass die Tage dieses Trainers zum Saisonende gezählt sein dürften.

Zwar war die Mannschaft in der Tabelle aussichtsreich platziert und auch im UEFA-Pokal noch im Wettbewerb, dennoch stimmte vieles nicht. Das Team war zerstritten, vor allem zwischen Matthäus und Klinsmann gärte es, und immer wieder tauchten Betriebsgeheimnisse in den Boulevardblättern auf. Es war aber vor allem Rehhagels Unvermögen, sich in München neu zu erfinden, was Beckenbauer ärgerte. Rehhagel war der Neuling, und er hatte doch nur alte Rezepte anzubieten. Er hatte seinen Stil 14 Jahre lang in Bremen ausleben können und weigerte sich nun, die veränderten Arbeitsbedingungen anzuerkennen. Beckenbauer riet ihm, sich zu verändern, er bat ihn, mehr mit der Presse zu reden, er forderte von ihm, mehr auf die Spieler zuzugehen, sein Rotationssystem, das Unruhe in die Mannschaft gebracht hatte, zu überdenken, und er fand, dass Rehhagels Führungsstil »überholungsbedürftig« sei. Er verlange zwar nicht, dass sich der Trainer »in vier, fünf Minuten« völlig umstelle, aber über Nacht könne das schon gelingen.

Der *Frankfurter Allgemeinen Zeitung* sagte Beckenbauer: »Die Probleme mit Trapattoni im letzten Jahr waren noch größer. Auch da haben wir mit ihm gesprochen. Er hat sich über Nacht geändert. Zum Schluss haben ihn die Spieler geliebt.« Da war sie wieder, Beckenbauers große Ungeduld und wohl auch seine Unerfahrenheit im Umgang mit Menschen. Was ist der Unterschied zwischen »vier bis fünf Minuten« und »über Nacht«, wenn einer aufgefordert wird, seine Identität auszutauschen wie ein verschwitztes Trikot? Das war schlechterdings unmöglich. Beckenbauer war früh deutlich gemacht worden, dass sein Talent einzigartig sei – und beinahe folgerichtig hatte sich dann eine einzigartige Biographie daraus ergeben. Sein Leben und sein Image waren immer wieder verändert worden – durch andere. Er hatte diesem Veränderungsdruck stets standgehalten, weil seine Erfolge es ihm erlaubten, sich einerseits treu zu bleiben und sich andererseits den Veränderungen zu ergeben. Da er ein öffentliches Leben führte, warfen ihm die Medien immer neue Etiketten hinterher, und vielleicht glaubte Beckenbauer mitunter selbst, dass dieser Lebensfilm sein Leben sei. War er nicht in einer komfortablen Situation? Mal lebte er sein Leben, mal gab er sich dem Lebensfilm hin, er blieb immer der Alte und war doch immer ein anderer, er wurde immer älter und blieb doch frisch und konserviert. War es nicht diese Selbstmaßstäblichkeit, die ihn dazu verführte, von anderen gleiche Reaktionsweisen und Empfindungen zu verlangen? Nun gut, in vier bis fünf Minuten kann er sich nicht verändern, der Rehhagel, aber über Nacht sollte das doch möglich sein, bitte schön! Hatte der denn nicht Lust, nach 14 Jahren in Bremen, mal ein ganz anderer zu werden?

Er hatte nicht, denn eigentlich war Rehhagel, so, wie er war, mit sich zufrieden. Auch er war ein Aufsteiger wie Beckenbauer, aber im Gegensatz zu ihm war er froh, ein anderer geworden zu sein. Rehhagels Hantieren mit Klassikerzitaten, sein öffentlicher Umgang mit Intellektuellen wie Jürgen Flimm oder Walter Jens, seine herablassende Art gegenüber Journalisten, denen er gerne mal die Welt erklärte, all das wirkte, als ob er sich mit Gewalt von seiner Herkunft lösen wollte. Beckenbauer dagegen versuchte nicht, fehlende Bildung zu überspielen oder sein Herkommen durch grandiose Gesten zu verdecken. Dazu passt eine Beobachtung, die mir Günther Jauch mitgeteilt hat: »Beckenbauer hat nicht die Unsicherheiten und Eitelkeiten klassischer Emporkömmlinge. Bei einem Fototermin mir Reif und mir sitzt er da auf seinem Stuhl und blickt irgendwie traurig. Da sagt der Reif zu ihm: ›Was schaust du denn so sinister?‹ Da hat er dann überhaupt kein Problem zu fragen ›Sinister, was heißt denn das. Heißt das etwa blöd oder finster, oder was?‹«

Rehhagel besaß diese Leichtigkeit und Unbefangenheit nicht, und was er Beckenbauer nicht verzieh, waren dessen Ratschläge, die ihn in schöner Regelmäßigkeit über die *Bild-Zeitung* oder Premiere erreichten. Otto Rehhagel, sieben Jahre älter als Beckenbauer, wollte sich nichts mehr beibringen lassen, er kam sich gedemütigt vor, wenn ihn der Jüngere in aller Öffentlichkeit belehrte und Sätze sagte wie: »Otto muss noch viel lernen. Er geht hier staunend durch die Stadt und wundert sich.« Natürlich litt darunter die Autorität des Trainers, zumal er mit den Spielern des FC Bayern ohnehin nicht mehr zurechtkam. Sie, die schon Stars waren, wollten sich Rehhagels Motto »der Star ist die Mannschaft«, nicht mehr fügen.

In diesen Jahren der Bundesliga entdeckten sich die Fußballer als Akteure in einer permanenten Show. Ihr Wert für den Club wurde jetzt nicht nur durch ihr Spiel, sondern auch durch den Absatz ihrer Trikots bestimmt. Im Geschäftsjahr 1992/93 hatte der Umsatz des Vereins durch Merchandisingprodukte noch 3 Millionen DM betragen, 1995/96 waren es schon fast 30 Millionen DM. Es war deshalb vorteilhaft für den Spieler, der sich als Markenartikel begriff, wenn er den am Spielfeldrand wartenden Kameras und Reportern einen guten Spruch, ein eigenwilliges Statement oder zumindest eine spektakuläre Geste anzubieten hatte. Auch der Torjubel wurde als Element der Inszenierung und als Möglichkeit, auf sich aufmerksam zu machen, entdeckt. Es wurden Salti geschlagen, Tänzchen gewagt, man begann Gott, seine Frau oder das Baby zu grüßen, man ballte die Fäuste, zersägte Baumstämme, man trat gegen Eckfahnen, zerrte an Tornetzen, oder man riss sich das Trikot vom Leib und zeigte prächtige Bauchmuskeln, die aus jedem Tor auch eine erotische Botschaft machten.

All diese neuen Riten der Fußballshow gediehen besonders prächtig in München, wo man in Sachen Marketing, Merchandising und Medienpolitik neue Maßstäbe setzte. In Franz Beckenbauers Person waren diese Entwicklungen auf die Spitze getrieben, er stand für Kommerz, Show, Werbung und jonglierte mit den Medien wie einst mit dem Ball. Rehhagel dagegen stand diesen Entwicklungen ablehnend gegenüber, er verweigerte sich und zog sich in München in sich selbst zurück. Deshalb war sich die Führungsspitze längst einig, dass man den Trainer bei passender Gelegenheit los werden wolle. Die Chance dazu bot sich, als das Heimspiel gegen Hansa Rostock mit 0:1 verloren wurde. Torschütze war der Nigerianer Jonathan Akpoborie, vor dem Rehhagel seine Spieler unmittelbar vor dem Spiel noch gewarnt hatte: »Und, meine Herren, passen Sie mir auf den Akpoborie auf. Sie wissen doch – die Neger wollen uns unsere Arbeitsplätze wegnehmen.«

Sechs Stunden später war der Trainer seinen Job los. Entscheidend dafür war aber weniger sein rassistischer Amoklauf, sondern die Gefährdung der sportlichen Ziele. Auf seiner ersten Pressekonferenz als Interimstrainer schilderte Beckenbauer, wie es zu der Entlassung gekommen war: »Wir waren zehn Leute, darunter einige Spieler, und neun haben versucht, mir einzureden, für die letzten drei Wochen das Training zu übernehmen. Ich selbst habe das nicht so dramatisch gesehen, aber ich habe mir das dann schildern lassen, und da ich, wie bekannt ist, schlecht nein sagen kann, war ich einverstanden.« Beckenbauer griff zum Telefon und bestellte den Trainer in die Geschäftsstelle.

Wie sich die Entlassung vollzog, hat Beckenbauer der Illustrierten *Bunte* verraten: »So eine Situation habe ich in meinem ganzen Leben noch nicht gehabt. Da kommt ein toller Mann zur Tür rein, den ich bewundere, zu dem ich freundschaftliche Gefühle hege. Und du musst ihm sagen: ›Das war's! Aus!‹ Ich habe Otto gesagt, er wird ab morgen die Mannschaft nicht mehr trainieren. Einen Moment lang hat er geschluckt. Im nächsten Moment hat er gesagt: ›Ja, das hat ja auch keinen Sinn.‹ Das Ganze hat nur eine Minute gedauert. Dann ging Otto.« Und wie er sich dabei gefühlt habe, will der Reporter wissen: »So schlimm, wie noch nie in meinem Leben. Ich hab' mich jedes Mal gefreut, wenn ich den Otto gesehen habe. Ich habe ihn in den Arm genommen, berührt. Ich fasse Menschen selten an. Ich habe den Typ Otto gemocht, und ich mag ihn immer noch.« Was steckt hinter dieser Schilderung? Ist es Beckenbauers Talent, sich ansprechend zu verkaufen? Echtes Gefühl oder Kalkül? Denn die Passage liest sich fast so, als ob Rehhagel Beckenbauer entlassen, als ob eigentlich Beckenbauer den größeren Schmerz und die Schmach erlitten hätte. Franz Beckenbauer mag diese Art von Entscheidungen tatsächlich nicht, auch deshalb wollte er sich in dieser Situation selbst als Opfer sehen, als Opfer schicksalhafter Notwendigkeiten und als Opfer der neun anderen, die ihn überredet hatten, jetzt einen Schlussstrich zu ziehen und nicht zu warten. Tatsächlich hatte Franz Beckenbauer keinen Spaß an diesem Feuerwehreinsatz, und er verspürte ebenso wenig Lust, als Königsmörder aufzutreten. Aber – und deshalb sagt er letztendlich doch wieder ›Ich bin bereit‹ – war ihm der bedrohte Erfolg wichtiger als die Kratzspuren, die sein Image nehmen mochte. Beckenbauers Fehler war nicht die Entlassung von Otto Rehhagel, sondern dessen Verpflichtung.

Die erhoffte Rettung durch den »Wunderheiler« Beckenbauer blieb aus. Borussia Dortmund wurde Meister, die Dortmunder Fans sangen »Vize-Kaiser Franz, Vize-Kaiser Franz«, und der BVB-Präsident Gerd Niebaum fand schadenfroh, das sei ein Sieg des »Burgtheaters über Hollywood« gewesen. Beckenbauer war gereizt, angespannt, versuchte aber, sich nichts anmerken zu lassen. Dass er in diesen Tagen auch noch mit einem blauen Auge herum lief, das er sich beim Training zugezogen hatte, schien sinnbildlich für die Situation zu stehen. Als die Meisterschaft verloren war, gewährte Uli Hoeneß einen Einblick in das Seelenleben seines Präsidenten: »Der Franz ist doch ein bisserl angeschlagen. Die ganze Geschichte schlägt ihm aufs Gemüt.«

Immerhin stand noch das zweite Finalspiel im UEFA-Pokal aus, das erste Treffen hatten die Bayern mit 2:0 für sich entschieden. Sollte dieser Vorsprung aber verspielt werden, hätte Beckenbauer einigen Spott auf sich gezogen. Er wusste: »Dann gibt es fürchterliche Hiebe.« Und Schlagzeilen wie »Auch eine Kaiserkrone glänzt nicht ewig« *(Tagesspiegel)* würden dann wohl zu Regel. Unwillig und kurz angebunden wehrte er zu große Erwartungen ab: »Ich bin doch auch nur ein Mensch, einen Zauberer gibt's nur im Zirkus.« Immerhin, das Rückspiel gegen Bordeaux wurde mit 3:1 gewonnen, und Beckenbauer sagte als Trainer Servus: »Für mich bedeutet dieser Titel überhaupt nichts. Ich habe soviel Titel gewonnen. Wenn ich noch nach dem UEFA-Cup hätte ausschauen müssen, dann hätte ich etwas falsch gemacht in meinem Leben.« Als das Jahr zu Ende ging und Beckenbauer noch einmal zurückblickte, gestand er ein, dass die Entlassung Rehhagels im April ein schwerer Fehler gewesen sei: »Es war eine falsche Entscheidung. Und ich habe auf diese Weise einen Freund verloren.« Rehhagel ließ sich ein Jahr Zeit, um zu antworten. In einem Interview mit der *Zeit* betonte er, dass ihn mit Beckenbauer niemals eine Freundschaft verbunden habe, und er fügte hinzu: »Wenn der Franz morgen sagt: Der Ball ist rechteckig, klatschen alle Beifall und schreiben: Endlich hat es mal einer gesagt.«

Beckenbauer war jetzt zwei Jahre als Präsident des FC Bayern im Amt, wirklich glücklich war er in dieser Rolle noch nicht. Er tat sich schwer, genau wie in den ersten Jahren als Teamchef, eine eigene Handschrift zu entwickeln. Die Aufgabe war schwieriger als alles andere, was er bisher geleistet hatte. Es fiel ihm schwer, sich einzuordnen, sich zurückzunehmen, er stand langwierigen Entwicklungen und Entscheidungsprozessen ungeduldig gegenüber und mitunter kollidierten seine Interessen mit denen des Vereins. Er selbst war sich darüber im Klaren und äußerte in der Öffentlichkeit auch mehrfach, dass der Job des Vereinspräsidenten eigentlich nur einem gut bezahlten Finanzprofi überlassen werden dürfte und nicht einem ehrenamtlichen »Gelegenheitsarbeiter« wie ihm: »Ich mache den Job nicht gut, denn es ist ein Full-Time-Job, und ich habe keine Zeit.«

So war er zwar dem Fußball nahe, das war ein persönlicher Wunsch, aber Spaß empfand er nur selten, weil die Mannschaft keinen attraktiven Fußball bot und weil immerzu kleinere Krisen und größere Dramen zu entschärfen waren: »Mein Leben und meine Laune hängen stark mit dem Klub zusammen. Sonst habe ich überhaupt keine Probleme. Jeden Tag beschäftige ich mich mit dem Klub, telefonisch, gedanklich. Dann kommt der Samstag, du gehst auf den Fußballplatz und ärgerst dich. Schon seit Jahren.« In einem Interview mit dem *Spiegel* 1997 schätzte Günter Netzer Beckenbauers Arbeit als Präsident so ein: »Franz Beckenbauer ist das Glück des deutschen Fußballs schlechthin und damit auch das Glück des FC Bayern. Dass er mit seiner Medienpräsenz gelegentlich die eigenen Ziele torpediert, muss man in Kauf nehmen. Denn mit den negativen Seiten Beckenbauers lebt man immer noch besser als mit all diesen Präsidenten, die nichts von seiner Aura haben.« Diese Ausstrahlung mochte auch dazu beigetragen haben, dass der FC Bayern München immer häufiger als FC Hollywood bezeichnet wurde – ein Titel, den man sich in München gerne hätten gefallen lassen, wenn es nur um den damit verbundenen Glamour gegangen wäre. Doch gemeint waren vielmehr die Skandale Hollywoods, die jetzt offenbar in München Einzug hielten. Mit Rehhagels Abgang kehrte keine Ruhe in den Verein ein, weil das eigentlich größere Problem, wie einige meinten, nicht gelöst worden war: das Duell zwischen Lothar Matthäus und Jürgen Klinsmann.

Der Präsident hielt seine schützende Hand über seinen Kapitän Matthäus, der innerhalb der Mannschaft weitgehend isoliert war. War es alte Anhänglichkeit? Oder traute sich Beckenbauer nicht, Klinsmann zu trauen? Es war wohl eine Mischung aus diesen Motiven. Es war die Saison, in der Klinsmann wutschnaubend in eine Werbetonne trat, Matthäus mit seinem Manager Hoeneß wettete, dass sein Erzfeind in der Rückrunde nicht mehr als zehn Tore schieße (er schaffte es), es war die Saison, in der Beckenbauer sein Team motivierend als »Scheißmannschaft« titulierte (woraufhin die Mannschaft gewann) und ankündigte, er werde seine Engagements bei *Bild* und RTL in Zukunft einschränken, und es war die Saison, in der Bayern München Meister wurde. Der sportliche Erfolg ging bei all den Schlagzeilen fast unter, auch weil Matthäus einige Tage nach den Meisterschaftsfeierlichkeiten seinen Klatschreport »Mein Tagebuch« veröffentlichte, in dem es in erster Linie darum ging, gegen Klinsmann, der den Verein verlassen hatte, nachzutreten. Jetzt war das Maß voll. Schon zweimal hatten die Münchner Nationalspieler Beckenbauer vergebens gebeten, Matthäus die Kapitänsbinde abzunehmen. In diesem Fall jedoch entschied das Präsidium einstimmig und entband Matthäus von seinem Amt. Hätte sich Trapattoni durchgesetzt, wäre der Tagebuchschreiber aus dem Verein geflogen, doch das wusste der Präsident zu verhindern.

Es war eine Frage der Distanz. Beckenbauer hatte noch nicht den richtigen Abstand zum Amt des Präsidenten und zum Tagesgeschäft. Er hatte sich noch nicht richtig justiert. Er kämpfte wie ein Löwe an vielen Fronten, doch er blieb ein Teilzeitlöwe. Mal kämpfte er für einen Stadionneubau, dann attackierte er die ungerechte Zentralvermarktung der Fernsehrechte durch den DFB, oder er setzte sich für die Umwandlung des Vereins in eine Aktiengesellschaft ein. Aber das waren Themenfelder, in die er sich nicht intensiv einarbeiten konnte oder wollte. Beckenbauer ist kein Mensch mit Sitzfleisch, kein Aktenwühler, kein Gremien- und Sitzungsfreund. Doch weil er sich nicht den Vorwurf machen lassen wollte, er tue zu wenig für den Verein, setzte er sich manches Mal mehr ein, als anderen recht war. Der private Beckenbauer schien in diesen Jahren zunehmend aus dem Blickfeld der Öffentlichkeit zu verschwinden, absorbiert vom FC Hollywood und seinen vielfachen Funktionen in den Medien, der Sportpolitik, der Wirtschaft und der Werbung. Die verschiedenen Rollen, in denen er agierte, trieben ihn in Widersprüche, seine Auftritte begannen Spott auf sich zu ziehen. Für Olli Dittrich, Wigald Boning oder Harald Schmidt wurde er eine beliebte Zielscheibe, ein

Running Gag, der *Spiegel* hatte ihn als »Firle-Franz« bezeichnet, der heute nicht weiß, was er gestern gesagt hat. Beckenbauer soll sich diese Geschichte, die ihn in seiner ganzen Widersprüchlichkeit beschrieb, so sehr zu Herzen genommen haben, dass er seinen Präsidiumskollegen den Rücktritt anbot. Selbst die Springer-Presse schien plötzlich nicht mehr unverbrüchlich hinter ihm zu stehen. Unter dem Titel »Wann lernt der Kaiser, was wahre Größe ist?« musste sich Beckenbauer einen geharnischten Rüffel in der *Bild am Sonntag* gefallen lassen. Beckenbauer sei, so vermutet der Autor Stefan Hauck, in seinem Leben zu wenig widersprochen worden: »Möglicherweise konnte er deshalb ein paar ganz wichtige Dinge nie lernen: dass wahre Größe auch darin besteht, zum richtigen Zeitpunkt die Klappe zu halten. Dass wirklich Große nicht dadurch größer werden, wenn sie vermeintlich Kleineren verbal vor das Schienbein treten. Und dass er selbst, als 17-jähriger Mittelfeldspieler wie als 51-jähriger Präsident, Teil einer Mannschaft ist.«

Immer wenn Beckenbauer in Bedrängnis geraten war, hatte er sich in ein neues Abenteuer gestürzt, eine neue Aufgabe oder ein neues Amt. Und jedes Mal hatte dann der Erfolg alle Zweifel und Kritik von ihm abgewaschen. Im Laufe des Jahres 1998 wurde es zwar nicht stiller um Beckenbauer, aber er selbst nahm sich zurück: »Es gab eine Zeit, da musste ich dauernd meine Meinung sagen.« Auch im Verein hatten sich Stimmen gemehrt, die von Beckenbauer mehr Selbstdisziplin im Umgang mit den Medien forderten, andernfalls könne man seine Appelle an die Spieler, sich nur noch auf das Fußballspielen zu konzentrieren, lediglich als Scheinheiligkeit begreifen. Nachdem sich Trapattoni verabschiedet hatte (»Ich habe fertig«), nahm Ottmar Hitzfeld seine Arbeit bei den Bayern auf. Endlich hielten im Verein Kontinuität und Ruhe Einzug.

Beckenbauer, der sich auch als Präsident verstanden hatte, der auf die Pauke hauen muss, wenn es nicht läuft, konnte die Pauke nun häufiger in der Ecke stehen lassen. Er war gefragt wie immer, aber diesmal wartete eine ganz andere Rolle auf ihn: Als Diplomat und liebenswürdiger Botschafter sollte er weltweit für Deutschland als Repräsentant agieren, denn der DFB hatte sich entschieden, sich um Ausrichtung der Weltmeisterschaft 2006 zu bewerben. Und wer hätte diesen Wunsch besser in die Welt tragen können als Beckenbauer, dessen Bekanntheitsgrad im Ausland von keinem anderen Deutschen übertroffen wurde? Peter Stützer fragte ihn 1997 in einem Interview für die *Woche*: »Sie sind ein gefragter Mann. Haben Sie ein Gefühl dafür, wie wichtig sie sind?« Beckenbauer weiß, für wie wichtig ihn andere halten, er weiß aber auch, dass es unklug wäre, dies die Öffentlichkeit wissen zu lassen: »Ich brauche nur nachts raufzuschauen, wenn sternenklarer Himmel ist, ich schaue mir unser Sonnensystem an, die Erde ist mit der kleinste Planet, von diesem Sonnensystem gibt's noch Milliarden andere. Und da fragen Sie, wie wichtig ich bin?«

Aller Welt Freund

»Erfolg ist wie ein scheues Reh. Der Wind muss stimmen,
die Witterung, die Sterne, der Mond. Ich bin kein Philosoph.
Erfolg ist etwas Unerklärliches.«

Franz Beckenbauer

Wir schreiben das Jahr 2000, Deutschland in Steigerungsnöten. Wie soll man einen Menschen beschreiben, der die herkömmlichen Steigerungsmuster sprengt und die Grammatik zum Schwitzen bringt? Groß, größer, am größten. Positiv, Komparativ, Superlativ. So weit, so gut. Aber was macht man mit Franz Beckenbauer, der diesen Dreischritt längst durchlebt und aufgebraucht hat? Wie soll man seinen jüngsten Coup einordnen? Die *Bild-Zeitung* wusste am 7. Juli, was zu tun ist: »Franz, wir setzen Dir ein Denkmal!« Dazu eine Fotomontage: der Oberkörper Beckenbauers auf einem steinernen Sockel mit der Inschrift: »Dem deutschen Fußballkaiser Franz Beckenbauer zu Dank und ewiger Erinnerung.« Das Bildnis Beckenbauer lächelt, in den Händen hält der Sieger den Weltpokal. Am Tag zuvor hatte FIFA-Präsident Joseph Blatter das ewig junge Märchen vom »Kaiser« Beckenbauer um ein weiteres Kapitel bereichert, als er in Zürich um 14.08 Uhr vor die Weltöffentlichkeit trat und verkündete: »The winner is – Deutschland!« Das 24-köpfige Exekutivkomitee des mächtigen Fußballweltverbandes hatte sich mit 12:11 Stimmen für Deutschland als Austragungsort der Fußballweltmeisterschaft 2006 entschieden. Damit war der eigentliche Favorit Südafrika gescheitert.

Franz Beckenbauer jubelte, für einen Moment wollen Umstehende Tränen in seinen Augen gesehen haben, als er aufsprang und seinen fleißigen Helfer Fedor Radmann umarmte. Dann klingelte sein Handy. Bundeskanzler Gerhard Schröder gratulierte persönlich: »Ich habe Franz sofort nach der Entscheidung angerufen. Aber er war ganz durcheinander, konnte kaum antworten.« Zu diesem Zeitpunkt saß der Kanzler bei einem Berliner Nobelitaliener und aß mit einigen Beratern und Journalisten. Er habe, so einer seiner Gäste, das Gespräch mit dem »Kaiser« genossen, er habe den Dialog auch inszeniert und den Zuhörenden lustvoll seine Bekanntschaft mit Beckenbauer demonstriert. War Franz Beckenbauer glücklich im Moment der Entscheidung? Gelöst? Angekommen bei sich selbst? Oder hatte er nur ein Etappenziel erreicht? Ging die Reise weiter?

Wie oft Beckenbauer in seiner Mission als Präsident des Bewerbungskomitees die Welt umrundet hat, weiß niemand so genau. Mal heißt es, er hätte dreimal den Planeten umkreist, mal ist von 300 000 Flugmeilen die Rede, mal will man von sieben oder gleich zehn Erdumkreisungen wissen. Selbst Beckenbauer verschwimmen angesichts der eigenen Mobilität die Grenzen: »Du stehst auf dem Globus, und der dreht sich wie ein Kinderkreisel.« Er hat alle Kontinente mehrfach besucht, auf jedem Fußballkongress zwischen Nassau (Bahamas) und Asunción (Paraguay), zwischen Accra (Ghana) und Kuala Lumpur (Malaysia) trug er den Delegierten einen Traum vor. Bescheiden wie ein Bub aus Giesing, kein Großkotz aus Germany: »Ein Traum war es, als Spieler Weltmeister zu werden. Ein noch größerer Traum war es, als Teammanager Weltmeister zu werden. Jetzt möchte ich Sie zur Fußball-Weltmeisterschaft 2006 nach Deutschland einladen. Die Chance zur Ausrichtung eines solchen Turniers kommt für einen Menschen nur einmal im Leben. Es ist meine größte Herausforderung, mein allergrößter Traum.«

Beckenbauer hatte sich selbst, zumindest seinen Traum, glaubhaft mit der Bewerbung seines Landes verschmolzen. Die komplexe Kampagne war zumeist als Herkulesaufgabe eines einzigen Megahelden wahrgenommen worden, denn niemals zuvor war die WM-Bewerbung eines Landes so sehr auf eine Person konzentriert worden. Deshalb herrschte nach der Entscheidung auch überwiegend der Eindruck vor, Beckenbauer habe im Alleingang das Feld bestellt. Bundesligaschiedsrichter Markus Merk äußerte die weit verbreitete Auffassung: »Ich habe Gänsehaut! Aber ohne die Lichtgestalt Beckenbauer wären wir chancenlos gewesen.« Und Ex-Bundestrainer Jupp Derwall taxierte: »Zu 30 Prozent gehört dieser Erfolg den Menschen hinter Franz Beckenbauer, zu 70 Prozent Beckenbauer selbst.« Selbst enge Berater des Bundeskanzlers teilen die Auffassung, ohne den Repräsentanten Beckenbauer hätte es nicht geklappt.

Stimmt dieses Bild? Steckt dahinter nicht die in Deutschland allzeit vitale Sehnsucht nach dem guten Führer, der die Wirrnisse des Lebens in unser aller Namen meistert und mit seinem Blick alle Undurchdringlichkeiten durchschaut? Auf der Suche nach anderen Faktoren für die erfolgreiche Mission fällt der Blick zuerst auf Fedor Radmann, der während der Bewerbungsphase kaum einen Schritt von Beckenbauers Seite wich. Fedor Radmann ist ein Lobbyist der Sportpolitik, der stets da zu finden war, wo es um die Vergabe und Organisation von großen Sportereignissen ging. Als junger Mann hatte er bei den Olympischen Spielen 1972 in München im Organisationskomitee von Willi Daume erste Erfahrungen sammeln können.

Wie man jedoch die sportpolitischen Fäden im globalen Maßstab zieht, wie man sich Einfluss und Gehör verschafft, wie man Interessen durchsetzt und wie man gut gefütterte Funktionärseliten angeht, lernte der frühere Kurdirektor von Berchtesgaden im globalen Maßstab erst bei Horst Dassler und dessen Unternehmen Adidas. Dort leitete er die Abteilung Promotion, deren Aufgabe vor allem darin bestand, den Kontakt zu wichtigen Spitzensportlern zu pflegen. Klaus Müller, damals Pressechef bei Adidas, beschreibt das Binnenverhältnis zwischen Beckenbauer und Radmann so: »Nur dieses Paar, das Phlegma Beckenbauers und die Dynamik Radmanns, konnte die Fußballweltmeisterschaft nach Deutschland bringen, das funktionierte ganz ideal auch schon bei Adidas. Fedor Radmann ist ein Antreiber, der ist diszipliniert und läuft 48 Stunden unentwegt heiß, Franz Beckenbauer dagegen muss man immer anschieben, das hat Radmann hervorragend gemacht. Das hat sich bei der Kampagne vertieft, da ist ihr Verhältnis dann wirklich sehr eng geworden.« Radmann konnte auf viele stille Kanäle, alte Loyalitäten, gewachsene Bindungen und frühere Ansprechpartner zurückgreifen, von denen eine ganze Reihe in seiner Schuld standen. »Das Adidas-Wissen«, sagt Radmann rückblickend, »war extrem hilfreich.«

War es also das Duo Beckenbauer und Radmann, das Deutschland die Weltmeisterschaft 2006 bescherte? Das wäre immer noch eine allzu schlicht gestrickte Geschichte. Der FC Deutschland 06 hatte sich stillschweigend formiert und Beckenbauer als Spielführer aufs Spielfeld geschickt. Zum FC Deutschland 06 gehörte ein Medienunternehmer wie Leo Kirch, der die Fernsehrechte an der Weltmeisterschaft 2006 erworben hatte und sich eine immense Wertsteigerung seines Einkaufs versprechen durfte, wenn die WM nach Europa vergeben wurde. Industrieunternehmen wie DaimlerChrysler oder Bayer, die die Werbekampagne mit etwa 20 Millionen Euro privat finanzierten, hofften auf materielle und symbolische Gewinne für den Standort Deutschland. In den Monaten und Wochen vor der Wahl in Zürich wurden deutsche Unternehmen gerade in jenen Ländern auffällig aktiv, auf deren Stimmen man hoffen durfte. Man vereinbarte langfristige Kooperationen, kündigte weitere Investitionen an und schloss Verträge ab.

Fedor Radmann über die politische Unterstützung: »Wir gingen ja nie unvorbereitet in ein Land, da hat uns das Auswärtige Amt unglaublich unterstützt. Wir wussten ganz genau über aktuelle Daten Bescheid, wie schaut das wirtschaftlich aus, was gibt es da für kulturelle Geschichten, wo muss man auch auf Glaubensfragen Rücksicht nehmen, wie ist Deutschlands Position dort, oder gab es in der Geschichte der beiden Länder Schwierigkeiten, um nur einige Punkte zu nennen.« Wenn wirklich einmal Not am Mann gewesen sei, so Radmann, hätten der Kanzler, der Innenminister und der Außenminister innerhalb von Stunden auf ihre Hilferufe reagiert. Mit dem Kanzler sei man mehrere Male zusammengetroffen, um die Chancen zu erörtern und die weitere Vorgehensweise abzustimmen. Zwar hatte sich der anfängliche Außenseiter Deutschland immer weiter nach vorne gearbeitet, dennoch blieben Zweifel, ob man an den favorisierten Südafrikanern, die auf Blatters Stimme zählen konnten, noch würde vorbeiziehen können. Bei ihrem letzten Besuch im Kanzleramt vor der Entscheidung mussten die WM-Botschafter Beckenbauer und Radmann klären, ob der Kanzler nach Zürich kommen würde oder nicht. Die Mehrzahl der politischen Berater war skeptisch und wollte Schröder nicht einer möglichen Niederlage aussetzen. Zu groß sei das Risiko einer Blamage und kein anderer Regierungschef würde persönlich anwesend sein, nicht Tony Blair, nicht Nelson Mandela. Als der Kanzler fragte, wie denn nun, Hand aufs Herz, die Chancen stünden, bekam er von dem weitgereisten Duo zu hören, dass die Aussichten zwar sehr gut seien, aber ein »gewisses Restrisiko« bleibe. Daraufhin habe der Kanzler kurz nachgedacht, einen Augenblick gezögert, dann aber entschieden gesagt: »Wisst ihr was, jetzt bin ich mit euch so weit gegangen, dann verlieren wir auch gemeinsam.«

Da stand also der Kanzler am Tag vor der Entscheidung vor den 24 Mitgliedern des FIFA-Exekutivkomitees. Daumendrückend, schweigend. Neben ihm Claudia Schiffer, Boris Becker, Innenminister Schily. Vorne sprach Beckenbauer. Er überzog seine Redezeit. Er sei, so ein Beobachter, nervös wie ein Schüler vor der Abiturprüfung gewesen, habe immer wieder auf seinen Spickzettel geschaut, dann aber im entscheidenden Moment frei gesprochen. Er verhaspelte sich, fand kein Ende, redete zwanzig statt der geplanten zehn Minuten. Aber alles mit Charme. Hinter ihm drückte sich der Kanzler immer noch den Daumen weiß. Der österreichische Mediencharmeur André Heller hatte sich dieses Arrangement ausgedacht. »Die Welt lebt in Bildern«, lautete seine Botschaft, und im Mittelpunkt dieses Bildes stand der nonchalante Beckenbauer. Sein Lächeln, sein federleichtes Stammeln, sein bodenständiger Charme, seine unbeschädigte Erfolgsaura, sein heiterer Fatalismus, sein Traum vom Fußball, sein jungenhafter Witz: »Gell Claudia, Herr Bundeskanzler, schön weiter drücken!« Radmann lässt einen vergnügten Juchzer hören, wenn er sich an diesen Moment erinnert: »Die Welt hat gelacht, die Welt hat gestaunt.«

Alle 24 Stimmberechtigten hatte Beckenbauer besucht, mit ihnen gegessen, Golf gespielt, geplaudert, zugehört und, da wo es angebracht war, Versprechungen gemacht. Länderspiele gegen Deutschland? Ja, gerne. Freundschaftsspiele gegen Bayern? Warum nicht! Asiatische Trainer und Fußballer in der Bundesliga? Helfe ich selbstredend. Den Sportschulen fehlt es an Ausrüstung? Mal sehen, was sich machen lässt. Mehr Teilnehmer aus Asien bei zukünftigen Weltmeisterschaften? Dafür mache ich mich stark! Beckenbauer machte eine gute Figur in der Welt. Er lernte es, diplomatisch zu schweigen, ganz und gar Ohr zu sein, er lernte, wie man sich beharrlich bewarb, ohne Wind zu machen. Er hatte sich bislang nur ein einziges Mal in seinem Leben beworben, leidenschaftslos, damals als Lehrling bei der Allianz, jetzt musste er ein strategischer Schmeichler sein. Seine Eroberungslust kam so undeutsch, so defensiv, freundlich und zivil daher. Er blieb allzeit ein heiterer Flaneur, der von seinem gewichtigen Auftrag vollkommen unbelastet schien. Er machte die Bilder, die um die Welt gingen, während hinter den Bildern verbissen verhandelt wurde.

Wie kein anderer hatte sich Franz Beckenbauer die politischen, wirtschaftlichen und sportlichen Interessen zu eigen gemacht, und aus diesen Energieflüssen symbolisches Kapital für die eigene Karriere geschlagen. Dafür hatten die Akteure aus Politik, Wirtschaft und Sport sein Image angezapft, und ihre Interessen durch seine Repräsentationskunst ins globale Spiel gebracht. Ohne Franz Beckenbauer wäre alles nichts, aber auch Beckenbauer wäre nichts ohne das alles gewesen. Zumindest auf dieser Bühne. Durch die erfolgreiche WM-Bewerbung hatte Beckenbauer eine neue Stufe der Selbstmaßstäblichkeit erreicht, denn die Liga, in die er sich jetzt katapultiert hatte, stellt ihm keine Mit- oder Gegenspieler mehr zur Verfügung. Kein anderer Sportheld hat es zum nationalen Konsenskandidaten gebracht, kein Seeler, kein Netzer, kein Michael Schumacher, keine Steffi Graf, keine Franziska van Almsick, keiner von ihnen ist durch die gesellschaftlichen Interessenflüsse so wertgeschätzt und mit einer derartigen Möglichkeitsfülle ausgestattet. Wenn man Macht einerseits als den schnellstmöglichen Zugang zu Informationen und andererseits als die größtmögliche Verfügungsgewalt über das eigene öffentliche Bild definieren wollte, dann ist Franz Beckenbauer heute ein sehr mächtiger und einflussreicher Mann.

Sein Tête-à-tête mit dem Kanzler, seine Allianzen mit der Wirtschaft und diversen Medienunternehmen haben ihn zu einem Gesamtkunstwerk werden lassen, von dem jeder, in ganz eigenem Interesse, Schaden abwenden möchte. Wenn der Kanzler ihn auf dem Handy anruft, dann begrüßt ihn Beckenbauer: »Ah der Gerhard!« Und wenn der bayerische Ministerpräsident anruft, dann sagt er »Ah, der Edi!« Man duzt sich, man kennt sich, man braucht sich. Als der Kanzler ihm im Juni 2001 in seiner Berliner Dienstwohnung das »Du« anbot, ließ Beckenbauer über die *Bild-Zeitung* verbreiten: »Ich bin sehr stolz darauf, dass ich jetzt Gerhard sagen darf.« Das war nicht bloß ein höflicher Satz, Beckenbauer brachte damit echte Wertschätzung zum Ausdruck, ebenso Freude, dass ein Aufsteiger wie er dem machtvollsten Mann im Staate so nahe kommen kann. Der Kanzler wusste, warum er diese Nähe zuließ. Dazu der *Spiegel*: »Dass die Deutschen den Zuschlag bekommen haben, kann der Kanzler getrost als einen der größten außenpolitischen Erfolge seiner bisherigen Amtszeit verbuchen. Sympathisch, locker, charmant, humorig, gastfreundlich, weltoffen, international, spritzig – alles das muss Deutschland sein, wenn Deutschland denn so wäre, wie es das Bewerbungsgremium um Franz Beckenbauer vorgegeben hat. Natürlich ist Deutschland das alles nicht, aber Franz Beckenbauer ist so. Und weil der Fußball-Kaiser in seinem Botschaftersein als Gesamtdeutschland aufgetreten ist, glaubten die FIFA-Wahlmänner zum Schluss, Deutschland sei ein 82-Millionen-Volk von lauter Beckenbauers. ›Wenn ich sage: ich, dann meine ich: wir.‹ Das war sein Auftrag.«

Auf dem politischen Feld ist Beckenbauer geschickter geworden, wenn es um die Gestaltung von persönlichen Beziehungen geht. Theo Waigel, der frühere Bundesfinanzminister und Anhänger der Münchner Löwen, beschreibt Beckenbauers Talent, sich zwischen den politischen Rivalen zu positionieren so: »Ich habe Franz Beckenbauer als einen bescheidenen Mann kennengelernt, der einen begnadeten Sinn für das Machbare hat, ein Mann, der sich auch von niemandem vereinnahmen lässt, weder vom Kanzler noch vom bayerischen Ministerpräsidenten, ein Mann, der beide abwechselnd streichelt und lobt, so dass es den andern ein bisschen ärgert, aber eben nicht zuviel. Er poltert hier und da, verdirbt es sich aber mit niemandem.« Wenn Beckenbauer von Journalisten nach seinen Sympathien für Gerhard Schröder befragt wird und wie sich das denn mit seinen ansonsten konservativen Bekenntnissen vereinbaren lasse, führt ihn niemand mehr auf parteipolitisches Glatteis: »Schröder hat sich für uns eingesetzt, uns unterstützt und geholfen. Wenn ich einmal was für ihn tun kann, dann mache ich das. Weil ich den Menschen Schröder mag. Die Politik, die interessiert mich nicht. Immer nur der Mensch. Ob du heute links bist oder rechts, ist doch eh kaum ein Unterschied mehr.« Auf diesen unverbindlichen Humanismus zieht sich Beckenbauer stets dann zurück, wenn man ihm einen deutlichen Standpunkt abringen will. Dann sagt er Sätze wie: »In erster Linie bin ich Mensch.«

In seiner Eigenschaft als weltbekannter Mensch war Beckenbauer für den Bundeskanzler ein willkommener Begleiter, als der kurz vor der Bundestagswahl 2002 nach Afghanistan flog. Schröder war der erste westliche Regierungschef, der sich nach dem Umsturz in Kabul sehen ließ. An seiner Seite Beckenbauer als Hoffnungsträger, aber auch als Erfolgskumpel, mit dem man innenpolitisch Sympathiepunkte machen konnte. In der bayerischen Staatskanzlei war man von Beckenbauers Mission nicht begeistert. Hinter Beckenbauers Rückzug auf die fundamentale Position des »Menschen« steckt aber auch seine Abwehrhaltung gegenüber Überhöhungen seiner Person, falschen Bildern, öffentlichen Ansprüchen und Missverständnissen. Wer ein Mensch bleiben will, fürchtet sich wohl auch vor dem Über- oder Untermenschen, den andere aus ihm machen wollen, der fürchtet sich vor Gauklern, die einem das eigene Bild entwenden. Eines von Beckenbauers Lieblingsschimpfwörtern ist deshalb nicht zufällig der »Zauberer«, also der Illusionist, der den anderen etwas vorgaukelt. »Zauberer«, das können für Beckenbauer Ahnungslose sein, Falschspieler, aber auch intellektuelle Hochflieger, mit deren Theorien er nichts anfangen kann. Er ist ein Mann der Praxis, ein pragmatischer Mensch, der die Dinge gerne schnell begreift, angeht, und erledigt. Deshalb ist der »Zauderer« auch das große andere Verächtlichkeitswort, mit dem er Bedenkenträger tadelt: »Schleichts's euch, ihr Zauderer!«. Schröder schätzt er auch deshalb, weil der eben kein Zauderer ist, sondern ein Zupacker. Er bewundere in Schröder, so einer der Berater des Kanzlers, das »Alpha-Tier«.

Dass Beckenbauer ein Mann ist, der rasche Entscheidungen schätzt, hat auch Münchens Oberbürgermeister Christian Ude erlebt. Bei seinen Auslandsreisen lernte er Beckenbauers Popularität als Imagebotschaft für seine Stadt schätzen: »Im Osten der Türkei kennt man nicht einmal das Oktoberfest, man kann da auch mit BMW nicht viel anfangen, aber der Name Beckenbauer sagt hier jedem Bauernkind etwas.« Er hat aber auch noch andere Erfahrungen mit dem »Kaiser« gemacht, denn in der langjährigen Debatte um einen Stadionneubau in München war Beckenbauer ein sehr »wankelmütiger« Partner, der manchmal nach einem »Terroristen« rief, der das »alte Olympiastadion wegsprengt«, dann aber wieder geduldig nach Konsenslösungen suchte. Ude über diese Phase: »Die Zeit von 1995 bis zum Dezember 2000 war schon sehr strapaziös, weil er überhaupt kein Verständnis für politische Prozesse hat. Er hatte keine realistischen Vorstellungen davon, welche Verfahrenshürden genommen werden müssen, welche Finanzprobleme zu bewältigen sind, welche Rechtsfragen inmitten stehen, wie teuer die Verkehrsanbindung wird, sondern er hat je nach Laune mal freundlich gesagt, ich weiß, ihr bemüht euch, oder plötzlich in die Fernsehkamera gesagt, ich habe den Affenzirkus im Stadtrat satt. Also da war es wirklich sehr strapaziös, weil es einfach nicht sein Feld war. So wie er ein brillanter Fußballer und Trainer ist und ein begnadetes Mediengenie, so ist er halt kein Experte für Stadtplanung und schon überhaupt nicht für politisch strapaziöse Prozesse.« Erst im Dezember 2000 wurde auf einem Stadiongipfel die endgültige Lösung gefunden: der Neubau einer reinen Fußballarena in Fröttmaning vor den Toren der Stadt.

Beckenbauers herrische Ungeduld gegenüber kommunalpolitischen Projekten, und bürokratischen Hürden, lassen ihn hin und wieder aus der Haut fahren. In einem Interview mit dem *Stern* im August 2000 schimpfte er auf die EU: »Ich halte von der Europäischen Union grundsätzlich nix! Mit dieser ganzen Bürokratie, mit diesen ganzen Verordnungen. Das ist so was von grauenhaft und entwicklungshemmend. Bei der EU sind Politiker zugange, die in ihrem eigenen Land gescheitert sind. Das kann nicht funktionieren. Ich gebe Europa deshalb keine Chance.« Das sind Ressentiments, die an vielen Stammtischen gepflegt werden. Beckenbauers Wortwahl, sein Gestus kommen oft daher, als seien sie am rechten Rand entstanden, doch bei genauerem Hinsehen steckt dahinter kein Reaktionär, der sich ein falsches Gestern herbeifaselt, sondern ein fanatischer Fortschrittsfreund, dem die Eroberung der Zukunft nicht schnell genug gehen kann. Auch das ist typisch für Beckenbauer, der gegensätzlich denkt und fühlt, handelt und spricht, dessen Image von Gegensätzen lebt und der in seinem Handeln von Widersprüchen angetrieben wird.

Dazu passt, dass ihn auch das Publikum zwiespältig einschätzt. Viele sind von ihm angezogen, obwohl sie ihn nicht sympathisch finden, er wird bewundert, obwohl man ihn nicht so umstandslos lieben kann wie den hemdsärmeligen Uwe Seeler. Ein Berliner Journalist, der ihm oft begegnet ist, hat es so ausgedrückt: »Man will ihn nicht ernst nehmen, aber man betet ihn trotzdem gerne an.« Der Franz, hat einmal eine Freundin von ihm gemeint, hätte wohl lieber im 19. Jahrhundert gelebt, mit Pferden, Kutschen, Kerzen und Weihrauchduft. Als ihn Günter Netzer, damals als Manager des HSV, einmal in Hamburg im Hotel besuchen wollte, stand die Tür des Appartements zufällig offen und so konnte er unbemerkt ein kurzen

Blick auf Beckenbauers Leben werfen. Da saß Franz mit seiner Freundin Diana Hand in Hand auf dem Sofa und hörte Zittermusik. Volkstümliche Zittermusik und das Paar saß einfach regungslos da, lauschend, summend, zufrieden mit Gott und der Welt. Auch das ist Beckenbauer, der in Kitzbühel in seinem holzgetäfelten Herrgottswinkel sitzt wie ein weltvergessener Hinterwäldler.

Aber schon am nächsten Tag setzt er sich ins Flugzeug, dreht einen Werbespot in Düsseldorf, nimmt an einer Fernsehshow in Hamburg teil und findet zwischendurch noch Zeit, ein Interview zu geben, in dem er sich in Hinblick auf die Weltmeisterschaft 2006 zum Problem rechtsextremer Gewalt äußert. Das hört sich dann so an: »Es muss schnellstens reagiert werden. Wir dürfen das nicht als Akt einiger Halbstarker ansehen. Das sind schon gezielte Angriffe. Das muss man gnadenlos unterbinden, gnadenlos! Da gibt es überhaupt kein Pardon. Denn Deutschland ohne Ausländer – das kannst du gleich zusperren!«

Was für ein Spruch, ein typischer Beckenbauer. »Deutschland ohne Ausländer – das kannst du gleich zusperren!« Das tönt nicht anbiedernd oder politisch. Nein, das ist Beckenbauer, direkt, mit einem humorvollen Unterton, stark bildlich. Die Werbebranche liebt ihn für solche Sprüche, weil sie in diesem Sound sich selbst wiedererkennt. Beckenbauer macht seit vierzig Jahren Werbung, und damit ist er der langlebigste und erfolgreichste Werbeträger überhaupt. Ab und an wird er von den Helden der Saison als Werbestar überflügelt, etwa von den boxenden Klitschko-Brüdern, aber das geht schnell vorbei, und dann ist wieder der »Kaiser« in der Werbegunst obenauf. Der Schlagerkomponist Dieter Bohlen, auch er ein sprücheklopfender Saisonheld, betrachtet Franz Beckenbauer als großes Vorbild, weil der 13 Werbeverträge habe: »Ich habe nur sechs. Aber er ist eben auch der Kaiser und ich bin nur der Dieter.«

Nach all den Erfahrungen, die Beckenbauer in der Werbebranche gemacht hat, ist es nur verständlich, wenn sich in seine Sprache und sein Denken das Vokabular und der Stil der Werbesprache einschleichen. Er drängt bestimmte Sachverhalte und Themen zusammen, verdichtet sie und bringt sie in einem Spruch prägnant zum Ausdruck. Er hat es gelernt, Produkte zu verkaufen, und er hat es gelernt, sich selbst als Produkt zu betrachten. Vieles hat sich verändert, seitdem er Knorr-Suppe löffelte. Der Werbespot war damals mit großem Aufwand in Beckenbauers Wohnzimmer gedreht worden vor der neuen Eichenschrankwand, die, zumindest stilistisch betrachtet, gut zu der biederen Tütensuppe passte. Heutzutage kann Beckenbauer solche Termine schneller abarbeiten: »Die technische Entwicklung ist unglaublich. Bei meiner Knorr-Werbung 1966 habe ich meine Suppe wirklich gelöffelt und das zigmal hintereinander. Heute müssen die Leute nicht mehr ins Studio. Erst werden Doubles aufgenommen und dann im Blue-Box-Verfahren die Köpfe der Stars einmontiert.«

Als der Computerhersteller NEC Anfang der neunziger Jahre mit seinem Konterfei warb, wurde in der Anzeigenserie gänzlich darauf verzichtet, seinen Namen zu nennen, denn längst war sein Gesicht Werbung genug. Im Jahr 2001 wurde Beckenbauers Einkommen allein durch Werbeverträge auf acht Millionen DM geschätzt, durch Verträge mit Adidas, E-Plus, Erdinger, Opel und Yellow-Strom. Und Ende 2001 stand mit der Postbank schon der nächste Werbepartner vor Beckenbauers Tür und begehrte Einlass. Da liegt die Frage nahe, warum Beckenbauer so ein vielgefragter Werbepartner ist. Günter Wischmann, Geschäftsführer von Scholz & Friends, einer der renommiertesten Werbeagenturen des Landes, hat sie in einem Interview so beantwortet: »Dafür gibt es vier Gründe. Er stillt die Sehnsucht der Deutschen nach Anerkennung in der weiten Welt. Er steht für Erfolg. Er ist Mensch geblieben mit Ecken, Kanten und Fehlern, das macht ihn glaubhaft. Und er ist neben Boris und Steffi die Lichtgestalt des Sports.«

Trotz dieser Erklärungsmuster bleibt die Frage, warum sich Beckenbauers Werbekraft durch die Jahrzehnte nicht abgenutzt hat, warum ihm die Käufer nicht misstrauen, obwohl er ständig die Werbepartner wechselt und morgen dort zu finden ist, wo er gestern niemals hätte sein dürfen. So bewarb er nacheinander die Automarken Lancia, Audi, Mercedes, Mitsubishi und Opel, und als der Vereinspräsident Beckenbauer gerade für E-Plus warb (»Ja, ist denn heut' schon Weihnachten«), war der FC Bayern München vertraglich gerade an den unmittelbaren Konkurrenten Viag und seine Marke Genion gebunden. Nichtsdestotrotz bewahrt sich Beckenbauer seinen Charme. So spaziert er durch ein prächtiges Bergidyll, genießt eine Brotzeit und ein schäumendes Weißbier oder fliegt im Helikopter über eine futuristische Metropole. In jeder Kulisse bleibt er der Franz, ein flexibler Lausbub, der in der großen und der kleinen Welt zu Hause ist, das Neue genießt und das Alte verehrt. Und wenn er dann in den teuren Kulissen der Werbewelt steht und die konsumflüsternde Maschinerie anläuft, blinzelt er lustig in die Kamera und scheint mit einem Lächeln die eigentliche Botschaft wegzuschieben und zu sagen: »Ja mei, so ist halt die Welt.«

Und muss es sein Ego nicht ungemein füttern, wenn ihm unablässig mitgeteilt wird, deine Attraktivität und deine Verführungskraft sind für uns unentbehrlich? In einem Werbespot der Postbank macht er einen Trick mit einem Tennisball, der so akrobatisch ist, dass er ihn vermutlich nicht einmal als Junge konnte, aber mit dem geliehenen Körper eines Doubles ist alles möglich. Und so wird die Werbung auch zum Jungbrunnen für ihn, zu einem Bildsaal, in dem er sich mit immer neuen Identitäten und frischen Körpern ausstaffieren kann. Und wenn man dann bei den Dreharbeiten für einen Werbespot von E-Plus noch Frauen wie Claudia Schiffer begegnet, dann macht das Älterwerden auch noch Spaß. »Und, ja, mein Gott«, seufzt Beckenbauer im Interview mit einer Illustrierten, »es befriedigt meine Eitelkeit, mit 56 Jahren noch begehrt zu sein als Werbeträger. Wenn ich ehrlich bin, meine Eitelkeit ist wohl der Grund, warum ich immer noch Werbung mache.«

Allerdings lösen seine Werbeaktivitäten schon mal kleine Verzweiflungsstürme aus, wenn sie wieder mal mit denen seines Clubs kollidieren. Als Bayern für Opel Werbung lief, war Beckenbauer noch an Mitsubishi gebunden. Irritationen entstanden auch, als er 2002 dem Verein seinen Werbepartner Postbank als Hauptsponsor andienen wollte, obwohl Karl-Heinz Rummenigge und Uli Hoeneß gerade im Begriff standen, einen Vertrag mit der Telekom als Hauptsponsor unter Dach und Fach zu bringen, der den Bayern 120 Millionen Euro sicherte. Kaum war diese Allianz geschmiedet, verband sich Beckenbauer mit der Telekom-Konkurrenz von O_2, als ob er noch einmal allen zeigen wolle, wie frei und ungebunden er sich in seiner Wahl fühle. Da das Engagement mit den Bayern innerhalb des Telekom-Konzerns selbst umstritten war und Telekom-Chef Ron Sommer deswegen auch intern in der Kritik stand, war man über Beckenbauers Ausscheren alles andere als glücklich. Im folgenden Jahr verdichtete sich der Eindruck, Beckenbauer werde sein Amt als Präsident niederlegen. Auch die neue Geschäftsstruktur des Vereins hatte innerhalb der Führungsspitze für Differenzen gesorgt. Seit Februar 2002 war die Fußballabteilung aus dem Verein ausgelagert und in eine Kapitalgesellschaft umgewandelt worden. Beckenbauer blieb zwar Präsident des FC Bayern München e.V., und er war auch der Chef des Aufsichtsrats, der die neu formierte FC Bayern München AG kontrollierte, aber im operativen Tagesgeschäft konnten Hoeneß, Rummenigge und Karl Hopfner weitgehend ohne Beckenbauer schalten und walten. Franz Beckenbauer selbst hatte die Umwandlung in eine AG am stärksten vorangetrieben, jetzt war er überrascht, wie sich die Rollen und Gewichte neu verteilten. Am Tagesgeschäft hatte sich Beckenbauer zwar mangels Zeit und Interesse schon in den Jahren zuvor kaum beteiligt, ein Umstand, den er auch immer wieder selbst beklagt hatte. Dennoch war er gebraucht worden, kein Vertrag, keine Vereinbarung ohne seine Zustimmung und Unterschrift. Hoeneß und Rummenigge fühlten sich in ihrem Aktionsradius durch Beckenbauer gebremst, der als WM-Botschafter permanent unterwegs und nicht immer leicht zu erreichen war.

Als die Bayern in der Saison 1999/2000 völlig überraschend Meister wurden, weil Bayer Leverkusen am letzten Spieltag beim Außenseiter Unterhaching verlor, meldete Pressesprecher Markus Hörwick, man habe die frohe Botschaft nach Kuala Lumpur gefunkt. Tatsächlich tanzte Franz Beckenbauer mit Fedor Radmann auf Samoa vor Freude nackt über den Hotelflur, als ihn die Nachricht um halb fünf in der Frühe erreichte. Angerufen hatte ihn jedoch seine Frau Sybille, für die es ebenfalls immer schwieriger wurde, den Kontakt zum weltreisenden Werbevagabunden Beckenbauer aufrechtzuerhalten.

Die neue Geschäftsstruktur machte Hoeneß und Rummenigge unabhängiger vom »Übervater« Beckenbauer, dessen Poltern sie ebenso fürchteten wie den immer noch umtriebigen Robert Schwan. Jetzt konnte mal zurückgepoltert werden, jetzt durfte man dem »Übervater« mal zeigen, wer denn der Herr im Hause ist. »Franz ist das Zugpferd – wir haben das Sagen«, war die Botschaft, die die Söhne ihrem Vater im Frühjahr 2002 über die *Abendzeitung* mitteilten, woraufhin der Angegriffene über die *Bild-Zeitung* verwundert fragen ließ: »Was ist denn da bei Bayern los?« Und dann im Tone majestätischen Staunens: »Sie rütteln am Thron von Kaiser Franz.« Beckenbauer war über die »unglückliche Tonlage« der Aussagen überrascht und bilanzierte daraufhin bereits wie einer, der sich auf einen nicht ganz freiwilligen Abschied vorbereitet: »Meine Arbeit ist getan, das Feld ist bestellt. Das neue Stadion wird gebaut, die Umwandlung des FC Bayern in eine AG ist vollzogen. Für mich gibt es jetzt nichts mehr zu tun. Man könnte auch sagen: Der FC Bayern braucht mich nicht mehr.«

Doch dass das nicht stimmte, wussten auch die Söhne, die Beckenbauer nicht nur als Aushängeschild, Symbolfigur und Werbeträger brauchten, sondern auch als Multifunktionär mit großem Einfluss. Beckenbauer war gekränkt, auch wenn er seinen Ärger in der Öffentlichkeit stets unterdrückte und mit Humor überspielte. Er war deshalb erleichtert, als sich das Verhältnis zu den *Rebellen* wieder entspannte, nachdem sie ihn gebeten und umschmeichelt hatten, bitte eine vierte Amtszeit als Präsident anzutreten. Nachdem Beckenbauer dann am 14. November 2003 auf der Jahreshauptversammlung mit überwältigender Mehrheit im Amt bestätigt worden war, konnte er sich in seine neue Rolle, die er selbst für sich gewünscht hatte, leichter einfinden. Jetzt hatte er seinen alten Ton wiedergefunden und bezeichnete sich amüsiert und durchaus selbstironisch als »Frühstücksdirektor«, als »Präsident der Schachspieler und Basketballer«.

Für viele Menschen war das Jahr 2000 ein besonderes Jahr. Auch für Franz Beckenbauers Biographie war es ein Jahr voller Zäsuren und neuer Perspektiven. Die Europameisterschaft 2000 in Holland und Belgien muss man noch nicht einmal dazurechnen. Die deutsche Mannschaft schied kläglich aus, und Beckenbauer sprach von »Rumpelfußball«, eine bildhaft starke Wortschöpfung, die sich bis heute im Vokabular des Sportjournalismus hält. Erich Ribbeck trat zurück, und die Krise des deutschen Fußballs wurde noch größer, als sich Nachfolger Christoph Daum rettungslos in Lügen verfing und sich durch einen Haartest selbst des Kokainkonsums überführte. Daraufhin blieb Rudi Völler, der zunächst nur als Interimscoach aushelfen sollte, einstweilen im Amt und führte die Nationalelf 2002 zur Vizeweltmeisterschaft. Erst Beckenbauers Vorbild hatte den Teamchef Völler möglich gemacht, denn auch er begann ohne jede Trainererfahrung und ohne Lizenz. Mit Beckenbauer war ein neues Paradigma der Trainerauswahl aufgetaucht: Erlaubt ist, wer gefällt, und die Diskussion, darüber wird zum munteren, öffentlichen Spiel, an dem sich das ganze Land beteiligt. Im Rückblick gehört die Daum-Affäre sicher nicht zu den Sternstunden des deutschen Fußballs und ebenso wenig zu den Lichtblicken der »Lichtgestalt« Beckenbauer. Thomas Kistner und Ludger Schulze beurteilten das Verhalten der deutschen Fußballgewaltigen in ihrem Buch »Die Spielmacher« so: »Männer wie Mayer-Vorfelder, Calmund, Hoeneß und Beckenbauer, die seit Jahrzehnten nebeneinander in den führenden Gremien saßen, bewiesen ihre Unfähigkeit, im Krisenfall miteinander zu sprechen. Stattdessen droschen sie aufeinander ein. Ihrer öffentlichen Rolle wurden die Mandatsträger des deutschen Fußballs in keinem Moment gerecht.« Doch so sehr die Daum-Affäre auch das Fußballland bewegte, Beckenbauer blieb in diesem Tohuwabohu eher eine Randfigur. Kaum war die Aufregung um Christoph Daum jedoch abgeklungen, da verwandelte sich Beckenbauers Leben unversehens selbst in ein Tollhaus.

Die Geschichte begann am 20. November 2000, und sie wird bis heute mit innigem Vergnügen erzählt. Sie ist ein Kapitel aus dem Leben von Franz Beckenbauer, aber sie ist auch ebenso eine Stück Mediengeschichte. Sie zeigt, wie das Intime die Öffentlichkeit und die Öffentlichkeit das Intime tyrannisiert. Am 20. November wurde Ulrich Verthein für einen Tag zum begehrtesten Journalisten Deutschlands. Der Sportredakteur des *Mannheimer Morgen* hatte am Rande eines Fußballländerspiels von Kollegen das Gerücht aufgeschnappt, dass Beckenbauer nach einem Seitensprung erneut Vater geworden sei und dass in München seit Monaten niemand wage, darüber zu schreiben. Verthein fuhr nach Hause und machte sich an die Arbeit. Er schrieb eine Glosse mit dem Titel »Der kleine Kaiser«, in der er sich fragte, »warum in München ein ach so freudiges Ereignis medientechnisch total unter den Tisch gekehrt wird«.

Seit Monaten hatte das Gerücht in München die Runde gemacht, die Boulevardzeitungen hatten ihre Hausaufgaben gemacht und die Fakten ermittelt, vorpreschen wollte dennoch niemand. Nach dieser Glosse aber war der Bann gebrochen, und alle Zeitungen stürzten sich auf die Geschichte. Beckenbauer ließ dementieren, sein Manager Robert Schwan setzte alle Hebel in Bewegung, um die sich wie ein

Lauffeuer ausbreitende Nachricht zu unterdrücken. Es ging wohl nur darum, ein bisschen Zeit zu gewinnen, Zeit, in der sich Beckenbauer mit seiner Frau aussprechen konnte. Auch die *Bild-Zeitung* hatte schon lange von dem unehelichen Kind gewusst, aber auf Rücksicht auf den eigenen Starkolumnisten geschwiegen. Jetzt ging man zusammen in die Offensive. Beckenbauer erklärte: »Ja, es stimmt! Ich stehe dazu. Und ich werde für das Kind sorgen und aufkommen. Meine Frau Sybille und ich – wir haben uns ausgesprochen. Es war nicht einfach – vor allem für sie. Aber unsere Ehe ist stark. Wir werden zusammen bleiben. Und es wird alles so sein wie vorher.«

Nichts blieb, wie es war, denn von nun an stand die Ehe Beckenbauers unter besonderer Beobachtung. Die Geschichte von Beckenbauers später Vaterschaft wurde zu einem Gesellschaftsroman, an dem alle Zeitungen, Zeitschriften, Illustrierten und Boulevardmagazine aus ihrer Perspektive mitschreiben wollten. Die *Frankfurter Allgemeine Zeitung* betrachtete das Thema unter der Rubrik Politik: »Eines Monarchen uneheliche Kinder waren ein großes Thema. Ruhm ist, wenn einer tut, was jeder kann, und ausnahmsweise damit auffällt.« Die *Süddeutsche Zeitung* übte sich in Gesellschaftskritik: »Klatsch ist in der Entertainment-Gesellschaft längst zur heißbegehrten Nachricht geworden.« Die *Abendzeitung* versuchte sich an einer Innensicht der betrogenen Frau und lässt eine Therapeutin zu Wort kommen: »Sie hat nur eine Chance, sie darf ihre Gefühle nicht vergewaltigen, Schmerz und Wut nicht verdrängen, sondern muss sie ausleben. Wenn sie das schafft, packt sie auch die Kränkung in der Öffentlichkeit.«

Die Geschichte wurde in immer neuen Wendungen und Details erzählt, und die Eheleute Beckenbauer fanden nicht wieder zusammen. Am 26. Juli 2002 meldete die *Bild-Zeitung*, selbstverständlich auf Seite 1: »Beckenbauers schwerste Entscheidung.« Und unter der Schlagzeile las man dann eine Erklärung Beckenbauers, die so gravitätisch klang, als ob der Kanzler soeben seinen Rücktritt verkündet hätte: »Nach langer und reiflicher Überlegung bin ich mit meiner Ehefrau Sybille zu dem Entschluss gekommen, unseren gemeinsamen Lebensweg nicht fortzuführen. Die Trennung erfolgte in fairem und freundschaftlichem Einvernehmen. Entscheidend hierfür ist mein Wunsch, mich mehr als bisher meinem im August 2000 geborenen Sohn widmen zu können. Ich fühle mich für ihn verantwortlich.« Im Oktober 2003 wurde Beckenbauer dann zum zweiten Mal Vater mit seiner neuen Lebensgefährtin Heidi Burmester, die 19 Jahre jünger ist als er. Nach vier Söhnen wird Beckenbauer erstmals Vater eines Mädchen. Am 19. November 2004 darf wiederum die *Bild-Zeitung* als erste die Sensationsnachricht auf den Markt tragen: »Beckenbauer Scheidung!« Nach 14 Jahren Ehe war Franz Beckenbauer zusammen mit seiner Frau Sybille am 18. November vor den Scheidungsrichter getreten.

Ein öffentlicher Mensch wie Beckenbauer stößt in seinem Privatleben immer wieder auf sein öffentlich gemachtes, entsprechend dramatisiertes und inszeniertes Leben. Gibt es für einen Prominenten wie ihn noch die saubere Trennung zwischen privatem und öffentlichem Leben? Wenn er seinen Söhnen aus erster Ehe begegnet, dann kann er sicher sein, dass sie die Bilder und Geschichten seines neuen Vaterglücks schon erreicht haben, bevor er ihnen davon erzählen kann. Selbst wenn Beckenbauer sich von heute an nur noch im Kreise seiner Familie bewegte, könnte er die über Jahrzehnte gewachsene Familiarität und Innigkeit mit der Öffentlichkeit nicht rückgängig machen. Blätter wie *das neue, Das neue Blatt, Freizeit Revue, Neue Revue, Gala, Bunte, Frau aktuell* oder *Frau im Spiegel* betreiben enormen Aufwand, um das Familienleben auszuforschen.

Wer will, kann fast alles wissen: Wo die Beckenbauers einkaufen, wie sie ihre Kinder kleiden, wo und was sie essen, wen sie zu ihren Freunden zählen, wie sie ihre Freizeit verbringen, wie sie streiten, wie sie lieben, welchen Friseur sie aufsuchen oder welches Parfüm sie auswählen. Beckenbauer hat sich gegenüber den Medien nie abgeschottet, er hat gelernt, dass es von Nutzen ist, ausgewählte Partner zu Vertrauten zu machen. Er hat Journalisten wie Herbert Jung oder Paul Sahner als mediale Familienmitglieder akzeptiert, sie wissen über sein Leben in der Regel mehr als viele seiner echten Familienmitglieder. Sie gestalten den Familienroman Beckenbauers für die Öffentlichkeit und sie schreiben sich als dramatis personae in diesen Roman selbst mit ein. Nachdem sich Franz Beckenbauer im Juli 2002 von seiner Frau getrennt hatte, lässt uns Paul Sahner in der *Bunten* an seinem Versuch teilnehmen, ein Interview mit der verlassenen Sybille zu führen: »Ihr Handy mit der Geheimnummer blieb stumm, ausgeschaltet oder die Mailbox lief. Bis letzten Freitag, 10.30 Uhr. Geräusche im Hintergrund verraten, dass der Frühstückstisch abgeräumt wird. Sie wirkt sehr gefasst, als *Bunte* anruft, nicht unfreundlich, aber bestimmt: ›Grüß dich, Paul, ich sag dir gleich, dass ich kein Interview gebe. Irgendwann später können wir reden, momentan möchte ich nichts sagen.‹ – ›Wie geht's dir?‹ – ›Ganz okay, ich bin mit Freunden auf Elba.‹ – ›Was sagst du zu dem Statement von Franz?‹ – ›Dem ist nichts hinzuzufügen. Ich bestätige das alles.‹«

Zuallererst bestätigt sich der Reporter mit diesem Text selbst. Er hat eine Geheimnummer. Er duzt Franz und Sybille. Er darf sich als Vertrauter betrachten. Er hört alles. Nicht nur die Frühstücksgeräusche im Hintergrund. Sein Ohr ist die geheime Sorgenkammer für prominente Freunde, er darf sein Ohr an ihr Herz legen und uns erzählen, was er hört. Es fällt nicht leicht, sich Beckenbauers Charme und seiner Liebenswürdigkeit zu entziehen. Wenn man ihn trifft, mit ihm spricht, dann begegnet man seiner Professionalität, und man erhält Antworten, die er schon tausendmal gegeben hat. Man begegnet aber auch einem Menschen, dem die formende und deformierende Kraft der Medien offensichtlich nichts anhaben konnte. Er verströmt eine schlichte Normalität, eine unermessliche Freiheit gegenüber den Bildern, die andere von ihm haben. Man muss, um ihn zu erreichen, nicht erst eine Flut von Bildern und Images wegschieben, denn er selbst gibt sich unverstellt und offen. Das ist jedoch kein antrainierter Gestus, keine selbstverordnete Freundlichkeitshülle, sondern einfach ein So-in-der-Welt-Sein, so bin ich, so sitz ich und so steh ich hier, ich bin der Franz, nicht entzweit mit mir und der Welt. Es gelingt ihm immer aufs Neue, so etwas wie Ursprünglichkeit aufscheinen zu lassen, den jungen Kerl ins Leben zu schicken, der er einmal gewesen sein muss. Vielleicht ist es das, was die Medien, was die Journalisten so sehr an ihm lieben, seine grenzenlose Bestimmbarkeit, die für ihn noch alle Lebenswege und Abenteuer bereitzuhalten scheint und an die unendlichen Möglichkeitswelten eines Kindes erinnert. Er ist ein Kind, das noch alles vor sich, aber auch ein Kind, das schon alles hinter sich hat. Er ist der Allzweck-Lausbub, lokal, national, global, gestern, heute, morgen. Er ist aller Welt Freund.

Der letzte Kaiser

»Was, wenn die Welt eine Art – Show wäre!
Was, wenn wir alle nur Talente wären,
vom großen Talentsucher dort oben zusammengestellt?
Die große Show des Lebens! Jeder ein Schauspieler!
Was, wenn Unterhaltung der Sinn des Lebens wäre!«

Philip Roth: On the Air

Was habe ich früher gestritten, mein ganzes Leben bestand nur aus Streit, ich habe mit den Spielern gestritten, den Schiedsrichtern gestritten und mit den Trainer gestritten. Ich mag nicht mehr streiten, ich gehe, wenn es möglich ist, jedem Streit aus dem Weg. Vielleicht ist das die Altersphilosophie, die man erreicht.« Glaubt Beckenbauer wirklich an diesen Weg der Eintracht und Harmonie? An ein Leben ganz ohne Streit? Wir treffen uns ein letztes Mal zum Interview. Es wird ein kurzes Gespräch, denn Beckenbauer eilt von einem Termin zum nächsten. Gerade hat er zusammen mit dem Bahnchef Hartmut Mehdorn in Berlin bekannt gegeben, dass die Deutsche Bahn AG als sechster und damit letzter nationaler Förderer für die Weltmeisterschaft 2006 in den Pool der Sponsoren einsteigt. Hinter den Kulissen wurde über diesen Deal hartnäckig gestritten, natürlich ging es um Geld, aber für diese langwierigen Verhandlungsprozesse ist Beckenbauer nicht zuständig. Er wird an anderer Stelle gebraucht. Er muss repräsentieren und den schönen Schein retten.

Mehdorn hat dafür eigens den historischen Weltmeisterschaftszug von 1954, mit dem die »Helden von Bern« nach ihrem Triumph in die Heimat fuhren, aus dem Depot holen lassen. Jetzt dient er als Kulisse für ein Zukunftsversprechen. Der bullige Bahnchef und Beckenbauer steigen zusammen am Berliner Ostbahnhof aus dem Zug. Die Presse und das Fernsehen warten schon. Man kämpft um das beste Bild, die Fotografen keilen, die Kameramänner protestieren. Beckenbauer und Mehdorn müssen noch einmal in den Waggon zurückkehren. Sie sollen aus dem Fenster winken, sie sollen fröhlich sein, lachen. Mehdorn rüttelt von innen an dem Fenster. Es klemmt, man sieht, wie er schimpft. Endlich ruckt die Scheibe nach unten. Beckenbauer lächelt und winkt. Auf der anschließenden Pressekonferenz gibt Beckenbauer routiniert sein Statement ab. Zu Details, zu Alltagsfragen, zum Kleinkram äußert er sich nicht, das dürfen der Bahnchef und seine Helfer erledigen. In Gedanken scheint Beckenbauer schon wieder unterwegs zu sein. Er sieht manchmal versonnen zur Decke, er blickt nach innen, auch dieser Termin wird gleich zu den erledigten Fällen in seinem Leben gehören. Danach geht es kurz ins Hotel Adlon und dann gleich weiter zum Flughafen. Im Foyer des Hotels haben wir eine halbe Stunde Zeit. Das Personal freut sich über einen wie ihn. Der Herr Beckenbauer. Er ist großzügig, er lädt den Gast wie selbstverständlich ein, zieht ein loses Geldbündel aus der Tasche, gibt ein sehr weitläufiges Trinkgeld. Kleinkarierte Lösungen mag er nicht. Er wirkt entspannt und dennoch ruhelos. Er bemüht sich redlich um Antworten, derweil laufen seine Augen aufmerksam durch den Raum.

»Herr Beckenbauer, das Motto der Weltmeisterschaft 2006 heißt ›Die Welt zu Gast bei Freunden‹. Welches Bild sollen die Freunde aus aller Welt denn mit nach Hause nehmen?«

Beckenbauer bestellt einen zweiten Espresso: »Ja, die sollen sich wohl gefühlt haben. Ich glaube, das ist das Wichtigste, dass sie sagen, Mensch, das war eine schöne Weltmeisterschaft, wir sind freundlich empfangen worden, wir sind freundlich verabschiedet worden und dazwischen haben wir noch gute Spiele gesehen, die Organisation war gut, das war einfach ein Ereignis, in Bayern sagen wir ein bäriges, eben ein bäriges Ereignis.«

»Wo ist Ihre Heimat, wo sind Sie zu Hause?«

»In erster Linie bin ich ein Mensch, ich kann ja nichts dafür, dass ich in Bayern geboren wurde, dass Schicksal hätte mich ja auch nach Bangladesch, Sierra Leone oder irgendwo anders hin verschlagen können. Also hatte ich mal das Glück, in München geboren zu sein, mit der richtigen Mutter, die, Gott sei Dank, heute noch lebt, so hat sich das Ganze entwickelt.«

»Sie sind der erste Fußballer, der auch als Geschäftsmann wahrgenommen wurde. Wie fühlen sie sich mit diesem Bild? Hat es sie irgendwann belastet? Auch im Umgang mit Fußballern anderer Generationen wie Fritz Walter?« Das sind zu viele Fragen auf einmal, es bleibt zu wenig Zeit, um sie zu beantworten, schon wird Beckenbauer von seinem Assistenten an den Aufbruch erinnert. Dennoch findet Beckenbauer eine Antwort, die vieles erklärt, eine Antwort, die kaum etwas schuldig bleibt: »Ich hatte das Glück, den Robert Schwan gekannt zu haben. Ich bin ihm gefolgt, und er hat mir alles abgenommen, ich habe mich um nichts gekümmert.« Beckenbauer hat Fußball gespielt. Dann kam Robert Schwan und hat ihn auf andere Spielfelder geschickt, auf anderen Bühnen auftreten lassen. Er hat ihn vermarktet, seinen Namen und sein Bild verkauft, er hat sein Image gehütet, seinen Alltag kontrolliert, sein Geld verwaltet und seine Beziehungen beeinflusst. Beckenbauer hat diese allgewaltige Vaterfigur gebraucht, so wie er den kräftigen Fernsimer Sepp gebraucht hat, der ihn damals in der Schule unter die Fittiche genommen und vor den derberen Jungen beschützt hatte. Genauso ein Raufbold war Robert Schwan, bärbeißig, angriffslustig, nicht umsonst trug er den Spitznamen Doktor Eisenbart. Er boxte jeden weg, der mit Beckenbauer ein Geschäft machen wollte, das ihm nicht gefiel, das ihm verdächtig, windig oder zu wenig lukrativ erschien. Aber er war auch ein Freund, ein Familienmitglied.

Robert Schwan starb am 13. Juli 2002. Der Tod kam rasch und irgendwie passte das Sterben zu diesem Leben. Bei über 30 Grad Hitze hatte der 80-Jährige zusammen mit seiner Frau Maria eine Mountainbiketour gemacht und dabei einen leichten Herzanfall erlitten. »Ich will keinen Herzinfarkt und ich kriege einen. Das ist eine Sauerei.« So hatte er wie immer gepoltert und gegen den ausdrücklichen Rat der Ärzte das Krankenhaus verlassen. Die Aussicht, »jetzt sechs Wochen rumzuliegen«, strapazierte seine Nerven gewaltig. Ein paar Tage später war er tot. Bis zuletzt hatte er sich um die Geschäfte von Beckenbauer gekümmert, wer etwas vom »Kaiser« wollte, wandte sich zunächst an Schwan. Er warf, nur scheinbar hitzköpfig, mit Kraftausdrücken um sich, dahinter steckte aber immer Kalkül. Er behielt die Nerven, wenn andere sie verloren. Als 1982 sein achtjähriges Enkelkind Robert entführt wurde, verhandelte Schwan über ein Sprechfunkgerät mit dem Entführer, der ein Millionenlösegeld forderte. Schwan sollte den Geldkoffer auf ein Floß legen, das der Kidnapper aus der Ferne steuerte, doch Schwan bestand hartnäckig darauf, das Geld persönlich zu übergeben. Der Entführer ließ sich von dem selbstbewusst auftretenden Manager nervös machen und gab nach. Als er dann den Koffer aus Schwans Händen entgegennehmen wollte, hatte die Polizei leichtes Spiel; der Enkel wurde unverletzt befreit.

So wie Schwan seinen Enkel bis zum Äußersten verteidigte, so schützte er auch Beckenbauer. Er war der Bodyguard seiner Existenz, seiner privaten und geschäftlichen, er war der Bodyguard seines Images, seines privaten und öffentlichen. In einem Interview mit der *Abendzeitung* äußerte sich Dettmar Cramer rückblickend über das Verhältnis zwischen dem Manager und seinem Schützling: »Man kann nicht in Prozenten ausrechnen, wieviel Anteil Schwan am Erfolg von Franz gehabt hat. Aber er hat sehr viel aus Franz herausgezogen. Erziehung heißt ja immer, etwas herauszuziehen, was in einem Menschen steckt. Schwan war Erziehung. Franz hatte innere Selbstdisziplin, Schwan war sein externer Motivator.« Anlässlich der Beerdigung seines Freundes, versuchte sich Beckenbauer mit einem Bild zu trösten, das die Unabänderlichkeit des Sterbens möglichst nüchtern und sachlich fassen sollte, ein Schmerzvermeidungsbild: »Jeder Mensch kriegt bei der Geburt einen Chip eingesetzt. Und irgendwann ist die Zeit abgelaufen. Bei Robert war's jetzt leider so weit.« Doch dieses Maschinenbild sollte nicht nur die Gefühle abwehren, die Franz Beckenbauer zu überwältigen drohten, es zeigte auch, dass sich der verlassene Sohn wie eine Maschine durch diese Tage des Trauerns schleppte und wie ein Automat sein Programm abspulte.

Zwei Wochen später präsentierte sich Beckenbauer schon wieder als charmanter Plauderer im bayerischen Fernsehen bei »Blickpunkt Sport«. Erst als Moderator Gerd Rubenbauer das Gespräch auf Robert Schwan brachte, wurde Beckenbauer sehr ernst und bekannte, dass er sich mit Beruhigungsmitteln weitergeholfen habe: »Solche Momente kann man nur mit Medikamente überstehen, die einen beruhigen. Anders ist das nicht zu machen, da muss man auf die Kunst der Medizin zurückgreifen.« Ein Jahr darauf ist Beckenbauer bei Reinhold Beckmann zu Gast, und es ist das erste Mal, dass er in der Öffentlichkeit ausführlich über den Verlust von Robert Schwan spricht: »Es war eine Tragödie für mich, nicht nur ein Schock. Es war eine Tragödie, nicht nur weil man einen guten Menschen, einen

Freund verliert. Er hat meine ganzen Geschäfte gemacht, er hat auch private Dinge für mich erledigt, es ist ein Verlust, den ich bis heute nicht verkraften konnte, es ist seitdem auch relativ viel schief gegangen bei mir. Ich habe noch nie so viele Probleme gehabt wie jetzt in diesem Jahr. Er fehlt mir an allen Ecken und Enden.«

So verwundbar, irritiert und angreifbar hatte sich Beckenbauer wohl noch nie zuvor dem Publikum präsentiert. Man spürte, dass er immer noch dabei war, Abschied zu nehmen, dass er immer noch eine Organisationsstruktur suchte, die ihm half, Leben und Beruf in Einklang zu bringen. In den ersten Monaten nach Schwans Tod hatte Beckenbauer »fast Panik«, weil all die anstehenden Aufgaben und Kontakte plötzlich auf ihn einstürmten, ohne vorher von seinem Manager »gefiltert« worden zu sein. Das, was Schwan für ihn geleistet hat, ist mittlerweile auf mehrere Schultern verteilt. Fedor Radmann sondiert und bereitet die globalen Perspektiven, Wolfgang Niersbach und Horst R. Schmidt sind seine wichtigsten Ansprechpartner im Organisationskomitee für die Weltmeisterschaft 2006, sein Assistent Marcus Höfl filtert und koordiniert Termine und kümmert sich zusammen mit Dr. Wilfried Krebs, dem Geschäftsführer der Agentur SKK-Rofa, um alle geschäftlichen Belange. Überall trifft Beckenbauer auf Menschen, die ihm zu-, entgegen- und nacharbeiten. Ob im Kanzleramt, im Innenministerium, bei der *Bild-Zeitung*, ob beim FC Bayern München, dem DFB, seinen Werbepartnern oder beim ZDF, seinem neuen Medienpartner, man kommt auf ihn zu, man erinnert ihn, lädt ihn ein, schreibt seine Texte, trifft Arrangements, entwirft Konzepte und versucht, seine Wünsche mit den eigenen Wünschen und Zielen in Einklang zu bringen.

In einer Gesellschaft, die sich dem Regime der Flexibilität beugt und alle gewachsenen sozialen Bindungen auf den Prüfstand der Ökonomie stellt, wirkt er wie ein Mensch, der Erfolg hat, weil er bleiben darf, was er immer schon war. Erfolg aber hat er, weil er alles immer wieder über Bord wirft und noch einmal von vorne beginnt. Ob im Privatleben oder im Beruf, für neue Koalitionen ist er stets offen. Der Begriff »Wechselguthaben«, mit dem Beckenbauer für den Telekommunikationsanbieter O_2 wirbt, macht die innige Verquickung von Biographie und neuer Markt-Ideologie überaus anschaulich. In einer ersten Kampagne hielt Beckenbauer Anke Engelke in zwei Versionen, gleichsam als doppeltes Lottchen im Arm. Ein Mann, zwei Frauen. Ein Mann, der sich traut zu wechseln, ein Mann, dessen Guthaben wächst, weil er wechselt. Lass dein altes Leben hinter dir, appelliert das Werbebild, und das neue Leben beginnt mit einem Wechselguthaben. Sei biegsam, geschmeidig, dann bricht dir niemand das Rückgrat, schlüpfe durch den Dschungel der Tarife ebenso wie durch das Durcheinander des Lebens, und du bist obenauf. Mach es doch einfach wie Franz Beckenbauer! Der wechselt ständig und ist noch jedes Mal gut damit gefahren. So wird ein Mann, der längst Großvater und in Ehren ergraut ist, zum Vorbild und Impulsgeber für die sogenannte »mobile Generation«.

An beinahe jedem öffentlichen Auftritt von Franz Beckenbauer lässt sich ablesen, wie man ihm huldigt, wie man ihn stets aufs Neue inthronisiert, wie man seinen gesellschaftlichen Status bekräftigt. Am 31. Mai 2003 besiegt der FC Bayern München im DFB-Pokalfinale den 1. FC Kaiserslautern auf der WM-Baustelle im Olympiastadion in Berlin. Der Kaiser sitzt auf der Tribüne gleich neben Frau Rau, der Gattin des Bundespräsidenten, daneben dann ihr Mann Johannes Rau, es folgt DFB-Präsident Gerhard Mayer-Vorfelder. Die erste Dame im Staat stützt ihre Arme ganz unelegant auf die Knie, das sieht beinahe aus wie in der Fankurve. Gleich an ihrer Seite dagegen bietet der Musterschüler Franz Beckenbauer ein Bild gediegener, fast schon staatsmännischer Repräsentanz, kerzengerade, aufrecht und tadellos gekleidet. Nach dem Spiel hastet Beckenbauer ins mobile Fernsehstudio, wo eine Heldenrunde schon auf ihn wartet. Trotz der gebotenen Eile vergisst er nicht, sich artig beim Bundespräsidenten und seiner Frau zu verabschieden.

»Und jetzt sehe ich hier das weiße, helle Haupt von Franz Beckenbauer, dem Aufsichtsratsvorsitzenden des FC Bayern München und dem Chef des Organisationskomitees der Weltmeisterschaft 2006. Franz, herzlich willkommen!« So begrüßt der Moderator Waldemar Hartmann den »Kaiser«, die »Lichtgestalt«. Plötzlich verkümmern die anderen Fußballgötter zu kleinen Hilfsgöttern. Da sitzt zur Rechten Horst Eckel, Weltmeister von 1954, da sitzt zu Linken »Uns Uwe« Seeler, der Liebling der deutschen Fans, und da hängt im Hintergrund auf einem Flachbildschirm Rudi »Riese« Völler wie ein Altarbild. Sie alle sind in diesem Moment nur noch Dekor für den

Franz, der sich jetzt aufgeräumt niederläßt, das Mikrophon greift und spitzbübisch fragt: »Habt ihr auf mich gewartet? Entschuldigung!« Die Entschuldigung fällt knapp aus, ist beinahe kaum vorhanden, denn der Franz muß sich nicht wirklich entschuldigen.

»Ja«, sagt er zu Hartmann, »du weißt ja, wie das ist, alle wollen gratulieren, dir auf die Schultern klopfen, so ist das.«

Der Sieger hat gut reden, denn seine Bayern, übrigens auch der neue deutsche Meister in diesem Jahr, haben soeben den 1. FC Kaiserslautern locker und lässig mit drei zu eins besiegt und ohne Titel heimgeschickt. Das Double ist perfekt, die Bierduschen verteilt, die Bayern schielen schon wieder auf die nächste Saison und die Champions League.

Sofort ergreift der »Kaiser« das Wort, wartet erst gar nicht auf Waldemar Hartmanns Frage. Er verwandelt das Fernsehstudio in einen intimen Raum, den Stammtisch, die Runde der Freunde. Er legt gleich los. Denn der »Kaiser« weiß, er ist zum Reden bestellt, Kaiserworte erwünscht. Er bedauert Eckel, tut mir leid Horst, tut mir leid, dass wir gewonnen haben, der Sieger spendet Mitgefühl en gros. Kaiserslautern hat vor drei Wochen noch gegen den Abstieg gespielt, das Spiel war nach zehn Minuten entschieden, das soll jetzt nicht überheblich klingen, aber wenn wir nach zehn Minuten führen, dann sind wir nicht zu schlagen. Hier widerspricht dem Kaiser niemand. Aber man ist ja hier auch zu einem ganz anderen Zweck zusammengekommen, der Horst, der Franz, der Rudi, der Uwe und der Waldemar. Man will zusammen die ersten Farbaufnahmen des WM-Finales 1954 ansehen. Ja, die sind aufgetaucht, und die ARD gibt sich alle Mühe, diesen »sensationellen« Fund gebührend hervorzuheben.

Da sitzen sie also, die Fußballgötter vergangener Jahrzehnte, und irgendwie sehen sie alle gleich aus, gleich grau, gleich deutsch. Die neu entdeckten Bilder werden eingespielt. Tore von Rahn, Puskás und Morlock. Rudi wird befragt. Sagt, das freut mich für den Horst, diese Bilder, mehr eigentlich nicht. Horst wird befragt und sagt ja, das hab ich noch nie gesehen in Farbe. Und dann fragt der Moderator den Franz und natürlich bekommt der Franz die Riesenfrage. Die Frage, die den ganzen Fußballfachmann in ihm herausfordert: »Franz, wie hat sich der Fußball verändert?«

Franz braucht nicht tief Luft zu holen, die Wörter fallen einfach aus seinem Mund. Er sagt: »Das Spiel ist farbiger geworden, wie wir gerade gesehen haben. Also ich finde, die Aufnahmen sollten schwarzweiß bleiben, das war die Zeit, das war die schwarzweiße Zeit nach dem Krieg, als die Trümmer noch da waren und teilweise schon weggeräumt waren, es passt einfach in diese Zeit, da passt keine Farbe, ja heute, ja ok, ich glaube, 1966 war das erste farbige Sportstudio, also da sieht man, das ist jetzt her, wie lange, nicht mal vierzig Jahre, natürlich hat sich auch der Fußball verändert, nicht nur von schwarzweiß auf Farbe, sondern der Fußball hat sich verändert, er ist schneller geworden, professioneller geworden, athletischer geworden, ob er schöner geworden ist, das weiß ich nicht, das muss man denjenigen überlassen, die den Überblick haben von damals und von heute, aber ich denke, ich glaube, es ist nun mal so, die Entwicklung hat den Fußball nicht aufgehalten, sondern so wie er heute gespielt wird, ist schon glaube ich, man kann das mit früher gar nicht vergleichen ... auch vom Material her, ich weiß noch, Horst, Uwe, du ja auch, wir haben mit Lederbällen gespielt, wenn der Boden nass war, war der Ball drei, vier Kilo schwer und konnte kaum über weite Strecken transportiert werden, die Schuhe waren teilweise noch mit Stahlkappen, es hat sich alles verändert, nicht nur im Fußball, in allen Sportarten.«

So der Franz wortwörtlich. Seine Redezeit betrug eine Minute und dreißig Sekunden. Die als sensationell angepriesenen Farbaufnahmen wurden genau eine Minute und sieben Sekunden eingespielt. Die eigentliche Sensation war also wieder einmal der Monolog vom »Kaiser«. Während er redete, hörte man vom Waldemar ab und zu ein »genau« oder einen zaghaften Versuch, den Franz zu unterbrechen. Rudi kratzte sich am Kopf, Uwe zupfte sich an der Nase und Horst hörte, so schien es, beinahe ehrfurchtsvoll zu, was der Franz, der sein Sohn sein könnte, zu sagen hatte. Niemand hatte an diesem Nachmittag ein vergleichbares Wortaufkommen. Dass er stammelte, sich verhedderte, dass die Gedanken wie Flöhe hin und her sprangen, dass fast all seine Sätze versandeten, störte niemanden. Die gesamte deutsche Fußballfamilie, spricht diese geheimnisvolle Kauderwelsch, das sich einem Außenstehenden gar nicht richtig erschließt, ein Kauderwelsch, dessen Sinn nur der verstehen kann, der es jahrelang entziffert und verinnerlicht hat.

Zum 50. Geburtstag von Franz Beckenbauer hatte Harry Valérien versucht, das Phänomen Beckenbauer zu beschreiben. Leicht tat er sich damit nicht, er wollte keine jubelnde Eloge, er wollte differenzieren, auch Schattenseiten aufzeigen, weil er wusste, dass einer wie Beckenbauer genug Verherrlichungsexperten und professionelle Schmeichler hinter sich hat. Er schrieb in »Schau'n mer mal«: »Ignorant oder Lichtgestalt? Bluffer oder Wundermann? Oder bloß ein Glückskind seiner Zeit? Was geschähe, wenn einer sich hinsetzte, um all die Irrtümer und Fehlschläge Beckenbauers zu veröffentlichen? Vielleicht sogar mit schwarzem Rand. Die Leute würden es begierig aufsaugen, das eine oder andere betroffen zur Kenntnis nehmen, sich vereinzelt fragen, ob's wirklich wahr sein kann, was da steht, und am Ende erstaunt oder fassungslos das Resümee aus dem Leben des Kaisers wieder aus der Hand legen. Und kein Vertragspartner käme auf die Idee, ihm jetzt zu kündigen: kein Politiker schämte sich seiner Freundschaft mit ihm. Wann immer er einlädt oder um Hilfe bittet, die Geladenen strömen zuhauf, für die Hilfsbedürftigen fließt das Geld. Entweder sind all die Leute blind, oder sie spüren, dass man Franz nichts abschlagen und im Zweifel vertrauen darf.«

Harry Valérien kennt Beckenbauer seit über vierzig Jahren und immer noch weiß er nicht genau, was in diesem Menschen noch steckt, was aus ihm noch werden wird. Als der schüchterne junge Mann 1965 im »Aktuellen Sportstudio« neben ihm saß, fast noch ein Kind, beeindruckt von der Maschinerie des Fernsehens, hätte er ihm nie diese Entwicklung und diese Karriere zugetraut. Nicht weil ihm der journalistische Spürsinn oder der psychologische Instinkt gefehlt hätte, nein, die gesamte Entwicklung des Fußballs und sein Stellenwert in der heutigen Unterhaltungsgesellschaft war nicht abzusehen. Dass ein Medienunternehmer wie Leo Kirch dereinst jährlich 358 Millionen Euro für die Bundesligarechte ausgeben sollte, entzog sich 1965, zwei Jahre nach Gründung der Bundesliga, jedem Vorstellungsvermögen. Ebenso wenig wäre man auf den Gedanken verfallen, dass ein nicht mehr aktiver Fußballer wie Franz Beckenbauer von eben diesem Tycoon mit Millionenbeträgen als Lobbyist und Repräsentant eingekauft würde. Da wundert es kaum, dass die krachende Insolvenz des wichtigsten Geldgebers der Bundesliga im Frühjahr 2002 zwar die Branche in eine Krise stürzt, nicht aber Beckenbauer, der sich bald darauf mit dem ZDF verband und weich landete. Und durfte man erwarten, dass sich Beckenbauer an jeder Krise vorbeiplauderte und jeden Schatten auf seinem Image fortlächelte?

Im Februar 2003 wurde bekannt, dass die Bayern einen »Geheimvertrag« mit Leo Kirch geschlossen hatten, der ihnen ursprünglich 190 Millionen DM über mehrere Jahre hinweg zusicherte. Dafür verwandelten sich die Bayern über Nacht zu überzeugten Befürwortern der zentralen Fernsehvermarktung, obwohl sie, Beckenbauer allen voran, stets für eine dezentrale Vermarktung plädiert und manches Mal gepoltert hatten. So sicherte sich Kirch im Jahr 2000 in den Verhandlungen mit dem Ligaausschuss des DFB den Zuschlag für das Gesamtpaket der Bundesligarechte. Hatte sich Beckenbauer damit nicht selbst betrogen? Er war ja nicht nur Präsident des FC Bayern München, sondern zu diesem Zeitpunkt auch schon Vizepräsident des DFB und enthielt seinem Verband wichtige Informationen vor. Der Aufschrei der Empörung war groß. Die Deutsche Fußball Liga sah das Solidaritätsprinzip verletzt und nannte den Kirch-Vertrag »moralisch verwerflich«. Ein Teil des Geldes, das an die Bayern geflossen sei, hätte, so die DFL, an die gesamte Liga verteilt werden müssen. »Wir hätten offener mit dem Vertrag umgehen sollen«, gestand Beckenbauer ein.

Dennoch wollte die DFL nicht vor Gericht ziehen, das Risiko zu verlieren war groß, der drohende Imageschaden für den deutschen Fußball noch größer. Man einigte sich außergerichtlich, die Bayern zahlten 2,5 Millionen Euro an den Ligaverband und gaben 500 000 Euro für wohltätige Zwecke aus. Damit war die Sache aus der Welt und Franz Beckenbauer aus dem Schneider. In Hinblick auf die Weltmeisterschaft 2006 hat man sich angewöhnt, Gras über die Sachen wachsen zu lassen, ehe überhaupt Sachen zum Überwachsen vorhanden sind. So wird auch der Korruptionsskandal, ausgelöst von dem jungen Berliner Schiedsrichter Robert Hoyzer, der Spiele im Auftrag der kroatischen Wettmafia manipuliert hat, schnell abgewickelt werden, ob dabei gründlich und weitsichtig verfahren wird, darf man bezweifeln; denn die Schatten, die das große Ereignis Weltmeisterschaft 2006 vorauswirft, werden immer mächtiger und lastender.

Wohl noch niemals zuvor haben sich ein Land und seine Eliten dermaßen einem Sportereignis verschrieben, wie die Bundesrepublik

Deutschland der WM 2006. Ob Politik, Wirtschaft, Medien oder Sport, es ist Konsens, dass man die Veranstaltung nutzt, um eigene Ziele und Interessen durchzusetzen. Noch bevor die Spiele begonnen haben, bekommt man das Gefühl, dass man den Ball nicht sehen wird vor lauter Mitspielern. Das Land, das sich in einer tiefen Strukturkrise befindet, will raus aus dem Jammertal und verschreibt sich den Fußball als Allheilmittel und Fitmacher. Allein das flankierende Kulturprogramm, mit dem sich das Land der Welt präsentieren will, wird 30 Millionen Euro kosten. Die Bundesregierung hat eine Imagekampagne initiiert, die »FC Deutschland 06« heißen sollte, inzwischen aber »Deutschland: Land der Ideen« heißt. Blühen soll das Land und wenn es nur vier Wochen blüht.

In einem Interview mit dem *Kicker* hat Wolfgang Niersbach, der stellvertretende Chef des Organisationskomitees, die Messlatte selbst sehr hoch angelegt. Zum Stand der Vorbereitungen im März 2003 führt er aus: »Jede Dimension muss bei der WM getoppt werden. Das Dortmunder Stadion Rote Erde, um ein Beispiel zu nennen, wird Wochen vorher komplett mit Übertragungswagen gefüllt sein.« Der damalige Geschäftsführer von Borussia Dortmund, Gerd Niebaum, ergänzt: »Bei der WM '74 war der Bereich Presse eine kleine Insel. 2006 wird es fast 7000 Plätze für Journalisten geben, eine gigantische Steigerung.« Woraufhin wieder Niersbach in Superlativen schwelgt: »1974 wurde im Ehrengastbereich eine Tasse Kaffee und ein Stück Kuchen gereicht, jetzt hast du beim Finale 15 000 Leute zu bewirten. 1974 war Puppentheater im Vergleich zum heutigen High-Tech-Festival.« Der kollektive Wille der Nation, »jede Dimension zu toppen«, wäre aber nicht so ausgeprägt, wenn sich die globalen Perspektiven nicht ebenso rasant verändert hätten. Statistisch betrachtet, beliefen sich die addierten Zuschauerzahlen bei der letzten Weltmeisterschaft 2002 in Japan/Korea auf 28,8 Milliarden, demnach schaltete sich jeder Erdenbewohner 4,6 mal zu. Und da man die Fußballweltmeisterschaften vor dem Hintergrund solcher Zahlen auch gerne als »Vollversammlung der Menschheit« bezeichnet, will sich in Deutschland niemand, der eine Ware oder sich selbst als Ware verkaufen möchte, diese Chance entgehen lassen.

Vielleicht hat Rudi Völler deshalb kapituliert. Als er nach dem Scheitern in der Finalrunde bei der Europameister im Sommer 2004 in Portugal als Teamchef zurücktrat, mag er gespürt haben, dass man ihm Erwartungslasten aufbürdete, die weit über den sportlichen Rahmen hinausgingen. Die Suche nach einem Nachfolger, dem man zutraute, die deutsche Nationalmannschaft zum ernsthaften Anwärter auf den WM-Titel zu machen, geriet daraufhin zur konfusen Komödie, in der Beckenbauer eine der Hauptrollen besetzte. DFB-Präsident Gerhard Mayer-Vorfelder, der die Auswahl zunächst im Alleingang versuchen wollte, bekam vom allgemeinen Wunschkandidaten Ottmar Hitzfeld eine Absage, die seinen Führungsanspruch schwer beschädigte. Fortan musste er sich die Macht an der Spitze des größten Sportverbandes der Welt mit seinem Herausforderer Theo Zwanziger teilen. Eine Trainerfindungskommission (TFK) wurde eingesetzt, die zur allgemeinen Heiterkeit und Verzweiflung beitrug.

Beinahe jeden Tag berichteten Sondersendungen von den Aktivitäten der TFK, und wer es vorher nicht gewusst hatte, lernte jetzt, dass der DFB in Frankfurt an der Otto-Fleck-Schneise residiert. Philipp Köster hat in dem unverzichtbaren Fußballmagazin *11 Freunde* die Folgen dieses verunglückten Auswahlprozesses analysiert: »Es ist ein kleiner Treppenwitz der Kämpfe in der Otto-Fleck-Schneise, dass gerade die Rangeleien um Macht zum Machtverlust geführt haben. Denn es war nicht die Suche nach Kompetenz, sondern der routinierte Proporz, der im Sommer die Zusammensetzung der längst legendären Trainerfindungskommission bestimmt hatte. Und so fand auch der als OK-Chef allenfalls mittelbar betroffene Franz Beckenbauer den Weg in die Kommission und sorgte mit seinen beinahe stündlich abgegebenen und inhaltlich wirren Wasserstandsmeldungen dafür, dass die wochenlang vergebliche Suche nach dem Völler-Nachfolger zur unfreiwilligen Comedy mutierte. Die Konsequenz: Als mit Jürgen Klinsmann endlich ein akzeptabler Kandidat gefunden war, durfte der dem DFB die Bedingungen diktieren.«

Die Folge dieses Diktats war, dass sich Jürgen Klinsmann mehr Macht und Einfluss auf die Nationalmannschaft sichern konnte als irgendeiner seiner Vorgänger zuvor. Anders als Beckenbauer hatte sich Klinsmann schon als Spieler immer eine gewisse Distanz vom Fußball erhalten, andere Interessen und Ziele entwickelt. Er hatte auf persönliche Berater verzichtet, sich bei Werbeangeboten zurückhaltend gezeigt und sich dem öffentlich Anspruch stets entzogen. Er wollte sich selbst formen, nicht von anderen geformt werden. In vielerlei Hinsicht verkörperte er damit das genaue Gegenteil von Beckenbauer, der sich dem Fußball mit Haut und Haaren hingegeben hatte. Was Beckenbauer aber in Hinsicht auf die WM 2006 überzeugte, war Klinsmanns selbstbewusste Zielsetzung, der bei seinem Amtsantritt unumwunden vom Gewinn des Weltmeistertitels sprach. Beckenbauer hat in den letzten Jahren immer wieder betont, dass die Weltmeisterschaft 2006 zum wichtigsten Turnier seines Lebens werden wird und dass er es als seinen größten Erfolg betrachtet, die WM nach Deutschland geholt zu haben. Er selbst setzt sich unter Druck, und es bleibt abzuwarten, ob es ihm gelingen wird, dem märchenhaften Roman seines Lebens ein neues Erfolgskapitel hinzuzufügen. Sein Einsatz, den er in diesen Tagen zeigt, war noch niemals so hoch, niemals zuvor hat er sich einem Projekt so sehr verschrieben wie diesem Turnier. Er lernt jeden Tag. Er lernt, dass die Bewerbung für eine Weltmeisterschaft ein Kinderspiel ist im Vergleich zu ihrer Organisation. Er lernt, dass die Tage nur 24 Stunden haben. »Der Franz ist der erste Mensch, der wahrscheinlich 230 Jahre alt wird«, sagt sein Bruder Walter. Die Brüder verstehen sich gut, aber eine Antwort darauf, warum sein Bruder derart erfolgreich ist, kann Walter auch nicht geben. Er erzählt viele kleine Geschichten, vom Talent seines Bruders, seinem Glück, auch seinem Eifer, Ehrgeiz, dem richtigen Zeitpunkt und seinen Förderern, den verzauberten Vätern, die alles unternahmen, um den Adoptivsohn zum Erfolg zu führen. Seine Mutter sagt: »Im Herzen ist der Franzi ein Bub aus Giesing geblieben.« Aber hat es das wohlbehütete Idyll in Giesing jemals gegeben?

Ob seine Söhne ihn wirklich kennen? Thomas Beckenbauer schätzt ihn so ein: »Mein Vater ist ein relativ verschlossener Mensch, der ziemlich viel in sich hineinfressen kann, er erträgt es nicht, wenn irgendwo Probleme auftauchen. Ein richtiges Gespräch zwischen Vater und Sohn hat erst in den letzten zehn Jahren begonnen, er war für uns stets so ein bisschen unnahbar. Am liebsten wäre es mir wirklich gewesen, er hätte den Opa nachgemacht und wäre Briefträger geworden, einen normalen Beruf. Ich mache ihm deshalb keinen Vorwurf, Fußball war halt einfach sein Beruf, und in den letzten Jahren sind wir ihm auch näher gekommen.« Näher gekommen ja, aber wie groß mag die Entfernung zuvor gewesen sein? So ganz nahe, das hört man allenthalben aus vielen Gesprächen heraus, kommt ihm kaum einer.

Vielleicht weiß es Brigitte, seine erste Frau, am besten. Ich frage: »Hat er gute Freunde?« Sie denkt lange nach, antwortet mit einer Gegenfrage: »Wann braucht einer gute Freunde?«

»Wenn es ihm schlecht geht?«

Sie überlegt wieder: »Wenn es ihm schlecht geht. Tja, woher soll er es dann wissen?«

»Sie meinen, weil es ihm nie schlecht ging?«

Sie nickt: »Ja noch nie, da kann doch ein jeder ein guter Freund sein.«

Ob es Beckenbauer jemals schlecht gehen wird? Eines seiner größten Talente ist seine Fähigkeit, gute Laune zu empfinden, sich über die Abgründe des Alltags hinwegzusetzen. Er sitzt die Krisen nicht aus, er plaudert sie weg, er söhnt sich immer wieder selbst mit sich aus und scheucht die Schatten, die er bisweilen auch in seinem Leben spüren mag, fort wie lästige Mücken. Während die Intellektuellen ihn wegen seiner Sehnsucht nach dem Kleinbürgerleben eher milde belächeln und dafür den »Rebellen« Netzer preisen, ist Beckenbauer der Konsenskandidat des Volkes, der Medien und der Mächtigen; übrigens eine selten einmütige Koalition. Eine jüngst im *Stern* veröffentlichte Forsa-Umfrage kürte ihn zum bedeutendsten Fußballspieler in der vierzigjährigen Bundesligageschichte, und laut einer Umfrage unter Deutschlands Wirtschaftsführern gilt er als einflussreichster Sportpolitiker des Landes. Längst ist der »Kaiser« zu einem Gesamtkunstwerk der Republik geworden, an dem alle mitwerkeln, ob mit Millionenverträgen, mit öliger Devotion, mit Bewunderung, sauertöpfischer Herablassung, mit dem Wunsch, sich mit ihm, vor ihm und durch ihn gut zu verkaufen. Er ist die frohe Botschaft der handeltreibenden Gesellschaft, das Evangelium aller Leute, die die Lust verloren haben, in den unendlichen leeren Himmeln nach ihrem Glück Ausschau zu halten. Seine flexible Fröhlichkeit, sein Giesinger Phlegma, seine weißbiergrundierte Lebenslässigkeit gepaart mit seinem weltdörflich erworbenem Charme machen ihn zu einem Deutschen, vor dem man nicht davonlaufen muss. Vor ihm gibt es kein Entkommen, aber umgekehrt gilt das auch: Er entkommt uns nicht. Es ist nicht seine Schuld, dass wir so an ihm hängen, aber das alle Welt so an ihm zerrt, sollte uns zu denken geben, was uns der Fußball alles ersetzen soll.

Am 11. September 2005 wird Beckenbauer 60 Jahre alt. Wenn auf die Dramaturgie seines bisherigen Lebens Verlass ist, dann wird er 2007 der nächste FIFA-Präsident. Darüber wird er selbst wenig sprechen, jedoch fleißig im Stillen daran arbeiten. Am 11. September wird das ZDF ihn mit einer aufwändigen Geburtstagsgala ehren. Moderiert wird die Show von zwei anderen Lieblingen der Deutschen, Lausbuben wie er, Thomas Gottschalk und Günther Jauch. Es wird ein großes Fest, alle werden gratulieren. Der Präsident, der Kanzler, Minister, Ministerpräsidenten, Konzernchefs und Intendanten, alle, die dem Fußball hinterherlaufen. Sie alle werden dann noch einmal seinen Lebensfilm an sich vorbeiziehen lassen: Die Straßen von Giesing. Den SC München 1906. Seine Frau, seine Kinder. Seine Mitspieler. Robert Schwan. Der FC Bayern München. Wembley und Uwe Seeler. Mexiko und Gerd Müller, Wembley und Günter Netzer. Die Weltmeisterschaft 1974 und Helmut Schön.

Wir werden sehen, wie er seine berühmten Eigentore schießt, wie er den Ball majestätisch in die freien Räume zirkelt, wie er sich dreht und wendet, den Kopf immer nach oben, mit den Gesten eines Feldherrn. Wir werden sehen, wie er nach Amerika zieht, wie er zurückkehrt und den deutschen Fußball rettet, wie werden noch einmal erleben, wie er in Rom allein über den Rasen wandelt, die Hände tief in den Taschen. Wir werden seine Frauen sehen, seine vor Zorn schwellenden Stirnadern, die an den Vater erinnern, und wir werden in seinem Gesicht das Gesicht der Mutter finden, deren Ausdruck er sich im Alter immer mehr aneignet. Und wenn das dann alles an uns vorübergezogen sein wird, beginnt der Lebensfilm von vorn, weil einer wie er zwar sterben, aber niemals verschwinden kann.

Danksagung

Dieter Anschlag, Rolf Aurich, Georg Baumgarten, Antonie Beckenbauer, Brigitte Beckenbauer, Franz Beckenbauer, Johann Beckenbauer, Josef Beckenbauer, Thomas Beckenbauer, Walter Beckenbauer, Peter Bizer, Thomas Blees, Dieter Bochow, Jochen Bouhs, Gerhard Böck, Karl Böck, Matthias Brandt, Sigrid Bubolz-Friesenhahn, Horst Bulitta, Patrizia Calabrese, Bernd Cullmann, Karin Danner, Dieter Dendorfer, Jupp Derwall, Alfred Draxler, Jakob Drescher, Sabine Dultz, Erik Eggers, Hans Eiberle, Hans Ehrengruber, Anke Engelhardt, Jürgen Ey, Walter Fembeck, Tom Fischer, Edgar Fuchs, Joachim Fuchsberger, Stephan Fugel, Angela Gebhardt, Rolf Rainer Gecks, Michael Gernandt, Bernd Gersdorff, Wilfried Gerhardt, Klaus Gerwien, Rolf Gonther, Peter Grosser, Peter Gutmann, Thomas Guttmann, Lutz Hachmeister, Erika Hannemann, Margarete Hänsler, Franz Haydn, Tino Heeg, Helmut Heigl, Reinhard Hesse, Klaus Michael Heinz, Karl Helm, Raimund Hinko, Josef Hochstrasser, Uli Hoeneß, Rolf Hofmann, Rainer Hoffmann, Reinhart Hoffmeister, Marcus Höfl, Mai Horlemann, Rudolph Houdek, Frank Hörmann, Marcus Hörwick, Herbert Iberer, Michael Jakobs, Günther Jauch, Fred Joch, Herbert Jung, Uwe Kammann, Monica Lierhaus, Thomas Kistner, Manfred Klöckner, Ralf Köttker, Michael Kloft, Martin Koch, Markus Klotmann, Lionel von dem Knesebeck, Max Lorenz, Ingeborg Loy, Beate Kayser, Dorle Kopetzky, Eva Kosar, Fritz Kosar, Marlis König, Sigrid Krampitz, Bernd M. Krause, Adolf Kunstwadl, Peter Kupferschmidt, Holger Kuntze, Jürgen Leinemann, Anton Löffelmeier, Peter Lohmann, Sepp Maier, Sandra Maischberger, Jürgen Mandel, Karl Markgraf, Melanie Marsian, Wolfgang Menge, Rudi Michel, Frieda Moosmaier, Franz Moosmaier, Karlheinz Mrazek, Karl-Heinz Mrosko, Gerd Müller, Klaus K. Müller, Günter Netzer, Markus Wilhelm Neudecker, Franz Neudecker sen., Franz Neudecker jun., Peter Nicolay, Ursula Niedermayr, Georg Nunhofer, Hans-Heinrich Obuch, Werner Olk, Wolfgang Overath, Aysel Parlak, Susanne Petri, Michael Pfad, Fedor H. Radmann, Anita Raith, Martin Regenbrecht, Barbara Rehrl, Marcel Reif, Jürgen Rollmann, Kurt Röttgen, Felix Rudloff, Karl-Heinz Rummenigge, Günther Rybarczyk, Diana Sandmann, Klaus Schäfer, Manfred Seifert, Hans Schiefele, Jürgen Schießl, Achim Schimpf, Dirk Schindelbeck, Wilhelm Schlötterer, Edgar Schneider, Stephan Schön, Christian Schröder, Josefine Schröder, Willi Schulz, Jan Tilmann Schwab, Marlis Schwan, Hans Georg Schwarzenbeck, Jürgen Schießl, Heinrich Schwegler, Helmut Schümann, Helmi Seidel, Jochen Seiff, Raju Sharma, Klaus-Dieter Sieloff, Ulrich Spieß, Thomas Steg, Wolfgang Steiner, Michael Stiller, Andreas Stolze, Walter M. Straten, Peter Stützer, Werner Sudendorf, Detlef Swieter, Horst Szymaniak, Johanna und Alfred Thanbichler, Andree Thorwarth, Olliver Tietz, Christian Ude, Harry Valérien, Jo Viellvoye, Ingrid Vogg, Christina Voigt, Rudi Völler, Theo Waigel, Helga Waldmüller, Jörg Wehling, Volker Weicker, Christian Weisenborn, Rudolf Weiß, Wigbert Wicker, Heidemarie Wisselmann-Wagner, Anne Will, Günther Wolfbauer, Micky Wroblewski, Rainer Zobel.

Viele haben geholfen, dieses Buch möglich zu machen. Ich habe für diese Biographie rund 100 Interviews geführt. Ich habe mit Familienmitgliedern von Franz Beckenbauer gesprochen, mit Freunden, Bekannten, Beobachtern, Kritikern, Mitspielern, Journalisten, Politikern, Werbefachleuten. Ich danke besonders Antonie Beckenbauer, die sich viel Zeit genommen hat und Franz Beckenbauer für sein großzügiges Gewährenlassen. Peter Bizer hat eine wichtige Tür geöffnet, Marcus Höfl fand Termine, wo gar keine Termine waren. All meinen Gesprächspartnern, die sich mit mir unterhalten haben, die stundenlang Auskunft gaben, danke ich für die Geduld, Großzügigkeit und Offenheit. Ein großer Dank dem Verlag, der ein gutes Buch machen wollte. Und, nicht zuletzt, Dank an meine Familie.

Literatur

Allgemein
Dieter Bänsch (Hrsg.): *Die fünfziger Jahre*, Tübingen 1985.
Erik H. Erikson: *Identität und Lebenszyklus*, Frankfurt am Main 1973.
Neal Gabler: *Das Leben, ein Film*, Berlin 1999.
Thomas Guttmann (Hrsg.): *Giesing. Vom Dorf zum Stadtteil*, München 1990.
Thomas Guttmann (Hrsg.): *Unter den Dächern von Giesing. Politik und Alltag 1918–1945*, München 1993.
Herbert Heß: *50 Jahre Süddeutsche Zeitung. Eine Chronik*, München 1995.
Jean-Noel Kapferer: *Gerüchte. Das älteste Massenmedium der Welt*, Leipzig 1996.
Hermann Korte: *Eine Gesellschaft im Aufbruch. Die Bundesrepublik in den sechziger Jahren*, Frankfurt am Main 1987.
Hannes Obermaier: *Hunter's Treibjagd*, Locarno 1975.
David Remnick: *King of the World*, Berlin 2000.
Werner Schlierf: *Geschichten aus einer schadhaften Zeit*, München, 1980.
Siegfried Sommer: *Und keiner weint mir nach*, München 1953.
Axel Springer Verlag: *Ein Bild von Bild. Wie Bild entsteht und wer Bild macht*, Berlin 1984.
Michael Wolf Thomas (Hg.): *Porträts der deutschen Presse*, Berlin 1980.
Michael Wildt: *Vom kleinen Wohlstand. Eine Konsumgeschichte der fünfziger Jahre*, Frankfurt am Main 1996.

Fußball (Auswahl)
Franz Beckenbauer: *Dirigent im Mittelfeld*, München 1966.
Franz Beckenbauer: *Halbzeit. Eine sportliche Zwischenbilanz*, Hannover 1972.
Franz Beckenbauer: *Einer wie ich*, München, Gütersloh, Wien 1975.
Franz Beckenbauer: *Meine Gegner, meine Freunde*, Hamburg, Zürich 1987.

Franz Beckenbauer: *Ich. Wie es wirklich war*, München, Gütersloh, Wien 1992.
Franz Beckenbauer: *Tour de Franz. Meine WM '98*, München 1998.
Robert Becker: *Uwe Seeler und seine goldenen Tore*, München 1960.
Alex Bellos: *Futebol. Fußball, die brasilianische Kunst des Lebens*, Berlin 2004.
Tom Bender, Michael Pfad: *»Schau'n mer mal«*, München 1995.
Christoph Biermann, Ulrich Fuchs: *Der Ball ist rund, damit das Spiel die Richtung ändern kann*, Köln 2002.
Bild Sportbuch: *Das Geheimnis eines Fußballwunders*, Frankfurt am Main, Berlin 1969.
Jürgen Bitter: *Deutschlands Fußball Nationalspieler*, Berlin 1997.
Jürgen Bitter: *Deutschlands Fußball*, Berlin 2000.
Peter Bizer: *Uli Hoeneß*, München 1975.
Thomas Blees: *90 Minuten Klassenkampf. Das Länderspiel BRD–DDR 1974*, Frankfurt am Main 1999.
Hans Blickensdörfer: *Der Kaiser*, Heilsbronn 1991.
Uwe Bornemeier (Hrsg.): *Lob der Bundesliga*, Essen 1988.
Helmut Böttiger: *Günter Netzer. Manager und Rebell*, Frankfurt am Main 1998.
Paul Breitner/Bernd Schroeder: *Kopf-Ball*, Berlin, Frankfurt am Main, Wien 1982.
Robert Deininger: *Helmut Haller, der Mann mit den goldenen Beinen*, München 1968.
Jupp Derwall: *Fußball ist kein einfaches Spiel*, Berlin 2002.
Sammy Drechsel: *Elf Freunde müsst ihr sein*, Stuttgart 1997.
Erik Eggers: *Die Stimme von Bern. Das Leben von Herbert Zimmermann*, Wißner-Verlag 2004.
Christian Eichler: *Lexikon der Fußballmythen*, München 2003.
Elf Freunde müsst ihr sein!: Einwürfe und Anstöße zur deutschen Fußballgeschichte, Freiburg 1995.
Manfred Fock: *So war es. Jugendfußball gestern und – heute?*, Adelshofen 1994.
Brian Glanville: *Der Profi*, Gütersloh 1965.
Götz-T. Großhans: *Fußball im deutschen Fernsehen*, Frankfurt am Main 1997.

Ludwig Harig/Dieter Kühn (Hrsg.): *Netzer kam aus der Tiefe des Raumes*, München 1974.
Markwart Herzog (Hrsg.): *Fußball als Kulturphänomen*, Stuttgart 2002.
Josef Hochstrasser: *Ottmar Hitzfeld*, Berlin 2003.
Harald Irnberger: *Franz Beckenbauer. Ein Bayer zwischen Wahn und Wirklichkeit*, Wien 2002.
Thomas Kistner/Jens Weinreich: *Das Milliardenspiel. Fußball, Geld und Medien*, Frankfurt am Main 1998.
Thomas Kistner, Ludger Schulze: *Die Spielmacher*, Stuttgart, München 2001.
Dieter Kürten: *Drei unten, drei oben*, Hamburg 2003.
Jürgen Leinemann: *Sepp Herberger. Ein Leben, eine Legende*, Hamburg 1998.
Matias Martinez (Hrsg.): *Warum Fußball? Kulturwissenschaftliche Beschreibungen eines Sports*, Bielefeld 2002.
Rainer Moritz (Hrsg.): *Vorne fallen die Tore. Fußball Geschichte(n) von Sokrates bis Rudi Völler*, München 2004.
Karlheinz Mrazek: *Wolfgang Overath. Ja, mein Temperament!*, Köln 1970.
Gerd Müller: *Goldene Beine*, Rosenheim 1969.
Günter Netzer: *Aus der Tiefe des Raumes. Mein Leben*, Hamburg 2004.
Michael Pöppl: *Fußball ist unser Leben*, Berlin 2002.
Helmut Rahn: *Mein Hobby: Tore schießen*, München 2004.
Hans Schiefele: *Sepp Maier*, München 1975.
Ulfert Schröder: *Stars für Millionen*, Bayreuth 1974.
Ulfert Schröder: *Franz Beckenbauer*, München 1975.
Ulfert Schröder: *Berti Vogts*, München 1978.
Ludger Schulze: *Die Mannschaft. Die Geschichte der Deutschen Fußball-Nationalmannschaft*, München 1986.
Dietrich Schulze-Marmeling: *Die Bayern*, Göttingen 2003.
Dirk Schümer: *Gott ist rund. Die Kultur des Fußballs*, Frankfurt am Main 1998.
Uwe Seeler: *Alle meine Tore*, München 1965.
Uwe Seeler: *Danke, Fußball! Mein Leben*, Hamburg 2003.
Norbert Seitz: *Bananenrepublik und Gurkentruppe. Die nahtlose*

Übereinstimmung von Fußball und Politik 1954–1987, Frankfurt am Main 1987.
Eberhard Stanjek: *Die Meisterelf: Bayern München*, Frankfurt am Main 1973.
Uli Stein: *Halbzeit. Eine Bilanz ohne Deckung*, Frankfurt am Main 1993.
Stadtarchiv München (Hrsg.): *München und der Fußball. Von den Anfängen 1896 bis zur Gegenwart*, München 1997.
Klaus Theweleit: *Tor zur Welt. Fußball als Realitätsmodell*, Köln 2004.
Silke Wiedemann: *Franz Beckenbauer. Der Erfolg spielt mit*, Düsseldorf 2002.
Harry Windisch (Hrsg.): *Happel. Freunde, bekannte Persönlichkeiten, Mitspieler und Journalisten erinnern sich*, Wien 1993.
Hans Jürgen Winkler: *Franz Beckenbauer. Das deutsche Fußballwunder*, München 1969.

Register

A

Abendzeitung 75 f., 97, 106, 123–125, 127, 129, 231, 322, 347, 350, 355
Adenauer, Konrad 53, 59
Akpoborie, Jonathan 327
Alberto, Carlos 224, 227
Albertosi, Enrico 147
Albrecht, Jose 88, 90
Algemeen Dagblad 201
Ali, Muhammad 225
Allgöwer, Karl 270
Allofs, Klaus 261, 262, 265, 267
Anschlag, Dieter 303
Apel, Hans 223
Arland, Rolf 106
Augenthaler, Klaus 305

B

Babbel, Markus 42
Bachramow, Tofik 101
Ball, Alan 99–101
Ballack, Michael 139
Barzel, Rainer 160
Battiston, Patrick 241
Bauerle, Roland 37
Bayern-Echo 127
Beckenbauer, Alfons (Onkel B.s) 14, 25–27
Beckenbauer, Antonie (Mutter B.s) 8, 9, 10, 11 f., 15, 16, 17 f., 19, 21 f., 24, 50, 55, 66 f., 75, 129, 227, 239, 321, 364
Beckenbauer, Brigitte 59, 66, 92, 103, 104, 107, 109, 128–130, 131, 135, 138, 151 f., 165, 167, 169, 170, 171, 207, 209, 211, 213 f., 219 f., 227, 321, 349, 365
Beckenbauer, Franz (Vater B.s) 8, 11, 14, 17, 18, 19, 21 f., 26, 31 f., 50 f., 60, 67, 228
Beckenbauer, Hans (Onkel B.s) 14, 75
Beckenbauer, Josef (Onkel B.s) 14, 18
Beckenbauer, Katharina (Großmutter B.s) 12–14, 16, 17, 21 f., 26
Beckenbauer, Michael (Großvater B.s) 12–14, 17
Beckenbauer, Michael Christoph (Sohn B.s) 67, 108, 129, 130, 227, 292
Beckenbauer, Stefan (Sohn B.s) 129, 193, 227, 245, 292, 304
Beckenbauer, Sybille 292 f., 321, 346, 349, 350, 351
Beckenbauer, Thomas Walter (Sohn B.s) 33, 66, 103, 129, 189, 193, 203, 220, 227, 292, 312, 365
Beckenbauer, Walter (Bruder B.s) 8, 17, 18, 19, 21, 24 f., 75, 127, 293, 364
Becker, Boris 338
Beckmann, Reinhold 36, 164, 178, 356
Bein, Uwe 283
Bell, Colin 143
Berger, Roland 315
Berliner Zeitung 287
Berthold, Thomas 260, 267, 273, 283
Bertram, Hans 106
Bild am Sonntag 106, 322, 332
Bild-Zeitung 42, 53, 66, 90, 93, 107, 113, 123 f., 126–128, 130, 138, 139, 144, 147, 148, 165, 166, 172, 184, 193, 208–210, 221, 222, 223, 230 f., 235, 237, 238, 242 f., 246, 259, 261, 265, 270, 274 f., 284, 293, 298, 300, 308, 310, 320, 326, 331, 334, 339, 347, 349, 350, 356
Bitter, Jürgen 120
Bizer, Peter 94, 151, 167
Blatter, Joseph 334, 337
Blees, Thomas 182
Blickensdörfer, Hans 199, 282
Blüm, Norbert 269

Bochow, Dieter   193 f.
Bohlen, Dieter   343
Bohrer, Karl-Heinz   150
Bonetti, Peter   143
Bonhof, Rainer   176 f., 185, 186
Boninsegna, Roberto   146
Bosman, Jean-Marc   43
Bozsik, József   7
Bradley, Gordon   224
Brandt, Matthias   134
Brandt, Willy   59, 121, 131, 132, 133 f., 160, 183, 196
Braun, Egidius   260, 261, 262, 310
Brehme, Andreas   251, 252, 265, 283, 286
Breitner, Paul   21, 139, 153, 176–178, 180 f., 197, 202, 226, 274 f.
Brenninger, Dieter   48
Breyer, Heinrich   170 f.
Briegel, Hans-Peter   240, 252, 265, 267, 270
Brühl, Heidi   187
Brülls, Albert   88
Buch aktuell   195
Buchholz, Horst   187
Buchwald, Guido   283
Bunte   245, 252, 292 f., 322, 328, 351
Burg, Lou van   54
Burmester, Heidi   53, 350
Burruchaga, Jose   268
Busby, Matt   95

C

Čajkovski, Zlatko   62–65, 68, 104, 109, 114 f., 122

Calmund, Rainer   348
Canellas, Horst-Gregorio   155
Carstens, Karl   223
Carter, Jimmy   218
Celibidache, Sergio   171
Cera, Pierluigi   146
Charlton, Bobby   86, 95 f., 98–102, 142 f.
Charlton, Jack   *96*
Cossiga, Francesco   279
Cramer, Dettmar   57 f., 73, 75, 81, 91, 96, 104, 116, 139, 198 f., 206, 355
Cruyff, Johan   175, 177, 179, 181 f., 185 f., 188, 222
Cubillas, Teofilo   141
Cullmann, Bernhard   185

D

Dagbladet   145
Daily Mirror   201
Daily Sketch   86
das neue   351
Das neue Blatt   351
Das Sonntagsblatt   322
Dassler, Horst   336
Daum, Christoph   347 f.
Daume, Willi   336
Delling, Gerd   162
Derwall, Jupp   184, 190, 237, 240, 241, 243, 245, 247, 254, 335
Dienst, Gottfried   101
Dietz, Bernard   240
Domingo, Placido   225

Draxler, Alfred   242, 243
Drechsel, Sammy   72, 134, 204, 278

E

Eckel, Horst   357–359
Eder, Norbert   265, 267, 270
Edwards, Duncan   95
Ehrengruber, Hans   45
Eichler, Christian   155
Eisner, Kurt   15
11 Freunde   364
Emmerich, Lothar   90
Engelmann, Bernt   173
Eppel, Klaus   63
L'Équipe   145, 201
Erhard, Herbert   65
Erhard, Ludwig   59
Eusebio   86
Evening Standard   145
Excelsior   145, 260 f.
Express   165, 350

F

Facchetti, Giacinto   146
Falkenmayer, Ralf   248, 252
Faßbender, Heribert   304
Fembeck, Walter   60, 198, 207
Fernsimer, Sepp   37, 355
Fichtel, Klaus   159
Filbinger, Hans   110
Firmani, Eddie   224, 227
Fischer, Joseph   337
Fischer, Ottfried   322

Flimm, Jürgen 326
Flohe, Heinz 154, 185
Förster, Karlheinz 240, 252, 260, 265, 267, 268
Ford, Gerald 218
Forschbach, Wolfgang 75 f.
Frankfurter Allgemeine Zeitung 77, 89, 118, 138, 139, 140, 147, 159, 160, 161, 173, 178, 180, 195, 293 f., 300, 308, 316, 321, 322, 325, 349
Frankfurter Rundschau 7, 72,118, 140, 147, 213
Franz Joseph I. 111
Frau aktuell 351
Frau im Spiegel 351
Freizeit Revue 351
Frontzeck, Michael 248
Fuchs, Edgar 129, 245
Fuchsberger, Joachim 191
Funk-Korrespondenz 303

G

Gala 351
Gaus, Günter 200
Gebhardt, Angela 172
Genscher, Hans Dietrich 213
Gerhardt, Wilfried 81, 119
Gerold, Anna 46
Gerold, Hans 45
Gerold, Johann 45, 55
Gerold, Johanna 45, 46, 68
Gerwien, Klaus 118

Geyer, Eduard 42
Gili, Gérard 295 f.
Giresse, Alain 265
Girulatis, Richard 204
Glanville, Brian 137, 162
Göhl, Hans 170 f.
Goethals, Raymond 297
Gonther, Rolf 56, 61, 106 f., 125, 127, 129, 130, 152, 191, 200
Gottschalk, Thomas 277, 318, 366
Grabowski, Jürgen 143, 145, 147 f., 176 f., 179, 181, 186, 189
Graeter, Michael 125 f.
Granata, Rocco 46
Grönke, Ingrid 54, 59, 66, 103, 109, 129
Grosser, Peter 77
Guillaume, Günther 183
Gutendorf, Rudi 72

H

Haan, Arendt 175, 185
Hägele, Martin 274
Hänsler, Margarete 25, 36, 38
Häßler, Thomas 282, 283
Haffner, Steffen 138, 160
Haller, Helmut 79 f., 81, 83, 84, 85 f., 88, 93, 99, 102, 140
Hamburger Abendblatt 229, 235
Hanegem, Willem van 185

Happel, Ernst 234 f.
Hartmann, Waldemar 357–359
Hauck, Stefan 332
Haydn, Franz 49, 50, 52, 55
Heckel, Max von 134
Hegerich, Karl 306
Hehner, Georg 315
Heigl, Helmut 44, 45, 46, 47, 48, 50, 55, 117
Held, Siggi 83, 88, 118, 146
Heller, André 338
Helm, Karl 169 f.
Helmer, Thomas 309
Henrichs, Benjamin 195
Herberger, Sepp 9, 33, 57 f., 59, 71, 74, 81, 90, 91, 96, 97, 132, 138, 205, 244, 247, 254, 285
Herget, Matthias 252
Herzog, Andreas 323
Herzog, Dieter 185
Hess, Hermann 106
Heß, Rudolf 54
Heynckes, Jupp 305
Hildebrandt, Bernd 113
Hildebrandt, Dieter 159
Hill, Jimmy 86
Hinko, Raimund 242, 274 f.
Hinterseer, Hansi 313
Hirsch, Miguel 261
Hitler, Adolf 18, 29
Hitzfeld, Ottmar 332, 363
Höfl, Marcus 9, 356
Hölzenbein, Bernd 176 f., 185, 188
Hoeneß, Susanne 190

Hoeneß, Uli 153, 158, 176 f., 179, 180, 187, 196, 197, 202, 248, 270, 273, 306, 317, 322, 329, 331, 345 f., 348
Hörwick, Marcus 346
Hörzu 195
Höttges, Horst 89, 95, 99 f., 142
Hofmann, Peter 253
Hofmann, Rolf 110, 124 f., 127
Hoffmeister, Reinhart 130–133, 196
Holzamer, Karl 54
Holzschuh, Rainer 260
Honecker, Erich 282
Hopfner, Karl 346
Houdek, Rudi 32, 33 f., 206 f., 306, 314 f.
Hoyer, Walter 234
Hoyzer, Robert 361
Hrubesch, Horst 234, 240
Huber, Hans 9
Huber, Ludwig 191, 212
Huberty, Ernst 72, 303
Hüls, Jörg F. 243, 274
Hundhammer, Alois 36
Hurst, Geoff 98, 99, 101, 102

I

Iberer, Herbert 35, 36, 37, 38, 39
Illgner, Bodo 272
Immel, Eike 272

J

Jagger, Mick 225
Jakobs, Ditmar 252, 265, 267, 270
Jansen, Wim 185, 188
Jaschin, Lew 86, 93, 94
Jauch, Günther 277, 303, 326, 366
Jens, Walter 195, 326
Jobst, Dionys 222
Joch, Hermann 190
Johannson, Lennart 312
Jones, Tom 150
Jongbloed, Jan 178, 185
Jung, Herbert 127 f., 166, 242, 247, 351
Junge Welt 287
Juskowiak, Erich 71

K

Käfer, Gerd 201
Kamke, Heini 204
Karasek, Hellmuth 215
Keegan, Kevin 229
Kerkhof, René van de 185
Kern, Renate 46
Kerner, Johannes B. 36, 178, 277
Kicker 107, 250, 253, 272, 308, 362
Kirch, Leo 336, 360 f.
Kissinger, Henry 259
Kistner, Thomas 348
Klein, Wolfgang 230
Klinsmann, Jürgen 281, 283, 323, 325, 330 f., 363 f.
Klose, Oskar 24

Knesebeck, Lionel von dem 194
Köhnlechner, Manfred 191, 193, 206
Kölner Stadtanzeiger 298
Köppel, Horst 267
Köster, Philipp 363
Köster, Werner 274
Kohl, Helmut (Schiedsrichter) 281
Kohl, Helmut 268, 279
Kohler, Jürgen 114, 283
Kolb, Ingrid 237
Kosar, Fritz 109
Krämer, Werner 76
Kraus, Peter 46
Krauthausen, Franz 159
Krebs, Wilfried 356
Krohn, Peter 226
Krol, Ruud 185, 186
Kronsbein, Helmut 72
Kürten, Dieter 140, 255, 261
Kunstwadl, Adolf 48
Kupferschmidt, Peter 48

L

Lahm, Philipp 27
Landauer, Kurt 27
Lattek, Udo 81, 152 f., 156, 163, 165, 197, 198, 245, 274 f.
Lavall, Kurt 99, 191 f.
Leber, Georg 110
Lehár, Franz 132, 150
Leinemann, Jürgen 57, 256, 267, 311
Lenz, Antonie 44
Lerby, Sören 305

376

Libuda, Reinhard 112, 113, 140 f., 143, 159
Littbarski, Pierre 261, 266, 282, 283
Löhr, Hennes 144, 154
Lorenz, Max 80, 141 f.
Lorenzo, Juan Carlos 88
Loy, Roland 284
Lübke, Heinrich 102
Lücke, Paul 110
Luik, Arno 290 f.

M

Mad 196
Magath, Felix 240, 248, 250, 252, 262, 265, 267, 270
Maier, Sepp 48, 93, 109, 112, 115, 122, 163, 176, 186, 187, 188, 198, 207
Maischberger, Sandra 227 f.
Manglitz, Manfred 140, 155
Mannheimer Morgen 348, 350
Maradona, Diego 267–269, 279
Markwort, Helmut 315
Matthäus, Lothar 250, 252, 265, 267, 268, 279, 283, 306, 308, 325, 330 f.
Mayerhofer, Peter 314
Mayer-Vorfelder, Gerhard 348, 357, 363
Mazzola, Sandro 146
Mehdorn, Hartmut 352 f.
Le Méridional 296

Merk, Markus 335
Merkel, Max 68, 72, 243, 251
Messner, Reinhold 314
Michel, Rudi 178, 181, 187, 188, 189, 206
Michels, Rinus 275
Mitterrand, François 294
Möller, Andreas 283
Moer, Wilfried van 161
Moore, Bobby 86
Moosmaier, Frieda 13, 17, 19, 21, 23, 75
Morlock, Max 24, 76, 77, 358
Moshammer, Rudolph 171
Mrosko, Karl-Heinz 153
Müller, Gerd 65, 115, 123, 136, 141, 144, 145, 153, 156, 157, 161, 165, 176 f., 181, 182, 186, 193, 202, 304
Müller, Hansi 240
Müller, Klaus 126–128, 138, 165, 336
Mullery, Alan 143
Münchner Merkur 110 f., 115, 123 f., 164, 170

N

Nafziger, Rudi 48
Neeskens, Johan 176, 181, 185, 188, 189
Nerz, Otto 244, 247
Nesslinger, Hans-Joachim 194, 198, 203–205

Netzer, Günter 118, 134, 136, 139, 150, 151, 154, 159, 160, 162 f., 164, 176, 180, 184, 196, 232, 233, 301, 330, 342
Neuberger, Hermann 139, 184, 203, 215, 223, 235, 237 f., 241, 243 f., 246 f., 260, 272
Neudecker, Franz jun. 30, 48
Neudecker, Franz sen. 28–32, 34
Neudecker, Wilhelm 60, 62, 65, 80, 131, 152, 154, 165, 168, 172, 197 f., 200 f., 206 f., 216, 318 f.
Neue Revue 351
Neue Zürcher Zeitung 213, 322
Neues Deutschland 299
News of the World 89
Nicolay, Peter 133
Niebaum, Gerd 329, 362
Niersbach, Wolfgang 356, 362
Nigbur, Norbert 159
Nunhofer, Georg 36, 37, 44, 45
Nurejew, Rudolf 225

O

Obermaier, Johann 125
Ohlhauser, Rainer 65
Olk, Werner 65, 122
Onega, Erminio 87–89, 96
Osieck, Holger 296, 297 f.

Overath, Wolfgang
84, 87 f., 117, 118,
135 f., 142, 145–147,
154, 159, 163, 176 f.,
186, 202

P

El País 265
Palme, Michael
255–257
Papperitz, Doris 254
Pavarotti, Luciano
225, 312
Pelé 33, 86, 118, 217,
218, 221, 224, 259,
322
Penthouse 300
Peters, Martin 99 f.
Pietsch, Gerhard 127
Piontek, Sepp 264
Platini, Michel 265
Playboy 131, 214, 243,
251, 299
Ploog, Günter-Peter
255
Polanski, Roman 170
Potofski, Ulli 301
Puskás, Ferenc 358

Q

Quick 81, 92, 248,
274
Quinn, Freddy 46

R

Raab, Stefan 311
Radenkovic, Radi
113
Radmann, Fedor 334,
336–338, 346, 357

Rahn, Helmut 8, 285,
359
Ramsey, Alf 143, 161
Rau, Christina 357
Rau, Johannes 357
Redelfs, Jan 199
Redford, Robert 225
Rehhagel, Otto 316,
322–324, 326–329
Reif, Marcel 255 f.,
324, 326
Remarque, Erich Maria
132
Rep, Johnny 185, 188
Reuter, Stefan 283
Rheinischer Merkur
213
Ribbeck, Erich 244,
304–308, 316, 347
Rijsbergen, Wim 185
Rivera, Gianni 86
Röttgen, Kurt 236
Rolff, Wolfgang 265
Roll, Gernot 173
Rose, Jürgen 170
Rous, Stanley 87
Roux, Guy 296
Rubenbauer, Gerd 356
Rühmann, Heinz 106,
277
Rummenigge, Karl-
Heinz 197, 226,
230, 250, 252, 262,
263, 265, 266, 267,
270, 306, 314–316,
345 f.
Rybarczyk, Günther
153

S

Sabathil, Ursula 314
Sahner, Paul 350
Sandmann, Diana
208 f., 220, 222, 225,

238, 239, 264, 292,
321, 343
Schäfer, Hans 193
Scharnagl, Karl 23
Scherer, Fritz 308,
313, 315, 317
Scherzer, Hartmut 148
Schiefele, Hans 86, 98,
113, 124 f., 127, 191
Schießl, Jürgen 164
Schiffer, Claudia 338
Schily, Otto 114, 338
Schiphorst, Bernd 302
Schlierf, Werner 22
Schmeling, Max 33
Schmidt, Helmut 134,
183
Schmidt, Horst R. 356
Schneider, Edgar 153,
154
Schneiter, Heinz 84
Schnellinger, Karl-Heinz
80, 83, 140, 142,
147 f., 163, 192 f.
Schön, Helmut 33, 55,
57 f., 59, 69, 72, 73,
74, 75, 77, 79–82,
87, 90, 91, 95 f., 99,
102, 110, 115–119,
130, 138 f., 140, 141,
142, 145, 152, 155,
162 f., 166, 176 f.,
180 f., 183, 185, 190,
202, 216, 223, 236,
244, 247, 254, 285
Scholl, Mehmet 324
Schreiber, Hermann
79, 166 f.
Schröder, Gerhard
334, 337 f., 339,
340 f.
Schröder, Ulfert 112,
116, 117, 178, 192
Schümer, Dirk 148
Schütt, Hans-Dieter
300

Schulz, Willi 83, 93, 100, 115, 117, 118, 119 f., 135, 140
Schulze, Ludger 136, 308, 348
Schulze-Marmeling, Dietrich 114, 152
Schumacher, Toni 236, 241, 250, 252, 262, 263, 265, 267, 268, 272
Schuster, Bernd 240, 249
Schwan, Robert 32, 59, 61, 80, 104–106, 108, 116, 126–128, 130–133, 152, 167, 172, 193, 197, 206–209, 211 f., 219 f., 229, 231, 239, 246 f., 264, 292, 302, 306, 314, 316, 348, 354–356
Schwarzenbeck, Georg 48, 157, 163, 176 f., 226
Schweden, Walter 78
Seeler, Uwe 72, 73, 76, 81, 82, 88, 90, 91, 107, 110, 135 f., 142, 144, 146 f., 157, 205, 308, 357–359
Seiff, Jochen 51
Seitz, Norbert 269
Sforza, Ciriaco 323
Sieloff, Dieter 163
Silva, Hector 91
Simon, Carly 225
Skasa, Michael 321
Soisson, Jean-Pierre 296
Sommer, Ron 345
Soskic, Milutin 155
Sparwasser, Jürgen 184
Der Spiegel 79, 96, 166, 194, 213, 215, 256, 266, 267, 283, 311, 312, 320, 322, 330, 332, 340, 350
Spier, Bernd 46
Sport 199, 211
Sport-Bild 242, 274, 322
Sport-Illustrierte 72, 166, 235
Sportinformationsdienst 294
Sports 270, 276
Springer, Axel 274
Stein, Uli 262 f.
Steiner, Karl 29
Steiner, Rudi 29
Steiner, Wolfgang 44, 45, 47, 48, 55
Stern 94, 195, 209 f., 213 f., 274, 322, 342, 350, 365
Stielike, Uli 236
Stiles, Nobby 99
Stoiber, Edmund 307, 314 f., 321, 339
Straten, Walter M. 242
Strauß, Franz Josef 131, 132, 206
Strunz, Thomas 323
Stützer, Peter 333
Süddeutsche Zeitung 37, 77, 86, 90, 98, 113, 123–125, 147, 148, 166, 170, 173, 199, 213, 231, 308, 320, 321, 322, 349
Sühnholz, Wolfgang 159
Sunday Times 89
Suurbier, Wim 185
SZ-Magazin 312
Szymaniak, Horst 73–75, 76, 80

T

Tagesspiegel 112, 140, 147, 265, 329
Tapie, Bernard 294 f., 297 f.
Taylor, John 178, 182, 186, 190
taz 322
Thoelke, Wim 72
Thomas, Carmen 172
Thon, Olaf 260, 283
Tiedje, Hans-Hermann 252
Tigana, Jean 265
Tilkowski, Hans 76, 83, 95, 100, 101, 193
The Times 110, 201
Toye, Clive 216, 219
Trapattoni, Giovanni 325, 331, 332
Trautmann, Bernd 88
Tremel, Barbara 123
Troche, Horacio 91
Tschislenko, Igor 94
Turek, Toni 114, 285
tz 113, 123 f., 127, 165

U

Ude, Christian 341 f.
Uhlfelder, Max 17
Ulrich, Kurt 106

V

Valérien, Harry 103 f., 255–257, 290 f., 303, 360
Verthein, Ulrich 348
Vetten, Horst 89, 313, 322

379

Villvoye, Jo   192
Völler, Rudi   252, 262, 266, 283, 348, 357–359, 362
Vogel, Hans-Jochen   110
Vogts, Berti   146, 159, 175–177, 179, 186, 188, 223, 253, 270, 274, 298 f., 309
Vorwärts   213

W

Waigel, Theo   269, 321, 340
Walter, Fritz   7, 8, 9, 31, 33, 70, 71, 76, 81, 132, 205 f., 285
Walter, Ottmar   8
Weber, Wolfgang   88, 89, 100 f., 154, 159
Weimer, Sybille
   s. *Beckenbauer, Sybille*
Weiß, Anton   48
Weiß, Rudi   32, 48 f., 55–57, 60, 116 f.
Weiß, Werner   48
Weißflog, Jens   314
Weisweiler, Hennes   225
Weizsäcker, Richard von   279
Welt am Sonntag   93, 120
Die Welt   97, 196, 208 f., 232, 236, 300
Wetzel, Adalbert   61
White, Jack   179
Wicker, Wigbert   172–174, 187
Widmann, Hugo   103
Wimmer, Herbert   161, 185
Winkler, Hans Jürgen   192
Winterstein, Axel   77 f.
Wirth, Fritz   97
Wischmann, Günter   344
Die Woche   322, 333
Wochenpost   322
Wolfbauer, Günther   72, 124 f., 127, 157, 167
Worm, Ronald   159
Wortmann, Sönke   9

Y

Yamasaki, Arturo   145–147

Z

Zebec, Branko   122, 152, 232 f.
Die Zeit   195, 213, 218, 235, 320, 322, 329
Zimmermann, Herbert   7, 114
Zobel, Rainer   151, 153, 156, 164, 172
Zwanziger, Theo   363

Bildnachweis

Privatarchiv Franz Beckenbauer: Foto 2, 3, 4, 6 und 8
Alfred Moosmaier: Foto 1, 5 und 7
Franz Neudecker jun.: Foto 9
Wolfgang Steiner: Foto 10
Rudolf Weiß: Foto 11
Helmut Heigl: Foto 12
Ingrid Vogg: Foto 13
Ullstein Bilderdienst: Foto 14, 15, 16, 17, 18, 19, 23, 24, 27, 39 und 40
dpa Picture-Alliance: Foto 20, 21, 22, 25, 26, 28, 29, 30, 31, 32, 33, 34, 35, 36, 37, 38, 41, 42, 43 und 44